국제물품매매계약

김선광 저

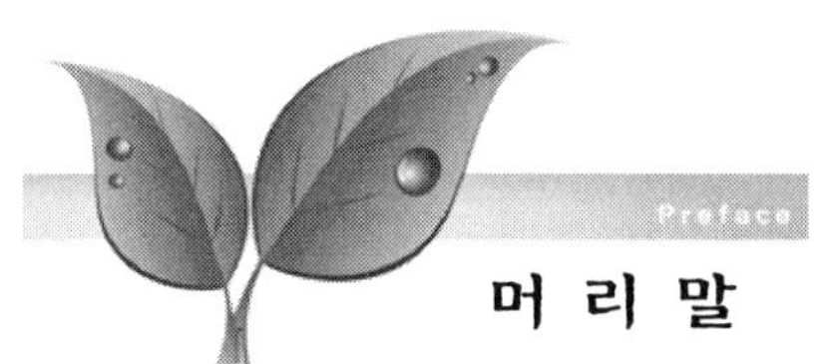

머 리 말

국제무역거래는 매매당사자 간에 체결되는 국제물품매매계약을 토대로 성립된다. 즉 국제무역거래는 그 핵심이 되는 무역거래 당사자 간의「물품매매계약」과 이에 부수적으로 체결되는「대금결제계약」,「운송계약」,「보험계약」,「중재계약」등에 의하여 보완되고 있다고 할 수 있다.

따라서 이 책의 제 I 편에서는 주로 국제물품매매계약에 초점을 맞추어 계약의 성립과 이행 및 종료에 따른 제반 문제들을 법리적 측면과 관습적 측면에서 폭넓게 검토하였다. 그리고 제 II 편에서는 영미법과 대륙법의 조화를 이룸으로써 국제물품매매계약과 관련한 각국 간의 법률적 차이에 따른 불확실성을 제거시키기 위하여 1980년에 UN에서 제정한「비엔나 협약」을 각 조항별로 살펴본 후 이에 대한 해설을 덧붙였다. 마지막으로 제 III 편에서는 국제물품매매계약을 이행하기 위하여 부수적으로 체결되는「대금결제계약」,「운송계약」,「보험계약」,「중재계약」등에 관하여 간략하게 고찰하였으며, 이에 추가하여 계약의 자동적 소멸을 인정하는 Frustration법리에 관하여 종합적으로 정리하였다.

저자는 이 책이 무역학을 전공하는 학생들의 교과서로 활용됨으로써, 이를 공부한 학생들로 하여금 그들이 장차 무역관련 업무에 종사하게 될 경우 원활한 무역거래의 수행과 국제상거래상의 분쟁을 예방하는데 작은 보탬이 될 수 있다면 이를 큰 보람으로 여기고 싶다. 그러나 이 책은 저자의 능력부족으로 미흡한 점이 많음을 잘 알고 있다. 장차 이러한 문제점들은 계속적인 연구와 그 보완작업을 통하여 끊임없이 수정해 갈 것임을 독자 여러분들께 약속드리고자 한다.

끝으로 이 책이 출판되기까지 학문적으로 또는 마음으로 많은 도움을 주신 모든 분들께 깊은 감사를 드리며, 무역계약과 관련한 연구 분야에 상당한 업적을 남기신 여러 교수님들과 이 책의 출판을 위해 많은 노력을 기울여 주신 도서출판 두남의 편집부 여러분들께 감사의 뜻을 전하고자 한다.

월영동 연구실에서...

저 자 씀.

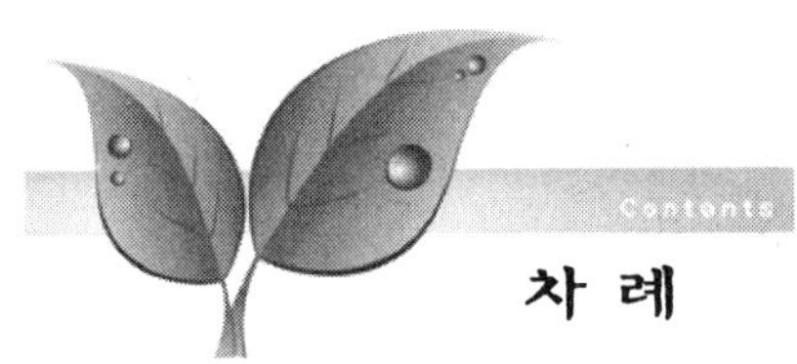

차 례

제1편 국제물품매매계약 / 11

제1장 국제물품매매계약의 개념 / 13

제2장 정형거래조건 / 19

제4장 중재계약 / 265

제5장 Frustration 성립에 의한 계약소멸 / 276

제 1 편

국제물품매매계약

제1장 국제물품매매계약의 개념
제2장 국제물품매매계약의 성립
제3장 국제물품매매계약 당사자의 권리와 의무
제4장 국제물품매매계약과 준거법
제5장 위험 및 소유권 이전
제6장 무역계약의 종료
제7장 국제물품매매계약 당사자의 구제방안

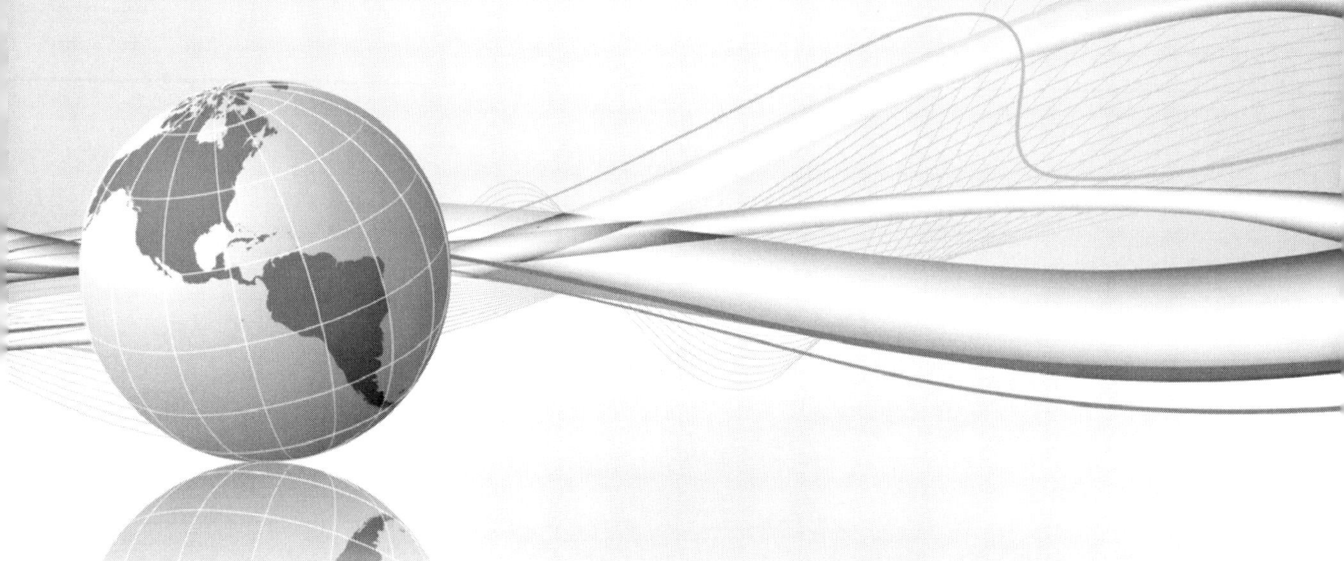

제1장 국제물품매매계약의 개념

제1절 국제물품매매계약상의 문제

국제물품매매계약의 기본적인 토대는 무역계약의 성립이라고 할 수 있으며, 무역계약은 다른 계약과 마찬가지로 일방 당사자가 타방 당사자에 대하여 계약 체결을 위한 청약(Offer)을 하고 이에 대하여 상대 당사자가 승낙(Acceptance)을 함으로써 성립된다. 그런데 국제물품매매계약의 경우 청약자의 청약을 피 청약자가 승낙함으로써 계약은 성립되지만, 청약자와 피 청약자가 공간적으로 국경을 초월하여 멀리 떨어져 있기 때문에 승낙의 의사표시가 피 청약자로부터 발신되어 청약자에게 도달될 때까지의 기간 중 어느 시점에서 계약이 성립되는가와 관련된 법적인 문제가 발생될 수 있다.

그리고 물품매매계약은 최종적으로 물품의 소유권을 매수인에게 이전시켜 주는 것이라 할 수 있다. 즉 물품매매계약이 체결되고 이것이 순조롭게 이행될 경우, 매도인의 소유권에 속해 있던 물품이 매수인에게 귀속되므로 계약의 이행과정에서 소유권이 매도인으로부터 매수인에게 이전된다. 그런데 계약의 이행과정에서 별다른 문제가 발생되지 않는 한 매수인의 대금지급과 더불어 소유권은 자동적으로 매수인에게 이전되지만, 양 당사자 간에 분쟁이 발생될 경우에는 소유권의 이전시기와 관련된 문제가 발생될 수 있다.

또한 이러한 소유권의 이전과 함께 당사자 간에 문제가 될 수 있는 것은 위험이전문제라 할 수 있다. 국제물품매매계약의 이행과정에서 여러 가지 원인에 의하여 해당 물품이 손상 또는 멸실된 경우 그 손해를 부담하는 자를 위험부담자라 한다. 따라서 위험이 매도인으로부터 매수인에게 이전된다는 것은 위험을 부담할 책임이 매도인으로부터 매수인에

게 이전되는 것을 의미한다. 일반적으로 국제물품매매계약 성립 이전에 있어서의 위험부담자는 수출상(매도인)이 되고, 계약종료 후에 있어서의 위험부담자는 수입상(매수인)이 된다는 점은 명백하다고 할 수 있다. 그러나 계약의 이행과정 중 어느 시점에서 위험이 수출상으로부터 수입상에게 이전되는가 하는 문제가 제기될 수 있다.

이 이외에도 국제물품매매계약의 이행과정에서 계약당사자 간의 분쟁발생 시 적용될 수 있는 법과 관련된 준거법 적용상의 문제가 발생될 수 있다. 표준계약이 있는 경우에는 이를 국제물품매매계약에 적용시킴으로써 계약당사자 간에 분쟁을 해결할 수 있고, 표준계약이 없는 경우에는 정형거래조건(Incoterms)에 의하여 개개의 거래조건에 관한 계약을 체결해 둠으로써 많은 문제들을 해결할 수 있게 된다. 그러나 정형거래조건과 같은 국제규칙에 의한 해석원칙에 근거할 것임을 계약당사자 간에 합의하였다 하더라도, 계약의 성립요건 · 시기 · 효력 등에 관해서는 이러한 해석원칙에 의하여 해결될 수 없는 많은 문제들이 존재하기 때문에 준거법의 문제는 여전히 남게 된다. 그동안 국제기구에서는 국제물품매매계약에 관한 통일법의 제정, 매매의 일반조건 설정, 표준계약형식의 채택 등 국제물품매매계약과 관련한 법의 저촉을 피하기 위하여 많은 노력을 기울여 왔다. 그러나 아직까지도 국제물품매매에 따른 법의 저촉을 완전히 해소시킬 수 있는 수준에는 이르지 못하고 있는 실정이다.

따라서 현재로서는 국제물품매매계약을 규율할 통일된 제정법규들이 미비한 실정이라 할 수 있다. 이처럼 국제무역법규는 전체적으로 불완전한 단계이지만, 이는 대체로 국제입법과 국제상관습의 형태로 존재하고 있다. 국제입법은 다시 각국의 채택에 의한 다자간 국제조약과 각국의 개별입법에 의한 통일표준법의 형태를 취하고 있고, 국제상관습은 국제상업회의소(ICC: International Chamber of Commerce)가 제정하여 관습법으로 형성된 정형거래조건 등의 해적규칙과 상인 또는 단체가 제정한 표준계약서식의 형태를 취하고 있다. 이를 거래의 이행과정 측면에서 볼 때에는 매매, 대금결제, 운송, 보험, 중재 등의 법규로 세분할 수 있게 된다. 그리고 계약당사자들은 주 계약인 국제물품매매계약을 이행하기 위한 부수적인 계약으로 대금결제계약, 운송계약, 보험계약, 중재계약 등을 체결하게 된다.

이 중에서 물품매매와 관련된 것으로써 1964년 4월에 "국제물품매매에 관한 외교회의"가 채택한 「국제물품매매에 관한 통일법 조약」과 「국제물품매매계약의 성립에 관한 통일법 조약」이 현재 발효 중이고, 1980년에 UNCITRAL(United Nations Commission on International Trade Law: 유엔 국제무역법위원회)에서는 이 양 법규를 조정 · 통합하여 새로이 「국제물품매매계약에 관한 UN협약(UNCCIS): 일명 비엔나 협약」을 채택하였다. 그러나 「국제물품매매계약에 관한 UN협약」은 가입대상국들에게만 그 적용대상이

되므로 만국 공통의 통일법규로서 세계 모든 국가에 적용되고 있다고는 볼 수 없기 때문에, 다양하게 존재하는 표준법규를 체계화시키는 문제와 각 법규의 성립과정 및 내용을 추적 · 정리하는 문제 그리고 그 적용원칙 및 범위를 규정 · 확정하는 문제 등이 여전히 남아 있다고 할 수 있다.

제2절 국제물품매매계약과 국제상관습

관습이란 특정 집단에 속하는 사람들의 오랜 기간에 걸친 관행이나 관례에 따른 행동양식으로써 일반적으로 널리 승인된 것을 의미한다. 이러한 관습 중에서 상업분야에 종사하고 있는 많은 사람들이 승인하고 준수하려는 거래양식을 상관습이라 하며, 특히 무역거래에서 행해지고 있는 상관습을 국제상관습 또는 무역관습이라 한다. 따라서 국제상관습이란 무역에 종사하는 많은 상인들이 매일 반복하여 행하는 모든 영리활동과 관련된 관습을 의미한다. 이를 좀 더 구체적으로 표현하면 국제상관습이란 상인들이 일상 반복하여 행하는 거래행위나 관례화된 행위 중에서 자연스럽게 습관적으로 실행되는 것으로써, 사려분별이 있는 자가 동일한 상황에 놓여 있을 경우 그 계약에 당연히 적용시킬 것으로 확립된 국제거래의 관행이라 할 수 있다.

국제물품매매계약의 당사자들은 상호간의 이윤획득을 위한 거래업무를 수행하는 과정에서 분쟁을 일으키는 경우가 무수히 많으며, 이러한 분쟁이나 거래계약 관계는 그동안 어떠한 형태로든 항상 해결되어 왔다는 사실을 주목하지 않을 수 없다. 이는 당사자들 간의 이해관계의 충돌을 합리적으로 조정 · 해결하는 어떤 규범이 그 배경에서 작용해 왔다는 것을 의미하는 것으로 파악할 수 있는 바, 그 규범이 바로 국제상관습이라 할 수 있다. 그리고 이러한 국제상관습은 전 세계적으로 보급될 정도의 보편성을 구비하여 정형화됨으로써 오늘에 이르고 있다. 따라서 이러한 국제상관습은 당사자들 간의 무역계약에 대한 보완적인 작용을 하며, 또한 무역계약의 통일된 해석기준으로서의 작용도 한다고 할 수 있다.

일반적으로 무역계약의 내용 또는 조항은 명시적 조항(Express Terms)과 묵시적 조항(Implied Terms)으로 구성된다. 명시적 조항은 당사자들이 서로 합의하여 계약서에 구체적으로 삽입한 조항임에 비하여, 묵시적 조항은 법이나 관습에 의하여 당사자들이 당연히 따를 것으로 인정되는 것을 의미하는 것으로써 이것도 계약의 일부로 간주된다. 개개의 무역계약은 거래되는 상품의 종류나 성질에 의거해 약간의 차이는 있지만, 이는

일반적으로 물품매매계약이라는 점에서 당사자들이 합의한 후에 계약에 포함시키지 않으면 안 될 몇 개의 기본적인 조항(품질, 가격, 수량, 선적 및 인도, 결제, 보험, 분쟁해결 절차 등)들로 구성되어 있다. 이러한 내용들이 간결한 형태로 계약서에 명시되어 있음에도 불구하고 대량의 물품에 대한 국제무역거래가 안전·신속하게 행해질 수 있는 이유는 주로 국제상관습에 근거한 묵시적 조항에 의하여 무역계약이 보완되고 있기 때문이다. 따라서 무역계약을 정확하고 안전하게 이행하기 위해서는 현행 무역관습을 올바르게 이해하고 있지 않으면 안된다.

그리고 오늘날의 무역거래는 통일적인 법 규범은 미비한 점이 있지만 이를 뒷받침해 주고 있는 국제상관습에 의하여 보완되고 있다. 즉 오랜 기간 동안의 관행으로 세계의 무역업계에서 인정되고 확립되어 온 국제상관습이 자연발생적으로 탄생되어 왔고, 또한 이는 어느 정도 표준화가 이루어지면서 오늘날의 정형거래조건으로 확립되었다. 예를 들어 CIF, FOB 등과 같은 정형거래조건들은 국제적으로 확립된 국제상관습으로 발전되었고, 오늘날 각 국가의 재판소들은 이를 근거로 무역분쟁을 해결하고 있는 실정이며, 국제무역업계에서는 이들 정형화된 거래관습에 대하여 이미 법과 같은 힘을 발휘하고 있는 것으로 인식하고 있다. 따라서 국제무역거래의 매매당사자들은 이러한 정형화된 거래조건을 사용함으로써 보다 간편하고 안전하게 거래를 할 수 있게 되었음은 물론, 계약당사자들은 이러한 거래조건들을 인정하고 있는 국제규칙(예를 들면 국제물품매매계약에 관한 UN협약)을 계약의 준거법으로 채택함으로써 불확실성과 불안감을 떨쳐버릴 수 있게 되었다.

국제상관습은 계약이 이행되는 지역에 따라 지역별 상관습이 있고, 특정 업종에서만 적용되는 업종별 상관습이 있으며, 계약 내용에 따라 무역계약의 성립에 관한 상관습, 품질·수량·가격 등 계약조항에 관한 상관습, 해상운송에 관한 海事慣習, 항만에서의 선적이나 하역에 관한 상관습 등 여러 가지로 분류할 수 있다. 한편 상품의 종류나 거래장소 등에 관계없이 일반적으로 광범위하게 적용되는 것으로 매매관습을 들 수 있는데, 이것이 정형거래조건이다. 이러한 매매관습은 매매당사자의 기본적인 의무에 관하여 일일이 명시적으로 규정하는 대신 매매계약의 종류를 FOB, CIF 등의 용어로 간결하게 표시함으로써 거래의 안전성과 신속성을 도모하는데 기여하고 있다.

그런데 매매관습은 모든 시점에서 고정되어 있는 것처럼 보이나 오랜 시일이 지나는 동안 조금씩 변화되어 왔다. 따라서 계약당사자들이 상관습에 대하여 올바른 이해를 하지 못한 경우이거나 또는 그 내용에 대하여 의견이 일치하지 않는 경우에는 예상이익이 실현되지 못하거나 분쟁발생 가능성이 커지게 된다. 이러한 이유들 때문에 무역당사자들은 거래관습에 관한 국제적인 규칙을 제정함으로써 이를 계약의 해석기준으로 채택할 경우 불확실성과 불안정성의 문제를 해결할 수 있을 것으로 생각하게 되었다. 그 결과 민간

단체인 ICC(International Chamber of Commerce: 국제상업회의소)에서 제정하여 탄생된 것이 Incoterms 1936이며, 이는 무역상관습의 변화에 의거해 1953년, 1967년, 1976년, 1980년, 1990년, 2000년, 2010년에 개정되어 오늘에 이르고 있다.

이러한 Incoterms는 그 자체가 법적 구속력이 부여된 국제규칙이 아닌 국제상관습이지만, 계약당사자들이 해당 거래조건에 반드시 따라야만 하는 이유는 계약당사자들의 합의 하에 계약조건으로 특정 거래조건을 선택하였기 때문에 그 계약조건에 의거해 법적 구속력이 부여되는 것이라 할 수 있다.

이처럼 국제상관습은 그 시대의 여러 가지 제도를 배경으로 끊임없이 발전되고 변화되므로 해당 내용에 대하여 계약당사자들이 항상 똑같은 이해를 하고 있다고 볼 수 는 없다. 그러나 거래당사자들이 국제상관습을 따를 것으로 예상하지 아니한 경우라 하더라도, 주위의 상황에 비추어 국제상관습을 따르는 것이 당연한 것으로 인정될 경우에는 계약당사자 간의 명시적 합의에 의거해 그 적용을 배제시키지 않는 한 국제상관습이 적용된다고 할 수 있다. 이러한 문제들을 해결하기 위한 수단으로 계약당사자들은 국제상관습을 바탕으로 작성된 국제적인 거래조건(예를 들어 정형거래조건 등)을 무역계약의 해석기준으로 삼음으로써 당사자 간의 의견 상충으로 인해 발생될 수 있는 분쟁발생 가능성을 최소화시키고 있다.

제3절 국제물품매매계약의 특징

「물품의 매매」가 국제무역거래의 본질이라 할 수 있으므로, 국제물품매매계약의 당사자 중 매도인은 약정물품을 인도하고 그 소유권을 이전시켜 주어야 하며, 매수인은 물품수령과 대금지급을 함으로써 국제물품매매계약이 이행되는 것이라 할 수 있다. 따라서 "국제물품매매란 다른 나라에 영업소를 가지고 있는 매매당사자 간에 체결되는 계약에 의거해 목적물이 운송인을 통하여 국제적으로 이동되는 것으로써, 그 소유권의 국제적 이전이 발생되는 물품매매거래"로 정의할 수 있다.

이러한 국제물품매매계약은 매도인의 물품인도와 매수인의 물품수령 및 대금지급문제는 물론이고, 해외 수입상에게로의 물품의 운송문제 · 운송중인 물품의 보험문제 · 대금결제수단의 문제 등과 같은 여러 가지 문제들을 함께 취급하지 않으면 안된다. 그리고 오늘날의 국제무역거래는 약정된 기간이 도래하거나 또는 제반 조건들이 성취될 경우에 이행되는 장래매매의 성격을 지닌 미 이행계약이라는 특징을 갖는다.

또한 오늘날 단순한 물품매매계약에 의거해 대량의 물품을 외국시장에 판매하는 국제 상거래가 안전하고도 신속하게 이루어질 수 있는 것은 무역상관습을 바탕으로 한 묵시적 조건들에 의하여 국제물품매매계약이 보완되고 있기 때문이라 할 수 있는데, 이러한 무역상관습을 계약에 적용시키기 위해서는 원칙적으로 계약당사자들 간의 합의를 필요로 하게 된다는 특징을 갖는다.

그리고 국제물품매매계약이란 수출상(매도인)이 수입상(매수인)에게 물품을 매각하여 인도하면 수입상은 이를 인수하고 그 대금을 지급할 것을 약정하는 諾成契約,[1] 양 당사자 모두에게 특정의 의무가 부여된 쌍무계약, 그 대가가 수반되는 유상계약으로서 다음과 같은 법적 특징을 지니고 있다고 볼 수 있다.

첫째, 국제물품매매계약은 외국상인을 상대로 하여 해당 물품이 국경을 넘어 이동하게 되는 물품매매계약이다. 따라서 이는 당사자 간의 분쟁발생 시 외국법의 적용 가능성이 있다는 특징을 갖는다.

둘째, 국제물품매매계약은 諾成契約이므로 당사자들의 의사표시의 합치를 필수요건으로 하여 성립되며, 이때 매도인과 매수인 간의 권리와 의무에 관한 법률관계가 성립된다. 그리고 이와 관련하여 국제적 결제에 관한 문제가 발생될 수 있다는 특징을 갖는다.

셋째, 국제물품매매계약은 특별한 요식을 필요로 하지 않는 불요식 계약이므로, 구두, 서면, 일부 구두 · 일부 서면으로도 계약체결이 가능하다는 특징을 갖는다. 따라서 법률적으로도 매매계약의 내용을 문서화하는 것이 계약의 성립 및 효력발생을 위한 전제조건으로 반드시 요구되는 것은 아니다. 다만 합의된 계약내용을 문서화하는 것은 합의된 계약내용을 상호 확인할 수 있고, 계약조건의 불비조건을 보충하여 다시 합의할 수도 있으며, 계약조건상의 오해를 합의 · 정정할 수도 있고, 어떤 문제가 발생되었을 경우 그 오해의 증거를 확보할 수 있다는 장점이 있을 뿐이다. 따라서 계약서의 양식이나 규정이 별도로 규정되어 있는 것은 아닌 바, 계약서는 어떠한 양식이든 계약 당사자들에 의하여 합의된 것임을 명확히 하고 있으면 된다.

한편 국제물품매매계약은 계약당사국 간의 문화 · 언어 · 관습 · 법률제도 등이 서로 상이함은 물론, 서로 다른 주권국가 간에 거래가 이루어지고 있다. 그 결과 국제물품매매계약에서는 계약당사자들이 각각 자신의 상관습을 중시하려는 경향을 보이고 있고, 상대국의 경제질서에 대한 주관적인 간섭이 개입될 소지가 있으며, 분쟁발생 시의 준거법 적용상의 문제가 발생될 수 있다.

---

1) 낙성계약이란 계약당사자 간의 합의만으로 성립되는 계약임을 의미한다. 즉 이는 일방 당사자가 일정한 조건으로 물품을 판매하겠다는 청약에 대하여 상대방이 승낙함으로써 성립되는 계약을 말한다. 낙성계약은 양 당사자 간의 합의만으로 계약이 성립되므로 특별히 계약서를 작성하는 것을 洛城要件으로 하지 않는다는 특징을 갖는다.

제2장 정형거래조건

제1절 국제상관습의 의의와 역할

1. 국제상관습의 의의

한 사회 내부에 역사적으로 발생하여 계속 반복됨으로써 널리 승인되어 있는 사실적인 행위양식을 관습(custom)이라 한다. 관습은 법과 도덕과 함께 사회규범을 이룬다. 관습으로서 행하여지고 있는 사항을 규범의 측면이 아닌 행위의 측면으로 본 것을 관행(usage)이라 하고, 또한 관습까지는 이르지 않았으나 얼마간 되풀이하여 반복된 사례를 관례(practice)라 한다. 또한 관습이 사회의 법적 확신에 의해서 지지되어 일종의 법적 규범력을 가지게 되면 관습법(customary law)이 되고, 그러한 정도에까지 이르지 못한 것을 사실적인 관습이라고 한다.

무역과 관련된 주요 관습 중에서 상업계에서 확립되어 온 상거래 행위양식을 상관습이라 하고, 또한 이것이 국제무역거래에 관용되고 있는 상관습을 국제상관습 또는 국제무역관습이라고 한다. 실제 국내에서의 상거래는 해당 국내법에 의하여 규율된다. 그러나 국제무역거래에서는 전 세계의 모든 국가들에게 적용되는 공통된 법이나 통일법이 없기 때문에, 대체로 정형화된 상관습에 근거하여 당사자가 그것을 채택하는 의사표시, 즉 합의가 있을 경우에는 양 당사자 간에 계약을 체결했다는 근거하에서 법률과 동일한 효력을 갖게 된다.

2. 국제상관습의 역할

개개의 무역계약은 거래물품의 종류 또는 성질에 따라 약간의 차이가 있으나, 물품매매계약이라는 점에서 반드시 당사자가 합의한 후 계약에 포함시키지 않으면 안 될 몇 개의 기본적 조항으로 구성되어 있다. 이러한 내용은 극히 간결한 형태로 표현되고 있음에도 불구하고 대량의 물품이 국제운송을 통하여 무역거래가 신속하고 안전하게 행하여질 수 있는 것은 주로 국제상관습에 바탕을 둔 묵시적 조항에 의하여 무역계약이 보완되고 있기 때문이다. 또한 무역거래는 상이한 국가 간에 이루어지므로 계약불이행 시에 국내법과 외국법이 충돌하고, 분쟁발생 시 어느 나라의 법률을 적용시킬 것인가에 대한 법적인 불확실성의 문제와 또한 특정 국가에서 행하여진 판정이 다른 국가에서는 승인되지 못할 수 있는 문제가 발생하게 된다.

오늘날 무역거래 시에 강행적으로 누구에게나 적용되는 통일된 법은 없다. 그러나 1936년 국제상업회의소(International Chamber of Commerce: ICC)에서 제정한 「무역거래조건의 해석에 관한 국제규칙」(Incoterms)과 같은 정형거래조건을 국제물품매매계약을 체결할 때 당사자 간에 채택하여 사용하게 된다면, 이러한 정형화된 관습은 계약당사자 간의 합의에 의한 계약체결을 근거로 법적인 효력을 발생하게 됨은 물론 무역계약의 통일된 해석기준에 의하여 국제무역거래에서 오는 해석상 또는 준거법상의 불안을 최소화시킬 수 있다. 따라서 이러한 국제상관습의 정형화는 오늘날 국제무역거래를 보다 원활히 수행할 수 있는 역할을 담당하고 있다고 할 수 있다.

제2절 국제상관습으로서의 정형거래조건

1. 정형거래조건의 의의

무역거래는 무역계약에서 비롯되며 쌍무계약에 의한 거래이다. 따라서 매도인과 매수인 사이에는 각자 부담해야 할 여러 가지 의무가 있다. 이러한 매매당사자 간의 의무는 다양하기 때문에 계약을 체결할 때마다 일일이 열거한다는 것은 계약체결 실무상 매우 번거롭고 비효율적이라고 할 수 있다.

무역거래는 상관습과 제도가 다른 국가 간에 이루어진다는 특성과, 매매당사자 일방의 지식부족 등으로 인하여 불리한 조건으로 계약을 체결할 가능성도 얼마든지 있다. 따라서 국제상관습의 다양성에서 오는 무역거래조건에 대한 매매관습의 통일성이 대두됨으로

써 표준화 내지 통일화 작업이 이루어져 무역거래에 이용할 수 있게 되었다. 이와 같이 표준화된 거래조건을 정형거래조건이라고 한다.

2. 정형거래조건의 기능

1) 계약내용의 보완적 기능

무역계약이 체결되면 통상적으로 가격조건 및 기타 계약에 필요한 부분을 명시하게 된다. 이 때 자세한 설명이 없다 하더라도 정형거래조건을 활용함으로써 계약내용의 장황한 언급이 필요없게 된다.

2) 무역거래의 간소화 기능

정형거래조건은 오랜 기간 동안의 상관습에서 발생되는 이해관계의 차이점을 최대한 정형화시켜 표시하고 있기 때문에, 계약내용을 일일이 열거할 필요가 없음으로 인해 업무가 매우 간소화된다.

3) 법률문제의 해석기준 기능

정형거래조건은 계약조건에 포함되어 있는 당사자의 의무사항, 즉 위험의 이전, 비용의 이전 등의 사항에 대하여 명시하고 있으므로, 이를 통해 계약당사자 간의 매매관습에 관한 법률적 해석기준으로 활용되기도 한다.

3. Incoterms의 의의와 적용범위

1) Incoterms의 의의

Incoterms란 "International Commercial Terms"의 약칭에서 따온 말로 일반적으로 「무역거래조건의 해석에 관한 국제규칙」(International Rules for the Interpretation of Trade Terms)이라고 한다. 프랑스 파리에 본부를 두고 있는 국제상업회의소의 무역거래조건위원회가 중심이 되어 제정한 Incoterms는 외국과의 무역거래에서 가장 일반적으로 널리 사용되는 정형거래조건의 해석에 관하여 일련의 국제규칙을 제공하자는 데에 그 목적이 있다. 따라서 Incoterms의 채택은 서로 다른 국가 간에 이들 거래조건들에 대한 상이한 해석으로 인한 불확실성이 제거될 수 있거나 상당한 정도로 감소될 수 있다. 따라서 Incoterms를 국제물품매매계약 시에 적용함으로써 무역업자들이 겪는 매우 곤란

한 세 가지 무역장애요인, 즉 준거법에 대한 불확실성, 불충분한 지식, 해석상 상이점 등을 대부분 해소할 수 있게 된다.

다른 국제무역규칙도 마찬가지이지만 Incoterms는 매매당사자가 임의로 무역계약에 채택할 수 있도록 매매 당사자 간의 최소한의 의무에 대한 해석기준을 통일하여 제공하는데 지나지 않으며, 운송계약이나 보험계약내용에까지 전부 포괄적으로 적용되는 것은 아니다. Incoterms의 적용은 특정 거래나 당시의 사정 또는 개별적 편의에 적합하도록 계약당사자들이 특정 내용을 변경하거나 추가할 수도 있다. 이 경우 매매당사자 사이에 체결된 개별계약의 특별규정은 Incoterms에 우선하여 적용된다.

2) Incoterms의 적용범위

Incoterms는 컴퓨터 소프트웨어와 같은 무형이 아닌 유형의 의미에서 매각되는 물품인도에 관하여 매매계약 당사자들의 권리와 의무에 관련된 것에 한정되어 적용된다. Incoterms는 흔히 매매계약보다는 운송계약에 적용되는 것으로 잘못 이해되고 있고, 당사자들이 매매계약에 포함시키고자 하는 모든 의무를 규정하고 있는 것으로 잘못 알려져 있기도 하다. 그러나 국제상업회의소가 항상 강조해온 바와 같이, Incoterms는 매매계약에 따른 매도인과 매수인 간의 관계에서 일부의 특별한 측면만을 다루고 있다. 수출상과 수입상이 국제매매를 이행하기 위하여 필요로 하는 다양한 계약, 즉 매매계약뿐만 아니라 운송, 보험 및 결제계약이 요구되는 경우에는 이들 사이의 매우 실제적인 관계를 고려하는 것이 필수적이지만, Incoterms는 단지 이들 계약 중의 하나인 매매계약에만 관계되어 있다.

그럼에도 불구하고 당사자들이 특정의 거래조건을 사용하기로 합의하면 그것은 필연적으로 기타의 계약에 대하여도 함축적인 의미를 지니게 된다. 예를 들면, CFR 또는 CIF 거래조건에 합의한 매도인은 해상운송 이외의 어떠한 다른 운송방식으로는 그러한 계약을 이행할 수가 없다. 왜냐하면 이들 거래조건하에서는 매도인이 해상운송 이외의 운송방식을 사용한다면 선하증권 또는 기타의 해상서류를 매수인에게 제시하는 것이 불가능하기 때문이다.

Incoterms는 매도인이 물품을 매수인의 임의처분상태로 두거나 또는 운송을 위하여 이를 교부하거나 또는 목적지에서 이를 인도할 의무 등 당사자들에게 부과되는 다수의 특정된 의무 및 당사자들 간의 위험부담에 대하여 다루고 있다. 나아가 Incoterms는 물품의 수출과 수입통관의 의무, 물품의 포장, 매수인의 인도수령 의무뿐만 아니라 각각의 의무를 정확히 완수하였다는 증거제공의 의무 등을 다루고 있다. Incoterms는 매매계약의 이행을 위하여 극히 중요한 것임에도 불구하고, 그러한 계약에서 발생될 수 있는 매우

많은 계약위반과 관련된 문제들은 전혀 다루지 않고 있다. 이와 같이 Incoterms는 계약위반의 결과와 다양한 장애요인으로 인한 의무 면제를 다루지 않고 있기 때문에, 이러한 문제들은 매매계약의 다른 규정과 그 준거법에 의하여 해결되어야 한다.

3) Incoterms의 제·개정 연혁 및 특징

Incoterms는 1936년에 제정된 후 무역환경의 변화에 따라 1953년, 1967년, 1976년, 1980년, 1990년, 2000년 및 2010년에 각각 개정·보완되어 왔다. 최근 전자통신의 사용 증대, 보안통관의 필요성, 운송관습의 변화 등에 따라 최근 10년간 사용되어 온 Incoterms 2000을 개정하여 Incoterms 2010으로 개정하여 2011년 1월 1일부터 시행되고 있다.

주요 개정·보완 연혁은 다음과 같이 정리할 수 있다.

- Incoterms 1936
- incoterms 1953
- Montreal Rules 1967
- Supplement 1976
- Incoterms 1980
- Incoterms 1990
- Incoterms 2000
- Incoterms 2010

이상에서 검토한 개정·보완과정을 거친 Incoterms의 특징에 관하여 간략하게 요약·정리하면 다음과 같다.

첫째, Incoterms는 강제력을 지닌 국제조약이 아니다.

Incoterms의 제정목적은 동일한 매매조건에 대한 해석상의 국가별 차이로 인해 야기되는 불확실성보다는 통일된 국제규칙에 의한 확실성을 원하는 국제상인들이 임의로 사용할 수 있도록 국제무역계약에서 사용되는 주요 매매거래조건의 해석에 관한 일련의 국제규칙을 제공하자는 데 있다. 따라서 Incoterms는 국제법과 같이 모든 국가들이 공식적으로 채택하도록 입안되어 비준된 강제력을 지닌 국제조약이 아니다. 그러므로 Incoterms는 거래당사자 간의 합의가 이루어진 경우에만 채택될 수 있다는 특징을 갖는다.

둘째, 특정 무역이나 특정 항구의 관습이 Incoterms의 규정에 우선한다.

매일 국제무역거래가 이루어지고 있는 수많은 물품들과 특정 항구의 특정 관습들을 통일된 국제규칙에 모두 일괄적으로 포함시킨다는 것은 사실상 불가능한 일이라 할 수 있다. 그렇다고 해서 모든 것을 그 다양한 관습들에 맡길 수도 없기 때문에, Incoterms규정에서는 특정 거래와 특정 항구에 맡기는 것을 최소한으로 줄이려고 노력하였다. 그러나 그 관습이 독특하고 또한 해당 지역에서 관례적으로 받아들여지는 특정 관습의 경우에 대해서는 어쩔 수 없이 이 규정에 포함시키지 못하였다.

셋째, 계약당사자들 간에 체결된 개별계약의 별도 규정은 Incoterms의 규정에 우선한다. Incoterms는 계약당사자들이 계약을 이행하는데 도움을 주기 위하여 제정된 일반규정이다. 따라서 계약당사자들이 특별히 별도로 약정한 규정이 있을 경우, 그 특약이 Incoterms규정에 우선하는 것은 당연한 것이라 할 수 있다. 그리고 이 이외에도 계약당사자들은 그들의 개별적 편의에 적합하도록 Incoterms상의 규정에 특정의 변경사항 또는 추가사항을 특약으로 체결할 수도 있다. 그 이유는 국제상거래의 대상이 되는 물품의 종류가 너무 많고, 또한 각 물품마다 고유한 거래관습이 있을 수 있고, 거래시점의 특이성도 있을 수 있으며, 계약당사자들의 개별적인 특수 사정이 있을 수 있기 때문이다.

넷째, Incoterms에 규정되어 있는 매도인과 매수인의 의무는 매매당사자들 간의 사법상의 문제일 뿐 계약당사자가 아닌 선의의 제 3자와의 또 다른 계약행위에 영향을 미칠 수 없다.

무역계약을 이행하는 과정에서 계약당사자들은 제 3자인 보험회사나 운송회사와 별개의 보험계약이나 운송계약을 체결하여야 하는데, 이러한 계약들은 Incoterms조건의 매매당사자들 간의 계약과는 별개의 것이다. 따라서 Incoterms상의 특정 거래조건을 채택하는 계약당사자들은 동 규정이 오로지 매도인과 매수인 간의 매매거래 관계에만 적용된다는 사실을 명심하여야 한다.

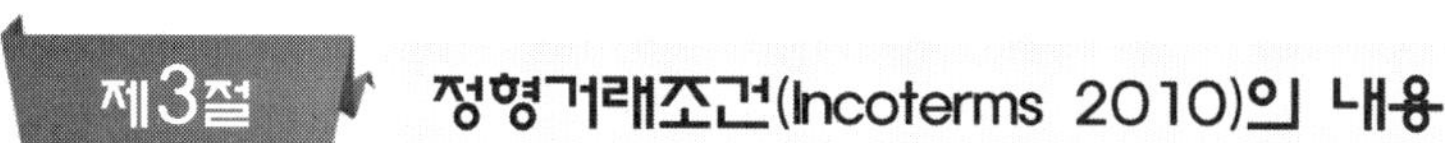

제3절 정형거래조건(Incoterms 2010)의 내용

1. Incoterms 2010의 구성

거래조건	세부명칭(영문)	세부명칭(번역)	
〈1부류〉		〈모든 운송방식용〉	
EXW	Ex Works	공장인도조건	공장 인도 (· · · 지정 인도장소)

FCA	Free Carrier	운송인 인도조건	운송인 인도 (· · · 지정 인도장소)
CPT	Carriage Paid To	운송비지급 인도조건	운송비 지급 (· · · 지정 목적지)
CIP	Carriage and Insurance Paid To	운송비 · 보험료지급 인도조건	운송비보험료 지급 (· · · 지정 목적지)
DAT	Delivered at Terminal	터미널 인도조건	터미널 인도 (· · · 지정 목적항 · 지정 목적지의 지정 터미널)
DAP	Delivered at Place	도착지 인도조건	도착지인도 (· · · 지정 목적지)
DDP	Delivered Duty Paid	관세지급 인도조건	관세지급 인도 (· · · 지정 목적지)
〈2부류〉		**〈수상 운송방식용〉**	
FAS	Free Alongside ship	선측 인도조건	선측 인도 (· · · 지정 선적항)
FOB	Free on Board	본선 인도조건	본선 인도 (· · · 지정 선적항)
CFR	Cost and Freight	운임포함 인도조건	운임 포함 (· · · 지정 목적항)
CIF	Cost, Insurance and Freight	운임 · 보험료포함 인도조건	운임 · 보험료 포함 (· · · 지정 목적항)

■ 모든 운송방식용 인도조건

모든 운송방식용 인도조건은 선택된 운송방식을 가리지 않고 사용될 수 있으며 둘 이상의 운송방식이 채택된 경우에도 사용될 수 있다.

■ 수상운송방식용 인도조건

수상운송방식용 인도조건은 오직 해상운송이나 내수로운송의 경우에만 사용되어야 한다.

2. Incoterms 2010의 주요 내용

분류	가격조건(Trade Terms)		내 용	수출 통관	수입 통관	비용 분기점	위험 분기점
모든 운송방식용	EXW	Ex Works 공장 인도조건	매도인의 영업구내에서 인도	매수인	매수인	공장	공장
	FCA	Free Carrier 운송인 인도조건	운송인에게 인도	매도인	매수인	운송인 인도	운송인 인도
	CPT	Carriage Paid To 운송비지급 인도조건	운송인에게 인도하고 운송비지급	매도인	매수인	목적지	운송인 인도
	CIP	Carriage and Insurance Paid to 운송비·보험료지급 인도조건	운송인에게 인도하고 운송비, 보험료 지급	매도인	매수인	목적지	운송인 인도
	DAT	Delivered at Terminal 터미널 인도조건	수입국내의 터미널에서 인도	매도인	매수인	수입국내 터미널	수입국내 터미널
	DAP	Delivered at Place 도착지 인도조건	수입국내의 지정장소에서 인도	매도인	매수인	수입국내 지정장소	수입국내 지정장소
	DDP	Delivered Duty Paid 도착지 인도조건	수입국내 지정장소에서 관세납부 후 인도	매도인	매도인	수입국내 지정장소	수입국내 지정장소
수상운송방식용	FAS	Free Alongside ship 선측 인도조건	선측에서 인도	매도인	매수인	선측	선측
	FOB	Free on Board 본선 인도조건	본선적재 인도	매도인	매수인	본선적재	본선적재
	CFR	Cost and Freight 운임포함 인도조건	본선적재 인도 및 운임 지급	매도인	매수인	목적항	본선적재
	CIF	Cost, Insurance and Freight 운임·보험료포함 인도조건	본선적재 인도 및 운임·보험료 지급	매도인	매수인	목적항	본선적재

3. Incoterms 2010 주요 내용의 해설

1) 모든 운송방식용 인도조건

(1) 공장 인도조건 [Ex Works (...named place): EXW]

① 개념

“공장 인도”는 매도인이 그의 영업구내 또는 기타 지정장소(예를 들면 작업장, 공장, 창고 등)에서 물품을 매수인의 처분 하에 두는 때에 매도인이 인도한 것으로 간주되는 것을 의미한다. 매도인은 물품을 수취용 차량에 적재하지 않아도 되고, 물품의 수출통관이 요구되더라도 이를 수행할 필요가 없다. 매도인은 매수인에 대하여 물품적재의무가 없으며, 이는 실제로 물품을 적재하는 데 매도인이 보다 나은 지위에 있다고 하더라도 마찬가지다. 매도인이 물품을 적재하는 경우에 매도인으로서는 매수인의 위험과 비용으로 그렇게 한다. 물품을 적재하기에 매도인이 보다 나은 지위에 있는 경우에는 매도인이 자신의 위험과 비용으로 물품적재의무를 부담하는 FCA가 통상적으로 보다 적절하다고 할 수 있다. 수출을 목적으로 매도인으로부터 EXW조건으로 거래하는 경우 매도인으로서는 수출을 이행하는 매수인의 요청에 따라 단지 협조를 제공할 의무를 부담할 뿐이고, 수출통관을 주도할 의무가 없다는 것을 유의하여야 한다. 따라서 매수인이 직접 또는 간접으로 수출통관을 수행할 수 없는 경우에는 EXW를 사용하지 않는 것이 좋다.

② 위험의 이전시점

위험의 이전시점은 매도인이 계약물품을 약정된 일자나 기간 내에 매도인의 영업구내 또는 기타 지정된 장소에서 매수인의 처분 하에 놓은 때이다. 그 이후부터 동 물품의 멸실이나 손상에 대한 모든 위험은 매수인이 부담한다.

③ 비용의 분기점

비용의 분기점은 위험이전의 분기점과 동일하다. 매도인은 물품의 제조, 포장, 점검 업무 및 기타 잡비를 부담하고 매수인은 운송수단 적재비용, 수출입 승인비용, 선적 전 검사비용, 수출 시에 지급되는 모든 관세, 조세 및 기타 부과금을 포함한 수출통관비용, 내륙운송비, 해상운임, 적하보험료 등 물품인도 이후의 제반 모든 비용을 부담해야 한다.

(2) 운송인 인도조건 [Free Carrier (...named place): FCA]

① 개념

“운송인 인도”는 매도인이 물품을 그의 영업구내 또는 기타 지정장소에서 매수인이 지정한 운송인이나 제3자에게 인도하는 것을 의미한다. 당사자들은 지정인도장소 내의 지점을 가급적 명확하게 명시하는 것이 바람직하다. 그 이유는 매수인이 지정한 지점에서 위험이 매수인에게 이전되기 때문이다.

매도인의 영업구내에서 물품을 인도하고자 하는 경우에, 당사자들은 영업장의 주소를 지정 인도장소로 명시하여야 한다. 그러나 다른 어떤 장소에서 물품을 인도하고자 하는 경우에 당사자들은 그러한 다른 인도장소를 명시하여야 한다. FCA거래조건에서 물품의 수출통관은 매도인이 하여야 한다. 그러나 매도인은 물품을 수입통관하거나, 수입관세를 지급하거나, 수입통관절차를 수행할 의무가 없다.

② 위험의 이전시점

위험의 이전시점은 지정장소에서, 특히 합의된 지점이 있는 경우에는 그 지점에서, 합의된 기일이나 합의된 기간 내에, 매수인이 지정한 운송인 또는 제3자에게 인도한 때이다. 인도는 다음의 시점에 완료된다. a) 지정장소가 매도인의 영업구내인 경우에는 물품이 매수인이 제공한 운송수단에 적재되는 때, b) 기타의 경우에는 물품이 매도인의 운송수단에 실린 채 양하 준비된 상태로 매수인이 지정한 운송인이나 제3자의 처분 하에 놓인 때.

③ 비용의 분기점

이 조건에서의 비용분기점은 위험이전의 분기점과 동일하다. 매도인은 물품의 제조, 포장, 점검업무 및 기타 잡비의 부담과 더불어 수출승인이나 기타 정부승인에 관련된 소요비용, 수출 시에 지급되는 모든 관세, 조세 및 기타 부과금을 포함한 수출통관비용, 인도지점까지의 내륙운송비, 물품인도 완료에 따른 통지비용과 물품인도 증명서류 입수 비용을 부담하여야 한다. 한편 매수인은 매도인이 물품인도 의무를 완료한 이후의 일체의 비용을 부담하여야 한다.

(3) 운송비지급 인도조건 [Carriage Paid To (...named place of destination): CPT]

① 개념

“운송비지급 인도”는 매도인이 합의된 장소(당사자 간에 이러한 장소의 합의가 있는 경

우)에서 물품을 자신이 지정한 운송인이나 제3자에게 인도하고, 매도인이 물품을 지정 목적지까지 운송하는데 필요한 계약을 체결하고 그 운송비용을 부담하여야 하는 것을 의미한다. CPT, CIP, CFR 또는 CIF가 사용되는 경우, 매도인은 물품이 목적지에 도착한 때가 아니라 운송인에게 물품을 교부하는 때에 그의 인도의무를 이행한 것으로 간주된다. CPT거래조건에서 매도인은 물품의 수출통관을 하여야 한다. 그러나 매도인은 물품을 수입통관하거나, 수입관세를 부담하거나, 수입통관절차를 수행할 의무가 없다.

② 위험의 이전시점

CPT조건에서의 물품의 멸실이나 손상에 대한 위험이전시점은 매도인에 의하여 물품이 운송인에게 인도될 때이다. 이 거래조건에서의 물품의 인도는 합의된 일자 또는 기간 내에 지정된 지점까지의 운송을 위하여 운송계약이 체결된 운송인에게 또는 후속운송인이 있는 경우에는 최초의 운송인에게 물품을 인도함으로써 이루어진다.

③ 비용의 분기점

CPT조건에서 물품에 대한 위험이전의 시점은 적출지인 수출국 내로 하면서도, 비용의 분기점은 운송비에 대한 매도인의 부담의무를 수입국 내로 함으로써 양자를 상이하게 분리하고 있다. 그러므로 수상운송방식의 FOB와 CFR의 관계는 모든 운송방식용에서의 FCA와 CPT의 관계와 같다.

매도인은 물품을 제조 · 구매하는데 따른 기본원가, 간접원가, 포장비, 물품 검사비 이외에 물품인도 장소까지의 물품운송비, 약정된 목적지까지의 물품운송비, 운송비에 포함되거나 매도인이 운송계약을 체결할 때에 발생될 수 있는 비용으로서의 물품적재비 및 목적지에서의 양하비, 수출관세나 제세 또는 수출에 있어 지급해야 하는 기타 여러 가지의 비용과 수출통관비용 및 그 밖의 수출국 세관수속절차에 소요되는 비용 등을 부담해야 한다.

매수인은 물품인도시점에서부터 적하보험료를 비롯한 운송비를 제외한 다른 제반 모든 비용을 부담해야 한다.

(4) 운송비 · 보험료지급 인도조건 [Carriage and Insurance Paid To (...named place of destination): CIP]

① 개념

"운송비 · 보험료지급 인도"는 매도인이 합의된 장소(당사자 간에 이러한 장소의 합의가 있는 경우)에서 물품을 자신이 지정한 운송인이나 제3자에게 인도하고, 매도인이 물품을

지정 목적지까지 운송하는데 필요한 계약을 체결하고 그 운송비용을 부담하여야 하는 것을 의미한다. 매도인은 또한 운송 중 매수인의 물품의 멸실 또는 손상의 위험에 대비하여 보험계약을 체결해야 한다. CIP거래조건에서 매수인이 유의해야 할 점은 매도인은 단지 최소조건으로 부보하도록 요구될 뿐이라는 점이다. 보다 넓은 보험의 보호를 원한다면 매수인은 매도인과 명시적으로 그렇게 합의하든지, 아니면 스스로 자신이 추가보험을 들어야 한다.

CPT, CIP, CFR 또는 CIF가 사용되는 경우에, 매도인은 물품이 목적지에 도착한 때가 아니라 운송인에게 물품을 교부하는 때에 그의 인도의무를 이행한 것으로 간주된다. CIP거래조건에서 매도인은 물품의 수출통관을 하여야 한다. 그러나 매도인은 물품을 수입통관하거나, 수입관세를 부담하거나, 수입통관절차를 수행할 의무가 없다.

② 위험의 이전시점

CIP조건에서의 물품의 멸실이나 손상에 대한 위험이전의 시점은 CPT의 조건과 같이 적출지에서 최초의 운송인에게 인도된 때이다.

③ 비용의 분기점

매도인은 목적지까지의 물품운송에서 발생될 수 있는 위험을 담보받을 수 있는 적하보험에 부보하고, 그에 따른 보험료를 지급하여야 한다. 그리고 EXW거래조건에서 매도인이 부담해야 하는 일체의 기본적인 비용, 물품생산현장에서부터 운송인에게 물품을 인도할 장소까지의 내륙운송비 또는 내수로 운임, 수출을 위한 일체의 공적인 수속과 같은 절차의 이행비용을 부담하여야 한다. 한편 매수인이 부담하여야 하는 비용은 적하보험료만 제외될 뿐, 나머지는 CPT거래조건의 경우와 동일하다.

(5) 터미널 인도조건 [Delivered at Terminal (...named terminal at port or place of destination): DAT]

① 개념

"터미널 인도"란 물품이 도착 운송수단으로부터 양하된 상태로 지정 목적항이나 지정 목적지의 지정 터미널에서 매수인의 처분 하에 놓이는 때에 매도인이 인도한 것으로 간주되는 것을 말한다. "터미널"은 부두, 창고, 컨테이너 장치장(CY) 또는 도로 · 철도 · 항공화물의 터미널과 같은 장소를 포함하며, 지붕의 유무를 불문한다. 매도인은 지정 목적항이나 지정 목적지까지 물품을 운송하고 거기에서 양하하는데 수반하는 모든 위험과 비용을 부담한다.

당사자들이 터미널에서 다른 장소까지 물품을 운송하고 취급하는데 수반되는 위험과 비용을 매도인이 부담하도록 의도하는 때에는 DAP 또는 DDP가 사용되어야 한다. DAT 거래조건에서 매도인은 물품의 수출통관을 하여야 한다. 그러나 매도인은 물품을 수입통관하거나, 수입관세를 부담하거나, 수입통관절차를 수행할 의무가 없다.

② 위험의 이전시점

DAT거래조건에서는 물품이 도착 운송수단으로부터 양하된 상태로 지정 목적항이나 지정 목적지의 지정 터미널에서 매수인의 처분 하에 놓이는 때에 위험이 매도인으로부터 매수인에게 이전된다.

③ 비용의 분기점

DAT거래조건에서의 비용의 분기점도 위험의 이전시점과 동일하다. 따라서 매도인은 수출승인이나 수출통관 등 수출지에서의 모든 수속절차의 이행에 필요한 비용, 수출로 인하여 부과되는 관세와 조세 부과금 및 인도 전 제3국 통과 운송비용, 목적항의 부두에 양륙함에 소요되는 양하비를 포함한 일체의 비용 등을 부담해야 한다. 한편 매수인은 약정물품을 인수한 시점으로부터 발생한 일체의 비용을 부담하여야 한다.

(6) 도착지 인도조건 [Delivered at Place (...named place of destination): DAP]

① 개념

"도착지 인도"는 물품이 지정 목적지에서 도착 운송수단에 실린 채 양하 준비된 상태로 매수인의 처분 하에 놓이는 때에 매도인이 인도한 것으로 간주되는 것을 말한다. 매도인은 그러한 지정 장소까지 물품을 운송하는데 수반되는 모든 위험을 부담한다. DAP거래조건에서 매도인은 물품의 수출통관을 하여야 한다. 그러나 매도인은 물품을 수입 통관하거나, 수입관세를 부담하거나, 수입통관절차를 수행할 의무가 없다. 당사자 간에 매도인이 물품을 수입통관하고 수입관세를 부담하며 수입통관절차를 수행하도록 합의된 때에는 DDP거래조건이 사용되어야 한다.

② 위험의 이전시점

DAP거래조건에서 매도인은 약정된 일자 또는 기간 내에 물품이 지정 목적지에서 도착운송수단에 실린 채 양하 준비된 상태로 매수인의 처분 하에 놓이는 때에 매도인으로부터 매수인에게 위험이 이전된다.

③ **비용의 분기점**

매도인은 수출관세와 수출과 관련하여 부과되는 조세 및 부과금을 포함하여 수출국에서의 세관 수속절차상 소요되는 모든 비용, 적출지에서부터 물품을 목적항에 도착시킬 때까지의 비용, 목적항에서의 양하비를 부담하고, 인도에 앞서 제3국으로 통과를 위하여 지급되는 모든 관세, 조세 및 기타 부과금을 부담하여야 한다. 한편 매수인은 수입승인을 포함한 관련 비용, 수입관세 및 수입통관절차 비용, 조세 및 기타 부과금을 부담해야 한다. 또한 매수인은 물품인수의무를 위반함으로써 발생하는 추가비용을 부담하여야 한다.

(7) 관세지급 인도조건 [Delivered Duty Paid (...named place of destination): DDP]

① **개념**

"관세지급 인도"는 수출통관된 물품이 지정 목적지에서 도착 운송수단에 실린 채 양하 준비된 상태로 매수인의 처분 하에 놓이는 때에 매도인이 인도한 것으로 간주되는 것을 말한다. 매도인은 그러한 목적지까지 물품을 운송하는데 수반되는 모든 위험을 부담하고, 또한 물품의 수출통관 및 수입통관을 모두 하여야 하고, 수출관세 및 수입관세를 모두 부담하여야 하며, 모든 통관절차를 수행하여야 하는 의무를 부담한다. DDP거래조건은 매도인의 최대 의무를 표방한다.

매도인이 직접 또는 간접으로 수입통관을 수행할 수 없는 경우에는 DDP를 사용하지 않는 것이 좋다. 만약 당사자들이 수입통관에 관한 모든 비용과 위험을 매수인이 부담하기를 원하는 때에는 DAP거래조건이 사용되어야 한다. 수입 시에 부과되는 부가가치세 및 세금은 매도인이 부담하되, 다만 매매계약에서 명시적으로 달리 합의된 때에는 그에 따른다.

② 위험의 이전시점

DDP거래조건에서 수입 통관된 물품이 지정 목적지에서 도착 운송수단에 실린 채 양하 준비된 상태로 매수인의 처분 하에 놓이는 때에 매도인으로부터 매수인에게 위험이 이전된다.

③ 비용의 분기점

DDP거래조건에서 비용의 분기점은 위험의 이전시점과 동일하다. 즉 매도인은 물품을 수입국 내의 목적지인 운송수단 상에서 매수인에게 인도할 때까지의 일체의 비용을 부담

하여야 한다. 매수인은 물품인도의 일자 또는 장소에 관하여 매도인에게 통지의무 불이행으로 인하여 물품인도 장해요인을 발생시키거나 또는 물품이 그의 임의처분 상태로 두어질 때 이를 인수하지 못함으로써 발생되는 인도일 또는 인도기간 만료일 이후의 추가 비용을 부담하여야 한다.

2) 수상운송방식용 인도조건

(1) 선측 인도조건 [Free Alongside Ship (...named port of shipment): FAS]

① 개념

"선측 인도"는 물품이 지정 선적항에서 매수인에 의하여 지정된 본선의 선측(예컨대 부두 혹은 바지선)에 놓이는 때에 매도인이 인도한 것으로 간주되는 것을 의미한다. 물품의 멸실 또는 손상의 위험은 물품이 선측에 놓인 때에 이전되며, 매수인은 그러한 시점 이후의 모든 비용을 부담한다. 매도인은 물품을 선측에 인도하거나 또는 이미 선적을 위하여 그렇게 인도된 물품을 조달하여야 한다. 여기에 "조달"(procure)을 규정한 것은 특히 일차산품거래에서 보편적인 복수의 연속적 매매("연속매매")에 대응하기 위함이다.

물품이 컨테이너에 적재되는 경우에는 매도인이 물품을 선측이 아니라 터미널에서 운송인에게 교부하는 것이 전형적인 방법이다. 이러한 경우 FAS거래조건은 부적절하며, FCA거래조건이 사용되어야 한다. FAS거래조건에서 매도인은 물품의 수출통관을 하여야 한다. 그러나 매도인은 물품의 수입통관을 하거나, 수입관세를 부담하거나, 수입통관절차를 수행할 의무가 없다.

② 위험의 이전시점

FAS조건에서는 물품이 지정 선적항에서 매수인에 의하여 지정된 본선의 선측(예컨대, 부두 혹은 바지선)에 놓이는 때에 물품에 대한 위험은 매도인으로부터 매수인에게 이전된다.

③ 비용의 분기점(division of costs)

FAS거래조건에서의 비용부담의 분기점은 위험의 이전시점과 동일하다. 따라서 매도인은 EXW거래조건에서의 비용부담 외에도 수출허가, 수출통관비, 선적항까지의 내륙운송비, 항구세, 부두사용료, 창고료, 보관료, 본선이 부두에 접안된 경우 본선 선측까지의 물품운반 비용, 본선이 해상에 정박된 경우 부두인부임, 본선 선측까지의 선박운송비를 부담하여야 한다. 매수인은 본선의 선측에서 물품을 인수한 이후의 모든 비용을 부담하여야 한다.

(2) 본선 인도조건 [Free On Board(...named port of shipment): FOB]

① 개념

"본선 인도"는 매도인이 물품을 지정 선적항에서 매수인에 의하여 지정된 본선에 적재하여 인도하거나 이미 그렇게 인도된 물품을 조달하는 것을 의미한다. 물품의 멸실 또는 손상의 위험은 물품이 본선에 적재된 때에 이전되며, 매수인은 그러한 시점 이후의 모든 위험과 비용을 부담한다.

매도인은 물품을 본선에 적재하여 인도하거나 이미 선적을 위하여 그렇게 인도된 물품을 조달하여야 한다. 여기에 "조달"(procure)을 규정한 것은 특히 일차산품거래에서 보편적인 복수의 연속적 매매("연속매매")에 대응하기 위함이다. FOB거래조건은 예컨대 전형적으로 터미널에서 인도되는 컨테이너화물과 같이 물품이 본선에 적재되기 전에 운송인에게 교부되는 경우에는 적절하지 않다. 이러한 경우에는 FCA거래조건이 사용되어야 한다. FOB거래조건에서 매도인은 물품의 수출통관을 하여야 한다. 그러나 매도인은 물품을 수입통관하거나, 수입관세를 부담하거나, 수입통관절차를 수행할 의무가 없다.

② 위험의 이전시점

FOB거래조건에서는 물품이 지정 선적항에서 본선에 적재된 때에 물품의 멸실 또는 손상에 대한 위험이 매도인으로부터 매수인에게 이전된다.

③ 비용의 분기점

FOB거래조건은 물품에 대한 위험이전의 분기점과 비용의 분기점이 동일하다. 따라서 이 조건으로 거래할 경우 매도인은 물품이 지정된 선적항에서 본선에 적재될 때까지의 물품과 관련된 제 비용을 부담하여야 한다. 또한 수출을 위하여 필요한 공적 수속절차 비용, 관세와 조세 및 기타 부과금을 포함한 수출통관과 기타 세관절차에 소요되는 비용, 물품 선적에 따른 적재비, 즉 양하기 사용료 등을 부담하여야 한다. 그 이후의 비용은 모두 매수인이 부담하여야 한다.

(3) 운임포함 인도조건 [Cost and Freight (...named port of destination): CFR]

① 개념

"운임포함 인도"는 매도인이 물품을 본선에 적재하여 인도하거나 이미 그렇게 인도된 물품을 조달하는 것을 의미한다. 물품의 멸실 또는 손상의 위험은 물품이 본선에 적재된 때에 이전된다. 매도인은 물품을 지정 목적항까지 운송하는데 필요한 계약을 체결하고 그에 따른 비용과 운임을 부담하여야 한다.

CPT, CIP, CFR 또는 CIF가 사용되는 경우에, 매도인은 물품이 목적지에 도착한 때가 아니라 선택된 해당 규칙에 명시된 방법으로 운송인에게 물품을 교부하는 때에 그의 인도의무를 이행한 것으로 간주된다. 매도인은 물품을 본선에 적재하여 인도하거나 이미 목적항까지 선적을 위하여 그렇게 인도된 물품을 조달하여야 한다. 또한 매도인은 운송계약을 체결하거나 그러한 계약을 조달하여야 한다. 여기에서 "조달"(procure)을 규정한 것은 특히 일차산품거래에서 보편적인 복수의 연속적 매매("전속매매")에 대응하기 위함이다.

CFR거래조건은 예컨대 전형적으로 터미널에서 인도되는 컨테이너화물과 같이 물품이 본선에 적재되기 전에 운송인에게 교부되는 경우에는 적절하지 않다. 이러한 경우에는 CPT거래조건이 사용되어야 한다. CFR거래조건에서 매도인은 물품의 수출통관을 하여야 한다. 그러나 매도인은 물품을 수입통관하거나, 수입관세를 부담하거나, 수입통관절차를 수행할 의무가 없다.

② 위험의 이전시점

CFR거래조건에서의 물품에 대한 위험이전의 분기점은 전술한 FOB거래조건과 동일하다.

③ 비용의 분기점(division of costs)

CFR거래조건에서의 비용의 분기점은 위험이전의 분기점과 일치하지 않는다. 이 거래조건에서는 매도인의 물품의 멸실이나 손상에 대한 책임은 선적항의 본선적재를 기준으로 매수인에게 이전되지만, 목적항까지의 해상운송과 내수로 운송에 소요되는 운임은 매도인이 부담하도록 하고 있는 것이다. FOB거래조건에서 매도인은 매도인에게 귀속되는 비용 외에 선적항에서부터 목적항까지의 해상운임을 부담해야 한다.

(4) 운임·보험료포함 인도조건[Cost, Insurance and Freight (...named port of destination): CIF]

① 개념

"운임·보험료포함 인도"는 매도인이 물품을 본선에 적재하여 인도하거나 이미 그렇게 인도된 물품을 조달하는 것을 의미한다. 물품의 멸실 또는 손상의 위험은 물품이 본선에 적재된 때에 이전된다. 매도인은 물품을 지정 목적항까지 운송하는데 필요한 계약을 체결하고 그에 따른 비용과 운임을 부담하여야 한다. 매도인은 또한 운송 중 매수인의 물품의 멸실 또는 손상의 위험에 대비하여 보험계약을 체결해야 한다. CIF거래조건에서 매수인이 유의해야 할 점은 매도인은 단지 최소조건으로 부보하도록 요구될 뿐이라는 점이다. 보다 넓은 보험의 보호를 원한다면 매수인은 매도인과 명시적으로 그렇게 합의하든지 아니면 스스로 자신이 추가보험을 들어야 한다.

CPT, CIP, CFR 또는 CIF가 사용되는 경우, 매도인은 물품이 목적지에 도착한 때가 아니라 선택된 해당 규칙에 명시된 방법으로 운송인에게 물품을 교부하는 때에 그의 인도의무를 이행한 것으로 간주된다. CIF거래조건은 예컨대 전형적으로 터미널에서 인도되는 컨테이너 화물과 같이 물품이 본선에 적재되기 전에 운송인에게 교부되는 경우에는 적절하지 않다. 이러한 경우에는 CIP거래조건이 사용되어야 한다. CIF거래조건에서 매도인은 물품의 수출통관을 하여야 한다. 그러나 매도인은 물품을 수입통관하거나, 수입관세를 부담하거나, 수입통관절차를 수행할 의무가 없다.

② 위험의 이전시점

CIF거래조건에서의 물품에 대한 위험이전의 분기점은 FOB거래조건이나 CFR거래조건과 동일한 본선에 적재한 때이다.

③ 비용의 분기점

CIF거래조건에서의 비용의 분기점은 물품이 목적항에 도착한 때라고 할 수 있다. 즉 이 거래조건에 의한 경우에는 매도인은 도착항에 물품을 운송함에 소요되는 해상운임과 목적항까지의 해상 적하보험료를 부담하여야 한다. 즉 CIF거래조건에서는 CFR거래조건에서 매도인의 부담으로 귀속되는 일체의 비용 외에 다시 적하보험료가 추가된다. 매도인과 매수인이 부담하는 비용에 대해서는 해상 적하보험료를 제외하고 CFR거래조건과 동일하다.

4. 매도인과 매수인 의무의 대조

A The seller's obligation (매도인의 의무)	B The Buyers's Obligations (매수인의 의무)
A1 General obligations of the seller (매도인의 일반의무)	B1 General obligations of the buyer (매수인의 일반의무)
A2 Licences, authorizations, security|B2 Licences, authorizations, security clearances and other formalities clearances and formalities (허가, 인가, 보안통관 기타 절차)	B3 Licences, authorizations, security|B2 Licences, authorizations, security clearances and other formalities clearances and formalities (허가, 인가, 보안통관, 기타 절차)
A3 Contract of carriage and insurance (운송계약과 보험계약)	B3 Contract of carriage and insurance (운송계약과 보험계약)
A4 Delivery (인도)	B4 Taking delivery (인도수령)
A5 Transfer of risks (위험의 이전)	B5 Transfer of risks (위험의 이전)
A6 Allocation of costs (비용의 배분)	B6 Allocation of costs (비용의 배분)
A7 Notice to the buyer (매수인에 대한 통지)	B7 Notice to the seller (매도인에 대한 통지)
A8 Delivery document (인도서류)	B8 Proof of delivery (인도의 증명)
A9 Checking-packaging-marking (검사 · 포장 · 하인)	B9 Inspection of goods (물품검사)
A10 Assistance with information and related costs (정보에 관한 협조 및 관련비용)	B10 Assistance with information and related costs (정보에 관한 협조 및 관련비용)

5. 위험의 이전시기와 보험부보자

	위 험 이 전 시 기	보험부보자
EXW	물품이 매도인의 영업구내(또는 기타 지정장소)에서 매수인의 처분 하에 놓인 때	매수인
FCA	물품이 운송인에게 인도된 때	매수인
CPT	물품이 운송인에게 인도된 때	매수인
CIP	물품이 운송인에게 인도된 때	매도인*
DAT	지정 목적항이나 지정 목적지의 지정 터미널에서 물품이 매수인의 처분 하에 놓인 때	매도인
DAP	지정 목적지에서 도착 운송수단에 실린 채 양하 준비상태로 매수인의 처분 하에 놓인 때	매도인
DDP	수입통관 후 지정목적지에서 도착운송수단에 실린 채 양하 준비상태로 매수인의 처분 하에 놓인 때	매도인
FAS	본선의 선측에 물건이 놓인 때	매수인
FOB	물품이 본선에 적재된 때	매수인
CFR	물품이 본선에 적재된 때	매수인
CIF	물품이 본선에 적재된 때	매도인*

주) *는 매도인이 매수인을 위한 부보의무자이나 나머지는 매도인 또는 매수인 자신의 이익을 위하여 부보한다.

제3장 국제물품매매계약의 성립

국제물품매매계약은 계약성립을 원하는 당사자 간의 합의에 의하여 이루어지며, 이 합의는 일반적으로 일방 당사자의 청약(Offer)과 상대방의 승낙(Acceptance)이라는 과정을 거쳐 이루어지게 된다.

제1절 당사자의 청약

1. 청약의 요건

당사자들이 계약을 체결하기 위하여 행하는 방식은 매우 다양하다고 할 수 있다. 따라서 이를 일의적으로 해석할 수는 없지만, 여기에서는 물품매매계약의 성립에 관한 국제조약 및 여러 학설과 판례 등을 중심으로 청약에 관하여 구체적으로 검토해 보기로 한다.

청약이란 "상대방의 승낙을 기다려 일정한 계약의 내용을 성립시키기 위한 일방적 의사표시 또는 법적으로 구속력이 있는 계약을 체결하려고 하는 의사를 언어나 행동으로 알리는 것"이라 할 수 있다. 즉 청약이란 특정인에 대하여 계약을 체결할 목적으로 행하는 구속력 있는 의사표시라 할 수 있다. 따라서 청약과 승낙과의 관계와 관련하여 전자는 먼저 제의한 의사표시를 의미하고 후자는 이에 응하는 의사표시를 의미하므로, 양자의 관계는 시간적인 선후관계에 불과하다고 할 수 있다.

그런데 청약은 특별한 형식이 요구되는 것이 아니라 자유스럽게 이루어질 수 있는 것을 그 원칙으로 한다. 예를 들어 「국제물품매매계약 성립에 관한 통일법」 제 3조에서는 "청약이나 승낙은 문서로써 증명될 필요가 없고, 어떠한 서식도 필요로 하지 않으며, 특히 청약이나 승낙은 증인에 의하여 그 증명이 가능하다"라고 규정하고 있고, 「국제물품매

매계약에 관한 UN협약: 비엔나 협약」 제 11조에서도 "매매계약은 서면으로 체결되거나 입증될 필요가 없으며, 그 형식에 대하여도 기타 하등의 요건에 구속받지 아니한다. 매매계약은 증언을 포함하여 여하한 수단에 의해서도 입증될 수 있다"라고 규정하고 있다.

또한 주요국의 법규에서도 별도로 청약방식을 규정하지 않고 이를 일반관행에 위임시키고 있어서, 구두나 서면 뿐 아니라 행위에 의해서도 청약이 가능한 것으로 해석되고 있다. 다만 청약은 계약을 성립시키려고 하는 의사표시에 의거해 행해져야 하기 때문에 그 내용이 명확해야 함을 전제로 한다. 즉 물품의 품명 · 품질 · 수량 · 가격 · 지급 · 인도 · 보험 등 청약의 필수요소들이 명확하게 표현 내지는 제시되어야 한다. 「국제물품매매계약에 관한 UN협약」에 의하면 계약체결을 위한 제의는 「1인 이상의 특정인에게 송부된 것」이어야 함을 원칙으로 규정하고 있다. 즉 상대방이 청약사실을 알기 전에는 이에 대한 동의의 의사표시를 할 수 없기 때문에, 청약은 상대방에게 반드시 전달되어야 한다.

이와 관련하여 청약의 상대방에 따라 그 효과는 다음과 같이 정리될 수 있다. ① 청약이 특정 개인을 상대방으로 하는 경우에는 그 지정인만이 승낙의 권한을 가지며, 그 이외의 사람은 승낙을 할 수 없음은 물론 승낙하더라도 계약은 성립되지 않는다. ② 청약이 특정 그룹의 사람들을 상대방으로 한 경우에는 그 소속그룹인 누구나가 승낙할 수 있는 권한을 갖는다.

2. 청약의 유인

청약의 유인이란 계약체결을 위한 사전 예비교섭으로써 타인에게 권유하여 자신에게 청약을 하게 하는 행위를 말한다. 따라서 일방 당사자의 청약에 대하여 상대방이 승낙하면 계약이 성립되지만, 청약의 유인은 상대방이 승낙하여도 청약자의 확인이 없으면 계약이 성립되지 않는다. 청약의 유인에 대한 대표적인 예로써 구인광고, 판매광고, 상품목록 및 진열, 기차시간표 등을 들 수 있다.

그런데 실제로는 청약과 청약의 유인을 구분하기 곤란한 경우가 많이 있다. 따라서 각각의 개별적인 상황에 의존할 수밖에 없는 바, 그 구분에 대한 절대적인 기준이 있는 것은 아니다. 그러나 일반적으로 다음과 같은 방법으로 구분할 수 있다.

첫째로, 청약과 청약의 유인은 청약자의 의도를 기준으로 구분할 수 있다. 즉 청약자의 의도가 상대방의 승낙과 동시에 자신의 의사표시에 구속되려는 의도일 경우에는 청약이라 할 수 있으며,[1] 청약자의 의도가 상대방의 승낙만으로는 구속되지 않고 청약자 자신

1) 예를 들어 입찰내용을 보내면서 입찰을 붙인 자가 최고가격 또는 최저가격을 정하고 기타의 계약조건들을 구체적으로 명시하였거나, 또는 최저가격으로 입찰에 참가한 신청자에게 계약할 것임을 명백하게 표명한 경우의 입찰안내장 등은 청약으로 간주된다.

의 확인에 의하여 구속되려는 의도일 경우에는 청약의 유인이라 할 수 있다.

둘째로, 특정인에 대한 경우에는 일반적으로 청약이라 할 수 있으나, 불특정 다수인에 대한 경우에는 대체로 청약의 유인인 경우가 많다.

3. 청약의 효력발생시기

청약은 법적으로 구속력이 있는 특정 당사자의 확정적 의사표시이므로, 상대방이 이를 승낙할 경우 계약이 성립하게 된다. 그 결과 청약의 효력발생시점 이전에만 가능한 청약의 철회와 관련하여, 청약의 효력이 발생되는 시점을 어느 시점으로 정해야 하는가 하는 점은 매우 중요한 의미를 갖게 된다.

물품매매에 관한 국제조약 및 주요국의 법규들은 청약의 효력발생시점에 관하여 「도달주의」를 채택하고 있다. 즉 국제조약 및 주요국의 법규에서는 청약은 그 내용이 상대방에게 도달됨으로써 비로소 그 효력을 발휘하게 된다는 입장을 취하고 있다. 청약의 회수란 청약으로서의 효력을 발생시키기 이전의 상태에서 청약자가 임의로 청약으로서의 효력을 상실시키는 것을 말하는데, 이는 청약의 도달주의 입장에서 볼 때에 청약이 상대방에게 도달되기 이전에는 청약자의 청약회수가 가능한 것으로 해석된다. 그 근거로써 청약이 상대방에게 아직 도달되기 이전에는 「청약으로서의 효력이 발생되기 이전의 상태에 있는 것」이기 때문이다. 그리고 이러한 도달주의 입장에서 볼 때 청약자의 청약회수 의사는 반드시 상대방에게 도달되지 않으면 안된다.

「국제물품매매계약에 관한 UN협약」 및 「영미법」에서는 청약철회의 자유원칙을 인정하고 있다. 그러나 우리나라 민법에서는 확정청약이든 불확정청약(자유청약)이든 모두 확정기간 또는 상당기간 내에는 청약철회를 할 수 없는 것으로 규정하고 있다. 그러나 우리나라에서도 청약이 도달되기 이전에는 다른 방법으로 청약을 회수하여 그 효력발생을 저지할 수 있거나 내용변경이 가능해야 한다는 주장과 상대방 보호의 관점에서 청약회수를 인정할 필요가 없다는 주장 등의 두 가지 상반된 주장이 존재하고 있는 실정이다.

4. 청약의 효력소멸

「청약의 효력소멸」이란 청약을 상대방이 승낙하기 이전에 일정한 사유로 인하여 그 효력이 없어지는 것을 말한다. 청약효력을 소멸시키는 사유에는 청약자에 의한 취소, 상대방에 의한 거절, 기타 사유 등이 있는 바, 그 각각에 대하여 구체적으로 살펴보기로 한다.

(1) 청약자의 청약철회

청약자의 청약철회란 청약회수와는 달리「일정한 원인」에 의하여 청약자가 자신의 의사표시 또는 법률행위의 효력을 소급하여 청약 자체를 소멸시키는 것을 말한다. 따라서 청약이 철회될 때까지는 그것이 유효한 것으로 효력을 발생시키다가, 일단 철회가 되면 그동안 발생되었던 권리와 의무는 처음부터 발생되지 않았던 것과 동일한 상태가 된다.

청약자의 청약취소와 관련하여「국제물품매매계약에 관한 UN협약」에서는「청약자가 계약이 체결되기 이전에는 청약을 철회시킬 수 있다」라는 원칙을 채택하고 있으며, 이때의 청약의 철회는 상대방이 승낙을 발신하기 이전에 도달되어야 한다는 입장을 취하고 있다. 따라서 청약을 철회할 수 있는 기간은 상대방이 승낙을 발신하기 이전까지이며, 그 결과 청약자의 철회권은 상대방이 일단 승낙을 하게 되면 실효하게 된다.

그리고「국제물품매매계약에 관한 UN협약」에서는 청약의 철회가 적법한 것인 경우에 한해서 이를 인정하는 것으로 규정하고 있다. 그러므로 만일 청약자가 상대방에게 그 청약을 신뢰하게 하여 어떤 손해를 입혔다거나 계약에서 정한 절차를 무시하여 청약을 철회시킨 경우에는「국제물품매매계약에 관한 UN협약」제 7조 (2)항의 일반원칙에 의거하여 청약자의 청약철회는 불법행위로서 청약자가 손해배상책임을 지게 된다.

한편 청약서에 승낙기간의 설정 또는 기타의 방법으로 청약이 취소불능임을 표시한 경우에는 상대방 보호 차원에서 그 취소가능성이 제한된다. 즉「국제물품매매계약에 관한 UN 협약」에서는 ① 청약에서 승낙을 위한 기간이 설정되어 있거나, ② 해당 청약이 취소불능임을 약속한 경우, ③ 청약자가 그 청약이 취소불능임을 묵시적으로 표시한 경우[2] 등은 확정청약[3]으로서 청약자의 취소행위를 부인하는 입장을 취하고 있다. 그리고 우리나라 민법에서는 앞에서 검토한 청약회수의 경우와 마찬가지로 승낙기간을 정한 경우는 물론 승낙기간을 정하지 않았다 하더라도 상당시간동안 청약을 철회시킬 수 없는 것으로 규정하고 있다.

(2) 상대방의 거절

청약을 일정기간 유지하겠다고 약속하였거나 또는 취소불능임을 밝혔더라도 상대방의

---

2) 이는 예를 들어「귀하의 승낙을 위하여 일주일동안 유지한다」와 같이 그 기간 중에는 약속을 취소하지 않겠다고 암시한 경우를 의미한다.

3) 확정청약이란 청약의 유효기간을 정하고 그 기간 내에 피 청약자가 승낙하면 계약이 성립되는 청약을 말하며, 따라서 유효시간 내에 또는 유효기간이 없는 경우에는 합리적인 기간 내에 취소되지 않을 것임을 청약자가 보장하는 청약이라 할 수 있다. 대부분의 확정청약은 유효기간이 있지만 유효기간이 없는 경우라 하더라도 그 청약이 "확정적" 또는 "취소불능"이라는 표시가 있으면 확정청약으로 간주된다.

명시적 거절이 있으면 그 청약은 설정기간 내라 하더라고 실효된다. 이에 대해서는 우리나라에서도 마찬가지의 입장을 취하고 있으며, 대화나 전화 또는 텔렉스에 의한 청약은 의사전달이 동시적이기 때문에 대화중에 승낙이 없을 경우 해당 청약은 실효된다.

한편 「국제물품매매계약에 관한 UN협약」 및 주요국의 법규에서는 청약거절의 효력발생시기와 관련하여 상대방에 의한 거절은 그것이 청약자에게 도달한 때에 해당 청약이 실효되는 것으로 규정하고 있다.

(3) 기타 사유에 의한 효력소멸

청약자나 상대방의 능력상실 또는 사망의 경우에는 거래의 편의라는 관점에서 청약의 소멸이 인정되고 있다. 또한 청약은 승낙기간이 경과됨으로써 자동적으로 소멸되며, 청약이 성립되기 위한 조건의 불성취로 인하여 소멸되기도 한다.

여기에서 후자의 경우 청약의 내용이 달성되기 위해서는 청약상의 상황이 변하지 않고 그 존속이 계속적으로 유지될 것임이 전제되는 경우가 있을 수 있는데, 이러한 조건의 불성취는 청약의 소멸사유가 되는 것으로 처리되고 있다. 그 근거로써 명시적이든 묵시적이든 특정 조건이 전제된 청약은 그것이 성취되지 아니할 경우 상대방에 의한 승낙이 이루어질 수 없기 때문이다.

제2절 당사자의 승낙

1. 승낙의 요건

승낙은 청약에 대한 상대방의 동의표시라 할 수 있다. 따라서 승낙이란 "청약에서 요구하는 방법에 따라 상대방이 청약의 조건에 따르겠다는 동의의 표시"라고 정의할 수 있다. 그러므로 결국 승낙이란 청약에 따라 계약을 성립시키겠다는 의사표시라 할 수 있는바, 승낙은 청약자가 행한 특정의 청약에 대하여 상대방이 행하는 동의표시라는 점이 그 본질이라 할 수 있다.

동의표시의 방식과 관련하여 동의표시의 방식이 지정되었으면 그 방식에 따라야 한다. 따라서 문서로써 승낙하기를 요구하고 있는데 구두로 승낙을 한 경우에는 계약이 성립되지 않는다. 이와 관련하여 미국에서는 승낙방식에 있어서 언어나 특정 행위로 또는 상대방에게 그 방식을 선택하게 할 수 있도록 정하고 있는데, 이러한 경우에도 반드시 해당

방식에 의해서만 승낙이 이루어져야 한다. 우리나라 민법에서도 청약자가 승낙방식을 한정하여 제시하였거나 특별한 관습이 있으면 그것에 따라야 하는 것으로 규정하고 있다.

그러나 청약에 대한 동의표시방식을 한정 또는 시사하고 있지 않은 경우에는 그 구체적 상황에 따라 판단할 수밖에 없게 된다. 이와 관련하여 영국에는 단지 청약에 대한 동의표시방식을 시사만 하고 있는 경우에는 시사하고 있는 기간보다 늦지 않은 범위 내에서 다른 방식으로 승낙하여도 좋은 것으로 처리하고 있다. 미국에서도 이러한 경우에는 그 상황 하에서 합리적인 방법이나 수단, 즉 청약자가 묵시적으로 인정하는 방법 또는 기타 우편이나 전보 등의 합리적인 수단에 의하여 승낙할 수 있다는 입장을 취하고 있다.

동의의 침묵과 관련하여 「국제물품매매계약에 관한 UN협약」 제 18조 (1)항에서는 침묵이나 무작위는 그 자체가 승낙으로 간주되지 않는 것으로 규정하고 있다. 이에 관하여 영국에서의 판례 및 미국의 UCC[4]에서도 같은 견해를 채택하고 있다. 그러나 특수한 상황하에서는 침묵이 동의의 의사표시로 취급되는 경우도 있을 수 있다. 예를 들어 「…일까지 귀하로부터 회답을 듣지 못하는 한 승낙한 것으로 간주한다」라는 내용으로 청약자가 상대방에게 그 회답을 요구하고 있는 경우 상대방의 침묵은 승낙으로 간주될 수 있기 때문에, 이러한 경우에는 상대방이 승낙할 의사가 없으면 자신의 의사를 상대방에게 회답해 주어야 할 의무가 있다고 보아야 한다. 이러한 예외는 ① 당사자 간에 이미 양해가 되어 있는 경우와 ② 거래관행상 무응답이 승낙으로 취급되는 경우로 한정된다. 이러한 예외가 인정되는 것은 「국제물품매매계약에 관한 UN협약」 제 6조에서 규정하고 있는 「당사자 자치의 원칙」에 근거한 것이라 할 수 있다.

한편 동의의 실행과 관련하여 「국제 물품매매계약에 관한 UN협약」 제 18조 (3)항 및 주요국의 법규에서는 「청약의 성격상」 또는 「확립된 관례가 있는 경우」에 한하여, 상대방의 동의의 표시가 없어도 물품의 선적이나 대금지급 등과 같은 행위를 실행하는 것이 합리적인 경우에는 그 행위가 행하여짐과 동시에 승낙으로서의 효력을 발생시키는 것으로 규정하고 있다. 예를 들어 만일 청약에서 「선적을 서둘러라」라는 지시를 하고 있는 경우, 물품의 선적은 청약의 성격상 행위의 실행에 의한 승낙에 해당된다고 할 수 있다. 이러한 원칙은 청약이 승낙기간을 설정한 경우에는 그 기간 내에 그리고 설정된 기간이 없는 경우에는 합리적인 기간 내에 실행되어야 한다.

그런데 상대방이 행위의 실행만을 행하고 그 사실을 별도로 통지하지 아니한 경우에는

4) UCC는 Uniform Commercial Code의 약자로써 미국의 「통일상법전」을 의미한다. UCC는 판례에서 체계화된 법리를 근거로 상거래의 전 단계에 걸쳐 발생되는 제반 국면들을 규율하는 법을 하나의 법전으로 집대성한다는데 그 제정취지를 두고 있는 규범법전(Model Code)이라 할 수 있다. 따라서 UCC는 법적 구속력을 가지는 절대법으로서의 성격을 띠고 있는 것이 아니라 하나의 보충적 기능을 담당하고 있는 것에 불과하다고 할 수 있다.

그 실행행위의 효력에 의문이 제기될 수 있다. 따라서 이러한 경우에는 행위의 사실에 대한 통지 또는 청약자가 요구하는 정보를 적기에 제공하지 아니하여도 된다는 의미로 해석되어서는 안된다. 이렇게 해석하는 근거는 「국제물품매매계약에 관한 UN협약」에서 규정하고 있는 「승낙은 통지를 필요로 한다」라는 원칙에 부합되어야 하기 때문이다.

2. 승낙의 효력발생시기

상대방에 의한 동의표시가 그 효력을 발생시키는 시기를 어느 시점으로 정하느냐에 따라 계약성립시기가 달라질 수 있으므로, 승낙의 효력발생시기는 매우 중요한 의미를 갖는다. 이와 관련하여 「국제물품매매계약에 관한 UN협약」에서는 「통신의 도달주의 원칙」을 채택하고 있다. 즉 '동의의 표시가 청약자에게 도달되지 않는 한 그리고 도달될 때까지' 승낙의 효력은 발생되지 않는다는 것이다.

따라서 승낙에 대한 의사표시를 행하는 외적인 행위나 발언이 있더라도 그것이 청약자에게 전달될 때까지는 완성되지 않는다는 것이다. 이때 동의의 통지기간이 설정되어 있으면 그 기간 내에 그리고 그 기간이 설정되어 있지 않으면 합리적인 기간 내에 도달되어야 하며, 동의의 통지는 상대방에게 직접 또는 영업소나 우편주소로 전달되어야 한다. 그러므로 청약자가 승낙을 위한 기간을 설정하였는데 상대방의 동의표시가 이 기간 내에 도달되지 않으면 승낙으로서의 효력은 발생되지 않는다고 할 수 있다.

그런데 청약자가 설정한 기간은 그 계산방법에 따라 기간의 길이가 달라질 수 있고, 또한 이는 승낙의 효력에도 직접적인 영향을 미치게 되므로 매우 중요하다고 할 수 있다.

이와 관련하여 청약자가 정한 승낙기간이 시작되는 시점에 대하여 「국제물품매매계약에 관한 UN협약」에서는 서신의 경우에는 서신에 표시된 일자부터, 그리고 일자가 없으면 봉투에 표시된 일자부터 개시되는 것으로 처리하고 있다. 또한 전화나 텔렉스 또는 기타 동시적 통신수단에 있어서는 그것의 도달 시부터 개시되는 것으로 처리하고 있다. 영국에서는 청약의 통지가 피 청약자에게 도달된 때로부터 승낙기간이 개시되는 것으로 처리하고 있으며, 미국에서는 청약의 통지를 피 청약자가 수령한 때로부터 승낙기간이 개시되는 것으로 처리하고 있다. 그리고 우리나라에서는 원칙적으로 초일은 승낙기간에 산입시키지 않고 있다. 따라서 「국제물품매매계약에 관한 UN협약」에서는 초일산입, 우리나라에서는 초일제외, 영국과 미국에서는 매도인에 의한 청약 통지의 도달 시 등 각각 다르게 정하고 있으므로 주의가 요구된다.

한편 승낙기간이 종료되는 시점과 관련하여 우리나라 민법과 「국제물품매매계약에 관한 UN협약」에서는 승낙기간 중에 들어있는 공휴일과 비영업일은 그 기간에 포함시키고

있으며, 기간의 말일이 청약자의 영업소 소재지의 공휴일 또는 비영업일이면 그 기간은 다음의 최초영업일까지 연장되는 것으로 규정하고 있다.

다음으로 승낙통지의 지연이 발생된 경우 승낙통지의 지연 원인이 전달상의 지체에 의한 것이라 하더라도, 대부분의 법규에서는 도달주의를 그 원칙으로 채택하고 있기 때문에 별도로 추인하지 않는 한 해당 승낙은 실효된다.

그러나 「국제물품매매계약에 관한 UN협약」 제 21조 (2)항에서는 주위상황과 승낙서의 발신기록으로 보아 그 지연이 전달상의 사고에 의한 것임이 명백히 입증될 수 있는 경우에는 지연된 승낙일지라도 그것이 실효되었음을 별도로 통지하지 아니하는 한 승낙으로서의 효력이 인정되는 것으로 규정하고 있다. 따라서 이러한 경우에는 당사자들이 해당 계약에 구속된다고 할 수 있다.

그러나 이와 관련하여 영미법 하에서는 승낙의 효력발생시기와 관련하여 「발신주의」를 채택하고 있기 때문에 이러한 문제를 취급할 기회가 없다고 할 수 있다. 즉 영미법에서는 승낙자가 청약자에게 승낙에 대한 의사표시를 통신수단으로 발신하는 순간 승낙으로서의 효력이 발효되는 것으로 규정하고 있다.

승낙의 효력발생시기에 관하여 도표로 정리하면 다음의 〈도표 3-1〉과 같다.

▮표 3-1▮ 승낙의 의사표시에 대한 효력발생시기

통신수단/준거법			한국법, 일본법	영국법, 미국법	비엔나 협약
승낙의 의 사 표 시	대화자간	대 면	도달주의	도달주의	도달주의
		전화나 텔렉스	도달주의	도달주의	도달주의
	격지자간	우편이나 전보	발신주의	발신주의	도달주의

3. 승낙의 회수

승낙의 회수란 청약의 회수와 마찬가지로 승낙으로서의 효력이 아직 발생되기 이전의 상태에서 승낙자가 임의로 승낙으로서의 효력을 상실시키는 것이라 할 수 있다. 이러한 논리는 승낙의 도달주의를 채택하는 경우에만 적용될 수 있게 된다. 따라서 승낙의 효력발생시기와 관련하여 발신주의를 채택하고 있는 영미법 하에서는 이와 관련된 문제가 발생되지 않는다. 그리고 승낙회수의 경우에는 계약위반의 사실이 없기 때문에 승낙회수를 근거로 손해배상의 청구사유가 될 수 없게 된다.

이와 관련하여 「국제물품매매계약에 관한 UN협약」에서는 승낙과 승낙회수의 경우 모두 도달주의를 채택하고 있고, 승낙철회에 대하여 동 협약 제 22조에서는 「승낙의 회수

는 승낙이 발효되기 이전 또는 그와 동시에 청약자에게 도달되는 경우에 성립될 수 있다」라고 규정함으로써 승낙의 회수 가능설을 취하고 있다. 그러므로 이처럼 승낙의 회수를 인정하는 경우 회수의 의사가 승낙의 의사보다 빨리 또는 동시에 상대방에게 도달되지 않으면 안된다. 그리고 승낙철회의 방식에는 아무런 제한이 없다.

그런데 영미법계의 학설 및 법규에서는 승낙의 발신주의를 채택하고 있기 때문에, 승낙회수를 부인하는 견해가 우세하다고 할 수 있다. 특히 영국에서는 우편에 의한 승낙을 전보나 전화로 회수할 수 있는가에 대하여 서로 상반된 주장이 공존하고 있다. 다만 승낙회수를 부인하는 견해가 영미법계인 영국에서는 더 우세하다고 볼 수 있다.

이 문제에 대하여 영국의 승낙회수 가능설 주장자들은 승낙의 발신주의는 오직 거래상의 편의에 의하여 채택된 것일 뿐이며, 청약자는 승낙의 회수가 도달되기 전까지는 그 청약의 승낙 여부를 모르기 때문에 손해를 입을 이유가 없다고 주장한다. 반면에 승낙회수 불능설 주장자들은 승낙의 발신주의에 입각하여 승낙 후의 회수가 불가능함에도 불구하고 회수를 인정하는 것은 공평하지 못할 뿐만 아니라, 시황이 자신에게 유리하면 승낙을 유지하고 시황이 불리하면 승낙을 회수할 것이므로 결국 투기위험을 청약자에게 전가시키는 불합리한 결과가 초래될 수 있다고 주장한다.

한편 미국의 판례에서는 승낙의 발신주의에 입각하여 승낙 후 전화에 의한 회수는 무효인 것으로 처리하고 있고, 회수가 승낙의 법적 효과를 소멸시킬 수 없는 것으로 처리하고 있다. 이처럼 미국에서는 회수사실이 승낙의 통지보다 먼저 도착되어도 이는 무효인 것으로 처리함으로써 승낙회수 불능설을 엄격하게 고수하고 있다. 그런데 우리나라의 경우에는 승낙회수와 관련하여 아무런 명문규정도 논의되는 주장도 없는 실정이다.

결국 이러한 문제는 승낙의 효력발생시기를 달리하는 법체계 간의 법리와 연결되는 문제라 할 수 있다. 그리고 실무적으로는 문의와 조회 및 회답이 전화나 텔렉스로 행하여진 후 곧바로 전신으로 확인되고 있는 것이 오늘날의 일반관행이기 때문에, 실제로 승낙이 철회될 수 있는 기회를 포착하기란 용이하지 않다고 할 수 있다.

제3절 계약의 성립

물품을 국제적으로 매매하는 국제물품매매계약은 계약의 일종이기 때문에 일방 당사자의 청약과 타방 당사자의 승낙에 의하여 성립되는 바, 그 내용과 교섭과정이 아무리 복잡하다 하더라고 계약은 반드시 최종적으로는 하나의 청약과 하나의 승낙에 의하여 성립된

다고 할 수 있다. 이는 매매계약이 성립되기 위해서는 매도인과 매수인 간의 합의가 기본요건이라는 사실을 의미하고 있는 것이라 할 수 있다. 따라서 매매계약이 성립되기 위해서는 쌍방 당사자의 합의가 기본요건이 되며, 이러한 합의가 성립되기 위해서는 쌍방 당사자 간의 의사표시의 내용이 일치하여야 한다.

이처럼 양 당사자 간의 자발적 합의에 의해 체결된 계약내용은 추후 당사자 간의 분쟁발생 시 그 분쟁을 해결하는 근본적인 척도가 되며, 이러한 양 당사자 간의 자발적인 합의를 「당사자 자치의 원칙」이라고 한다. 양 당사자 간에 분쟁발생 시 당사자 간의 합의내용이 항상 최우선순위를 갖게 되는데, 그 이유는 계약당사자들이 자발적으로 합의한 「당사자 자치의 원칙」에 근거하여 모든 기준이 결정되어야 하기 때문이다.

일방 당사자가 상대방에 대하여 '승낙이 있는 경우에 구속된다'라는 의사표시를 하였을 때, 이는 청약의 기초적 기준이 된다. 따라서 청약의 궁극적 기준은 일방 당사자가 행하는 「구속된다는 약속의 의사표명」이라 할 수 있다. 그리고 이러한 의사표시는 단독으로는 그 법적 효과를 발생시키지 못하고 승낙이라는 상대방의 의사표시와 합해져야 비로소 계약의 성립이라는 법적 효과를 발생시키게 된다.

그러므로 계약 성립을 위한 약속에는 항상 약속자와 수약자라는 쌍방 당사자가 필요하며, 그 약속 중에는 전자가 후자에 대하여 '일정한 의무를 부담하겠다는 의사표시'가 포함되어 있지 않으면 안된다. 그리고 수약자의 승낙과 관련하여 「국제물품매매계약에 관한 UN협약」 제 28조에서는 「동의의 표시」라고 하는 또 하나의 원칙을 규정함으로써 승낙자로 하여금 승낙통지의무를 부여하고 있다. 그런데 「동의의 표시」란 말의 의미는 동의와 표시를 모두 포괄하는 개념이라 할 수 있으므로, 이는 진술은 물론 기타 행위에 의해서도 의사표시를 할 수 있음을 의미하는 것이라 할 수 있다.

결국 계약성립을 위한 의사표시 원칙은 '청약자의 구속된다는 약속의 표시'와 이에 대한 '상대 당사자의 동의의 표시'로 요약될 수 있다. 그러므로 계약이란 「법적으로 구속력이 있는 합의표시의 형성」이라고 정의할 수 있다.

이러한 물품매매계약이 성립되기 위해서는 당사자 간의 합의만 있으면 충분하여 반드시 문서로 작성되어야 할 필요는 없다. 그러나 실무적으로는 당사자 간의 합의의 사실을 일정한 형식의 서면으로 작성해 두는 것이 일반관행으로 되어 있다. 그리고 국제물품매매에 대한 계약내용을 문서로 작성해 두는 경우, 그 내용은 품질 · 수량 · 가격 · 인도 · 보험 · 지급 등의 6대 조건을 기본적으로 규정하는 것이 일반관행으로 되어 있다. 그런데 이러한 경우 문서에 사용되는 용어는 통상적인 의미를 가진 용어로 표현되어야 할 필요가 있다. 그 근거로써 거래관행을 무시하고 해당 거래에서 사용되는 용어에 부여된 의미를 규정짓기가 어렵기 때문이다. 그러므로 계약 당사자들은 계약내용을 문서로 약정할

경우 당사자 쌍방이 용이하게 이해할 수 있는 의미를 가진 적절한 용어를 사용하는 것이 바람직하다고 할 수 있다.

그리고 무역거래는 서로 다른 국가에 있는 쌍방 당사자 간에 이루어지는 물품매매계약이므로 해당 거래의 기준이 되는 일반적인 조건들을 미리 결정해 두지 않으면 안된다.

특히 거래 대상이 되는 물품에 관한 조건은 적어도 (1) 품질, (2) 수량, (3) 가격, (4) 선적조건, (5) 보험, (6) 지급 등 6개의 기본조건들이 포함되어야 한다. 그 각각에 대하여 간략히 검토해 보면 다음과 같다.

1. 품질조건

품질에 관한 조건으로 중요한 것은 품질결정방법과 품질결정시기의 두 가지를 들 수 있다. 품질결정방법에는 견본[5]매매, 규격매매, 표준품[6]매매, 상표매매, 명세서매매 등이 있다. 그리고 일반적으로 무역상품의 수송은 장거리의 해상운송을 필요로 하는 경우가 많으므로 수출지 항에서의 선적시의 상품품질과 수입지 항에서의 양륙시의 상품품질 간에 차이가 발생될 가능성이 높다. 그러므로 어느 시점을 기준으로 품질을 결정할 것인가에 관한 계약내용은 매우 중요하다고 할 수 있다. 일반적으로 품질결정시기에 관한 조건에는 상품을 선적할 때의 품질을 기준으로 하는 선적품질조건과 양륙지에서의 상품품질을 기준으로 하는 양륙품질조건이 있다.[7]

5) 견본이란 일반적으로 수출업자가 수입업자에게 송부하는 매도인 견본을 의미하며, 수입업자가 수출업자에게 송부하는 매수인 견본도 있다. 그리도 매도인 견본이나 매수인 견본에 대하여 새로운 견본을 제시하게 되는 경우 이를 역 견본이라 한다. 견본은 원칙적으로 실물견본이어야 하지만, 고가품이거나 상품송부가 곤란한 경우 견본에 대체하여 카탈로그나 청사진 등이 사용되기도 한다.

6) 표준 품질을 명시하는 대표적인 방법으로는 ① 평균중등품질(FAQ: Fair Average Quality)과 ② 판매적합품질(GMQ: Good Merchantable Quality)의 두 가지가 있다. FAQ는 주로 곡물류의 거래에서 상용되는 품질조건으로써 인도상품의 품질은 선적 시 선적장소에서 그 계절 출하품의 평균 중등상품을 의미한다. 그리고 GMQ는 수출업자가 인도한 상품이 수입지에서 양하되어 검사를 받은 후 현지시장에서의 판매에 적합한 상품일 것을 보증하는 조건을 말한다.

7) 예를 들어 영국 런던의 곡물시장에서는 다음의 세 가지 품질조건이 있다. ① Tale Quale(TQ): 선적품질조건으로써 양호한 상태로 선적되었을 경우 매도인은 운송중의 손실에 대하여 그 책임을 부담하지 않는 조건이다. ② Rye Term(RT): 양륙품질조건으로써 매도인은 화물의 목적지에 도착한 때의 상품품질을 보증해야 하는 조건이다. ③ Sea-Damage Terms(SD): 원칙적으로 선적품질조건으로써 단지 항해 중 화물이 조류에 의하여 또는 응고에 의하여 발생되는 손해에 대해서는 매도인이 이를 부담하는 선적품질조건의 변형이라 할 수 있다. 이 SD조건에 의한 무역거래는 사라진지 오래이나 그 조건만은 아직까지도 존속되고 있는 실정이다.

2. 수량조건

수량에 관한 조건으로써 수량단위는 상품의 성질과 관습에 의거하여 중량, 용적, 개수, 포장단위, 길이, 면적 등으로 분류된다. 이 중에서 중량측정의 방법에는 총중량 조건(Gross Weight Term)과 순중량 조건(Net Weight Term)이 있는데, 총중량조건은 화물의 포장을 포함하여 계량된 중량을 기준으로 대금계산의 기준을 결정하는 거래조건을 말하며, 순중량 조건은 총중량에서 포장물이나 기타 이물질을 제외한 상품의 중량을 대금계산의 기준으로 결정하는 거래조건을 말한다. 그리고 선적시의 수량을 최종적인 것으로 할 것인가 아니면 양륙시의 수량을 최종적인 것으로 할 것인가에 따라 선적수량조건과 양륙수량조건으로 구분할 수 있다.

한편 신용장에 의한 거래로써 물품의 수량에 About, Approximately 등 이와 유사한 효력을 가지는 용어를 삽입한 경우, 신용장통일규칙에서는 선적품의 수량에 대하여 10%의 과부족을 용인하고 있다. 그리고 이러한 용어가 사용되지 않았다 하더라도 별도의 금지조항이 포함되어 있지 않는 한, 5%의 과부족이 인정되고 있다.

3. 가격조건

가격에 관한 조건에서 문제가 되는 것은 매매가격의 산출근거, 가격표시 통화, 결제통화 등에 관한 조건이다. 일반적으로 오늘날 매매가격의 산출근거는 무역거래관습상 형성된 여러 가지 형태의 정형거래조건(예를 들어 Incoterms 2010)에 따르고 있다. 그리고 우리나라는 재무부장관이 정한 지정통화[8]로 결제하도록 하고 있으므로 이에 유의하여야 하며, 결제통화의 표시에 있어서 주의하여야 할 점은 막연히 달러 또는 프랑이라고 표시하지 말고 US Dollar, Canadian Dollar, Hong Kong Dollar, French Fran, Swiss Fran, Belgium Fran 등과 같이 결제통화를 구체적으로 명시하여야 한다는 점이다.

4. 선적조건

무역계약에 있어서 구체적으로 명시해야 할 인도조건은 인도장소, 인도시기, 인도방법 등에 관한 내용이다. 인도장소는 FOB London, CIF New York 등과 같이 가격에 관한 조건에서 결정되는 것이 일반적이며, 인도시기는 적출지국에서의 선적시점이 그 기준이

8) 미국 달러, 영국 파운드, 독일 마르크, 캐나다 달러, 일본 엔, 이탈리아 리라, 스위스 프랑, 홍콩 달러, 스웨덴 크로나, 프랑스 프랑, 오스트레일리아 달러, 덴마크 크로네, 벨기에 프랑, 노르웨이 크로네, 오스트리아 실링, 네덜란드 길더 등을 들 수 있다.

된다. 일반적으로 선적이라는 용어는 별도의 특약이 없는 한 적재(Loading on Board), 발송(Dispatch), 수탁(Taking in Charge) 등을 포괄하는 의미로 받아들여지고 있다.

한편 불가항력적인 사태발생으로 인해 수출업자가 적기에 선적하는 것이 불가능해질 경우에는 수출지국 소재 상대방의 영사관 또는 상업회의소의 증명에 의거해 선적을 유예받거나 선적의무를 면제받는 것이 보통이며, 경우에 따라서는 해약을 하기도 한다. 수출업자는 이러한 불가항력적 사태가 발생됨으로써 계약의무의 이행이 불가능해지면 계약조항에 의거해 그 책임을 면제받을 수 있게 되는데, 이를 위하여 계약서에 삽입되는 조항을 「불가항력 조항」이라 한다.

5. 보험조건

부보는 운송방식에 따라 해상보험, 항공보험, 육상보험 등으로 분류할 수 있다. 그리고 해당 운송화물에 대한 보험 상의 문제로는 보험기간에 관한 문제, 보험계약자를 매도인과 매수인 중 누구로 할 것인가 하는 문제, 전보의 범위에 관한 문제, 보험금 수혜자(피보험자)는 누구인가 하는 문제, 보험사고 발생시 전보되는 최고의 보험금 액수에 관한 문제 등을 들 수 있다.

6. 대금지급조건

무역상품의 대금지급과 관련된 계약조항에는 지급시기, 지급방법, 지급장소, 지급통화의 네 가지 기본조건이 반드시 약정되어야 한다. 그런데 무역상품은 다양한 방식에 의한 무역금융상의 혜택을 받게 되는 것이 일반적인 바, 그 결과 지급조건은 이러한 네 가지 기본요소와 관련하여 변화가 뒤따르게 된다.

한편 이상에서 살펴본 여섯 가지의 기본조건 이외에도 무역거래에 있어서는 계약위반이나 채무불이행으로 인한 불이익이 발생됨으로써 계약당사자 간에 분쟁이 발생될 가능성이 높으므로, 계약서에 분쟁발생 시의 그 해결방안에 관한 구체적인 조항들을 포함시키는 것이 바람직하다고 할 수 있다. 그런데 이러한 분쟁은 법률적 소송에 의하여 해결하는 것보다는 중재에 회부하는 것이 바람직하며, 중재보다는 조정, 조정보다는 분쟁예방이 거래당사자 모두에게 유리하다고 할 수 있다. 법률적 소송절차에 의한 분쟁해결은 비용도 많이 들 뿐 아니라 시간도 오래 걸리는 등의 여러 가지 문제점이 있으므로, 편리하고도 신속 · 저렴한 분쟁해결기구인 중재기관을 이용하는 것이 바람직하다고 할 수 있다. 따라서 오늘날 대부분의 물품매매계약서에는 일반적으로 중재조항이 포함되고 있다.

제4장

국제물품매매계약 당사자의 권리와 의무

제1절 당사자의 권리

1. 매도인의 권리

매도인의 권리에 대한 내용은 계약조항과 근거법규에 따라 달라진다. 그러므로 다음에서는 오늘날 국제적인 통일조약으로서의 위치를 굳혀가고 있는 「국제물품매매계약에 관한 UN협약」에서 규정하고 있는 내용을 중심으로 검토해 보기로 한다. 동 협약에서는 매도인에게 이행청구권, 명세사항 확정권, 자진보완권, 계약해제권, 손해배상청구권 등을 인정하고 있다. 이 중에서 계약해제권과 손해배상청구권에 대해서는 제 I 편 제 8장의 「매도인을 위한 구제방안」에서 구체적으로 검토해 보기로 하고, 여기에서는 이를 제외한 매도인의 제반 권리에 관하여 살펴보기로 한다.

(1) 매도인의 이행청구권

매수인이 계약을 위반하였을 경우 매도인은 매수인에게 대금지급, 인도의 수령, 기타 의무의 이행을 청구할 수 있다.

매도인의 대금지급청구권과 관련하여 지급조건이 확정일급인 경우로써 매수인이 그 기일이 도래하여도 지급의무를 이행하지 아니하면, 이는 본질적 계약위반을 구성하게 된다. 따라서 이러한 경우 매도인은 즉시 대금지급을 청구할 수 있는 권리를 가지며, 이를 매수인이 이행하지 않는 경우 계약의 해제도 가능해진다. 그런데 매수인의 대금지급 불

이행이 본질적 계약위반을 구성하지 아니하는 경우에는 매도인이 추가기간을 정하여 통지해 주어야 하며, 이 기간이 경과될 까지도 대금지급이 이루어지지 않으면 계약을 해제시킬 수 있는 권리가 매도인에게 부여된다. 이러한 경우 매도인은 계약해제와 관련하여 자신에게 발생된 모든 손해액을 매수인에게 배상 청구할 수 있게 된다.

그런데 영미법계에서는 매수인이 대금지급의무를 이행하지 않는 경우에 대한 매도인의 구제책으로써, 매도인이 해당 물품을 제 3자에게 처분하여 얻은 금액과 계약대금과의 차액을 손해배상청구하는 것이 원칙으로 되어 있다. 그리고 대금지급청구 자체가 인정되는 것은 매도인이 상당한 노력을 기울여도 그 물품의 매각 · 처분이 불가능한 경우 등과 같이 매우 한정된 범위 내에서만 가능한 것으로 처리하고 있다. 이처럼 영미법계에서는 일차적인 구제책으로 손해배상 청구에 그 초점을 맞추고 있으며, 이러한 권리행사가 곤란할 경우 이행청구권을 행사할 수 있도록 하고 있다. 한편 대륙법계에서는 일치적인 구제책으로 이행청구권에 그 초점을 맞추고 있다.

다음으로 매도인의 물품수령청구권과 관련하여「국제물품매매계약에 관한 UN협약」제62조[1)]에서는 매도인의 물품수령청구권을 인정하고 있다. 대부분 국가의 법규 및 국제입법에서는 매수인에게 매도인에 대한 물품인도청구권을 인정하고 있기 때문에, 이에 상응하여 매도인에게 물품수령청구권을 인정하는 것은 당연하다고 할 수 있다. 이러한 매도인의 권리를 인정하는 근거는 물품가격에 비하여 관리 및 처리에 드는 비용이 상당히 많이 드는 경우에는 매수인이 해당 물품을 수령하는 것이 가장 합리적이기 때문이다.

그런데 영국의 SGA(물품매매법) 및 미국의 UCC(통일상법전)에서는 매도인의 물품수령청구권에 대한 규정내용이 없다. 즉 SGA에서는 매수인의 물품 불수령으로 인하여 매도인이 입은 손해 및 보관비용을 배상할 책임을 매수인에게 부과시키고 있고, UCC에서는 매수인이 불법으로 수령을 거절 · 철회한 경우 매도인은 인도유보 · 전매 · 손해배상청구 · 계약해제 등의 권리를 갖는 것으로만 명시하고 있다.

한편「국제물품매매계약에 관한 UN협약」에서는 기타 의무의 이행청구권과 관련하여 매도인은 매수인에게 대금지급 및 물품수령에 필요한 부수적인 기타 의무의 이행을 청구할 수 있는 것으로 규정하고 있다. 이러한 매수인의 기타 의무의 해태가 본질적 계약위반을 구성하는 경우에는 이행청구권을 행사할 수 있는 권리를 갖는다. 여기에서 기타 의무란 화환어음 인수, 신용장의 개설, 은행보증의 부여, 정비된 선박수배 등 대금지급과 물품수령을 보장해 주는 일련의 조치들을 말한다.

그러나 이러한 이행청구는 계약해제의 선언을 한 경우에는 요구될 수 없는 바, 계약해

1) "매도인은 매수인에 대하여 대금의 지급, 인도의 수령 또는 기타 매수인의 의무이행을 요구할 수 있다. 다만 매도인이 그 요구와 일치할 수 없는 구제를 구하고 있는 경우에는 그러하지 아니하다."

제는 정당한 손해배상에 순응할 것을 조건으로 당사자들을 계약상의 의무로부터 면제시켜 주는 것이기 때문이다. 다시 말해서 매도인은 매수인을 상대로 계약해제와 이행청구를 동시에 요구할 수 없게 된다. 그리고 이러한 매도인의 권리는「국제물품매매계약에 관한 UN협약」제 7조의「신의성실의 원칙」에 의하여 제한을 받는 것으로 해석하여야 하는 바, 그 근거로써 매도인이 자신에게 상황이 불리해진 때에만 특정 이행을 요구할 경우 이는 불합리한 결과를 초래하게 될 것이기 때문이다. 그러므로 매도인은 이행청구권을 행사하든지, 아니면 계약해제권을 행사하든지 둘 중 하나의 권리를 행사하여야 한다.

(2) 매도인의 명세사항 확정권

매매물품에 대한 명세를 포괄적으로만 명시하고 그 구체적인 내역 및 명세를 추후에 매수인이 지정하기로 계약이 체결된 경우, 매수인이 해당 물품의 시황이 자신에게 불리해지면 의도적으로 그 지정을 태만히 하는 경우가 발생될 수 있다. 이러한 경우에 대비하여「국제물품매매계약에 관한 UN협약」에서는 특별히 명세서매매에 관한 규정을 별도로 두고 있다.

즉「국제물품매매계약에 관한 UN협약」제 65조에서는 "계약상 매수인이 물품의 형태와 용적 또는 기타의 특징을 지정하기로 되어 있는 경우로써 합의된 기일 또는 매도인으로부터 요구를 접수한 후의 상당한 기간 내에 매수인이 그 물품 명세를 지정하지 않는 경우, 매도인은 매도인이 보유하고 있는 다른 권리를 훼손당함이 없이 매도인이 알고 있는 매수인의 필요요건에 따라 스스로 물품명세를 지정할 수 있다"라고 규정하고 있다. 그런데 영미법을 비롯하여 주요국의 법규에서는 이와 관련된 내용에 대한 명문규정을 두고 있지 않다.

「국제물품매매계약에 관한 UN협약」에서 채택하고 있는 이러한 원칙은 매수인이 명세사항을 확정하지 않음으로써 매도인의 물품공급을 거절하거나 또는 자신의 계약상의 의무를 면제받으려 하는 것을 방지시키기 위한 것이라 할 수 있다. 따라서 매도인은 다른 권리를 훼손당함이 없이 명세사항 확정권을 행사할 수 있으며, 또한 이 권리의 행사 이외에도 매도인은 매수인의 명세사항 확정 의무위반으로 인하여 발생된 손해를 배상 청구할 수 있는 권리를 갖는다. 그리고 이와 관련하여 매수인의 위반이 본질적 계약위반을 구성하는 경우에는 매도인의 계약해제권 행사도 가능해진다.

한편 매도인에 의한 명세사항 확정권은 매수인이 당초에 확정할 수 있었던 기일이 경과됨으로써 즉시 행사될 수도 있고, 매도인이 상당 기간을 허용해 줌으로써 매수인에게 명세사항을 확정하도록 통고한 후에 행사될 수도 있다. 그러나 이러한 매도인의 권리가 그 구속력을 갖기 위해서는 다음의 몇 가지 요건들이 충족되지 않으면 안된다.

첫째, 매도인이 알고 있는 범위 내에서 그 물품과 관련한 매수인의 필요요건에 따라 물품명세를 결정하여야 한다. 여기에서 「매도인이 알고 있는 범위 내」의 의미는 매수인으로부터 직접 전달받지 않았더라도 매수인의 필요요건에서 알 수 있는 범위내의 지식을 말한다.

둘째, 매도인이 스스로 확정한 명세의 내용을 매수인에게 반드시 통지해 주어야 하며, 통지의 내용은 확정적이고도 명료하여야 한다. 「국제물품매매계약에 관한 UN협약」 제13조의 일반원칙에 의거하여 통지의 방식은 서면이나 전보 또는 텔렉스 등 어느 것이라도 무방하며, 이는 도달주의 원칙이 적용되는 것으로 보아야 한다.

셋째, 그 통지에는 매수인이 이견을 제시할 수 있는 합리적인 기간이 설정되어 있어야만 한다. 다만 어느 정도가 합리적인 기간인가는 계약조항에 의거하여 각각의 경우에 따라 개별적으로 결정해야 할 사실문제라 할 수 있다.

넷째, 이러한 통지에도 불구하고 그 기간 내에 매수인으로부터 침묵을 포함하여 아무런 반응이 없을 경우에는 매도인이 확정한 명세사항이 법적인 구속력을 갖게 된다. 여기에서 법적 구속력을 갖게 된다는 말의 의미는 매도인에게 명세사항확정권이 이전됨으로써 이는 매수인이 확정한 것과 마찬가지의 효과를 발휘하게 된다는 것을 의미한다.

(3) 매도인의 자진보완권

「국제물품매매계약에 관한 UN협약」 제 48조에서는 "제 49조의 규정에 따라 매도인은 인도기일 이후에도 자신의 비용으로 자신의 의무불이행에 대하여 이를 보완할 수 있다"라고 규정하고 있다. 그러나 매도인에 의한 인도기일 이후의 지연이 본질적 계약위반을 구성한다든지 또는 매수인이 정해준 추가기간 이후에 인도되는 경우, 매수인은 「국제물품매매계약에 관한 UN협약」 제 49조 (1)항에 의거하여 계약을 해제시킬 수 있으므로 이러한 경우에는 동 협약 제 48조가 적용되지 않는다.

그리고 매도인이 자진하여 보완권을 행사하는 경우에는 이것이 불합리하게 지체되거나, 상대방에게 어떤 불편을 주거나, 선급비용 반환의 불확실성이 없어야 함을 그 전제로 한다. 즉 매도인의 자진보완권은 신속 · 저렴하게 행사되어야 하는 것을 그 전제로 하고 있다. 따라서 예를 들어 매도인에 의한 자진보완 기간이 불합리하게 장기간이어서 매수인의 정상적인 영업활동을 현저하게 저해하는 결과를 초래하게 되는 수선행위 또는 그 비용이 불합리하게 고액인 경우 등과 같은 경우에는 매도인의 이러한 권리가 제한을 받게 된다고 할 수 있다. 이러한 경우 매수인은 매도인의 보완요청을 거절할 수 있는 권리를 갖는다. 그리도 만일 매도인의 자진보완권 행사로 인하여 매수인이 일정액의 비용을 부담하게 되었다면, 매수인은 이를 매도인으로부터 배상받을 수 있게 된다.

2. 매수인의 권리

물품매매계약과 관련하여 매수인에게는 이행청구권, 대금감액청구권, 계약해제권, 손해배상청구권 등이 부여되어 있다. 이 중에서 계약해제권과 손해배상청구권에 대해서는 제 I 편 제 8장의「매수인을 위한 구제방안」에서 구체적으로 검토해 보기로 하고, 여기에서는 이를 제외한 매수인의 제반 권리에 관하여 살펴보기로 한다.

(1) 매수인의 이행청구권

「국제물품매매계약에 관한 UN협약」 제 46조 (1)항에서는 '매수인은 매도인으로 하여금 그의 의무이행을 청구할 수 있다'라는 일반원칙을 규정하고 있다. 여기에서 규정하고 있는 매수인의 이행청구 내용에는 계약물품의 인도청구, 대체품 인도청구, 부족부분 인도청구, 인도된 부적합 부분의 인도청구, 기타 계약을 완료하는데 필요한 모든 행위의 이행청구 등이 포함된다고 할 수 있다. 따라서 이 조항은「국제물품매매계약에 관한 UN협약」 제 62조에서 규정하고 있는 '매도인은 매수인에 대하여 대금의 지급, 인도의 수령 또는 기타 매수인의 의무이행을 요구할 수 있다'라는 규정내용에 대응하는 규정이라 할 수 있다.

① 약정품 인도청구권

「국제물품매매계약에 관한 UN협약」 제 47조 (1)항에서는 '매수인은 매도인의 의무이행을 위하여 합리적인 기간을 추가기간으로 정할 수 있다'라고 규정하고 있다. 따라서 매도인의 인도의무해태가 본질적 계약위반을 구성하면 즉시 계약의 해제를 선언할 수 있는데 비하여, 본질적 계약위반으로 인정되지 아니하는 경우에는 약정품을 인도하도록 합리적인 추가기간을 설정하여 이행을 청구한 이후에만 계약을 해제시킬 수 있는 것으로 파악하여야 한다. 그 결과 매도인의 인도의무 해태가 본질적 계약위반을 구성하는 경우에는「국제물품매매계약에 관한 UN협약」 제 49조 (1)항에 의거하여 매수인이 계약해제권을 직접 행사할 수 있으며, 이러한 경우에는 매수인이 이행청구권을 행사할 수 있는 여지가 없게 된다.

그러므로 매도인의 인도의무 해태가 본질적 계약위반을 성립시키는 경우, 매수인은 이행청구권을 행사하든지 계약해제권을 행사하든지 두 권리 중 하나를 선택하여 행사할 수 있게 된다.

② 대체품 인도청구권

매도인으로부터의 인도는 있었으나 인도된 물품이 계약에 적합하지 아니한 경우, 매수

인은 매도인에 대하여 계약에 적합한 대체품의 인도를 청구할 수 있다. 이러한 매수인의 대체품 인도청구권은 매도인이 물품의 일부만을 인도한 경우, 부족량을 인도한 경우, 계약에 부합하지 않는 다른 물품을 인도한 경우, 인도된 물품의 일부만이 계약에 적합한 경우 등의 경우에 모두 적용될 수 있게 된다.

그러나 「국제물품매매계약에 관한 UN협약」에서는 이 권리의 행사와 관련하여 그 요건을 구체화하여 엄격히 적용시키고 있다. 즉 부적합의 정도가 본질적 계약위반을 구성하고, 매수인이 인도된 물품에 대하여 검사의무와 하자통지 의무를 이행한 이후에, 그리고 합리적인 기간 내에 이 청구권을 행사하였을 경우로 그 적용범위를 제한시키고 있다.

이처럼 매수인의 대체품 인도청구권을 제한시키고 있는 이유는 이미 인도된 부적합품의 보관이나 처리로 인하여 매수인이 입게 되는 손해보다 매도인이 다시 대체품을 수송하는데 소요되는 비용이 훨씬 초과되는 경우가 있을 수 있기 때문이다. 또한 매수인의 대체품 인도청구권은 매수인이 이미 수령한 물품을 수령 당시와 동일한 상태로 매도인에게 반환할 수 있어야 함을 전제로 한 것이기 때문에, 매수인이 물품을 수령할 당시와 동일한 상태로 반환할 수 없는 경우에는 매수인의 대체품 인도청구권은 상실된다고 할 수 있다.

③ 부적합 보완청구권

매도인이 직접 제조 또는 생산한 물품에 대한 매매계약이 체결된 경우로써 부적합물품이 인도되었다면, 매수인은 매도인으로 하여금 인도기일까지 물품의 하자를 보수하여 이행하도록 청구할 수 있는 권리를 갖는다. 단 이러한 매수인의 보완청구권은 매도인이 그 하자를 보완할 수 있는 지위에 있는 경우에 한한다. 다시 말해서 매도인이 물품제조의 전 과정을 지배하고 있고, 계약위반이 해당 인도물품의 불완전성에서 기인된 것으로써 본질적 계약위반에 해당되지 아니하며, 나아가 매도인이 해당 하자를 보완할 수 있는 지위에 있는 경우에 한한다고 할 수 있다.

계약내용에 비하여 부적합한 물품이 인도되었을 경우, 매수인은 일반적으로 계약해제권이나 대금감액권을 우선적으로 행사하거나 또는 보완청구권보다 강력한 대체품 인도청구권을 행사하려 할 것이다. 그러나 물품 부적합의 정도가 대체품 인도청구의 요건에 해당되지 아니하거나 또는 본질적 계약위반에 해당되지 아니하는 경우에는 이러한 보완청구를 통하여 간단한 기계조작이나 하자있는 부문에 대한 대체가 가능하게 되므로 더욱 효율적이라 할 수 있다.

이상에서 살펴본 매수인의 이행청구권은 다음과 같은 제약을 받는다. 즉 인도된 물품의 부적합 정도가 본질적 계약위반을 구성하지 않는 경우에는 매수인의 대체품 인도청구

권은 그 제한을 받게 된다. 매수인의 대체품 인도청구권은 해당 물품의 적합성 결여가 본질적 계약위반을 구성하는 경우에만 행사될 수 있는 것이기 때문이다. 따라서 매수인은 매도인의 위반이 본질적 계약위반에 해당되지 아니하는 경우에 그 보완을 요청할 수 있게 된다.

그러나 이러한 매수인의 보완청구권도 해당 계약의 제반 주위상황을 고려해 불합리한 것이어서는 안된다는 제약을 받는다. 즉 매수인이 쉽게 보완할 수 있는 경우에까지 매수인의 보완청구권을 인정하는 것은 비경제적이기 때문에, 이러한 경우에는 매수인 측에서 보완을 한 후에 손해배상을 청구함으로써 그 해결을 도모하고 있다.

또한 이상에서 살펴본 매수인의 이행청구권은 이 권리의 행사와 관련하여 발생되는 지연 때문에 국내거래에서조차도 비실제적인 것으로 인정되고 있다. 따라서 이는 지극히 제한된 특수한 상황 하에서만 이용되고 있을 뿐 그 유용성면에서 많이 활용되지 않고 있는 실정이다. 그 근거로써 이러한 이행청구권은 결국 매도인을 도와주는 결과가 되는 매도인을 위한 구제책이 될 수도 있는 성격의 것으로써, 매수인이 이러한 권리들을 행사하는 경우에는 매수인에게 ① 물품의 보관으로 인한 번거로움과, ② 계약해제라는 강력한 구제의 기회까지도 상실하게 되는 결과가 초래될 수 있으며, ③ 손해배상액을 경감시키는 결과가 초래될 수도 있기 때문이다.

(2) 대금감액청구권

「국제물품매매계약에 관한 UN협약」 제 50조에서는 "물품이 계약과 일치하지 아니하는 경우에는 대금지급 여부에 관계없이 매수인은 실제로 인도된 물품의 인도 당시의 가치가 계약과 일치하는 물품이었더라면 그 당시에 보유할 수 있었을 가치의 비율에 따라 대금을 감액할 수 있다"라고 규정하고 있다. 이때 대금감액의 계산은 매수인에게 위임되어 있다. 그리고 이러한 매수인의 권리는 매수인이 해당 부적합물품을 수령하는 경우에만 적용된다고 할 수 있다.

한편 매수인은 대금감액청구권의 행사만으로 자신의 손해가 보상되지 아니하는 경우에는 손해배상청구권을 추가로 행사할 수도 있다. 그러나 매도인의 계약불이행을 보완시키기 위하여 매수인이 설정한 추가기간 내에 매도인이 자진보완권을 행사함으로써 그 보완을 완료하였으면 이 대금감액청구권은 행사될 수 없게 된다. 다시 말해서 매도인이 추가기간 내에 재인도해 주지 못하거나 보완을 할 수 없는 경우에 한하여 대금감액청구권이 행사될 수 있게 된다.

제2절 당사자의 의무

1. 매도인의 의무

(1) 매도인의 물품인도의무

물품매매계약에 있어서 매도인으로 하여금 물품인도의무를 인정하지 않는 입법은 전 세계적으로 없다. 예를 들어 계약서상의 인도시기가 확정일인 경우 매도인은 해당된 약정일에 계약물품을 매수인에게 인도해 주어야 한다. 다만 이러한 날짜를 변경시켜야 할 사정이 발생된 경우에는 「국제물품매매계약에 관한 UN협약」 제 79조 (4)항에 의거하여 사전통지로써 당사자 간의 합의에 의해 그 변경이 가능할 수 있을 뿐이다.

그리고 계약서상의 인도시기가 확정기간으로 정해진 경우에는 매도인은 그 기간 내의 임의일자를 정할 수 있게 된다. 이처럼 인도시기를 확정시간으로 정하는 이유는 매도인 측의 수출절차, 생산, 포장, 선박수배 등의 여러 가지 복잡한 사정을 감안한 것이라 할 수 있다. 그런데 이러한 경우 매수인이 인도일의 확정권을 유보한 것으로 판명되는 때에는 매도인은 인도일과 관련된 매수인의 확정을 기다려야 하며, 매수인이 이러한 선택권을 행사하는 경우 매수인은 매도인의 인도에 지장이 없도록 충분한 여유를 갖고 사전통지를 해 주어야 한다. 만일 매수인이 이를 이행하지 못함으로써 인도가 지연된 경우, 매도인은 인도지연과 관련하여 발생되는 제반 문제에 대하여 면책된다.

한편 계약서에 인도의 확정일자나 확정기간이 없는 경우, 매도인은 물품의 성질 또는 주변사정을 고려하여 계약체결 후 합리적인 기간 내에 계약물품을 인도하여야 한다. 여기에서 합리적인 기간의 설정은 각 거래의 주변사정과 해당 물품의 상관습을 근거로 결정되어야 할 문제로써, 이와 관련하여 당사자 간에 분쟁이 발생되었다면 이는 결국 분쟁을 해결하는 제 3자인 중재인이나 재판관이 판단하여 결정하여야 하는 사실적인 문제로 귀착될 수밖에 없게 된다.

(2) 계약과 일치하는 물품의 제공의무

물품매매와 관련된 대부분의 분쟁은 인도된 물품이 계약내용과 일치하는가의 여부에 의하여 발생된다. 그런데 계약내용은 거래당사자 간의 자유의사에 의하여 결정되며, 따라서 품질결정방법 역시 당사자 간의 거래내용에 의거해 결정되고 있다.

일반적으로 품질결정방법에 대한 관행은 크게 ① 매수인이 현물을 검사하여 결정하는 방법과 ② 매수인이 물품을 검사하지 않고 결정하는 방법으로 대별된다. 그리고 후자의 방법은 다시 견본품매매와 설명서매매로 구분되며, 설명서매매는 다시 표준, 상표, 등급 등으로 그 품질을 결정하고 있다. 그리고 대부분의 학설 및 판례에서는 견본품 매매 및 설명서 매매 등을 모두 불특정물 매매로 규정짓고 있다.

「국제물품매매계약에 관한 UN협약」 제 35조 (1)항에서는 인도된 물품이 「계약에서 요구하는 수량 · 품질 · 물품명세에 적합」하여야 하는 것으로 규정하고 있다. 그러므로 매도인은 계약상의 약정품이 아닌 다른 종류의 물품을 인도해서는 안되며, 일반적으로 계약에 의하여 명시적 · 묵시적으로 기대되는 품질이나 특성을 갖지 못하는 물품을 제공하여서는 안된다. 다시 말해서 매도인은 계약물품에 대하여 행한 확언이나 약속 등의 명시적 담보는 물론, 특별히 배제 또는 변경되는 경우를 제외하고는 거래과정 및 거래관행에서 인정되고 있는 묵시적 담보를 준수해야 한다고 할 수 있다.

다음으로 물품의 품질에 관한 매도인의 묵시적 담보에 포장이 포함되는가 하는 문제와 관련하여, 「국제물품매매계약에 관한 UN협약」 제 35조 (1)항 후단 및 (2)항 (d)호에서는 「국제물품매매계약에 관한 UN협약」의 일반해석원칙에 비추어 합리적으로 기대되는 것을 의미한다고 볼 수 있다. 그런데 만일 해당 물품의 포장방법에 대하여 통상적인 방법이 없는 경우에는 그 물품의 보존 및 보호에 적합한 방법으로 포장되면 된다. 즉 비교적 부서지기 쉬운 물품인 경우에는 통상적으로 이를 보호 할 수 있는 정도의 포장이면 된다. 그리고 포장에 관한 이러한 기준은 물품의 손해방지를 위한 내항성포장을 포함하고 있는 것으로 해석되어야 한다.

한편 물품의 적합성을 확정짓는 시기와 관련하여 선적지 품질조건인 경우에는 선적시의 품질이 계약에서 약정된 품질과 동일하면 매도인은 면책되는 바, 매도인은 약정된 전문검사기관 및 품질검사방법에 의한 품질분석방법에 따라 선적시점에서 약정품질임을 증명하는 품질증명서를 매수인에게 송부해 주어야 한다. 그리고 양륙지 품질조건인 경우에는 예외적인 관행이 있는 경우를 제외하고는 운송도중의 변질책임을 매도인이 부담하여야 한다. 그런데 오늘날의 국제무역관습에서는 「국제물품매매계약에 관한 UN협약」 제 36조 (1)항에 의거하여 물품의 적합성 여부는 위험이전시기를 기준으로 처리되고 있다.

즉 이는 운송도중의 멸실 및 손상에 관한 무역관습 상의 위험부담 원칙과 부합하는 것으로써, 이와 관련된 오늘날의 무역관습에서는 현재 세계적으로 널리 채택되고 있는 Incoterms규정에 따르고 있다.

그러나 위험이 매도인으로부터 매수인에게 이전된 시점 이후에 품질상의 부적합이 발견되었다 하더라도, 그 원인이 매도인이나 그 대리인의 작위 또는 부작위에 의한 경우이

거나 또는 계약에 담보가 있는 경우에는 위험이 이전된 이후라도 매도인이 그 책임을 져야만 한다. 그러므로 담보의 효력은 위험이전 이후까지도 확대될 수 있는 것이라 할 수 있는 바, 다만 이러한 경우는 물품의 부적합이 제조업자의 기술적 하자나 재료상의 문제 등과 같은 물품 자체의 근본적인 하자가 있는 경우에 한해서만 적용되는 것이라 할 수 있다.

이상에서 살펴본 물품의 부적합과 관련하여 매수인은 계약서상의 인도기일 이전에 해당 물품을 수령할 의무가 없으며, 만일 그 하자가 사소하여 충분히 시정될 수 있는 정도의 부적합인 경우에는 매도인이 계약서상의 인도기일 이전에 그 하자를 보완할 수 있게 된다. 단 이러한 매도인의 보완권 행사는 매수인에게 불합리한 불편이나 비용을 발생시켜서는 안된다. 「국제물품매매계약에 관한 UN협약」에서 이러한 권리를 매도인에게 부여해 주는 근거는 매수인의 계약해제로부터 발생되는 거래상의 비경제성을 방지시키려는데 있다고 볼 수 있다.

(3) 매도인의 서류교부의무

「국제물품매매계약에 관한 UN협약」 제 30조에서는 「매도인은 계약 및 이 협약이 요구하고 있는 바에 따라 …그 관계서류를 교부하여야 하며…」라고 규정함으로써 매도인의 서류교부의무에 대하여 명시적으로 규정하고 있다. 그리고 동 제 34조에서는 매도인의 서류교부의무의 내용에 대하여 구체적으로 규정하고 있지만, 오늘날의 복잡한 실무적 · 법적 서류상의 특성들을 고려해 볼 때 그 내용은 매우 빈약한 편이라 할 수 있다. 따라서 매도인의 서류교부의무의 구체적 내용은 실질적으로 무역관습을 중심으로 규명할 수밖에 없다고 할 수 있다.

「국제물품매매계약에 관한 UN협약」 제 34조에서는 「매도인이 서류를 교부해 주어야 할 의무가 있는 경우에는 계약에서 요구한 기일과 장소 및 방법에 따라 이를 교부해 주어야 한다」라고 규정하고 있다. 따라서 이러한 매도인의 서류교부의무는 당사자들이 합의한 구체적인 거래조건에 따라 서류의 내용이 달라질 수 있다. 그런데 오늘날의 무역거래 추세는 EDI의 출현으로 인해 매우 심한 변화가 발생되고 있는 바, 이에 대해서는 별도의 구체적인 연구가 요망된다고 할 수 있겠다.

그러나 분명한 것은 매도인이 무역서류를 계약에서 정한 바대로 교부해 주지 못하면 계약위반이 성립되고, 이에 대한 구제는 그 위반의 정도에 따라 달라지게 된다. 따라서 매도인의 서류교부의무의 위반과 관련하여 매수인은 그 위반의 정도에 따라 손해배상청구권, 서류인수 거절권 및 대금지급 거절권, 물품인수 거절권 등을 행사할 수 있게 된다.

2. 매수인의 의무

「국제물품매매계약에 관한 UN협약」에서는 매도인의 의무에 대응하여 매수인으로 하여금 「대금지급」과 「물품수령」이라는 두 가지 의무를 부과시키고 있으며, 「물품검사」에 대한 규정은 물품의 적합성과 관련하여 매수인의 의무규정에 포함시키고 있다. 그런데 매수인의 물품수령의무는 모든 법규에서 공통적으로 인정하고 있는 것은 아니다. 따라서 물품검사를 매수인의 의무로 규정하고 있는 것은 「국제물품매매계약에 관한 UN협약」의 특징 중의 하나라고 할 수 있다. 그러나 여기에서 거래의 성격상 매수인의 대금지급의무, 물품수령의무, 물품검사의무 세 가지로 구분하여 그 각각에 대하여 구체적으로 검토해 보기로 한다.

(1) 매수인의 대금지급의무

「국제물품매매계약에 관한 UN협약」 제 53조~제 59조에서는 매수인의 대금지급의무에 대하여 규정하고 있다. 매수인은 계약이 정한 바에 따라 대금을 지급하여야 하며, 이러한 매수인의 대금지급의무에는 계약 또는 법률이 정하는 바에 의거해 대금지급을 가능하게 해주는 조치들과 정식절차의 이행 등이 모두 포함된다고 할 수 있다. 여기에서 대금지급을 가능하게 해주는 조치 및 정식절차란 매수인이 대금을 결제함에 있어서 각국의 외환관리규정에 비추어 이행기에 대금을 지급하는데 지장이 없는 조치와 정식절차, 즉 신용장 개설 · 지급보증서 발행의뢰 · 수입허가 신청서의 발급 · 해외송금 신청서의 신청 · 기타 필요한 조치 등을 모두 포함한다고 할 수 있다. 따라서 매수인이 이러한 대금지급을 가능하게 해주는 제반 조치들을 이행하지 못하게 되면 그 자체가 계약위반을 구성하게 된다.

그러나 계약물품의 실질적 인도 여부와는 관계없이 매수인이 서류와 상환으로 대금을 결제해 주어야 하는 CIF거래조건의 경우, 서류상의 하자가 없으면 매수인은 물품을 검사할 기회를 부여받지 못한 상태에서 대금지급을 하여야 한다.

즉 CIF거래조건의 경우 이는 물품의 매매임에는 틀림없으나 그 거래의 성격상 서류상의 하자 여부를 근거로 대금지급의 여부가 결정되는 특수한 거래조건이라 할 수 있다. 그렇다고 해서 매수인이 구제받을 수 있는 방법이 완전히 소멸되는 것은 아닌 바, 대금지급 후 인도된 물품을 검사하여 그 하자가 발견된 경우 매수인은 매도인을 상대로 손해배상 청구권을 행사할 수 있게 된다. 그리고 그 하자내용이 본질적 계약위반을 구성하게 되는 경우 매수인은 계약을 해제시킬 수도 있으며, 이러한 경우에는 매수인이 이미 지급한 대금을 매도인으로부터 상환받을 수 있게 된다.

그러나 CIF거래조건인 경우 매수인은 하자가 있는 서류를 자신의 착오로 또는 의도적으로 일단 인수하여 대금을 지급한 이상 서류인수 거절권은 상실하게 된다. 그리고 인도된 물품이 아무런 하자가 없다고 하더라고 서류상에 하자가 발견된 경우, 매수인은 서류인수 거절권 및 대금지급 거절권을 행사할 수 있게 된다. 이러한 점이 CIF거래조건의 특징이라고 할 수 있다.

(2) 매수인의 물품수령의무

「국제물품매매계약에 관한 UN협약」 제 53조에서는 「매수인은 계약 및 이 협약의 규정에 따라 물품대금을 지급하여야 하며 물품의 인도를 수령하여야 한다」라고 규정하고 있다. 이 규정에 근거해 동 협약 제 60조에서는 첫째 매수인은 매도인이 물품을 인도하는데 합리적으로 기대되는 모든 조치들을 이행하여야 할 의무와, 둘째 매수인은 인도된 물품을 수령하여야 할 의무에 관하여 규정하고 있다.

따라서 매수인은 첫째로 매도인이 물품을 인도하는데 필요한 합리적인 제반 조치들을 이행하지 않으면 안된다. 「국제물품매매계약에 관한 UN협약」에서 규정하고 있는 매수인의 물품수령의무에는 물품수령 장소의 지정, 통지, 운송수단의 확보통지 등이 모두 포함된다. 즉 예를 들어 FOB나 FAS 등과 같은 거래조건으로 계약을 체결하였을 경우, 매수인은 매도인이 운송업자에게 물품을 인도할 수 있도록 운송업자와 운송계약을 체결하여야 할 의무가 부과된다. 만일 매수인이 물품수령을 가능하게 하는데 합리적으로 기대되는 제반 조치들을 이행하지 못한 경우에는 「국제물품매매계약에 관한 UN협약」 제 53조 및 제 60조에 의거해 그 자체가 계약위반을 구성하게 된다. 그리고 이 위반이 본질적 계약위반임을 매도인이 입증할 수 있으면, 매도인은 추가기간을 허용해 주지 않고도 계약을 해제시킬 수 있게 된다.

다음으로 매수인의 물품수령의무의 두 번째 요소는 물품을 수령하는 것이다. 즉 매수인은 자신의 임의처분상태에 맡겨진 장소로부터 해당 물품을 물리적으로 이동시키지 않으면 안된다. 그리고 「국제물품매매계약에 관한 UN협약」 제 86조 (2)항에서는 매수인 앞으로 발송된 물품이 매수인의 임의처분상태로 인도된 경우에는 매수인이 물품인수 거절권을 행사하게 되는 경우라 하더라도, 매수인으로 하여금 일단 매도인을 위하여 그 물품을 점유하도록 규정하고 있다. 그리고 매수인이 물품수령의무를 해태하는 것은 그 자체가 계약위반을 구성하게 된다.

또한 매도인은 매수인이 물품수령을 이행하지 않는 경우 그 이행을 위한 추가기간을 정해준 후 매수인에게 물품수령을 요구할 수 있으며, 만일 별다른 이유 없이 매수인이 그 추가기간 내에도 물품을 수령하지 않으면 그 수령해태가 본질적 계약위반을 구성한다는

구체적 증거가 없다 하더라도 매도인은 계약해제권을 행사할 수 있게 된다.

(3) 매수인의 물품검사의무

매수인이 매도인에게 담보책임을 묻기 위해서는 지체 없이 수령한 물품의 계약적합성 여부를 확인한 후 그 결과를 통지해 주어야만 한다. 즉 매도인의 담보를 추궁하기 위한 선행행위로써 매수인은 물품을 검사한 후 그 결과를 매도인에게 통지해 주어야 한다.「국제물품매매계약에 관한 UN협약」제 38조 (1)항에 의하면「매수인은 상황에 따라 실행 가능한 단기간 내에 물품을 검사하거나 또는 검사하게 하여야 한다」라고 물품검사시기를 규정하고 있는 한편, 동 조 (2)항과 (3)항에서는 이러한 원칙에 대한 예외를 규정하고 있다.

한편 각 법규에서는 매수인이 물품검사과정에서 물품의 부적합을 발견하였거나 또는 발견하였어야 하는 때로부터 합리적인 기간 내에 그 부적합의 사실을 매도인에게 통지해 주도록 규정하고 있다. 이와 관련하여「국제물품매매에 관한 통일법」제 38조 (1)항에서는 '신속하게',「국제물품매매에 관한 통일법」제 38조에서는 '상황에 따라 실행 가능한 단기간 내에', SGA 제 35조에서는 '합리적 기간의 경과 이전에', 또한 동 제 34조에서는 '합리적인 검사의 기회에', UCC 제 2-606조 Ⅱ항 (b)에서는 '합리적 검사의 기회를 가질 때까지'라는 표현으로 규정하고 있다. 그러나 이러한 다양한 표현에도 불구하고 주요국의 학설 및 판례의 경향은 원칙적으로 이를「합리적인 기간 내」와 동의어로 해석하고 있다.

물품검사비용은 해당 물품이 계약과 일치하는 경우에는 매수인이 부담하고, 기타의 경우에는 매도인이 부담함을 그 원칙으로 하고 있다. 이와 관련하여 UCC 제 2-513조 Ⅱ항에서는 물품이 적합하지 않거나 또는 매수인에 의해 거절되는 경우를 제외하고는 매수인이 물품검사비용을 부담하는 것으로 규정하고 있고,「국제물품매매계약에 관한 UN협약」및 SGA에서는 이에 대한 아무런 명문규정을 두고 있지 않다. 따라서「국제물품매매계약에 관한 UN협약」및 SGA에서는 이를 거래상의 관례에 위임시키고 있는 것으로 판단할 수 있다.

물품이 매수인에게 인도된 후 정상적으로 행한 검사에서 용이하게 발견될 수 있는 하자에 대하여, 매수인은「물품의 부적합을 발견한 때로부터 또는 발견할 수 있었던 때로부터 합리적인 기간 내에」이를 매도인에게 통지해 주어야 할 의무가 있다. 즉 각 법규에서는 인도된 물품의 부적합에 대한 통지를 매수인의 의무로 규정하고 있다. 여기에서「발견할 수 있었던」의 의미는 매수인과 동일한 지위에 있는 자로서 그와 같은 입장에서 있었다면 당연히 발견할 수 있었을 것으로 기대되는 경우를 뜻하며,「합리적인 기간」의 결정은 광범위한 요인들에 의하여 그 영향을 받게 된다.

매수인이 해당 물품을 검사한 결과에 대한 내용을 매도인에게 통지함에 있어서 각 법규에서는 특별한 형식을 요구하고 있지 않다. 따라서 매수인은 해당 거래에서의 상황에 상응하는 적절한 방법으로 매도인에게 통지해 주면 된다고 할 수 있다. 그리고 매도인이 인도한 물품에 어떤 하자가 있거나 계약상의 품질과 상이한 경우, 매수인은 물품검사의 결과에 대한 정당한 통지에 의거하여 그 정도에 따라 이행청구, 계약해제, 대체품 또는 보완청구, 대금감액청구, 손해배상청구 등의 권리행사를 보장받게 된다.

그러나 매도인이 과잉량을 인도한 경우로써 매수인이 이를 정당하게 거절하지 아니하고 수령하였으면, 매수인은 그 초과량에 대한 대금지급의무가 발생한다. 그리고 만일 매도인에 의하여 계약에서 합의된 수량보다 과소량이 인도된 경우로써 매수인이 이를 정당하게 통지하지 않고 수령하였다면, 매도인은 대금 전액에 대한 청구권을 갖게 된다. 그러므로 매수인은 적절한 방법으로 그 하자내용을 반드시 매도인에게 통지해주어야 한다.

제5장 국제물품매매계약과 준거법

제1절 계약에 대한 준거법의 적용원칙

1. 준거법에 대한 주요 내용

준거법 적용과 관련하여 무역거래물품이 최종적으로 인도될 수입업자(매수인)의 국가 법률에 의할 것인가, 아니면 수출업자(매도인)의 국가 법률에 의할 것인가를 결정하는 것은 매우 중요한 문제라 할 수 있다. 즉 법률적 측면에서 국제물품매매계약에 관한 준거법의 문제는 국제무역거래에 있어서 핵심적인 문제라 할 수 있다. 예를 들어 영국의 국내법인 SGA(Sale of Goods Act: 물품매매법), 1979는 영국의 법률에 의하여 계약이 규율되는 경우에는 적용될 수 있지만, 국제물품매매계약이 외국법에 의하여 규율되는 경우에는 규율될 수 없게 된다.

그러므로 계약당사자들은 「계약자유의 원칙」이 적용되는 범위 내에서 미리 국제물품매매의 성립요건, 성립시기, 효력 등에 관한 명확한 내용을 계약서에 삽입시켜 둘 필요가 있다. 만일 국제무역거래에 관한 표준계약이 있는 경우에는 해당 매매계약서는 이에 의거해 작성된다. 그러나 표준계약이 없는 경우에는 FOB, CIF 등과 같은 정형거래조건의 각 거래조건에 의거해 국제물품매매가 이루어지기 때문에 각 국가 간의 여러 가지 상충되는 문제들을 어느 정도 해결할 수 있게 된다. 그런데 계약당사자들이 정형거래조건의 해석기준에 의할 것임을 그들의 계약에서 정했다 하더라도, 이는 단지 물품매매조건에만 해당되는 것이기 때문에 계약의 성립요건과 성립시기 및 그 효력 등과 관련된 준거법 문제는 여전히 남게 된다.

그동안 국제기구에서는 국제물품매매에 관한 통일법의 제정, 정형거래조건의 개정, 표준계약형식의 채택 등 국제물품매매와 관련하여 법의 저촉을 피하기 위한 시도를 꾸준히 전개해 왔으나, 아직까지도 국제물품매매거래에 있어서의 법의 저촉을 완전히 해소시키지는 못하고 있는 실정이다. 따라서 오늘날 국제물품매매와 관련한 준거법 문제는 매우 중요하면서도 장차 해결되어야 할 과제가 여전히 많이 남아있는 분야라 할 수 있다.

오늘날 국제상거래를 주도하고 있는 국가는 영국과 미국을 포함하여 영미법계의 법제를 채택하고 있는 국가들이며, 이러한 국가들의 정형화된 계약서 양식이 국제무역계약에 주로 사용되어 왔다. 또한 국제무역거래에서 일반적으로 적용되는 법 원칙들이 영미법상의 법리에서 유래된 것들이다. 그리고 오늘날 대부분의 국제무역계약이 영미법을 준거법으로 하여 체결되고 있다는 점 등을 고려하여, 여기에서는 참고적으로 영국 법원에서 국제물품매매계약에 관한 준거법 적용과 관련하여 처리하고 있는 기본원칙들을 그 우선순위별로 간략히 소개해 보기로 한다.

첫째, 당사자들의 의사가 분명한 경우에는 당사자들이 결정한 법.

둘째, 당사자들의 의사가 분명하지 않은 경우에는 주변사정을 고려하여 가장 근접한 관계에 있다고 추정되는 법.

셋째, 위와 같은 추정자료가 없거나 불충분한 경우에는

① 계약이 어느 일국에서 체결되었고 그 이행의 전부 또는 일부가 그 국가에서 행해지기로 되어 있는 경우에는 계약지법.

② 계약이 어느 일국에서 체결되었으나 그 이행의 전부 또는 일부가 타국에서 행해지기로 되어 있는 경우, 그 이행과 관련하여 분쟁이 발생되면 이행지법.

③ 중재장소가 결정되어 있는 경우에는 중재지법.

그러나 이상의 원칙에 의한 준거법 적용이 어떻게 처리되든 간에 오늘날 공공질서의 측면, 도덕적인 측면, 국제의례의 측면 등을 위반하면서 계약과 관련된 제반 문제를 집행하지는 않고 있다.

한편 국제물품거래의 당사자가 대금결제의 수단으로 외국화폐를 선정하였을 경우에는 그 화폐에 대한 준거법은 해당 화폐의 소속국이 정하는 바에 따라야 한다. 그리고 예를 들어 국제상업용어인 영어로 국제물품매매계약서가 작성된 경우, 해당 계약의 해석은 그 용어국의 법인 영미법의 해석원칙에 따라야 한다는 것이 통설로 되어 있다.

그런데 같은 영미법 체계를 채택하고 있는 영국과 미국에 있어서조차도 국제사법이 서로 다른 바, 오늘날 국제사법의 국제적 통일화는 이루어지지 않고 있는 실정이다. 여기에서 國際私法(우리나라에서는 이를 *涉外私法*이라 명명함)이란 국제공법 이외의 일체의 법

을 말한다. 각국의 사법은 실질적으로 상이하기 때문에 각국 간의 사법의 통일은 있을 수 없으며 통일된 것도 없다. 그리하여 각국 사법간의 법 저촉을 해결하기 위하여 준거법을 지정해 놓은 각국의 법률을 국제사법(우리나라에서는 섭외사법)이라 한다.

국제공법은 국제관습과 국제조약으로 구분할 수 있는데, 국제관습은 오늘날의 Incoterms 규정과 같이 법으로 제정될 정도로 오랜 기간 동안 지속되어 온 공동실무를 통하여 나타난 각국 간의 일치를 반영한 것이라 할 수 있고, 국제조약은 국가 간의 조약에 의하여 성립되는 법이라 할 수 있다.

그런데 준거법에 관하여 규정해놓은 국제사법이 있다 하더라도 각국의 소송절차법(실질법)이 있기 때문에, 소송절차는 해당 국가의 법률에 의거하게 된다. 그 근거로써 준거법이라고 해서 소송절차마저도 준거법국의 법에 따르도록 하면 이는 주권의 침해에 해당되는 것이 될 수 있기 때문이다. 그러므로 서로 다른 국가 간에 거래가 이루어지는 국제무역거래에서 양 당사자 간에 분쟁이 발생됨으로써 국제소송이 이루어지게 되면, 준거법 적용의 문제가 매우 복잡하게 대두될 수밖에 없게 된다.

2. 계약과 준거법

계약에 관한 준거법은 크게 두 가지로 대별할 수 있다. 이에는 당사자의 의사를 무시하고 계약 그 자체의 본질을 근거로 결정해야 한다는 「객관주의」와, 당사자의 의사를 존중하고 그 의사를 기준으로 결정해야 한다는 「주관주의」가 있다. 각각에 대하여 좀 더 구체적으로 검토해 보기로 한다.

(1) 주관주의

이는 계약 그 자체가 당사자의 자유의사에 의하여 성립되는 것이며 또한 이러한 이유 때문에 계약법에 있어서 「당사자 자치의 원칙」이 광범위하게 인정되고 있는 이상, 이에 관한 준거법은 각 경우에 있어서 당사자의 자유의사를 기준으로 결정되어야 한다는 주장이다. 즉 이는 당사자의 명백한 의사표시는 선택법이 계약과 관계가 있건 없건 간에 결정적으로 적용되어야 한다는 주장으로써, 영국, 프랑스, 독일, 벨기에 등을 비롯한 대부분 국가들의 입법판례를 지배해 왔다.

그러나 「당사자 자치의 원칙」은 당사자에 의한 준거법 지정을 인정하고 있지만, 이러한 당사자에 의한 지정행위 그 자체가 유효한 것인지의 여부에 대해서는 어떠한 법률에 의하여 결정되어야 하는가 하는 문제가 제기될 수 있게 된다. 즉 당사자들의 지정행위가 유효하기 위한 요건으로 어느 법률이 이를 결정하게 되는가가 문제될 수 있게 된다.

만일 당사자들이 지정한 법률이 이를 결정하게 되는 것이라면 이론적으로는 당사자들이 지정한 법률이 앞서는 모순에 빠지게 되며, 또한 당사자들이 지정한 법률이 행위지법이나 계약지법 중 특정의 법에 의하여 결정된다고 할 경우에는 당사자들이 정한 준거법 자체가 별다른 의미를 갖지 못하게 되는 모순에 빠지게 된다. 그러므로 계약에 관한 준거법을 선정하는 당사자의 자유의사가 어떠한 제약도 받지 않고 무제한으로 인정될 수 있는 것인지의 여부와 관련하여, 오늘날 세계 여러 나라의 국내법에 있어서 「계약자유의 제한」 쪽으로 흐르는 경향이 있다. 그러나 이러한 경향은 「당사자 자치의 원칙」에도 적극 반영되어야 할 것으로 판단된다.

(2) 객관주의

이는 계약이 가장 밀접한 현실적 관계를 맺고 있는 법률을 계약의 유효성과 조건해석을 위한 준거법으로 채택하여야 한다는 주장이다. 따라서 이 주의 하에서는 당사자의 명백한 의사표시는 준거법 결정에 대한 단순한 하나의 요소에 불과할 뿐이다. 그 결과 이 주의 하에서는 다음의 원칙들이 적용된다.

① 체결지법주의: 이는 계약이 체결된 국가의 법률을 적용시켜야 한다는 주의이다. 즉 계약이 A국에서 체결되고 A국에서 계약의 전부 또는 일부가 이행된 경우 A국의 법률을 적용시켜야 한다는 주의이다.

② 이행지법주의: 계약이 A국에서 체결되고 그 계약의 전부 또는 일부가 B국에서 이행되는 경우, B국에서 이행되어야 할 사항에 관하여 분쟁이 발생되면 B국의 법률이 적용되어야 한다는 주의이다.

③ 국기법주의: 국제해양법에서 公海를 항해중인 선박 및 적재화물은 소재지법이 존재하지 않기 때문에 國旗法이 용선계약 등에 적용되어야 한다는 주의이다.

위의 ①과 ②가 같은 경우에는 별 문제가 없으며, 다만 대금지급과 관련한 준거법만은 이행지법이 적용되는 것으로 처리하고 있다. 그러나 ①과 ②가 다른 경우 어떤 판례에서는 이행지법을 우선적으로 적용시키고 있고, 어떤 판례에서는 체결지법을 우선적으로 적용시키고 있다. 따라서 ①과 ②가 다른 경우 어느 것이 우선하는지에 대한 결정적인 원칙이 없다는 문제가 있다. 결과적으로 준거법을 추정할 경우 행위지법 아니면 체결지법이 채택되고 있으며, 이러한 측면에서 양 법은 중요한 의미를 갖는다고 할 수 있을 뿐이다. 이러한 객관주의를 채택하고 있는 국가로는 주로 스위스, 미국, 라틴 아메리카 등에서 채택하고 있다.

(3) 실제상의 준거법 선택

준거법 적용과 관련하여 논리적인 측면에서 주관주의와 객관주의가 있지만, 오늘날 실제로 이를 적용시키는 과정에서는 이 양자가 충돌하지 않도록 준거법 문제를 처리하고 있다. 즉 일반적으로 다음의 순서에 입각하여 준거법 문제를 처리하고 있다.

첫째, 준거법에 관한 당사자들의 명백한 의사표시가 있으면 그것을 결정적인 것으로 본다. 단 이는 다음의 요건을 구비하여야 한다.

① 선의의 것이어야 할 것,

② 합법적인 것이어야 할 것,

③ 공공질서에 반하지 않는 것이어야 할 것

등이다.

둘째, 당사자들이 준거법에 관한 명시적인 선택을 하지 않았을 경우, 법원에서는 계약조항이나 계약에 관계하고 있는 주위의 여건을 고려하여 준거법을 선택한다. 이와 관련하여 법원에서는 계약당사자들이 계약체결 시에 스스로 선정한 것으로 생각되는 법률체계를 발견하도록 노력하고, 모든 여건 하에서 타당한 법률을 다음과 같은 순서로 채택하게 된다. 즉 해당 계약의 전부 또는 일부가 계약체결지에서 이행될 경우에는 계약체결지법이 고려된다. 그러나 다만 경우에 따라서는 계약이행지법이 계약체결지법에 우선하는 경우가 있을 수 있다. 즉 계약체결지법과 계약이행지법은 절대적인 우선순위를 결정할 수 없는 바, 이는 해당 사건에 대한 제반 주위환경과 계약조건 및 무역관습 등을 고려하여 결정될 수밖에 없게 된다. 다만 해상물품운송의 경우 선박에 관계되는 계약에 대해서는 국기법이 채택된다.

이상에서 살펴보았듯이 실제상의 준거법 선택문제에 있어서 중요한 것은 주관주의가 우선이고 그 다음이 객관주의라는 점이다.[1)]

3. 상사중재와 준거법

상사중재에 관한 준거법 적용과 관련하여 상사중재에 관한 국제조약인 Geneva의정서와 Geneva협약 및 New York협약에서는 당사자의 합의를 우선으로 하고, 당사자의 명

1) 우리나라의 경우 섭외사법 제 9조에 의하면 "법률행위의 성립 및 효력에 관하여는 당사자의 의사표시에 의하여 적용할 법을 정한다. 그러나 당사자의 의사가 분명하지 아니한 때에는 행위지법에 의한다"라고 규정하고 있다. 따라서 우리나라에서도 주관주의를 우선적으로 채택하고 있음을 알 수 있다. 그리고 행위지법에 대해서는 섭외사법 제 11조에서 "법을 달리하는 곳에 있는 자에 대하여 행한 의사표시는 그 통지를 한 곳을 행위지로 보며, 계약의 성립 및 효력에 관하여는 그 청약의 통지를 한 곳을 행위지로 본다. 그리고 소재지를 행위지로 본다"라고 규정하고 있다.

백한 합의가 없는 경우에는 중재지법 또는 중재판정부의 지정법을 준거법으로 한다고 규정하고 있다. 한편 UNCITRAL 중재규칙에 의하면 당사자의 합의를 우선으로 하고, 당사자 간의 명백한 합의가 없는 경우에는 그 적용에 타당한 법률을 적용시켜야 한다고 규정하고 있다. 그러므로 어느 경우에도 계약조건과 무역관습을 고려하도록 규정하고 있다.

그런데 국제무역계약에 있어서 양 당사자 간에 분쟁이 발생되면 특정 장소에서 또는 특정 중재인에 의해 중재로 해결하기로 약정한 경우, 일반적으로 중재가 열리는 장소(중재지)의 법이나 중재계약을 지배하는 법 또는 중재절차를 지배하는 법이 그 계약의 준거법으로 추정되고 있다. 이와 관련하여 좀 더 구체적으로 설명하면 다음과 같다.

(1) 실체적 계약을 지배하는 법

계약당사자들이 그들의 계약서에 중재조항을 삽입시킨 경우에는 그들의 의도로 보아 중재장소의 법, 즉 중재지법이 계약의 실체적 법이 될 수 있다는 추정을 할 수 있게 된다. 예를 들어 중재조항에 중재지를 미국으로 한다는 합의가 있는 경우, 중재는 미국법에 의하여 규율되고 그 결과 계약의 실체적인 법도 미국법이 될 수 있게 된다.

그러나 준거법에 대한 명시적 규정이 계약서에 포함되어 있지 않은 경우, 중재지법은 준거법을 추정하는 하나의 객관적 요소가 될 수 있을 뿐이다. 다시 말해서 중재조항이 중재지법의 적용을 의도하는 강한 증거는 될 수 있지만, 그러한 중재조항이 결정적인 증거가 될 수는 없는 것이다. 따라서 만일 다른 요소 또는 다른 증거가 그보다 우세할 때에는 얼마든지 배제될 수도 있게 된다.

(2) 중재절차를 지배하는 법

예를 들어 ① 계약체결 시에 몇 개국의 중재기관 가운데 하나를 선택할 권한이 당사자에게 부여된 경우와, ② 계약체결 시에는 중재합의가 없었으나 분쟁발생 후 체결된 임의중재합의가 있는 경우, 그리고 ③ 분쟁해결을 UNCITRAL 중재규칙이나 ICC 중재규칙에 의한 중재기관에 의하도록 한 경우에는 당사자들이 해당 계약에 대한 준거법으로 중재지법의 적용을 의도했었다는 증거가 될 수 없게 된다. 따라서 만일 당사자들이 ICC 중재규칙을 채택한 경우 ICC 중재위원회는 양 당사자 중 어느 누구에게도 속하지 않는 중재인을 선임하게 될 것이며, 선임된 중재인은 중재가 열리는 장소의 법으로 중재를 하지 않고 중재절차에 관한 한 ICC 중재규칙의 중재절차를 적용하게 될 것이다.

제2절 소유권에 대한 준거법의 적용원칙

거래의 계약 측면에서는 계약위반의 경우 손해의 원인에 대한 문제로써 능력, 절차, 유효성, 해석, 면책, 불법 여부 등은 그 각각에 대하여 다른 법률체계가 적용될 가능성을 지니고 있기 때문에, 준거법 문제가 이를 지배하게 된다고 할 수 있다. 그러나 거래의 소유권적인 측면은 영국과 미국의 규칙에 의하면 소재지에 따르도록 처리하고 있다.

그런데 여기에서 문제가 될 수 있는 것은 公海상에서 운송 도중에 있는 물품에 대한 소재지를 어느 곳으로 정해야 할 것인가 하는 점이다.

이와 관련하여 찬반 양론의 대상이 되었던 판례 하나를 소개해 보기로 한다. C.E.B. Draper & Son Ltd. v. Edward Turner & Son Ltd. and Ors사건[2]에서는 물품이 公海상에서 항해 도중 선하증권이 영국에서 인수되었지만, 그 후 인수된 물품 자체의 숨은 하자 때문에 그 사료를 먹은 가축이 죽게 됨으로써 당사자 간에 분쟁이 발생되었다. 이 사건에서 피고는 원고가 영국의 국내법인 The Fertilizers and Feeding Stuffs Act에 따른 보증을 하였기 때문에 The Fertilizers and Feeding Stuffs Act가 적용되어야 한다고 주장하였다. 이 사건을 담당했던 판사들 중 Denning판사와 Diplock판사는 물품의 소유권 이전과 관련한 적용법으로 소유권이 이전될 당시의 물품의 현재 소재지법의 적용을, Morris판사와 Pearce판사는 CIF거래조건의 특성상 물품의 현재 소재지법은 도착지법이 적용되어야 한다고 주장하였다. 이들의 주장 근거를 소개하면 다음과 같다.

먼저 소유권에 관한 준거법으로 소유권이 이전될 당시의 물품의 현재 소재지법이 적용되어야 한다고 주장한 Diplock판사의 주장 내용을 요약하면 다음과 같다. (피고 패소 주장)

① Maccrindle판사는 CIF거래조건에 있어서 물품의 소유권이 이전되는 장소는 해당 물품이 현재 소재하고 있는 소재지가 아닌 서류인수 당시의 서류소재지라고 주장하나, 물품매매계약은 비록 물품과 소유권이 계약에 따라 이전된다 하더라도 단순한 서류매매계약이 아니다.

② 운송서류의 이전은 물품이 어디에 있든 물품의 소유권 이전을 갖는 상징적 행동이라 할 수 있다. 그렇기 때문에 물품소유권의 이전장소는 상징적 행동이 이루어지는 곳이 아닌 상징적 행동이 그 효력을 갖게 하는 장소, 즉 서류인도 시(소유권 이전 시) 물품이

2) (1965) 1 Q.B. 424.

있는 장소라 할 수 있다.

③ The Fertilizers and Feeding Stuffs Act의 규정은 영국 내에서 소유권 이전이 이루어지는 매매에만 적용되는 것이다. 즉 본 법은 영국 내에서 가축을 경영하는 사람을 보호하는데 그 목적이 있는 것이지 본 거래에서의 船上의 물품매매에 적용시키기 위하여 만든 법이 아니다.

한편 이에 반대하는 입장에 있었던 Morris판사와 Pearce판사의 주장 내용을 요약하면 다음과 같다. (피고 승소 주장)

① 본 사건에서 문제된 계약은 영국에서 인도됨으로써 이행된 것으로 보는 영국 계약이다.
② 본 법 제 2조 (2)항에 규정되어 있는 매매는 소유권 이전에 관한 거래이므로 물품도착지인 런던에서 서류를 인수하고 대금지급을 했을 때 소유권 이전이 이루어지는 것이다.
③ 매매는 영국에서 이루어졌다.
④ 본선의 특수한 위치는 무관하다.
⑤ 서류상환과 교환으로 대금지급이 이루어지는 거래는 서류만으로 소유권을 유효하게 이전시킬 수 있다.
⑥ CIF거래조건은 다른 물품매매와 달리 선하증권이 인도될 때 소유권이 이전되는 것이며, 이것이 물품의 인도가 된다.
⑦ 서류인도 시 물품의 위치는 관계가 없다.

이 사건에 대한 양측 주장 내용의 요지를 보면 CIF거래조건의 경우 소유권 이전시점은 서류가 인도되어 대금지급이 이루어지는 시점이라는 사실에는 이견이 없음을 알 수 있다. 그러나 Diplock 판사는 소유권 이전이 이루어지는 시점에서의 해당 물품이 현재 소재하고 있는 소재지법을 준거법으로 적용시켜야 한다는 주장으로써, 이 사건에서 해당 물품이 서류인도시점에 영국의 영해 내에 있었다면 영국의 국내법인 The Fertilizers and Feeding Stuffs Act가 적용될 수 있었을 것이나 본 사건에서는 그러하지 못했다는 주장이다. 반면에 Morris판사와 Pearce판사는 물품의 현재 소재지에 관계없이 소유권 이전이 이루어지는 장소의 법(영국법)을 적용시켜야 한다는 주장이다.

한편 우리나라의 경우 섭외사법에 의하면 "동산 및 부동산에 관한 물권 및 기타 등기하여야 할 권리는 그 목적물의 소재지법에 의하며, 권리의 득실변경은 그 원인이 된 행위 또는 사실이 완성될 때의 목적물의 소재지법에 의한다"라고 규정하고 있다. 따라서 우리

나라의 경우 소유권에 관한 한 소재지법이 준거법이 됨을 알 수 있으며, 목적물의 위치가 변동적인 경우에는 그 도착지가 그 소재지가 됨을 알 수 있다.

그러므로 해당 물품이 운송 중에 있고 도착지(목적지)에 도달하는 동안 현재의 소재지가 명확하지 않은 채로 물권적 권리변동의 목적으로 운송되는 경우에는 어떤 법률에 의할 것인가가 문제될 수 있다. 이러한 경우에는 운송 중에 있는 물품이 위치하고 있는 지역의 소재지법에 의하지 아니하고 도착지의 법률에 의하여야 한다는 도착지설이 오늘날의 입법 예에서 널리 인정되고 있다. 그리고 물품이 운송 중에 있는 경우에는 선하증권이나 화물상환증 등이 발행되는 것이 오늘날의 일반관행이며, 이러한 경우에는 오늘날의 입법 예를 근거로 그 도착지법이 물품의 소재지법으로 간주되어야 할 것이다. 그러므로 위 사례에서는 계약물품의 도착지인 영국의 The Fertilizers and Feeding Stuffs Act가 적용되는 피고 승소판결이 내려져야 할 것이다.

국제물품매매계약

제6장 위험 및 소유권의 이전

제1절 위험의 이전

Martineau v. Kitching사건[1]에서 Blackburn판사는 "…소유권이 이전되었을 때 손실의 위험은 그 소유권을 가지고 있는 사람에게 있다…"라고 판시하였다. 이처럼 위험이전시점을 소유권 이전시점에 결부시키는 대표적인 것은 영국의 SGA 1979(The Sale of Goods Act, 1979)이다. 즉 SGA 1979 제 20조 (1)항에서는 "당사자 간의 별도의 합의가 없는 한, 해당 물품에 대한 위험부담은 물품의 소유권이 매수인에게 이전될 때까지 매도인에게 있다. 그러나 물품의 소유권이 매수인에게 이전된 때에는 인도의 유무에 관계없이 매수인이 그 물품에 대한 위험을 부담한다"라고 규정하고 있다. 이는 물품이 멸실될 당시의 해당 물품에 대한 소유권을 가지고 있는 자가 그 손실을 부담하게 된다는 의미로써 「소유자주의」라고도 하는데, 이러한 「소유자주의」는 오늘날의 국제무역거래에서 그 포괄성이 결여되어 있다고 볼 수 있다. 따라서 SGA 1979 제 20조의 규정은 시대에 뒤떨어진 규칙으로 비판을 받기도 한다.

그러나 SGA 1979 제 20조 (1)항에서는 「당사자 간의 별도의 합의가 없는 한」이라는 단서조항을 덧붙이고 있다. 따라서 위험의 이전과 소유권의 이전은 별개의 독립된 것이라는 양 당사자 간의 합의가 있는 경우라든지, 위험은 양 당사자들을 구속하는 상관습이나 거래과정으로부터 추론될 것이라는 합의가 있는 경우, 그 예외가 인정되고 있다. 이러한 관점에서 볼 때 소유권이 이전되기 이전에 위험이 매수인에게 이전될 수도 있으며, 소

1) (1872) L.R. 7 Q.B. 436, 454.

유권이 매수인에게 이전되었음에도 불구하고 위험이 매도인에게 남아 있을 수 있게 된다.

실제로 무역실무상으로는 계약당사자들이 그들의 계약서상에 Incoterms의 FOB, CIF 등과 같은 정형거래조건을 명시함으로써 물품의 위험이전시점에 관하여 미리 합의하고 있을 뿐 아니라, 이러한 위험이전시점은 일반적으로 별도의 부보조건에 의해 결정될 수 있도록 배려하는 것이 일반관행으로 되어 있다.

예를 들어 CIF거래조건인 경우 국제적으로「본선의 현측난간」은 매매계약의 이행과정에서 매도인과 매수인 간의 비용 및 위험의 분기점으로 인정되고 있다. 그러나 이러한 기준이 그 효율성을 지니고 있다고 보기는 어려운 바, Pyrene Co,. Ltd. v. Scindia Navigation사건[2)]에서 이 사건을 담당했던 법원에서는 "…현측난간에서 수직으로 설정한 개념적인 선을 기준으로 적재장비의 끝에서 불안정하게 흔들리는 물품에 대한 당사자 간의 책임을 분할한다는 것은 매우 어려운 일이다…"라고 판결하였다.

그럼에도 불구하고 오늘날 CIF거래조건에서는「본선의 현측난간」을 거래당사자 간의 위험이전시점에 대한 전통적인 결정기준으로 널리 이용하고 있다. 다만 이러한「본선의 현측난간」 개념은 2010년에 개정된 Incoterms 2010에서 삭제시켰을 뿐, 그 이전의 Incoterms규정에서는「본선의 현측난간」을 위험이전시점의 기준으로 적용시키고 있다.

한편「국제물품매매계약에 관한 UN협약」에 의하면 국제물품매매계약에서 계약물품의 소유권과 위험이 매수인에게 이전되었지만 매도인이 그 물품을 보유하고 있는 경우, 매도인은 해당 물품에 대하여 합리적인 주의를 기울이지 않으면 안된다. 반대로 물품의 소유권과 위험이 매도인에게 있으나 해당 물품을 매수인이 보유하고 있는 경우, 매수인은 해당 물품에 대해 합리적인 주의를 기울여야 한다. 즉 계약물품을 보유하고 있는 자는 소유권이나 위험의 이전과 관계없이 해당 물품에 대한 합리적인 주의를 기울여야 할 의무가 있다.

그리고 매도인 또는 매수인의 과실에 의해 계약물품의 인도가 지연된 경우, 그러한 과실이 아니었더라면 발생되지 않았을 손실에 대하여 과실을 범한 당사자가 이에 대한 위험을 부담해야 한다. 예를 들어 위험이 매수인에게 이전되었지만 매도인의 과실에 의해 인도가 지연된 경우, 매도인은 자신의 과실이 아니었더라면 발생되지 않았을 손실에 대하여 책임을 져야 한다. 이때 합리적인 주의를 기울이지 못한 이유로 인해 손해가 발생된 것이 아님을 입증해야 할 책임은 해당 물품을 보유하고 있었던 당사자에게 있다.

다음으로 위험이전의 시기에 관하여 검토해 보기로 한다.

국제물품매매계약에 있어서 위험이전의 중요한 문제는 매수인에게 위험이 이전되는 시

2) (1954) 2 Q.B. 402 at 419.

점에 있으므로, 위험이전의 시기를 규명할 필요가 있다. 우선 특정물(Ascertained Goods) 매매인 경우에는 물품의 인도가 특정 장소에서 정해진 시기에 행해졌을 때 위험이 이전된다. 그런데 오늘날 국제무역거래 대상으로서의 특정물은 거의 없는 실정이다. 일례로 「국제물품매매계약에 관한 UN협약」에는 특정물에 대한 직접적인 명시적 규정이 없는 바, 이는 국제무역거래의 경우 특정물을 매매하는 경우는 오히려 예외적인 것으로 간주되고 있기 때문이다.

국제무역물품은 대부분이 불특정물(Unascertained Goods)이다. 그런데 이러한 불특정물은 「특정」[3]이 이루어질 때까지 위험이 매수인에게 이전되지 않는다. 물품의 「특정」이란 불특정물을 특정물로 확정짓는 것을 의미하며, 물품이 「특정」될 때까지 위험이 매수인에게 이전되지 않으므로 물품의 「특정」은 위험이전의 제 1요인으로 볼 수 있다.

일반적으로 계약에 의거해 물품의 선적이 이루어질 때 해당 물품은 특정물이 되며, 해당 물품이 특정물이 되면 별도의 「특정」을 필요로 하지 않게 된다. 따라서 특정물이 되기 전까지의 위험부담은 매도인에게 있는 것으로 보아야 한다. 예를 들어 Warder's (Import & Export) Co., Ltd. v. W. Norwood & Sons Ltd.사건[4]에서 법원은 불특정물이 창고업자 등 제 3자에 의해 보관되고 있는 경우, 그 부분을 전체로부터 해당 물품을 별도로 분리하여 이를 매수인이 보유할 수 있도록 물품의 「특정」이 이루어진 때에 비로소 위험이 매수인에게 이전되는 것으로 판결하였다.

그런데 오늘날의 국제물품매매계약에서는 당사자 간에 물품의 대가 뿐 아니라 운임, 보험료, 수수료, 기타 제 비용의 부담에 이르기까지 상세한 약정내용을 계약서에 명시해 두는 것이 일반관행이며, ICC가 마련한 Incoterms 중의 특정 거래조건을 선정함으로써 위험이전과 관련한 양 당사자 간의 분쟁발생요소를 배제시키고 있다.

운송중의 물품을 매매하는 계약을 체결할 당시 매도인이 해당 물품이 이미 멸실 또는 손상된 사실을 알았거나 알았어야 하면서도 그 사실을 매수인에게 알리지 아니한 경우, 위험은 매수인에게 이전될 수 없는 것이므로 매도인 스스로 그 위험을 부담해야 한다. 또한 계약물품이 매수인의 처분가능 상태에 놓여져 있음에도 불구하고 매수인이 이를 수령하지 않음으로써 해당 물품에 어떤 손상이 발생된 경우, 해당 물품이 매수인의 처분가능 상태에 놓여져 있다는 사실을 매수인이 알게 된 시점으로부터 위험은 매수인에게 이전된 것으로 본다. 이처럼 어느 한 당사자가 자신의 의무를 태만히 함으로써 어떤 위험을 야기시킨 경우, 그 당사자는 해당 위험을 부담하여야 한다.

이상에서 살펴본 내용을 근거로 국제물품매매계약의 경우 위험의 이전에 접근하는 포

3) 「특정」이란 특별한 목적이나 사용을 위해 별도로 할당해 놓는 것을 의미하며, appropriate, ascertain, identify, set aside 등이 「특정」의 개념으로 사용되고 있다.
4) (1968) 2 Q.B. 663: (1968) 2 W.L.R. 1440: (1968) 2 All E.R. 602.

괄적인 기준을 제시하면 다음과 같다.

(1) 영국의 SGA 1979에서 규정하고 있는 소유권 이전의 개념은 위험의 이전에 대한 결정적 기준이 될 수 없다.

(2) 위험을 부담하는 당사자가 아니더라도 자신이 계약물품을 보유하고 있는 한, 계약물품을 보유하고 있는 자는 소유권이나 위험의 이전과 관계없이 해당 물품에 대한 합리적인 주의를 기울여야 할 의무가 있다.

(3) 어느 한 당사자가 자신의 의무를 태만히 함으로써 어떤 위험을 야기시킨 경우, 이로 인해 발생된 위험은 그 위험을 야기시킨 당사자가 부담하여야 한다.

(4) 불특정물인 경우에는 위험의 이전이 이루어질 수 없고, 물품의 「특정」이 이루어져서 특정물이 되어야만 비로소 위험이 매수인에게 이전될 수 있다.

(5) 계약당사자 간의 명시적 합의에 의거해 위험이전시점을 정할 수 있으며, 국제무역계약을 체결하는 당사자들은 Incoterms상의 특정 거래조건을 선정함으로써 위험이전시점에 관하여 미리 합의할 수 있다.

제2절 점유권 및 소유권의 이전

1. 점유권과 소유권의 개념

국제물품매매계약에 있어서 「소유권」이란 물품에 대한 소유의 권리를 말한다. 이를 법률적 의미로 해석하면 '소유권이란 물품에 대한 처분권, 즉 물품을 소비할 수 있는 권리, 폐기할 수 있는 권리, 보관할 수 있는 권리, 매각할 수 있는 권리, 저당이나 담보로 제공할 수 있는 권리 등 해당 물품에 대한 모든 처분권'을 의미한다.

그런데 소유권의 개념과 관련하여 미국에서는 이를 수익권과 담보권으로 나누어 해석하고 있다. 여기에서 수익권이란 물품을 매각하여 이익을 볼 수 있는 권리를 말하며, 담보권이란 물품을 담보로 하여 자금을 대출받거나 보증용으로 사용할 수 있는 권리를 말한다. 이러한 미국에서의 수익권과 담보권은 처분권에 모두 포함되는 개념이라 할 수 있다.

이에 비해 점유권이란 법률상의 청구를 수반하는 해당 물품에 대한 현실적 지배권이라 할 수 있다. 그러므로 소유권은 해당 물품에 대한 사용, 수익, 처분 등의 모든 권리를 포함하는 광범위한 개념이라 할 수 있는데 비하여, 점유권은 해당 물품에 대한 일부의 권리에 해당되는 물품지배의 권리만이 부여된 것이라 할 수 있다.

예를 들어 집의 소유자가 타인에게 자신의 집을 전세로 임대해 준 경우, 전세인은 집의 사용권과 점유권을 취득하여 이를 사용할 수 있을 뿐 집의 소유권을 주장할 수 없게 된다. 즉 소유권은 집주인에게 있는 것이다. 이는 국제물품매매계 하에서의 점유권의 개념과 약간의 차이는 있지만, 소유권과 점유권이 양분되고 있다는 점에서는 동일하다고 할 수 있다. 따라서 소유와 점유는 서로 다른 개념이라 할 수 있으며, 소유권과 점유권은 동일인에게 있을 수도 있고 분리될 수도 있는 것이다.

한편 점유권 및 소유권의 이전과 관련하여 개입되는 중요한 서류 중의 하나로 권리증권을 들 수 있다. 권리증권이란 법률상 인정된 상관습에 의하여 부여된 해당 물품에 관한 상징적 서류를 의미하는 바, 국제물품매매계약 하에서 권리증권의 인도는 곧 물품의 인도와 동일한 효과를 유발시키게 된다. 권리증권의 대표적인 예로는 선하증권을 들 수 있다.

그런데 오늘날의 국제물품매매거래에 있어서 거래당사자들은 권리증권의 사용과 관련하여 다음의 두 가지 측면에 유의할 필요가 있다.

첫째, 대표적인 권리증권 중의 하나인 선하증권이 사용되는 경우라 하더라도 선하증권을 인도해 주면서 소유권을 이전시켜 줄 의사가 없으면 단순히 물품의 점유권만을 상징적으로 인도해 줄 수도 있다는 점이다. 예를 들어 단순히 화물을 인도하기 위해 목적항의 대리인에게 선하증권을 송부하는 경우이거나 또는 차입금의 담보로 은행에 선하증권을 교부하는 경우가 이에 해당된다고 할 수 있는 바, 그 어느 경우에도 양도인이 해당 물품에 대한 소유권을 양수인에게 이전시켜 줄 의사가 없는 경우라고 할 수 있다. 이러한 경우 양수인이 대금을 지급해야만 비로소 소유권이 양수인에게 이전될 수 있게 된다.

둘째, 아무런 권리증권도 사용하지 않는 국제물품매매거래가 존재하고 있다는 점이다. 예를 들어 Incoterms상의 운송인도조건(FCA)에서는 매도인이 물품을 인도한 증거로써 권리증권이 아닌 단순한 화물수취증만을 제공하면 된다. 이러한 경우 해당 서류는 단순히 물품의 점유권만을 이전시켜 줄 뿐이다.

2. 점유권의 이전

매매될 물품에 대한 점유의 양도를 영국의 물품매매법(SGA 1979)에서는 물품의 인도[5]로 규정하고 있다. 일반적인 국제물품매매거래에 있어서는 물품을 매수인 또는 그의 대리인의 보관 또는 통제 하에 둘 수 있게 되었을 때 물품이 인도된 것으로 본다. 점유권에 대한 법률적 의미는 물품에 대한 현실적 지배를 의미하는 것으로써, 인도란 매수인으

5) 영국의 SGA 1979 제 62조에 의하면 인도의 의미와 관련하여 "한 당사자로부터 다른 당사자에게로의 점유의 자발적 이전"으로 정의하고 있다.

로 하여금 이러한 지배권을 행사하게 하는 행위라 할 수 있다.

그런데 영국 물품매매법에서의 물품의 인도는 다음의 두 가지 측면에서 매우 중요한 의미를 갖는다.

첫째, 별도의 약정이 없는 한 매도인은 대금과 상환으로 물품의 점유권을 이전시키거나 이전시킬 준비를 하여야 하며, 매수인도 물품의 점유와 상환으로 대금을 지급하거나 지급할 준비를 하여야 한다.

둘째, 매도인이 매수인으로부터 대금지급을 받지 못한 때에는 해당 물품에 대하여 유치권과 운송정지권(운송중지권)[6] 및 재매각권을 갖게 되지만, 물품의 점유를 포기한 후에는 해당 물품에 대한 유치권을 행사할 수 없게 된다.

여기에서 둘째에 해당되는 내용과 관련하여 매도인은 매수인으로부터 대금을 지급받지 못하게 된 경우 법적 소송에 의하지 않고도 물품에 대해 행사할 수 있는 세 가지 권리, 즉 유치권(Right of Lien)과 운송정지권(Right of Stoppage in Transitu) 및 재매각권(Right of Resale)을 갖게 되는데 이에 관하여 구체적으로 살펴보면 다음과 같다.

유치권이란 물품에 대한 보유권으로써 대금을 지급받지 못한 매도인이 물품을 계속 점유함으로써 행사할 수 있는 권리이다. 예를 들어 Paton's Trustees v. Finlayson사건[7]에서는 매수인이 감자 수확물을 구매한 후 자신의 고용인으로 하여금 이 작물을 캐서 그 밭에 그대로 저장하게 하였다. 따라서 감자의 소유권은 밭에서 캘 때 이미 매수인에게 이전되는 것이었지만, 감자가 매도인의 농장에 있는 동안은 대금을 지급받지 못한 매도인이 감자에 대한 점유권을 행사할 수 있는 것으로 판결되었다.

그런데 Incoterms 2010상의 CIF거래조건이나 CIP거래조건에 있어서는 매도인이 운송인에게 물품을 인도한 후 약정된 운송서류를 취득하여 제공해야만 매수인으로부터 대금지급을 받게 되므로, 매도인은 물품에 대한 점유권을 상실한 후에서야 비로소 대금지급을 받지 못한다는 사실을 알게 된다. 따라서 이러한 경우 매도인의 유치권 행사에는 많은 제약이 따르게 되며, 이러한 문제를 해결해 줄 수 있는 방안으로써 매도인은 운송정지권을 행사할 수 있게 된다.

매도인은 매수인이 지급불능인 경우에 해당 물품을 제 3자에게 매각하기 위해 운송에 대한 시정명령을 하거나 자신에게 다시 운송되도록 운송인에게 통지함으로써 운송정지권을 행사할 수 있으며, 매도인은 이로 인해 발생된 추가비용을 매수인에게 손해배상청구를 함으로써 회수할 수 있다. 그런데 이러한 운송정지권을 매도인이 행사하는 데에는 다음과 같은 제약이 따른다.

---

6) 운송정지권을 일명 운송중지권이라고도 한다.
7) (1923) S.C. 872.

첫째, 이 권리는 매수인이 현실적으로 지급불능인 경우에 한해서 행사될 수 있다. 즉 단순히 매수인의 지급능력이 의심스럽다는 이유만으로 이 권리를 행사할 수 없다.

둘째, 물품은 법률상 운송 중이어야 하며, 만일 물품이 매수인 또는 그 대리인의 관리하에 들어가거나 또는 운송인이 매수인에게 물품을 양도할 수 있는 상태인 경우에는 매도인의 운송정지권은 소멸된다.

셋째, 매수인이 매도인으로부터 물품에 대한 권리증권을 취득하여 이를 제 3자에게 해당 물품을 처분함으로써 선의의 제 3자가 해당 물품을 유상으로 취득한 경우에는 원래의 매도인이 가지는 운송정지권은 소멸된다.

넷째, 운송정지권은 물품 자체에 대해서만 매도인에 의해 행사될 수 있는 것이므로, 운송 도중에 생긴 손해에 대하여 부보된 보험금이 매수인에게 지급되기로 약정되어 있는 경우에는 이러한 보험금에 대해 매도인은 아무런 권리도 행사할 수 없다.

한편 매수인이 물품의 반환 또는 대금지급을 불합리하게 지연시켰을 경우, 매도인은 매수인에게 합리적인 통지를 한 후 이를 재매각할 수 있다. 그리고 물품이 부패할 성질의 것인 경우, 매도인은 매수인에게 통지하지 않고서도 이를 재매각할 수 있는 권리를 갖는다. 이때 매도인은 매수인에 대하여 물품의 재매각으로 인해 발생된 추가비용 및 손실에 대한 손해배상청구권을 갖는다. 그리고 매수인의 계약위반으로 인하여 매도인이 재매각권을 실행한 결과 해당 물품의 시가가 상승하여 매도인이 오히려 이득을 보게 된 경우, 매수인은 이에 대해 아무런 권리도 행사할 수 없게 된다.

3. 소유권이전의 시기

매매계약이 성립되기 이전에는 소유권이 매도인에게 있으며, 매수인으로부터 대금지급이 행해짐으로써 거래가 종료된 후에는 소유권이 매수인에게 이전된다. 그런데 소유권이 어느 시점에서 매도인으로부터 매수인에게 이전되는가 하는 문제가 제기될 수 있으며, 이와 관련하여 매도인은 특정 조건이 성취될 때까지 물품의 소유권을 유보할 수 있게 된다.

이러한 내용과 관련하여 영국의 물품매매법 제 19조 (1)항에서는 다음과 같이 규정하고 있다.

"매도인에 의하여 정해진 조건이 성취될 때까지는 매수인에게 해당 물품의 소유권이 이전되지 않는다. 그리고 이는 해당 물품이 매수인 또는 그의 대리인에게 인도되었거나, 매수인에게 소유권을 이전시킬 목적으로 운송인에게 인도되었을 경우에도 마찬가지이다."

매도인이 소유권을 유보하는 방법으로 「소유권 이전은 물품의 대금이 현금으로 지급됨과 동시에 이전된다」 등과 같은 「소유권 유보조항」을 계약서에 명시적으로 삽입시킴으로써 소유권 이전을 유보시킬 수 있다.

그리고 매도인이 소유권을 유보하는 방법으로 묵시적인 방법이 있을 수 있다. 예를 들어 선하증권이 매수인에게 인도되면 소유권이 매수인에게 이전되므로, 매도인은 선하증권의 수하인 난을 지시식으로 작성해 둠으로써 해당 당사자로 하여금 선하증권과 상환으로 대금을 지급하였을 경우에 한하여 소유권을 취득하게 할 수 있다. 또한 매도인은 대금지급 방법으로 신용장 등과 같은 화환어음결제방식을 사용함으로써 화환어음에 대한 지급이 이루어질 때에 선적서류를 인도해 줌으로써 소유권을 대금지급이 이루어질 때까지 유보할 수도 있다.

이러한 내용에 대한 법적 근거로써 영국의 물품매매법 제 19조 (2)항과 (3)항에서는 각각 다음과 같이 규정하고 있다.

"물품이 선적된 후 매도인지시식 선하증권이나 또는 그의 대리인의 지시식 선하증권에 의하는 경우, 매도인은 자신 또는 그의 대리인이 매수인 또는 그의 대리인에게 해당 선하증권을 인도할 때까지는 물품의 소유권을 유보할 수 있다."

"매도인이 물품대금에 대하여 환어음을 발행하고 이 환어음과 선하증권을 환어음의 인수 또는 지급을 위해 매수인에게 제공하는 경우, 이 환어음이 인수 또는 지급되지 않으면 소유권은 이전되지 않는다. 그리고 이 경우 매수인은 선하증권을 반환해야 할 의무가 있다."

4. 소유권 이전의 일반원칙

법률적으로 소유권 이전은 점유의 이전, 즉 물품의 인도와 분리될 수 있다. 다시 말해서 물품이 인도되어 그 점유권이 매수인에게 이전되었다 하더라도 소유권은 매도인에게 있는 경우도 있고, 물품이 매수인에게 인도되지 않았다 하더라도 소유권은 매수인에게 이전되는 경우도 있다.

그런데 영국의 물품매매법 제 28조에서는 다른 별도의 약정이 없는 한 물품의 인도와 대금지급은 동시 이행조건이라고 규정함으로써 물품의 인도와 대금지급을 연계시키고 있다. 그러므로 대금을 수취하기까지 물품의 소유권을 유보시키고자 하는 매도인은 매수인이 환어음의 인수에 의해 대금을 지급하도록 요구하거나, 또는 현금으로 대금지급이 이루어질 때까지는 소유권이 이전되지 않는다는 점을 명시적으로 유보해 둘 필요가 있다.

즉 매도인은 이러한 취지를 매매계약을 체결할 때 계약서에 명시적으로 약정해 둠으로써 영국 물품매매법상의 보호를 받을 수 있게 된다.

그리고 CIF거래조건의 경우 소유권 이전시점은 선하증권의 발행방식에 따라 달라질 수 있는데, 이와 관련하여 소유권을 수익권과 담보권으로 나누어 소유권의 이전시점을 요약 · 정리하면 다음의 〈표 6-1〉과 같다.

▌표 6-1▌ 선하증권의 발행방식과 소유권 이전시기

선하증권의 발행방식	선적 시	대금지급 시
매도인 지시식, 단순 지시식	수익권만 이전	담보권도 이전 (전 소유권 이전)
제 3자 지시식(은행지시식)	"	"
소지인식	"	"
A. 매수인 지시식+매도인이 증권소유 B. 매수인 지시식+매수인에게 증권인도	수익권만 이전 전 소유권 이전	담보권도 이전 (전 소유권 이전) "
매수인 기명식	전 소유권 이전	"

한편 소유권 이전에 관한 법 원칙상 매수인도 조건부로 소유권을 획득하게 되는 것으로 해석하여야 한다. 예를 들어 만일 매도인이 물품의 소유권을 유보하지 아니한 경우로써 매수인이 아직 물품을 인도받지도 않고 물품을 검사하지도 않은 상태에서 소유권이 이전되었는데, 매수인이 나중에 검사를 해 본 결과 해당 물품이 계약내용과 전혀 일치하지 아니하였다고 가정해 보자. 이러한 경우에는 계약해제 조건부로 소유권이 매수인에게 이전된 것으로써, 인도된 물품이 계약내용과 불일치하면 이전된 소유권의 효력이 소멸되어 소유권이 다시 매도인에게 복귀되는 것으로 해석하여야 한다.

즉 계약과 일치하지 않는 물품에 대한 인수 여부는 매수인의 물품인수 거절권의 행사여부에 달려있는 것으로 파악하여야 하며, 매수인이 정당한 이유를 근거로 물품인수 거절권을 행사하는 즉시 소유권은 다시 매도인에게 귀속되는 것으로 파악하여야 한다.

제7장 무역계약의 종료

무역거래에서의 주 계약인 국제물품매매계약이 체결된 후, 거래당사자들은 약정된 자신의 의무를 이행하기 위하여 운송회사와 국제운송계약을, 보험회사와 적하보험계약을, 은행과 신용장거래계약 등 종속계약들을 체결하게 된다. 그리고 이러한 계약들에 의거하여 매도인이 계약물품을 인도하고 제반 서류들을 인도한 후 매수인에 의하여 대금지급이 완료됨으로써 해당 무역계약은 종료된다. 그런데 무역계약은 계약의 이행에 의하여 자연스럽게 종료되지 못하고 계약이행 중에 또는 계약이 이행된 후 발생되는 계약위반상의 법적 문제나 당사자 간의 분쟁에 의하여 무역클레임이 제기되는 경우가 많으며, 이러한 문제들이 해결될 때까지 해당 계약은 연장되는 것으로 보아야 한다.

여기에서 무역계약이 종료된다는 말의 의미는 매매당사자 간에 성립되었던 계약이 여러 가지 사유에 의하여 그 효력이 소멸된다는 것을 뜻하는 바, 이러한 계약의 종료에 의하여 당사자들의 권리와 의무는 계약체결 이전의 상태로 되돌아가게 된다. 계약이 종료되는 사유는 첫째 당사자 간의 합의에 의한 소멸, 둘째 이행의 종료에 의한 소멸, 셋째 계약위반에 의한 소멸, 넷째 계약의 Frustration 성립에 의한 소멸 등의 네 가지로 분류할 수 있다.

이 중에서 첫째와 둘째의 경우처럼 원만하게 계약이 소멸되면 별 문제가 없으나, 셋째나 넷째의 경우처럼 계약위반에 의하여 또는 Frustration 성립에 의하여 계약이 소멸되면 그 후 법적인 문제가 계속 남게 된다. 따라서 셋째와 넷째의 경우에 의하여 발생된 당사자 간의 분쟁을 해결하기 위하여 중재나 소송이 열리게 되면 해당 계약은 그러한 중재나 소송이 끝날 때까지 연장된다고 할 수 있다.

다음에서는 계약을 종료시키는 각각의 사유에 대하여 간략히 검토해 보기로 한다.

제1절 합의에 의한 소멸

계약은 양 당사자 간의 합의에 의하여 성립될 수 있듯이 계약당사자 간의 합의에 의하여 소멸될 수도 있는 바, 계약당사자 간의 합의에 의한 소멸에는 다음과 같은 세 가지의 형태로 구분할 수 있다.

1. 상호합의를 근거로 서명 · 날인에 의한 계약소멸

양 당사자가 미 이행된 채무에 대하여 서로 자신의 권리를 서명 · 날인에 의해 포기함으로써 해당 계약은 소멸될 수 있다. 이러한 계약소멸은 계약이 완전히 미 이행된 경우는 물론, 계약당사자 중 어느 일방이 자신의 채무를 이행하였고 타방의 채무는 남아있는 경우라 하더라도 날인증서에 의하여 서로 계약을 소멸시키기로 합의한 경우에는 해당 계약이 소멸된다. 이러한 합의는 계약의 상호해제를 의미하는 것이기 때문에 양 당사자의 의무를 면제시키는 효력을 갖는다.

이러한 방법에 의한 계약소멸은 기존의 계약을 새로운 계약으로 대체시키는 변경에 의해서도 성립될 수 있는 바, 양 당사자 간의 합의에 의하여 기존계약의 소멸과 동시에 새로운 계약을 성립시키는 대체계약 체결의 형태로도 기존계약을 소멸시킬 수 있게 된다. 대체계약으로 기존계약을 소멸시키는 방법은 대체 계약서에 또는 새로운 계약서에 기존계약이 소멸됨을 규정하거나 또는 새로운 조항을 삽입시킴으로써 성립될 수 있다.

그러나 이처럼 새로운 조항을 대체 계약서에 삽입시킴으로써 기존계약을 해제시키는 방법은 그 효과 면에서 「변경」과 엄격히 구분되어야 한다. 여기에서 「변경」이란 양 당사자가 원 계약에 대한 조건변경을 의도하는 것을 말하며, 이러한 경우에는 새로운 계약으로 대체되는 것도 원 계약을 무효화시키는 것도 아니다.

그런데 여기에서 문제가 될 수 있는 것은 서면계약이 계약당사자 간의 구두합의에 의하여 변경 또는 해제가 가능한가 하는 점이다. 이와 관련하여 영미법계의 보통법 하에서는 서면계약이나 날인계약도 계약당사자 간의 구두합의에 의하여 변경 또는 해제가 가능한 것으로 간주하고 있으며, 「국제물품매매계약에 관한 UN협약」 제 29조[1]에서도 이러한

1) 「국제물품매매계약에 관한 UN협약」 제 29조 (1)항에서는 "계약은 당사자들의 단순한 합의만으로 변경되거나 또는 해제될 수 있다"라고 규정하고 있다.

취지의 규정을 명시하고 있다. 그러나 법에 의하여 서면으로 증명되도록 요구되는 계약은 반드시 서면에 의해서만 변경 또는 해제가 이루어지게 된다.

2. 대물변제에 의한 계약소멸

한 당사자의 계약상의 의무이행 대신에 어떤 만족할만한 가치 있는 약인[2]을 제공함으로써 해당 당사자의 채무를 소멸시킬 수가 있는데, 이를 「대물변제의 원리」라 한다. 즉 이는 의무 그 자체의 실질적 이행 대신에 어떤 가치 있는 약인의 제공에 의하여 그 의무로부터의 해제를 구매한 것으로 파악하여야 한다. 이는 이행계약이건 미 이행계약이건, 그리고 날인증거에 의한 계약이건 아니건 관계없이 해당 계약의 소멸을 유발시킨다.

3. 계약 자체의 소멸규정에 의한 계약소멸

계약 그 자체에 계약소멸에 관한 규정이 있는 경우, 해당 규정이 적용되는 상황이 발생되면 그 계약은 소멸된다. 이러한 경우는 당사자 간의 특약에 의하여 발생되는 약정해제권에 의한 것으로써, 예를 들어 계약서에 "신용장발행기간은 X월 X일까지이며 이때까지 신용장이 발행되지 않을 경우에는 매도인이 계약을 해제할 권리가 있다"라고 명시되어 있는 경우, 매수인에 의하여 발행기간까지 신용장이 발행되지 않으면 매도인은 이 규정에 의거하여 해당 계약을 해제시킬 수 있게 된다.

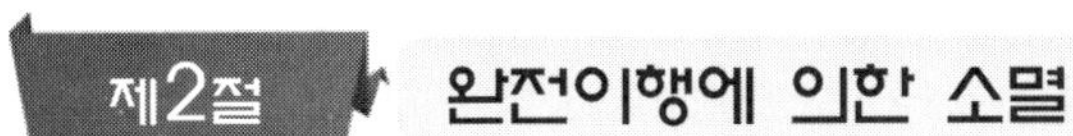

제2절 완전이행에 의한 소멸

계약당사자들이 계약서에 명시된 의무를 완전히 이행하면 해당 계약은 자동적으로 소멸된다. 즉 계약은 완전이행에 의하여 자동적으로 소멸된다. 그런데 계약이 완전히 정확하게 이행되지는 않았지만 실질적으로 이행이 된 것과 다름이 없는 경우, 타방 당사자는 계약위반자의 불완전 이행으로 인하여 자신이 입은 손해에 대해 클레임을 제기하여 그 보상을 청구할 수는 있지만 계약 자체를 소멸시킬 수는 없다. 또한 하자부분에 대한 구제

2) 「약인」이란 약속자의 특정 약속의 대가로써 수약자가 제공하는 행위나 협약을 말한다. 다시 말해서 수약자가 약속자에게 경제적 가치가 있는 물건을 주거나, 이로운 행위를 하거나, 약속자에 대한 채권을 포기하거나, 수약자의 불이익을 수락하는 경우, 이러한 물건이나 채권 및 불이익을 뜻한다. 영미법에서는 단순계약에서는 약인이 없으면 계약이 성립되지 않는 것으로 규정하고 있다.

또는 수선비용이 계약금액과 비교하여 그리 대단치 않은 경우도 이에 해당한다고 할 수 있는 바, 이러한 경우 법정에서는 계약이 실질적으로 이행되었다고 판정하는 것이 일반적이다. 이러한 원리를 「실질적 이행의 원리」라 하는데, 해당 계약이 완전하고도 정확하게 이행되었는지 또는 실질적 이행으로 간주될 수 있는지의 여부는 계약조건을 근거로 개별적으로 해석해 보아야 하는 사실문제라 할 수 있다.

다음에서는 계약의 이행에 의한 소멸과 관련하여 완전계약과 분리계약으로 구분하여 검토해 보기로 한다.

1. 완전계약

완전계약(entire contract) 또는 불가분의 계약인 경우 그 이행은 완전하고도 정확하게 이루어져야 한다. 따라서 완전계약의 경우 어느 한 당사자가 계약조건과 차이가 있는 이행을 하였다면, 타방 당사자는 그 위반으로 인하여 자신이 입은 손해를 배상청구하거나 또는 위반사항이 해당 계약에 중대한 영향을 미치는 것일 경우에는 그 계약을 해제시킬 수 있게 된다.

SGA 1979 제 30조 (1)항에 의하면 매도인이 계약에서 약정한 수량보다 적은 수량을 인도한 경우 매수인은 이를 거절할 수 있지만, 만일 인수하기로 했다면 매수인은 인도된 수량만큼의 비율에 의거해 계약가격을 지불하면 된다. 다시 말해서 부분적 이행에 의하여 제공받은 이익에 대해서는 합당한 금액만큼을 지불해야 한다는 「이행 상당금액의 청구원리」가 적용된다고 할 수 있다. 이처럼 부분적인 이행을 인수한 경우 계약당사자들은 원 계약을 포기하고 새로운 계약의 이행을 합의한 것으로 간주된다.

2. 분할계약

분할계약(divisible contract)이란 계약의 이행을 여러 번으로 나누어 실시할 수 있는 계약을 의미하며, 이를 일명 분리계약이라고도 한다. 이러한 계약에는 계약조항 중에 분할인도 및 분할대금지급과 관련된 규정들을 포함하고 있지만, 그 시기나 방법 등이 불분명한 경우에는 당사자들 간에 분쟁이 발생될 가능성이 높아지게 된다.

예를 들어 매도인이 US $10만에 매달 100통씩 1년 동안 1,200톤의 석탄을 매수인에게 인도하기로 계약이 체결되었다고 가정해 보자. 그런데 대금지급과 관련된 규정이 불분명한 경우, 대금지급 시기는 매달 100톤이 인도될 때마다 US $10만을 청구할 수 있다는 견해와 1,200통의 석탄이 완전히 인도되어야 대금지급을 청구할 수 있다는 견해가 있

을 수 있다. 이와 관련하여 전자의 견해가 타당한 주장이라는 것이 오늘날의 지배적인 견해라 할 수 있다. 그리고 이에 대하여 영국의 SGA 1979 제 31조 (2)항에서는 각각의 인도분에 대하여 각각 대금지급을 해야 하는 것으로 규정하고 있다.

따라서 이러한 분할계약의 경우에는 분할해서 이행되어야 하는 각각의 계약내용 그 자체가 하나의 독립된 계약으로 간주될 수 있게 된다. 그러므로 그 일부는 이미 이행되었으나 그 나머지 중의 독립된 분할계약을 이행하는 과정에서 중대한 계약위반이 성립된 경우, 기 이행된 것을 제외한 나머지 미 이행된 계약분 전체에 대한 계약해제도 가능해진다.

제3절 계약위반에 의한 소멸

어느 한 당사자가 자신의 의무를 이행하지 않았거나 또는 자신의 중대한 의무를 위반한 경우, 타방 당사자는 계약을 해제시킬 수 있다. 그리고 손해를 입은 일방 당사자는 상대 당사자의 계약위반으로 인하여 발생된 손해를 보상받기 위하여 계약해제 후 이와 관련한 손해배상을 청구할 수 있다.

계약위반의 유형과 관련하여 우리나라 민법에서는 이행지체, 이행불능, 불완전이행의 세 가지로 분류하고 있다. 그리고 영미법계에서는 대체적으로 계약위반의 유형을 이행기도래 전의 이행거절과 이행기 도래 후의 이행해태, 그리고 이행불능으로 분류하고 있는데, 이는 우리나라와 유사하다고 할 수 있다. 여기에서 「이행지체」는 이행기가 도래하였음에도 불구하고 이행을 해태한 경우로 선적 지연, 선적 불이행, 대금지급 지연 등을 들 수 있다. 「이행불능」은 어느 한 당사자의 귀책사유로 인하여 이행이 불가능해진 경우와 양 당사자의 귀책사유 없이 이행이 불가능해진 경우가 있을 수 있는데, 계약위반으로 간주되는 것은 전자에 해당된다. 그리고 「불완전이행」은 계약은 이행되었으나 그것에 하자가 있는 경우로써 예를 들어 품질불량, 수량과부족, 대금의 일부지급 등을 들 수 있다.

여기에서 중요한 것은 일방 당사자의 계약위반이 있다고 해서 무조건 계약을 소멸시킬 수 있는 것은 아니라는 점이다. 즉 계약위반의 경중에 따라 계약을 해제시킬 수도 있고 해제시키지 못할 수도 있다. 다시 말해서 계약위반의 형태 중 본질적 계약위반이 성립되는 경우에는 피해 당사자가 해당 계약을 소멸시킬 수 있지만, 부분적 계약위반에 해당되는 경우에는 피해 당사자가 계약을 소멸시킬 수는 없고 단지 손해배상청구권만을 행사할 수 있게 된다.

제4절 계약의 Frustration 성립에 의한 소멸

Frustration이란 계약체결 후 주변상황이 예상외로 현저하게 변화되어 계약상 필요한 묵시적 조건들을 합리적으로 판단해 볼 때 또는 주변사정에 비추어 볼 때 계약의 기초가 상실됨으로써, 만일 계약이 유효하더라도 계약당사자들이 원래 체결했던 계약체결 목적과는 근본적으로 다른 새로운 계약으로 변경되는 결과를 초래하게 되었다는 결론에 도달하게 되는 경우, 해당 계약이 자동적으로 소멸되는 것을 의미한다. 즉 Frustration이란 계약의 후발적 이행불능사건 발생에 의거해 해당 계약이 자동적으로 소멸되는 것을 말하며, 여기에서 후발적 이행불능사건이란 계약성립 후 양 당사자들에 의하여 더 이상의 계약이행이 불가능해지는 사건을 의미한다.

따라서 Frustration법리란 계약당사자의 귀책사유 없이 '계약성립의 기초가 후발적 사건발생에 의해 변경됨으로써 이 순간부터 계약은 자동적으로 소멸되고, 양 당사자는 더 이상의 계약이행상의 모든 의무로부터 면제되는 원칙이라 할 수 있다. 계약의 Frustration을 성립시키는 사건이 발생되면 그 계약은 해당 사건의 발생시점으로부터 자동적으로 소멸된다. 그 결과 양 당사자는 더 이상의 계약이행의무로부터 면제된다. 따라서 보통법 하에서의 Frustration의 효과에 관한 일반원칙은 해당 계약을 처음부터 무효화시키는 것이 아니라, 사건발생시점 이후의 양 당사자의 계약이행 의무를 면제시켜 주게 된다.

Frustration법리에 관한 구체적인 내용은 이 책 제 III 편의 제 5장에서 자세하게 검토해 보기로 한다.

제8장

국제물품매매계약 당사자의 구제방안

계약위반이란 영미법상의 개념으로써 일반적으로 그 정의가 명확하게 규정되어 있지 못하다. 예를 들어 국제물품매매계약에 있어서 계약위반에 대한 개념은 각종 물품매매법이나 국제조약 등에서 명확하게 규정하고 있지 않으며, 다만 매매계약에 대한 의무불이행의 결과로 초래된 피해 당사자의 구제문제에 그 초점을 맞추고 있을 뿐이다.

이와 관련하여 G.H. Treitel은 「계약위반이란 당사자 일방이 계약상의 의무이행을 면하는 정당한 사유 없이 자신의 이행을 지체하든가, 거절하든가, 불완전하게 하든가, 해태하는 것」으로 그 개념을 정리하였다. 따라서 매매계약을 체결한 당사자 일방이 자신의 의무를 이행하지 않는 의무불이행을 성립시킨 경우에는 계약위반이 성립될 수 있게 된다. 그리고 계약위반은 그 위반의 정도가 계약의 전부에 대해서건 또는 일부에 대해서건 관계없이 성립될 수 있으며, 또한 당사자 간의 약속의 대상인 특정 행위의 저지나 방해 또는 거절에 의해서도 발생될 수 있게 된다. 이러한 측면에서 볼 때 특정 계약의 이행과 위반의 문제는 동전의 양면과 같다고 할 수 있다.

여기에서 이행이라 함은 채무가가 약속한 채무의 내용에 따라 이를 실현시키는 것을 말한다. 그러므로 의무이행의 범위는 계약조건에 의하여 좌우될 수밖에 없게 된다. 그러나 이행 그 자체는 계약상의 조건에 정확하게 일치되지 않으면 안된다. 다시 말해서 어떤 허용범위가 필요한 경우에는 계약서에 이를 명시적으로 규정해 두어야 하며, 이러한 명시적 규정이 없는 한 일방 당사자가 계약내용대로 정확하게 일치하는 이행을 하지 않는 경우 계약위반이 성립될 수 있게 된다.

영미법에서의 「계약위반」의 개념은 우리나라와 일본 민법상의 「채무불이행」의 개념과 유사하다고 할 수 있다. 우리나라 민법에서는 채무불이행에 대하여 채무가자 채무의 내용에 따른 이행이 없는 경우를 총칭하는 개념으로 정의하고 있으며, 일본 민법에서는 채무자가 그 채무의 本旨에 따르는 이행을 하지 않는 경우를 채무불이행의 개념으로 정의

하고 있다.

그런데 매매계약위반에 따른 구제 면에 있어서 우리나라나 일본과 같은 대륙법계에서는 채무불이행에 대한 일차적인 구제책으로 현실적 이행을 청구하고(이행청구권) 있는데 비하여, 영미법계에서는 손해배상을 그 일차적인 구제책으로 처리하고(손해배상청구권) 있다. 그러므로 영미법계의 계약위반과 대륙법계의 채무불이행은 최종적으로 동일한 결과를 수반하게 되겠지만, 그 유형과 구제 면에서 약간의 차이를 보이고 있음을 알 수 있다.

일반적으로 국제물품매매계약에 있어서 매도인의 주요 의무는 약정물품을 매수인에게 제공하여 인도하는 것이며, 매수인의 주요 의무는 약정물품을 수령하고 약정대금을 지급하는 것이라 할 수 있다. 다만 경우에 따라서는 당사자 간의 계약조항에 의거하여 매수인이 화환신용장을 개설해 주어야 한다든지, 또는 매도인이 매수인의 포장상의 지시에 따라야 하는 경우 등과 같은 추가적인 의무가 뒤따를 수 있다. 그런데 이러한 보충적인 의무를 위반하는 것 역시 계약위반에 해당되어, 이러한 경우 피해 당사자는 계약위반의 정도에 따라 계약을 해제시킬 수도 있고 손해배상을 청구할 수도 있게 된다.

그리하여 국제물품매매계약에 있어서 매도인의 계약상의 인도의무라든지 매수인의 물품수령의무 또는 대금지급의무를 이행하지 않는 경우 계약위반이 성립되며, 이러한 계약위반은 다음과 같은 법률적 효과를 성립시킨다. 즉

① 계약내용을 강제적으로 이행시키는 이행의 강제,

② 계약을 소멸시키는 계약의 해제,

③ 손해배상의 청구

등과 같은 일반적인 구제의 효과를 피해 당사자에게 선택적으로 발생시키게 된다.

본 장에서 논의하고 있는 국제물품매매계약 당사자의 구제방안에 관한 구체적 내용은 영미법계와 대륙법계 간의 조화를 도모하기 위하여 제정된 「국제물품매매계약에 관한 UN협약 ; 비엔나협약」을 중심으로 검토해 보기로 한다.

제1절 매도인을 위한 구제방안

매수인이 물품매매계약을 이행하지 않은 경우 미국의 UCC에서는 매도인은 물품의 인도를 보류할 수 있고, 운송회사가 물품을 운송중인 경우에는 운송회사로 하여금 물품운송을 중지시킬 수 있으며,[1] 해당 물품을 다른 사람에게 전매하고 손해배상을 청구할 수

1) 창고업자가 물품을 보관중인 경우에도 마찬가지의 권리 행사가 가능하다.

도 있고, 매수인의 수령거절에 대한 손해배상이나 그 대가를 청구할 수 있으며, 해당 물품매매계약을 해제시킬 수도 있는 것으로 규정하고 있다.

한편 영국의 SGA에 의하면 매도인은 물품유치권, 운송정지권, 재매각권, 대금청구권, 손해배상청구권 등을 갖는 것으로 규정하고 있으며, 「국제물품매매계약에 관한 UN협약」에 의하면 매도인은 특정이행청구권, 이행을 위한 추가기간 허용권, 계약해제권, 손해배상청구권 등을 갖는 것으로 규정하고 있다. 그리고 우리나라의 민법과 일본 민법에서는 매수인의 계약불이행시 매도인이 행사할 수 있는 권리로 강제이행청구권, 계약해제권, 손해배상청구권 등을 규정하고 있다.

이상의 규정을 근거로 매수인의 계약불이행에 대하여 매도인에게 부여되는 주된 구제방법은 계약대로의 이행을 요구하는 특정이행청구권과 손해배상청구권 및 계약해제권이라 할 수 있다. 그런데 이 중에서 손해배상청구권은 다른 구제방법에 의한 매도인의 권리행사에 의해서도 상실되지 않는 권리라 할 수 있다. 그리고 매도인이 이러한 권리를 행사하기 위해서는 매수인이 그의 의무를 이행하지 않았다는 객관적 사실만 있으면 충분하며, 매도인이 매수인의 과실 등에 관하여 구체적으로 증명해야 할 의무는 없다.

다음에서는 매도인이 구제받을 수 있는 방안들에 관하여 「매수인의 대금지급 불이행의 경우」와 「물품수령 불이행의 경우」로 대별하여 각각 검토해 보기로 한다.

1. 매수인의 대금지급 불이행 시 매도인의 구제방안

(1) 대금지급의 청구

우리나라와 일본을 포함한 대륙법계의 법제를 채택하고 있는 국가들은 해당 당사자로 하여금 계약대로의 이행을 청구할 수 있는 권리를 인정하고 있기 때문에, 매수인의 대금지급 불이행 시 매도인은 매수인에게 대금지급을 청구할 수 있게 된다. 그러나 영미법계에서는 매수인의 계약불이행에 대한 구제책 중의 하나인 계약상의 의무이행청구권 행사에 대하여 많은 제약을 가하고 있다. 즉 영미법계에서는 매도인의 대금지급청구권과 관련하여 매도인은 해당 물품을 제 3자에게 처분하고 그것에 의해 얻은 대금과 계약대금과의 차액을 손해로써 배상청구하게 되며, 대금지급의 청구 자체가 인정되는 것은 매도인이 상당한 노력을 기울여도 제 3자에게 물품의 매각처분이 불가능한 경우로 제한된다.

그런데 「국제물품매매계약에 관한 UN협약」에서는 이 두 가지 법체계간의 타협책을 강구하고 있다. 즉 계약불이행이 있는 경우 그 구제를 구하는 당사자에게는 불이행의 결과 발생된 손해를 가능한 한 경감시키기 위한 수단을 강구하도록 요구하고 있다. 그러므로 매수인으로부터 대금이 지급되지 않는 경우에 있어서 물품의 시장가격이 계속 폭락하고

있는 경우에는 헛되이 대금지급청구를 반복하는 일이 없이, 매도인이 해당 물품을 조속히 매각처분하여 매수인에게 배상 청구할 손해액을 경감시키지 않으면 안되는 상황이 발생될 수 있다. 따라서 이러한 경우 매도인은 대금지급청구권의 행사를 사실상 단념하고 매수인이 수령하지 않은 물품을 제 3자에게 조속히 매각처분한 후 손해배상을 청구하는 방법에 의존하지 않을 수 없게 된다.

한편 매도인이 아직 목적물을 매수인에게 인도하고 있지 않은 경우로써 매수인의 이행지체가 있는 경우, 매도인은 매매대금의 청구를 하거나 또는 계약을 해제하여 목적물을 다른 제 3자에게 재매각 함과 동시에 매매대금과 재매각금과의 차액 및 지연배상액을 매수인에게 청구할 수 있다. 그러나 해당 목적물이 매수인의 수요에 따라 특별히 제작된 경우 등과 같이 해당 물품의 재매각을 위한 시장이 존재하지 않는 경우이거나 또는 기타 사정으로 인하여 해당 목적물을 용이하게 재매각할 수 없는 경우에는 매도인의 구제책으로써 대금지급청구는 매우 중요한 의미를 갖는다고 할 수 있다.

그러나 목적물의 인도시기가 도래하였음에도 불구하고 매도인이 이를 이행하고 있지 않은 경우, 매수인은 매도인의 대금청구에 대하여 목적물의 제공이 있을 때까지 동시이행권의 항변에 의거해 대금지급을 거절할 수 있는 권리를 갖는다.

(2) 이행을 위한 추가기간의 허용

「국제물품매매계약에 관한 UN협약」에 의하면 어느 한 당사자에 의한 계약해제는 본질적 계약위반이 성립되지 않는 한 인정되지 않는다. 따라서 다른 특별한 사정이 발생되지 않는 한 매수인에 의한 물품수령이 이행기에 이루어지지 않았다고 하는 한 가지의 이유만으로는 계약의 해제가 인정되지 않는다. 이러한 경우에는 매도인이 합리적인 추가기간을 허용해 줌으로써 그 이행을 요구한 후 그 기간 내에도 이행이 이루어지지 않은 경우에 비로소 계약을 해제시킬 수 있게 된다.

따라서 매수인에 의한 의무불이행이 있는 경우 매도인은 매수인에 의한 계약상의 의무이행을 구하기 위하여 합리적인 추가기간을 부여해 줄 수 있게 된다. 이 추가기간은 매수인의 대금지급의무와 물품수령의무의 이행을 위해서 뿐만 아니라 계약에 따른 이행을 완료하기에 필요로 하는 기타 의무이행의 어느 쪽에 대하여도 부여해 줄 수 있게 된다. 이러한 추가기간의 부여는 매도인의 재량에 맡기고 있는 것으로써 매도인의 권리이지 의무는 아니다. 그리고 매도인은 매수인의 대금지급의무와 물품수령의무의 불이행과 관련하여 이 추가기간의 경과에 의거해 계약의 해제가 용이해지게 된다.

그런데 매도인이 추가기간을 매수인에게 부여해 준 이상, 그 이행을 행할 의사가 없다는 취지의 통지를 매수인으로부터 받은 경우를 제외하고 매도인은 해당 기간 중에는 매

수인의 계약위반에 따른 다른 구제방안들을 행사할 수 없게 된다. 그러나 이 추가기간 중 매도인이 다른 구제방법을 구할 수 없다고 해서 매도인이 매수인의 이행지체로 인해 발생된 손해배상청구권까지 상실하는 것은 아니다.

(3) 계약물품 재매각

계약상의 지급시기가 경과되었는데도 매수인에 의하여 대금이 지급되지 않는 경우, 매도인은 계약의 이행청구권을 행사함으로써 매수인에 대하여 매매대금의 지급을 청구할 수 있다. 그러나 앞에서 언급한 바와 같이 영비법계에서는 이러한 매도인의 대금지급청구권에 대하여 해당 목적물을 다른 제 3자에게 재매각할 수 없는 경우로 제한시키고 있다. 그런데 매도인이 매매목적물을 다른 곳에 재매각할 수 있다면, 매도인은 매매대금 지급청구보다는 매매목적물을 다른 곳에 재매각하여 이를 매매대금에 충당하고 이것에 의해 회복할 수 없는 손해를 매수인에게 청구하는 것이 더 바람직하다고 할 수 있다. 그 근거로써 매도인은 재매각에 의하여 매각대금을 확실하게 입수할 수 있게 되고, 이 재매각에 의하여 회복할 수 없는 손해액은 매수인으로부터 확보할 수 있게 되기 때문이다.

그러나 매도인이 대금지급청구권의 행사가 아닌 목적물의 재매각에 의한 구제를 구하기 위해서는 매도인이 매매목적물을 점유하고 있을 것을 필요로 한다. 즉 매수인이 해당 매매목적물을 보유하고 있는 경우라든지 또는 이를 매수인이 이미 다른 곳에 전매한 경우, 매도인은 목적물의 재매각에 의한 구제를 구할 수가 없게 된다. 이러한 경우 매도인은 대금지급청구권을 행사할 수 있음은 물론 그 이자에 대해서도 우선적인 변제를 받을 수 있게 된다.

그런데 오늘날 대부분의 국제물품매매계약에서는 목적물의 인도와 이에 대한 대금지급과는 동시이행의 관계에 있지 않은 실정이다. 즉 실무적으로는 계약목적물의 인도시기가 도래하고 난 후 상당기간이 경과된 후에 매매대금의 지급시기가 도래하게 되는 경우가 대부분이다. 이러한 경우 매도인은 매수인이 대금지급을 이행하지 못할 것임을 스스로 판단하여 이를 이유로 목적물의 인도를 거절할 수 없게 된다.

이러한 경우 매도인이 해당 목적물의 인도를 거절하기 위해서는 매도인이 매매계약체결 후의 매수인의 재산상태의 극도의 악화를 이유로 한 이행거절권을 취득하든지 또는 매도인이 계약해제권을 취득해 두는 것이 필요하다. 그런데 이러한 매도인의 권리는 당사자 간의 특약에 근거해서만 인정될 수 있게 된다. 그러므로 이러한 경우 매도인의 구제책이 충분히 확보되기 위해서는 계약당사자 간에 이에 관한 구체적인 내용을 계약서에 명시적으로 합의해 두는 것이 반드시 필요하다고 할 수 있다. 계약당사자 간에 이러한 합의가 있는 경우로써 계약물품이 운송되고 있는 도중 매도인이 매수인의 재산상태의 극도

의 악화를 알게 된 경우, 매도인은 해당 물품이 목적지에 도달하기 전에 운송정지권을 행사함으로써 계약물품이 매수인에게 인도되는 것을 저지할 수도 있게 된다.

(4) 매도인의 이행거절권

대금지급과 목적물의 인도가 동시에 행해지기로 매매계약이 체결된 경우, 매도인은 매수인이 대금지급을 이행할 때까지 목적물의 인도를 거절할 수 있는 동시이행의 항변권을 갖는다. 이러한 동시이행의 항변권은 쌍무계약의 이행에 있어서 당사자 간의 공평성을 확보하기 위한 것이기 때문에 대급지급과 목적물의 인도가 상이한 시기에 이행되어야 하는 것으로 약정된 경우에는 인정되지 않는다. 그러나 대금지급과 목적물의 인도가 동시이행의 관계에 있는 경우, 매도인은 매수인으로부터 대금지급이 있을 때까지 목적물의 인도를 거절할 수 있게 된다.

또한 특정 물품을 일정기간 동안 또는 특정기간 동안 계속하여 공급하기로 계약이 체결된 공급계약의 경우로써 매매대금은 물품이 인도된 후 일정기간이 경과된 뒤에 지급되기로 계약이 체결된 경우, 매수인이 前期에 인도된 목적물의 대금을 지급하지 않고 今期分의 목적물 인도를 청구하게 되면 매도인은 매수인의 前期 分의 대금 미지급을 이유로 今期 分의 공급을 거절할 수 있게 된다.

그러나 이러한 매도인의 이행거절권이 행사될 수 없는 경우로써 다음과 같은 경우를 들 수 있다. 즉 매수인이 매도인의 인도물품을 검사한 후에 합격수량에 대해서만 대금지급을 해주기로 계약이 체결된 경우라든지, 매수인이 해당 목적물을 전매하여 전매대금을 취득한 후에 대금지급이 이루어지기로 양 당사자 간의 합의에 의해 계약이 체결된 경우 등을 들 수 있다.

(5) 물품회수권

매도인이 계약물품을 매수인에게 발송하였는데 매수인이 대금지급을 하기도 전에 파산선고를 한 경우, 매도인은 영국법의 운송정지권에서 발달한 물품회수권에 의한 보호를 받는다. 단 이러한 매도인의 물품회수권은 매수인의 파산이나 회사정리 등과 같은 특별한 경우로 제한되고 있다. 오늘날에는 운송수단의 발달로 인해 물품운송에 요구되는 기간이 단축됨으로써 매수인의 재산상태의 악화를 정확히 알지 못하고 목적물을 발송한 경우, 대부분 매수인의 파산선고 이전에 해당 목적물이 도착지에서 매수인에게 수령된다. 이러한 경우 매도인을 보호해 주기 위한 구제책으로 매도인에게 물품회수권을 인정하고 있는 것이다.

그리고 매도인은 매수인이 파산이나 회사정리 등과 같은 극한상황에 처하지 않았다 하

더라도, 매수인이 해당 목적물을 수령하기 이전의 운송도중에 있는 목적물에 대하여 매수인의 재산상태 악화로 인한 현실적 지급불능이 인정되는 경우, 매도인은 운송의 정지 또는 그 반환을 운송인에게 지시할 수 있는 권리를 갖는다. 그런데 만일 매도인의 이러한 지시에도 불구하고 운송인이 그 지시에 따르지 않고 운송품을 매수인에게 인도하였을 경우, 매도인은 해당 목적물을 회수할 수 없게 된다. 따라서 이러한 경우 매도인은 운송인의 지시위반으로 인하여 입은 손해를 운송인에게 배상 청구할 수 있게 된다. 그러므로 매도인의 운송정지권은 매도인이 해당 목적물을 운송인에게 인도한 후 매수인의 재산상태의 악화를 알게 된 경우에 해당 목적물이 매수인에게 인도되는 것을 저지시킴으로써 매도인을 보호해 주기 위한 구제책으로서의 중요한 기능을 담당하게 된다고 할 수 있다.

그러나 매도인의 운송정지권이 행사될 수 있기 위해서는 다음과 같은 전제조건들이 요구된다.

첫째, 이 권리는 매수인의 현실적으로 지급불능인 경우에 한해서만 행사될 수 있다. 즉 단순히 매수인의 지급능력이 의심스럽다는 이유만으로 이 권리가 행사될 수 없게 된다.

둘째, 해당 목적물은 법률상 운송 중이어야 하며, 만일 해당 목적물이 매수인 또는 그 대리인의 관리 하에 들어가거나 또는 운송인이 매수인에게 목적물을 인도할 수 있는 상태에 있는 경우에는 매도인의 운송정지권은 소멸된다.

셋째, 매수인이 매도인으로부터 목적물에 대한 권리증권을 취득하여 이를 이미 제 3자에게 처분함으로써 선의의 제 3자가 유상으로 해당 목적물을 취득한 경우에는 매도인의 운송지권은 소멸된다.

넷째, 매도인의 운송정지권은 목적물 자체에 대해서만 매도인에 의하여 행사될 수 있는 것이다. 따라서 운송 도중에 발생된 손해에 대하여 부보된 보험금이 매수인에게 지급되기로 되어 있는 경우에는 이러한 보험금에 대하여 매도인은 아무런 권리를 행사할 수 없게 된다.

(6) 계약의 해제

매수인이 계약상의 이행기가 도래하였는데도 불구하고 대금지급을 하지 않는 경우, 매도인은 매매계약을 계속 존속시켜 매매대금과 함께 지연배상금을 청구하든지 또는 계약을 해제시킴으로써 매수인의 채무불이행에 근거한 모든 손해배상액을 청구할 수 있다. 그리고 매수인의 대금지급 불이행의 경우 매도인은 원칙적으로 상당기간을 정하여 그 이행을 매수인에게 催告한 후 매수인이 이를 계속 이행하지 않을 경우 해당 계약을 해제시킬 수 있게 된다.

즉 매도인은 매수인의 의무불이행이 본질적 계약위반을 구성하는 경우 해당 계약을 해

제시킬 수 있는데, 이러한 계약의 해제는 상대방에게 해당 사실에 대한 통지가 이루어진 경우에만 그 효력을 발생시키게 된다. 그러므로 매수인의 대금지급의무 위반이 있는 경우 매도인은 추가기간을 부여하여 최고한 후 계약해제권을 행사할 수 있게 된다.

그러나 「매수인이 이행기에 대금지급을 하지 않는 경우 매도인은 최고를 하지 않고도 곧 계약을 해제시킬 수 있다」라는 취지의 약정이 당사자 간에 체결되어 있는 경우, 매도인은 매수인의 채무불이행과 동시에 상당기간을 정하여 행하는 최고를 행하지 않고도 해당 계약을 해제시킬 수 있게 된다. 또한 매도인은 「매수인의 파산신청 또는 회사정리의 신청과 동시에 계약은 자동적으로 해제되고 매도인은 그것에 의하여 발생된 손해를 배상청구할 수 있다」라는 취지의 "자동 계약해제조항"을 계약서에 약정해둔 경우에도 마찬가지이다.

따라서 당사자 간의 별도의 약정이 없는 한 매도인은 매수인의 대금지급 불이행을 이유로 한 계약해제에 앞서서 매수인에게 그 이행을 위한 추가기간을 부여해 주어야 하며, 이 추가기간 중에는 매도인의 계약해제권 행사가 제한된다고 할 수 있다. 즉 계약당사자 간의 별도의 특약이 없는 한, 매도인이 부여한 추가기간이 경과된 경우 또는 해당 추가기간 내에도 이행할 의사가 없음을 매수인이 의사 표명한 경우에 한해서 매도인의 계약해제가 가능해진다고 할 수 있다.

(7) 손해배상 청구

매수인이 매매계약을 위반한 경우 매도인은 이로 인해 발생된 손해를 매수인으로부터 배상받을 수 있다. 이와 관련하여 매도인이 해당 목적물을 「다른 제 3자에게 전매한 경우」와 「전매하지 않은 경우」로 대별하여 살펴보기로 한다.

① 매도인이 목적물을 전매한 경우의 기본적 손해

매도인이 목적물을 하락한 시장가격으로 다른 곳에 처분한 경우 매매대금액과 처분가액과의 차액은 매수인의 채무불이행에 의한 통상손해로써, 매도인은 이를 매수인에게 배상 청구할 수 있다. 그러나 제 3자에 대한 목적물의 처분가액을 기준으로 손해배상액이 산정되기 위해서는 매매의 방법 · 시기 · 장소 · 조건 등이 일반 상거래적 관점에서 적절한 것이어야 한다. 다시 말해서 매도인은 매수인에게 인도하기로 했던 물품을 다른 매수인에게 매각하는 과정에서 자신이 입은 손해액을 최소화시키기 위한 노력을 기울여야 한다.

따라서 매도인이 경매방법으로 물품으로 처분하는 경우에는 그것이 경매방법으로써 적합한 시장 또는 장소에서 이루어져야 하며, 매도인은 경매하는 시간 및 장소 등에 대하여 계약을 불이행한 매수인에게 반드시 통지해 주어야 한다. 이처럼 경매방법에 의하여 매

도인이 물품을 매각하는 경우에는 계약을 위반한 매수인이 경매에 참여하여 이 물품을 매입할 수도 있다. 그러나 매매계약을 불이행한 매수인은 전매에 의하여 해당 물품을 구매한 제 3자에 대하여 해당 물품에 대한 아무런 권리도 행사할 수 없게 된다.

매도인이 다른 제 3자에게 전매한 경우 매도인은 계약을 이행하지 않은 매수인에 대하여 매매계약 가격과 전매 가격과의 차액, 그리고 매수인의 계약불이행으로 인하여 매도인이 추가로 부담한 비용 및 부수손해액 등을 배상받을 수 있다. 그런데 만일 전매 가격이 매매계약 가격보다 높은 경우에는 그 차익을 매도인이 갖게 되며, 매수인은 이에 대하여 아무런 권리도 행사할 수 없게 된다.

결론적으로 목적물이 매수인에게 인도된 경우 매도인은 목적물 회수 후 이를 신속하게 처분하여야 한다. 그러므로 매도인에 의하여 그 처분이 부당하게 지연된 경우에는 그 처분이 지연된 것에 의하여 증가된 손해액이 과실상계의 대상으로 되며, 또한 매도인이 정상적인 시장가격 이하로 목적물을 처분한 경우에는 처분가격이 정상적인 시장가격 이하인 것에 의하여 발생된 손해액이 과실상계의 대상으로 된다.

② 매도인이 목적물을 전매하지 않은 경우의 기본적 손해

매도인이 해당 목적물을 다른 제 3자에게 처분하지 않은 경우로써 ① 매도인이 아직 해당 목적물을 매수인에게 인도하지 않은 경우에는 매매대금액과 계약해제 시의 하락한 가액과의 차액을, ② 매도인이 해당 목적물을 매수인에게 인도한 경우에는 매매대금액과 목적물 반환 시의 하락한 시장가격과의 차액을 각각 기본적인 손해로 매도인이 배상 청구할 수 있다.

한편 매도인이 매수인의 매매계약 불이행 사실을 알고 있었음에도 불구하고 적절한 기간내에 다른 제 3자에게 전매하지 아니한 경우, 매도인은 자신의 의무를 이행해야 하는 시점을 기준으로 하여 자신이 입은 손해액만을 배상받을 수 있게 된다. 그리고 시가에 의한 배상만으로는 매도인이 입은 손해를 보상받기에 부적절한 때에는 기회이익에 의한 배상원칙이 적용된다. 즉 매수인이 매매계약을 이행했더라면 매도인이 얻을 수 있었던 이익, 즉 기회이익을 기준으로 그 배상액이 결정된다. 예를 들어 매수인의 매매계약 불이행으로 인하여 생산량이 크게 줄어들게 됨으로써 물품단위당 생산비가 크게 증가되었다면, 매도인은 이와 관련하여 발생된 기회비용까지도 매수인에게 청구하여 배상받을 수 있게 된다.

2. 매수인의 물품수령 불이행 시 매도인의 구제방안

매수인의 부당한 물품수령 불이행 시에도 매도인은 위에서 검토한 매수인의 대금지급 불이행 시의 매도인의 구제방안과 유사한 구제방안들을 강구할 수 있게 된다. 그런데 매도인의 계약해제권과 관련하여 대륙법과 영미법 및 「국제물품매매계약에 관한 UN협약」 간에 약간의 차이를 보이고 있으므로 이에 관하여 보충적으로 간략히 살펴보기로 한다.

우리나라 민법과 일본 민법 등 대륙법계의 법제를 채택하고 있는 국가에서는 매수인의 부당한 물품수령 불이행에 대하여 당사자 간의 별도의 특약이 없는 한 매도인이 상당한 기간을 주어 이행의 최고를 한 후에 계약을 해제시킬 수 있는 것으로 규정하고 있다. 그러나 이러한 경우 영미법계의 법제를 채택하고 있는 국가에서는 원칙적으로 매도인의 구제방안과 관련하여 손해배상 청구를 그 일차적인 구제책으로 처리하고 있으며, 영국과 미국에 있어서도 약간의 차이를 보이고 있다.

미국의 통일상법전에 의하면 매수인의 물품수령 거절에 대하여 매도인은 계약물품의 인도시점과 인도장소에서의 현행 시장가격과 약정가격과의 차액에 매수인의 수령불이행 이후 물품관리와 보관에 소요된 비용 및 물품의 운송이나 경매 등으로 인하여 야기된 모든 부수적 손해액을 가산한 금액에서 매수인의 수령불이행의 결과 절약된 금액을 공제한 금액을 손해배상 청구할 수 있는 것으로 규정하고 있으며,[2] 또한 매도인은 계약을 해제시킬 수도 있는 것으로 규정하고 있다.[3]

그런데 영국의 물품매매법에서는 매수인의 계약물품 수령불이행에 대한 매도인의 계약해제권에 대하여 명문의 규정을 두고 있지 않다. 영국에서는 이러한 경우에 대하여 모두 손해배상 문제로 해결하고 있다. 즉 영국의 물품매매법에 의하면 매도인이 계약물품의 인도준비를 완료한 상태에서 매수인에게 수령할 것을 요구하였음에도 불구하고 매도인의 요구 후 상당기간 내에 매수인이 이를 수령하지 아니한 경우, 매도인은 매수인의 물품수령 불이행으로 인해 야기된 손해와 물품보관에 소요된 상당비용을 배상 청구할 수 있는 것으로 규정하고 있다.[4]

한편 「국제물품매매계약에 관한 UN협약」에서는 매도인이 정한 추가기간 내에도 매수인이 물품수령의무를 이행하지 아니하는 경우이거나, 또는 매도인이 최고한 추가기간 중에 매수인이 자신의 의무를 이행하지 아니할 것임을 의사 표명한 경우, 매도인은 계약을 해제시킬 수 있는 것으로 규정하고 있다.[5]

---

2) UCC 제 2-703조 ⑤항, 제 2-708조, 제 2-710조 참조.
3) UCC 제 2-703조 ⑥항 참조.
4) SGA 1979 제 37조 (1)항 참조.
5) 「국제물품매매계약에 관한 UN협약」 제 64조 (1)항 (b)호 참조.

제2절 매수인을 위한 구제방안

매수인이 매도인의 계약위반으로 인하여 입은 손해를 보상받기 위해서는 매수인은 적합한 시기에 해당 물품의 계약적합성 여부를 검사한 후 매매계약 내용과 불일치하는 점을 발견하였거나 또는 발견하였어야 했던 시점으로부터 합리적인 기간 내에 매도인에게 계약위반 사실을 통지해 주어야 한다. 매수인이 이러한 통지를 하지 않은 경우, 매수인은 자신이 입은 손해를 배상받을 수 없게 된다.

매수인은 매도인의 인도불이행의 경우 목적물의 인도를 요구한 후 매도인이 이를 이행하지 않을 때 법원을 통하여 강제적으로 이를 실현시키는 방법과, 거래를 중지시키기 위하여 계약을 해제하는 방법을 취할 수 있다. 그리고 매수인이 특정 이행의 요구나 계약해제조치를 취한 경우라 하더라도, 매도인의 계약불이행으로 인하여 매수인에게 어떤 손해가 발생된 경우에는 매수인은 매도인에게 손해배상을 청구할 수 있게 된다. 이러한 매수인의 손해배상 청구권은 매도인의 의무가 이행되지 않았다는 객관적 사실의 존재만으로도 충분하다.

한편 「국제물품매매계약에 관한 UN협약」에 의하면 매도인의 약정품 인도의무의 불이행으로 인한 계약위반에 대하여 매수인은 특정이행 청구권, 매도인의 의무이행을 위한 합리적인 추가기간 허용권, 계약해제권, 매도인의 부적합품 인도에 대한 대금감액 청구권, 매도인의 인도기일 불이행에 대한 물품인수 거절권, 손해배상청구권, 매도인의 초과인도에 대한 초과수량의 인수거절권 등을 갖는 것으로 규정하고 있다.[6]

이와 관련하여 「매도인의 인도불이행의 경우」와 「매도인의 부적합물품 인도의 경우」로 대별하여 매수인의 구제방안들을 구체적으로 검토해 보기로 한다.

1. 매도인의 인도불이행 시 매수인의 구제방안

(1) 이행청구권

매도인이 이행기가 도래하였음에도 불구하고 해당 목적물을 인도하지 않는 경우 매수인은 매도인에 대하여 인도이행을 청구할 수 있다. 이러한 경우 매수인은 인도지체에 의하여 자신이 입은 손해를 매도인에게 배상 청구할 수 있다. 매수인의 매도인에 대한 인도

6) 「국제물품매매계약에 관한 UN협약」 제 45조-제 52조, 제 74조-제 77조 참조.

이행 청구권은 해당 목적물이 다른 곳으로부터 용이하게 입수될 수 없는 경우에는 매수인에게 매우 중요한 구제수단이 될 수 있다.

계약서에 명시된 이행기에 목적물의 인도가 행해지지 않은 경우, 매수인은 이행기 이후의 매도인의 목적물 인도에 대한 수령을 거절하여 손해배상을 청구할 수도 있다. 즉 계약물품의 입수가 가능한 경우에는 매수인은 다른 곳으로부터 계약물품을 입수하고 이에 소요된 비용을 매도인으로부터 배상 청구함으로써 구제받을 수도 있게 된다. 이때의 손해배상은 매도인의 계약위반, 즉 매도인이 이행기에 목적물을 인도하지 않은 것에 기인하여 발생된 손해의 배상으로 한정되며, 또한 매수인이 다른 곳으로부터 계약목적물을 입수하는 데에 소요된 비용을 손해로써 배상청구하기 위해서는 그 입수비용이 합리적인 것이어야 함[7]을 그 조건으로 한다.

그런데 매도인이 이행기에 목적물을 인도하지 않은 경우, 매수인이 매도인에 의한 목적물의 인도를 거절하고 목적물 인도에 대신한 손해배상을 청구하기 위해서는 매수인이 계약을 해제해 둘 필요가 있다. 그 근거로써 매매계약을 계속 존속시켜 두면 매도인이 후일에 지연으로 인해 발생된 손해금액과 함께 목적물을 인도하려 할 경우 매수인은 이를 수령하지 않으면 안되기 때문이다. 즉 이러한 경우 만일 매수인이 해당 목적물을 다른 곳으로부터 취득하였다면, 매수인은 동종의 물품을 이중으로 취득하게 되는 위험에 직면하게 될 수도 있기 때문이다. 따라서 매수인은 매도인에 대하여 계약을 이행하도록 명확하게 통지를 해주고, 그 기간이 경과된 후에 목적물 불수령의 의사표시를 분명하게 하는 것이 요구되고 있다.

(2) 이행기 전의 이행거절

매도인이 이행기가 도래하기 이전에 이행의 의사가 없음을 표시하였다 하더라도, 매수인이 이행기 도래 이전에 매도인이 목적물의 인도를 하지 않을 것으로 예상하여 해당 목적물을 다른 곳으로부터 입수하였을 경우, 매수인은 매도인이 이행기에 목적물을 인도하게 되면 그 수령을 거절할 수 없게 된다. 따라서 매도인이 이행기 도래 이전에 이행거절을 하는 경우 매수인이 곧 계약을 해제시킬 수 있기 위해서는 그러한 취지의 내용에 관한 특약을 계약체결 시 별도로 합의해 둘 필요가 있다.

그리고 당사자 간의 특약에 의거하여 매도인에 의한 이행기 도래 이전의 이행거절을 근거로 매수인에게 계약해제권이 인정되는 경우, 이러한 계약해제권의 행사 여부는 매수

7) 그 입수가 시장가격에 의한 경우에는 입수비용이 합리적인 것으로 인정된다. 목적물이 매수인에 의해 다른 곳으로부터 입수된 후 목적물의 시장가격이 하락하였다면 매수인이 보다 저렴한 가격으로 목적물을 입수할 수 있었다 하더라도, 매수인에게 현실적으로 소요된 입수비용은 합리적인 것으로 간주된다.

인의 재량에 속하는 권리이다. 따라서 매도인이 이행거절의 의사표시를 한 후 매수인이 곧바로 계약을 해제시키지 않고 있는 동안에 목적물을 다른 곳으로부터 입수하였더라면 그 입수에 필요한 가액이 훨씬 낮았을 것임을 주장하여 매도인이 낮은 가액을 근거로 손해배상액이 산정되어야 한다고 주장할 수 없게 되는 바, 그 이유는 계약해제권의 행사 여부는 매수인의 권리에 해당하는 것이기 때문이다.

(3) 추가기간의 허용

일반적으로 우리나라 민법과 일본 민법에서는 특별한 경우[8]를 제외하고는 물품의 인도가 이루어지지 않았다고 하는 이유만으로 계약해제가 인정될 수 없는 것으로 규정하고 있는 바, 매도인의 인도불이행의 경우 매수인은 추가기간을 주어 최고한 후 그 기간 내에도 매도인으로부터 계약물품의 인도가 이루어지지 않을 경우에 한하여 계약의 해제를 인정하고 있다.

그런데 이러한 추가기간은 전 물품의 인도가 이루어지지 않은 경우는 물론, 물품의 부족분의 인도, 대체물품의 인도, 인도된 물품의 부적합 부분에 대한 보수, 기타 계약의 이행완료에 필요한 행위의 어느 것에 대하여도 부여될 수 있다. 이러한 추가기간의 부여는 매수인의 재량에 맡겨진 것으로써 매수인의 의무에 해당되는 것은 아니다. 그러나 앞에서 검토해 본 바와 같이 매수인이 부여해 준 추가기간의 경과에 의하여 매도인의 인도불이행에 대한 계약해제가 용이해지게 된다.

그러나 매수인이 추가기간을 부여해 준 이상, 매수인은 이행의사가 없다는 취지의 통지를 매도인으로부터 받은 경우를 제외하고는 해당 기간 중에 계약위반에 대한 다른 구제방안들을 강구할 수 없게 된다. 이러한 원칙은 매도인이 본질적 계약위반을 한 경우라 하더라도, 매수인이 계약해제의 방법을 택하지 않고 추가기간을 부여해 주었다면 그 추가기간동안에는 동일하게 적용된다고 할 수 있다. 그러나 이러한 경우 매수인은 매도인의 이행지체로 인해 발생된 손해배상 청구권까지도 상실하는 것은 아니다.

(4) 계약의 해제

매도인의 귀책사유에 의하여 이행지체가 발생되거나 중대한 계약위반[9]을 구성하게 된

8) 이는 계약의 성질로 보아 일정기간 내에 이행되지 않으면 매수인으로서는 계약목적을 달성할 수 없는 특별한 경우를 말한다. 즉 이러한 경우에는 매수인이 추가기간을 부여해 주지 않고도 계약을 해제시킬 수 있게 된다.

9) 매수인에게 불합리한 불편을 강요하는 일 없이 매도인에 의하여 불이행이 보완될 수 있고 매도인이 상당기간 내에 이를 보완할 의사를 표시한 경우에는 계약의 해제를 정당화시켜 줄만한 중대한 계약위반은 없는 것으로 본다.

경우, 매수인은 상당기간을 정하여 최고를 하고 매도인이 최고기간 내에도 이행하지 않을 때에는 계약을 해제시킬 수 있다. 그러나 우리나라 민법과 일본 민법에 따르면 계약의 성질로 보아 일정기간 내에 이행되지 않으면 매수인으로서는 계약목적을 달성할 수 없는 경우에 한하여, 매도인의 이행지체가 있을 경우 매수인은 최고를 하지 않고도 계약을 해제시킬 수 있는 것으로 규정하고 있다.[10] 그리고 계약해제를 할 경우에는 상대방에게 그 취지에 대한 통지가 반드시 필요하며, 이러한 통지가 행해진 경우에 한해서 계약해제의 효력이 발생된다. 이와 같은 계약의 해제가 이루어지면 해당 거래는 종료되고, 양 당사자의 권리와 의무는 소멸되며, 계약이 해제되었더라도 매수인에게 손해가 발생되었다면 매수인은 손해배상을 청구할 수 있게 된다.

그러나 매수인이 추가기간을 주어 계약의 이행을 청구하였거나 또는 매도인이 스스로 보완기간을 정하여 불이행 보완의사를 표명한 경우에는 해당 기간 중의 계약해제권 행사가 제한된다고 할 수 있다. 그리고 이와 관련하여 「국제물품매매계약에 관한 UN협약」에서는 매수인의 계약해제권 행사에 대하여 다음과 같은 시기적 제한을 요구하고 있다.[11] 즉 매도인의 본질적 계약위반을 이유로 계약해제를 하려 하는 경우에는 그 위반을 알았거나 알았어야 하는 시점 이후의 합리적인 기간 내에, 매수인이 정한 추가기간이 경과된 때 또는 해당 기간 내에 이행의사가 없음을 매도인이 표명한 때 이후의 합리적인 기간 내에, 매도인이 정한 보완기간이 경과된 때 또는 매수인이 보완을 수락할 의사가 없음을 통지한 때 이후의 합리적인 기간 내에서만 계약의 해제가 가능해진다. 즉 이는 너무 늦게 계약을 해제시키는 것은 인정되지 않는다는 뜻이다.

또한 「국제물품매매계약에 관한 UN협약」에 의하면 매도인이 계약물품의 일부만을 인도한 경우 또는 매수인에게 인도된 물품의 일부만이 계약에 적합한 경우, 해당 부족분 또는 부적합 부분이 중대한 계약위반을 구성하는 것으로 인정될 수 있는 범위 내에서 매수인은 해당 부분에 대해서만 계약을 해제시킬 수도 있다.[12] 그리고 그 부족분 또는 부적합이 계약 전체에 대한 중대한 계약위반을 구성하게 되는 경우에는 매수인은 계약 전체를 해제시킬 수도 있다.[13]

매도인이 계약물품을 인도하지 않은 경우 매수인은 매도인에 대하여 그 이행을 청구함으로써 구제받을 수 있다. 그러나 상거래의 대부분을 차지하고 있는 대체물 매매에서는 매수인은 목적물의 인도를 이행하지 않은 매도인에 대하여 본래의 급부를 청구하기 보다는, 시장에서 다른 대체품을 조달하고 매도인의 인도지연 또는 대체품 조달로 인하여 발

10) 우리나라 민법 제 545조, 일본 민법 제 542조 참조.
11) 「국제물품매매계약에 관한 UN협약」 제 49조 (2)항 참조.
12) 「국제물품매매계약에 관한 UN협약」 제 51조 (1)항 참조.
13) 「국제물품매매계약에 관한 UN협약」 제 51조 (2)항 참조.

생된 손해를 매도인으로부터 배상 청구하는 구제방안을 강구하게 되는 경우가 많이 발생된다. 이러한 경우 매수인이 그 대체품을 조달함으로써 자신의 경제적 수요를 충족시키기 위해서는 매도인과의 계약을 해제해 둘 필요가 있다. 그 근거로써 매도인과 계약을 해제시키지 않고 해당 계약을 계속 존속시키는 경우 시장에서 대체품을 조달한 매수인은 후일 매도인이 계약물품을 인도하게 되면 이를 거절할 수 없게 되며, 그 결과 매수인은 자신의 위험으로 시장에서 조달한 대체품과 매도인이 제공한 물품을 함께 보유하지 않으면 안되는 상황이 발생될 수 있기 때문이다.

(5) 손해배상 청구

우리나라 민법과 일본 민법[14]에서는 "계약해제권의 행사는 손해배상의 청구를 방해하지 못한다"라고 규정하고 있는 바, 계약당사자들은 상대 당사자의 채무불이행을 이유로 계약을 해제시킴으로써 자신의 채무를 면할 수 있을 뿐 아니라 상대방의 채무불이행에 의하여 발생된 손해를 배상 청구할 수 있게 된다. 예를 들어 매수인이 계약을 해제시키고 대체물을 매입한 경우 매수인은 다음과 같은 금액을 매도인으로부터 배상받을 수 있게 된다. 즉 매수인은 대체물품의 매입가격과 매매계약에서 매입하기로 한 계약가격과의 차액과, 매도인의 계약불이행으로 인하여 매수인이 추가로 부담한 비용과, 매도인의 계약불이행으로 인하여 매수인이 입게 된 손해를 모두 합한 금액에서 매도인 계약불이행으로 인하여 매수인이 절약하게 된 비용을 공제한 금액을 손해배상으로 청구할 수 있게 된다.[15]

그런데 매매계약이 이행되지 않은 사실을 알고서도 매수인이 적절한 기간 내에 대체매입을 하지 아니한 경우, 매수인은 매도인의 계약불이행 사실을 안 시점을 기준으로 자신이 입은 손해를 배상받을 수 있다. 즉 이러한 경우 매수인은 매도인이 매매계약을 불이행한 사실을 안 시점을 기준으로 계약에서 해당 물품을 인도하기로 한 장소에서의 그 물품의 시가와 계약가격과의 차액과 부수손해액[16] 및 결과적 손해를 합한 금액에서 매도인의 계약불이행의 결과로 발생된 비용절약 금액을 공제한 금액을 배상받을 수 있게 된다.[17]

한편 매도인이 인도한 물품이 계약내용과 일치하지 않는 경우로써 매수인이 일단 해당 물품을 인수한 후 매도인에게 매매계약 위반을 통지한 경우, 매수인은 매도인의 계약위반으로 인하여 자신이 입은 손해를 배상받을 수 있다. 이러한 경우 매수인은 적정범위 내에서의 부수손해액과 결과적 손해에 대해서도 배상받을 수 있게 된다.

---

14) 우리나라 민법 제 551조 및 일본 민법 제 545조 (3)항 참조.
15) UCC 제 2-712 (2)항 참조.
16) 매도인의 계약물품 불인도에 의한 매수인의 부수적 손해로는 사업활동 정지에 의한 손해, 적합한 수준의 전매이익 상실에 의한 손해, 전매계약 불이행으로 인하여 발생된 손해, 환시세 및 운송비 등의 변동에 따른 손해 등을 들 수 있다.
17) UCC 제 2-713조 (1)항 참조.

2. 매도인의 부적합물품 인도 시 매수인의 구제방안

(1) 매도인의 자발적인 불이행 보완

계약의 해제를 정당화시켜 줄 정도의 중대한 계약위반으로 인하여 매수인이 계약을 해제시키는 경우는 별도로 하고, 매도인의 의무불이행의 정도가 매도인의 보완에 의하여 해결될 수 있고 또한 매도인이 이러한 보완의사를 통지해 온 경우 매수인은 이를 존중해 주어야 한다. 그리고 이러한 원칙은 매도인의 계약불이행이 계약의 해제를 정당화시켜 줄 정도로 중대한 경우라 하더라도, 매수인이 계약을 해제시키지 않는 한 동일하게 적용된다. 따라서 인도기일이 경과된 이후라도 매수인의 동의하에 매도인은 자신의 불이행을 보완할 수 있게 된다. 이러한 경우 매수인은 이와 관련하여 발생된 제반 손해를 매도인으로부터 배상반을 수 있음은 물론이다.

매도인에 의한 제공 또는 인도가 계약에 부적합한 것이라는 이유로 매수인에 의하여 거절되었으나 이행기간이 아직 만료되지 아니한 경우, 매도인은 적시에 매수인에 대하여 그 부적합을 보완할 의사를 통지한 후 계약기간 내에 계약에 적합한 인도를 취할 수 있다. 따라서 매도인이 계약의 불이행을 보완하려고 하는 때에는 그러한 취지를 매수인에게 통지해 주어야 하며, 통지 후 매수인이 그 보완을 받아들일 것인지의 여부를 조회해 보아야 한다. 그런데 매도인의 조회에 대하여 매수인이 합리적인 기간 내에 응답을 하지 않는 경우, 매도인은 그 조회 중에 표시된 기간 내에 자신의 불이행을 보완할 수가 있다. 그리고 이 기간 중에는 매수인이 매도인에 대하여 다른 구제방안을 강구할 수 없게 된다.

그런데 이러한 매도인에 의한 불이행의 보완은 그 보완으로 인하여 매수인에게 불합리한 불편을 강요해서는 안된다. 예를 들어 매도인은 수리를 위해 매수인의 정상적인 영업활동을 현저하게 저해하는 결과를 초래시켜서는 안된다. 따라서 매도인의 보완과정에서 그 보완액수가 상당한 고액이거나, 매수인에게 불합리한 불편을 강요하는 것이거나, 매도인의 보완과정에서 발생될 수 있는 매수인의 지출경비에 대하여 매도인으로부터 상환받는 것이 불안한 경우, 매수인은 매도인에 의한 보완의 신청을 거절할 수 있는 것으로 「국제물품매매계약에 관한 UN협약」에서 규정하고 있다.

(2) 매도인의 하자담보책임

매수인에게 인도된 해당 목적물이 통상 지녀야 할 품질 및 성능을 지니고 있지 못한 경우들과 같이 인도될 당시에는 발견되지 않았던 물품 자체의 숨은 하자가 나중에 발견되는 경우가 있을 수 있다. 원칙적으로 매도인에게는 하자없는 물품의 제공의무가 부과되어 있기 때문에, 매도인이 하자있는 물품을 인도하는 것은 불완전이행으로 간주된다.

따라서 이러한 경우 매수인은 하자없는 대체물의 청구, 보수 청구, 손해배상 청구, 계약의 해제 등을 요구할 수 있게 된다.

일반적으로 인도된 물품의 숨은 하자로 인하여 매수인이 계약목적을 달성할 수 없는 경우 매수인은 계약을 해제시킬 수 있으며, 기타의 경우에는 매수인이 손해배상을 청구함으로써 구제받을 수 있게 된다. 그리고 하자있는 물품의 인도와 관련하여 매도인의 과실이 인정되는 경우, 매도인은 물품의 숨은 하자로 인하여 매수인에게 확대된 손해에 대해서까지도 그 책임을 져야 한다.「국제물품매매계약에 관한 UN협약」에서는 매도인이 하자담보책임을 져야 할 보증기간을 2년으로 규정하고 있다.

(3) 매수인의 대체물청구 및 보수청구

인도된 물품이 부적합한 경우 매수인이 대체품의 인도를 청구할 수 있기 위해서는 ① 그 부적합의 정도가 중대한 계약위반을 구성하는 것이어야 하고, ② 매수인이 물품검사 후 부적합 통지를 하여야 하며, ③ 매수인이 합리적인 기간 내에 청구하여야 한다. 그리고 매수인이 대체품의 인도를 청구하기 위해서는 당초 매수인이 인도받은 부적합 물품을 물품수령 당시의 상태로 반환해 줄 수 있어야 하는 바, 이러한 반환이 불가능한 경우에는 매수인의 대체품인도 청구권은 상실될 가능성이 높아지게 된다.

그리고 매수인은 인도된 물품이 계약물품과 비교하여 적합하지 않은 경우 매도인에게 그 보수를 청구할 수도 있는 바, 이러한 매수인의 보수 청구권은 물품검사 후 부적합 사항에 관한 상세한 통지와 함께 합리적인 기간 내에 그 보수를 청구한 때에 한하여 인정될 수 있게 된다. 이 이외에도 매도인이 이행기에 계약물품을 인도하지 않은 경우, 매수인은 계약물품 인도의 이행청구와 함께 매도인의 이행지체에 의하여 발생된 손해를 배상청구할 수 있게 된다.

계약에 적합한 대체품의 인도청구는 대체성이 있는 물품을 매매목적물로 한 경우에는 가능하지만, 대체성이 없는 골동품 등과 같은 물품을 매매목적물로 한 경우에는 매수인의 구제책으로 이용될 수 없게 된다. 또한 매도인에 대한 보수청구는 매도인이 그 물품의 제조업자이든지, 매도인이 제조 · 보수능력을 가지고 있는 경우이든지, 원 매도인이 현실적으로 제조 · 보수능력을 가지고 있어서 매도인이 원 매도인에 대하여 그 보수를 요구할 수 있는 경우에는 유용하지만, 그렇지 않은 경우에는 매수인의 구제책으로써 유용하지 못하다고 할 수 있다.

그러므로 매수인이 매도인에 대하여 대체물 청구나 그 보완을 확실하게 보장받기 위해서는「계약에 적합하지 않은 물품이 인도된 때에는 매도인은 매수인의 지시에 따라 지체 없이 대체물을 인도해 주거나 또는 그 보수를 해 주어야 한다」라는 취지의 약정을 계약서

에 명확히 명시해 두는 것이 바람직하다고 할 수 있다. 그리고 매도인이 스스로 또는 다른 사람을 이용하여 계약부적합 부분의 보수를 행할 수 있는 경우에는 이를 통하여 적합물의 인도가 가능해 질 수 있겠지만, 그렇지 않은 경우에는 오늘날 매수인이 제 3자에게 계약부적합 부분을 보수시킨 후 그 비용을 매도인에게 손해배상 청구하는 방법이 많이 활용되고 있다.

(4) 대금감액 청구권

인도된 물품이 계약에 적합하지 않은 경우, 매수인은 대금이 이미 지급되었는지의 여부에 관계없이 인도된 물품의 인도시의 가치가 계약에 적합한 물품이었더라면 갖게 되었을 가치의 비율에 의거해 대금감액을 청구할 수 있다. 그러나 계약불이행을 보완시키기 위하여 매수인이 매도인에게 부여한 추가기간 내에는 매수인의 대금감액 청구권이 인정되지 않으며, 또한 매도인이 자신의 불이행 부분을 충분히 보완하게 되면 대금감액 청구권의 행사는 인정될 수 없게 된다.

그런데 대금감액 청구권은 손해배상의 한 형태로 볼 수 없는 바, 이러한 매수인의 권리는 손해배상 청구권과는 그 성격을 달리하는 것이라 할 수 있다. 예를 들어 매도인의 불이행이 불가항력적인 사태발생에 의하여 매도인의 귀책사유 없이 발생된 경우, 매수인은 손해배상을 청구할 수는 없지만 대금감액 청구권을 행사할 수는 있게 된다. 그리고 예를 들어 계약체결 후 물품의 시장가격이 폭락하고 있는 경우 계약체결 당시의 당사자 간의 합의내용을 토대로 매수인에게는 계약가격을 기준으로 한 조정이 허용되기도 한다. 한편 매수인은 대금감액 청구권의 행사에 의해서도 자신이 입은 손해가 보상되지 않는 경우에는 추가로 손해배상을 청구할 수 있게 된다.

이러한 대금감액의 계산은 매수인에게 위임되어 있다. 따라서 이와 관련하여 매도인이 매수인의 감액에 대한 타당성에 문제를 제기함으로써 그 해결을 보지 못하는 경우에는 통상의 분쟁해결절차에 따를 수밖에 없게 된다.

(5) 계약물품의 거절

우리나라 민법과 일본 민법에서는 매수인의 물품거절에 대한 권리나 방법 및 그 효과에 대하여 명문규정을 두고 있지 않다. 그러나 불특정물 매매의 경우에는 계약과 일치하지 않는 물품의 인도에 대하여 매수인이 이를 거절할 수 있는 것으로 해석하고 있다.[18] 한편 골동품 등과 같은 특정물 매매의 경우에는 매수인에게 인도된 물품에 하자가 있더

18) 우리나라 민법 제 460조 및 일본 민법 제 493조 참조.

라도, 매수인이 하자없는 동종의 대체물품을 인도하도록 청구할 수 없게 된다. 따라서 이러한 경우를 보완해 주기 위한 방법으로 매도인에게 하자담보책임을 부과시키고 있는 것이라 할 수 있다.

영국의 물품매매법에서는 "당사자 간에 별도의 약정이 없는 한 매수인은 물품의 분할 인도를 수령할 의무가 없다"[19]라고 규정함으로써, 매도인이 임의로 분할 인도하는 것에 대하여 매수인은 이를 거절할 수 있는 것으로 처리하고 있다. 그리고 「국제물품매매계약에 관한 UN협약」에서는 매도인이 약정된 인도기일 이전에 계약물품을 인도한 경우, 매수인은 그 물품의 인도를 수령할 수도 있고 거절할 수도 있는 것으로 규정하고 있다.[20]

다음으로 미국의 UCC에서 규정하고 있는 매수인의 정당한 거절방법 및 그 효과에 관하여 살펴보면, 첫째로 물품의 거절은 해당 물품의 인도시점으로부터 합리적인 기간 내에 이루어져야 하며, 둘째로 매수인의 거절은 적시에 매도인에게 통지되지 않는 한 그 효력을 발휘하지 못하게 되며, 셋째로 매수인의 거절 후 해당 물품에 대하여 매수인이 소유권을 행사하는 것은 매도인에 대한 불법행위에 해당된다. 그리고 매수인은 물품을 거절한 이후라 하더라도, 자신이 해당 물품을 점유 · 관리하고 있는 한 그 물품에 대하여 매도인으로부터 받은 타당한 지시를 준수해야 할 의무가 있다. 단 매도인이 어떤 지시를 한 후 매수인의 요구에 따라 매도인이 즉시 비용을 지급하지 않는 경우, 매도인의 지시는 타당한 지시로 인정받지 못하게 된다.

매수인은 물품수령을 거절하고자 할 경우 인도된 물품이 계약내용과 일치하지 않는다는 점을 발견하였거나 발견하였어야 했던 시점으로부터 적절한 기간 내에 인수한 물품을 거절하여야 하며, 만일 매수인의 물품인수 후 많은 시간이 경과될 정도로 지체함으로써 그 물품 자체의 결함이 아닌 다른 이유로 인하여 해당 물품의 상태가 실질적으로 변한 때에는 매수인은 일단 인수한 물품을 거절할 수 없게 된다. 한편 매수인이 물품의 인수를 거절한 경우로써 계약에서 인도하기로 한 시점이 경과되지 아니하였을 때에는 매도인은 계약내용과 일치하도록 재이행하겠다는 의사를 매수인에게 통지한 후 당초 매매계약에서 물품을 인도하기로 한 시점까지 계약내용과 일치하는 물품을 매수인에게 인도해 줌으로써 자신의 의무를 이행할 수 있게 된다. (매도인의 자진보완권)

(6) 과부족 인도와 매수인의 구제

매도인이 인도한 물품의 수량이 부족한 경우 매수인은 부족 부분의 인도를 매도인에게 청구할 수 있으며, 이러한 청구가 이행되지 않는 경우에는 계약을 해제시킬 수도 있다.

---

19) SGA 1979 제 31조 (1)항 참조.
20) 「국제물품매매계약에 관한 UN협약」 제 52조 (1)항 참조.

매수인이 이러한 권리를 행사하기 위해서는 물품수령 후 적시에 이를 검사하고 수량부족 사실을 매도인에게 통지해 주어야 한다. 약정품의 부족 인도와 관련하여 매수인은 부족 부분의 비율에 의거해 대금감액 또는 손해배상을 청구할 수도 있으며, 매수인이 약정된 수령 전부의 인도가 이루어지지 않으면 계약목적을 달성할 수 없는 경우에는 이미 인도된 부분을 포함하여 계약 전체를 해제시킬 수도 있다.

한편 「국제물품매매계약에 관한 UN협약」에 의하면 매도인이 계약에서 약정한 수량을 초과하여 인도한 경우 매수인은 그 초과분에 대하여 수령재량권을 갖는다. 즉 매수인은 초과분 전체를 수령할 수도 있으며, 그 초과분의 일부만을 수령할 수도 있으며, 그 초과분을 수령하지 않을 수도 있다. 단 매수인이 초과인도분을 수령하는 경우에는 계약상의 물품대금 비율에 의거해 그 대가를 지급해 주어야 한다. 그리고 별도의 특별한 사정이 없는 한 초과인도가 이루어지더라도 매수인은 적어도 계약상 약정량의 인도는 수령하여야만 한다.

그러나 초과분을 포함한 전 물품에 대하여 한 통의 선하증권이 발행되고 전 물품에 대한 지급을 하지 않으면 물품을 수령할 수 없는 경우로써 초과량의 인도가 중대한 계약위반을 구성하는 때에는 매수인은 해당 계약을 해제시킬 수 있는 권리를 갖는다. 그리고 계약해제를 정당화시켜 줄 정도의 중대한 계약위반이 성립되지 아니하는 경우라든지 또는 상업적 필요성으로 인하여 계약을 해제시키지 않고 전 물품을 수령하지 않으면 안되는 경우, 매수인은 그 결과로 인하여 자신이 입은 손해를 배상청구할 수 있게 된다.

(7) 계약의 해제 및 손해배상 청구

인도된 물품이 계약과 일치하지 않음으로 인해 매수인이 계약목적을 달성할 수 없는 경우, 매수인은 계약을 해제시킴으로써 대금지급채무를 면하거나 또는 이미 지급한 대금의 반환을 청구할 수 있다. 그러나 매도인에 의하여 계약에 적합한 물품의 추가인도 또는 인도물품의 보수에 의하여 계약에 적합한 물품의 인도가 완성될 수 있는 경우, 별도의 특약이 없는 한 매수인이 대체물 인도 또는 보수에 의하여 적합물의 인도를 완성할 수 있는 기회를 매도인에게 부여해 주는 것이 계약해제를 위한 전제조건이 된다. 그런데 매수인의 최고 후 매도인이 다시 대체물의 인도 또는 그 보수를 거절하는 경우에는 매수인은 상당기간을 기다리지 않고도 해당 계약을 해제시킬 수 있게 된다.

한편 특정물매매와 같이 대체물의 인도에 의하여 계약에 적합한 물품의 인도가 행해질 수 없는 경우이거나 또는 매도인의 계약부적합 부분의 보수가 행해질 수 없는 경우, 매수인은 최고를 하지 않고서도 해당 계약을 해제시킬 수 있다. 또한 인도된 물품의 일부 부적합으로 인하여 매수인이 자신의 계약체결 목적을 달성할 수 없는 경우에는 매수인이

계약 전체를 해제시킬 수 있으며, 그렇지 아니한 경우에는 계약에 적합하지 않은 부분에 대해서만 계약을 해제시킬 수도 있다.

그리고 계약과 일치하지 않는 물품이 매수인에게 인도된 후 매도인에 대한 대체물의 인도 또는 보수에 의하여 적합물의 인도가 완성되었든 완성되지 않았든 간에, 또한 이를 근거로 해당 계약이 해제되었든 해제되지 않았든 간에, 매수인은 매도인의 계약 부적합물의 인도에 의하여 자신이 입은 손해를 배상청구할 수 있게 된다.

제 2 편

비엔나협약 해설

제1장 비엔나협약 해설

제1장

비엔나협약 해설

영미법과 대륙법의 가장 큰 차이점으로는 전자는 불문법 체계이고, 후자는 성문법 체계라는 점을 들 수 있다. 즉 영미법은 그 법률적 체계가 판례를 중심으로 오랜 기간 동안 형성·발전되어 온 것임에 비하여, 대륙법은 모든 법률적 체계가 명시적인 법조문으로 규정됨으로써 오랜 기간 동안 그 개정과정을 거쳐 발전되어 온 것이라 할 수 있다. 그런데 불문법 체계에 근거한 영미법 체계를 채택하고 있는 영국에서도 물품매매법(SGA 1979)과 같은 성문법을 두고 있는 경우가 있는데, 이는 대륙법계에서의 특례법과 같은 성격을 갖는 특별법이라 할 수 있다. 그리고 이러한 법이 탄생되는 과정은 성문법 체계를 채택하고 있는 국가에서 새로운 법이 탄생되는 과정과 동일하게 정식으로 국회를 통하여 제정·공포된다.

영국의 물품매매법은 영국과 스코틀랜드의 무역에 관계되는 법률제정을 목적으로 판례를 기초로 1893년에 제정하여 1894년 1월 1일부터 시행된 것으로써, 이는 1908년, 1967년, 1977년, 1979년에 일부 개정되어 오늘에 이르고 있다.

미국의 통일매매법은 영국의 물품매매법을 도입하여 1906년에 제정된 것인데 1961년에 24개 주가 채택한 바 있다. 오늘날에는 통일상법전(UCC: Uniform Commercial Code)에 완전히 흡수되어 통일상법전이 이 법을 대신하고 있는 실정이다. 미국의 통일상법전은 1952년 9월에 미국법률협회와 통일주법위원국 회의에서 최종안을 확정하여 1954년 7월 1일부터 시행되고 있는 것으로써, 이는 1957년, 1962년, 1966년, 1972년, 1978년, 1988년에 그 내용이 수정·보완되었다. 그런데 이 통일상법전은 법적 구속력을 갖는 강행 법률이 아니라는 특징을 갖는다.

한편 세계적으로는 1964년에 네덜란드 헤이그 외교회의에서 「유체동산의 국제매매에 관한 통일법(ULIS)」과 「유체동산의 국제매매계약의 성립에 관한 통일법(ULFCIS; ULF)」 등을 채택하였으나, 제 3 세계 국가 및 사회주의 국가들의 이익이 제대로 반영되어 있지

못하다는 비판을 받아 왔다. 이에 그 대체법으로 UN에서 설립한 국제무역법위원회(UNCITRAL)」에서는 「국제물품매매계약에 관한 UN협약(UNCCIS) ; 일명 비엔나협약」을 제정하였다. 이는 1980년에 UN외교회의에서 62개국 중 8개국이 정식으로 이를 채택하였으며, 1986년 12월에 미국, 중국, 이탈리아가 이를 채택함으로써 1988년 1월 1일부터 발효되어 오늘에 이르고 있다.

비엔나협약의 특징으로는 영미법과 대륙법의 조화를 이루어 각국 간의 법률적 차이에 따른 불확실성을 제거시킬 수 있도록 규정되었으며, 또한 국내매매의 적용을 배제시키고 국제매매의 경우에만 적용시키기로 그 범위를 한정시켰다는 점을 들 수 있다.

비엔나협약의 각 조문들에 대한 해석과 이에 대한 간략한 해설을 덧붙여 정리해 보기로 한다.

United Nations Convention on Contracts for the International Sale of Goods, 1980

THE STATES PARTIES TO THIS CONVENTION

BEARING IN MIND the broad objectives in the resolutions adopted by the sixth special session of the General Assembly of the United Nations on the es-tablishment of a New International Economic Order,

CONSIDERING that the development of international trade on the basis of equality and mutual benefit is an important element in promoting friendly relations among States,

BEING OF THE OPINION that the adoption of uniform rules which govern contracts for the international sale of goods and take into account the different social, economic and legal systems would contribute to the removal of legal barriers in international trade and promote the development of international trade,

HAVE AGREED as follows:

이 협약의 당사국은,

국제연합총회 제 6차 특별회기에서 채택된 신 국제경제 질서의 확립에 관한 결의안에 대한 광범위한 목적을 유념하고,

평등과 상호이익을 기초로 한 국제무역의 발전이 국가 간의 우호관계를 증진시키는데 있어 중요한 요소라는 것을 고려하여,

국제물품매매계약을 규율하고, 상이한 사회적, 경제적 및 법률적 제도를 고려하

는 통일규칙의 채택이 국제무역상의 법률적 장애를 제거하는데 공헌하며, 또한 국제무역의 발전을 촉진할 것이라는 관점에서 다음과 같이 합의하였다.

이 협약은 국제연합 국제무역법위원회(UNCITRAL: United Nations Commission on International Trade Law)에 의하여 통일법으로서의 초안이 작성된 것을 10여년 동안의 토의와 연구를 거쳐 1980년 4월 10일에 이르러서야 Vienna에서 개최된 UN외교회의에서 합의된 것이다. 그리하여 이 협약은 1980년 4월 11일부터 각국의 서명을 받기 시작하였으며, 그 서명기간은 본 협약 제 91조에 규정되어 있는 바대로 1981년 9월 30일까지였다. 그 결과 본 협약 서명 기간 중의 서명국 수는 모두 21개국[1]이 되었다. 그러나 서명국들은 소정의 비준절차를 밟아야 하며 또한 비준서를 UN 사무총장에게 기탁하여야 한다.[2] 그리고 비서명국들은 소정의 가입절차를 밟아야 하며 그 가입서를 비준서와 함께 UN사무총장에게 기탁하여야 한다.[3]

그런데 본 협약 제 99조에서는 이 협약이 발효되기 위해서는 최소한 10개국의 비준이나 가입이 필요하며, 열 번째의 비준서 또는 가입서가 UN에 기탁된 날로부터 1년이 경과한 후의 최초 월의 초일에 발효되는 것으로 규정하고 있다.[4] 그 결과 1980년에 UN외교회의에서 8개국이 이를 정식으로 채택한 이후, 1986년 12월에 미국, 중국, 이탈리아가 이를 정식으로 채택함으로써 1988년 1월 1일부터 발효되어 오늘에 이르고 있다

그리고 본 협약은 그 발효와 동시에 이 협약의 가입국 내에 영업소가 있는 국제물품매매계약의 당사자 간에 적용되며,[5] 당사자의 국적은 고려하지 아니하기로 규정하고 있다.[6] 또한 본 협약의 특징으로는 영미법과 대륙법의 조화를 이루어 각국 간의 법적 차이에 따른 불확실성을 제거시킬 수 있도록 규정되었다는 점과, 국내매매의 적용을 배제시키고 국제매매의 경우에만 적용시키기로 그 범위를 한정시켰다는 점을 들 수 있다.

1) 오스트리아, 덴마크, 핀란드, 프랑스, 이탈리아, 서독, 네덜란드, 노르웨이, 스웨덴, 미국, 칠레, 베네수엘라, 가나, 레소토, 체코슬로바키아, 헝가리, 폴란드, 동독, 유고슬라비아, 싱가포르, 중국 등이었음.
2) 동 협약 제 91조 (3)항 및 (4)항 참조.
3) 동 협약 제 91조 (3)항 및 (4)항 참조.
4) 동 협약 제 99조 (1)항 참조. 그 후의 기탁국에 대해서는 동 조 (2)항 참조.
5) 동협약 제 1조 (1)항 참조.
6) 본협약 제 1조 (3)항 참조.

Part I. Sphere of Application and General Provisions

Chapter I. Sphere of Application

Article 1

(1) This Convention applies to contracts of sale of goods between parties whose places of business are in different States:

(a) when the States are Contracting States ; or

(b) when the rules of private international law lead to the application of the law of a Contracting States.

(2) The fact that the parties have their places of business in different States is to be disregarded whenever this fact does not appear either from the contract or from any dealings between, or from information disclosed by, the parties a any time before or at the conclusion of the contract

(3) Neither the nationality of the parties nor the civil or commercial character of the parties or of the contract is to be taken into consideration in determining the application of this Convention.

제1편. 적용범위와 총칙

제1장. 적용범위

제1조

(1) 이 협약은 다음에 해당되는 경우 상이한 국가 내에 영업소가 있는 당사자 간의 물품매매계약에 관하여 적용한다.

(a) 당사자의 영업소가 있는 국가들이 모두 가입국인 경우, 또는

(b) 국제사법의 원칙에 따라 어느 일방 가입국의 법률을 적용하게 되는 경우.

(2) 당사자들이 상이한 국가 내에 그들의 영업소를 두고 있다는 사실이 계약 중에서나 계약체결 시에 또는 그 이전에 당사자 간에 이루어진 거래 중에서나 당사자에 의해서 밝혀진 정보로부터 나타나지 아니한 경우, 이는 무시된다.

(3) 당사자의 국적은 물론 당사자들의 또는 계약의 민사적 내지 상사적인 성격은 이 협약의 적용을 결정하는데 있어서 고려되지 아니한다.

<해 설>

제 1조 (1)항에서는 어떤 계약을 본 협약의 적용범위로 할 것인가에 대하여 규정하고 있다. 즉 국제물품매매계약을 체결할 당시에 당사자들이 상이한 국가 내에 영업소를 두고 있고, 당사자들이 이 사실을 알고 있었으며, 또한 영업소가 있는 국가가 모두 본 협약의 가입국인 경우가 이 기준에 해당된다고 할 수 있다 그러나 계약체결 당시에 상대방이 상이한 국가 내에 영업소를 두고 있다는 사실을 알지 못하였을 경우에는 본 협약의 적용범위에서 제외되도록 동 조 (2)항에서 규정하고 있다.

그리고 국제사법의 원칙에 의거해 어느 일방 협약국의 법률을 준거법으로 적용하기로 계약이 체결된 경우에도 본 협약의 적용을 받게 된다.[7] 즉 예를 들어 매도인의 영업소는 A국에 있고 매수인의 영업소는 B국에 있는 경우로써, A국은 가입국이고 B국은 비가입국이라고 가정해 보자. 그리고 매수인이 A국에 있는 매도인을 상대로 소송을 제기하였고, A국의 국제사법의 원칙에 의거해 A국의 법률을 준거법으로 할 것임을 명시한 경우를 가정해 보자. 이러한 경우에는 본 협약 제 1조 (1)항 (a)호가 적용되지는 않지만, 제 1조 (1)항 (b)호에 의거하여 동 협약의 적용이 가능해진다.

한편 본 협약 제 6조에서는「당사자 자치의 원칙」을 인정하고 있을 뿐 아니라, 제 8조 및 제 9조에서는 당사자 간의 행동이나 상관습의 효력도 인정하는 것으로 규정하고 있다. 그러나 제 1조 (1)항 (b)호에서 규정하고 있는 국제사법상의 원칙에 의거하기로 계약이 체결된 경우에 대해서는 본 협약의 비준에 즈음하여 이에 구속되지 아니한다는 취지의 선언을 할 수 있도록 본 협약 제 95조에서 규정하고 있다.

이와 관련하여 영국 법원에서는 국제상거래상의 분쟁이 발생된 경우 준거법 적용상의 원칙에 대한 우선순위를 정하고 있는데, 이에 관하여 참고적으로 소개하면 다음과 같다.

첫째, 당사자들의 의사가 분명한 경우에는 당사자들이 정한 법.

둘째, 당사자들의 의사가 분명하지 아니한 경우에는 주위의 제반 사정을 고려하여 가장 근접한 관계에 있다고 추정되는 법,

셋째, 위와 같은 추정적 자료가 없거나 불분명한 경우에는

(1) 계약이 어느 일국에서 체결되었고 그 이행의 전부 또는 일부가 그 나라에서 행해지기로 되어 있는 경우에는 계약지법,

(2) 계약이 어느 일국에서 체결되었으나 그 이행의 전부 또는 일부가 다른 나라에 서 행해지기로 되어 있는 경우에는 이행지법,

(3) 중재장소가 결정되어 있는 경우에는 중재지법.

이 이외에도 예를 들어 계약당사자들의 대금결제수단으로 외국통화를 선정하였을 경우에

---

7) 본 협약 제 1조 (1)항 (b)호 참조.

는 그 화폐의 준거법은 해당 화폐의 소속국이 정하는 바에 따라야 한다.

그리고 본 협약 제 1조 (3)항에서는 당사자의 국적은 물론 당사자들의 또는 계약의 민사적 내지 상사적인 성격은 이 협약을 적용시킬 것인가 · 말 것인가를 결정하는데 있어서 고려되지 않는 것으로 규정하고 있다. 따라서 이 협약의 적용여부를 결정하는데 있어서 당사자들의 국적은 고려되지 않음에 유의할 필요가 있다.

Article 2
This Convention does not apply to sales
(a) of goods bought for personal, family or household use, unless the seller, at any time before or at the conclusion of the contract, neither knew nor ought to have known that the goods were bought for any such use ;
(b) by auction ;
(c) on execution or otherwise by authority of law ;
(d) of stocks, shares, investment securities, negotiable instrument of money ;
(e) of ships, vessels, hovercraft or aircraft ;
(f) of electricity.

제2조
이 협약은 다음에 해당되는 매매에는 적용하지 아니한다.
(a) 개인용, 가족용 또는 가사용으로 구입되는 물품의 매매. 다만 매도인이 계약체결 시나 또는 그 이전에 물품이 그러한 사용목적으로 구입되었다는 사실을 알지 못하였거나 또는 알 수 없었던 경우에는 제외한다.
(b) 경매에 의한 매매
(c) 강제집행 또는 기타 법률상의 권한에 의한 매매
(d) 주식, 지분, 투자증권, 유통증권 또는 통화의 매매
(e) 선박, 배, 비행선 또는 항공기의 매매
(f) 전력의 매매.

<해 설>

본 협약의 적용 예외품목과 관련하여 제 2조에서 규정하고 있는 (a), (b), (c)호는 「거래의 성격」에 근거한 것이고, (d), (e), (f)호는 「물품의 성격」에 근거한 것이라 할 수 있다.

(a)호에 대한 예로써 만일 A국에서 사진기 및 부속품을 판매하는 매도인이 B국의 거주자

인 매수인으로부터 전문 사진업자들이 사용하는 비싸고도 작동이 복잡한 사진기의 주문을 받았다고 가정해 보자. 그런데 매매에 관한 논쟁과정에서 매도인은 본 협약의 원용을 주장하는 반면에, 매수인은 자신이 아마추어로서 자신의 개인용 사진기를 구입한 것일 뿐이라는 증거를 제출하였다고 가정해 보자. 이러한 경우 매도인은 그와 같은 용도로 매입된 것임을 알지 못하였거나 알 수 없었기 때문에, 자신의 주장대로 본 협약이 적용될 수 있게 된다.

(b)호에서 규정하고 있는 경매에 의한 매매의 경우는 최고 입찰자에게 낙찰될 때까지 매수인이 누구인지를 알 수 없기 때문에 제반 문제를 고려하여 그 적용대상에서 제외시키고 있는 것이라 할 수 있으며, (c)호에서 규정하고 있는 강제집행이나 법률상의 권한에 의한 매매의 경우는 그 방법과 효과가 특별규정에 해당되는 것이기 때문에 통상적인 거래와 구분시키기 위하여 본 협약의 적용대상에서 제외시킨 것이라 할 수 있다.

그리고 (d)호에서는 물품인도를 통제하는 창고증권, 선하증권 등이 물품의 인도를 위하여 이용되는 경우에 한하여 제한적으로 본 협약의 적용대상이 되는 것으로 규정하고 있음을 알 수 있다. 한편 (e)호와 (f)호에서는 각국의 입법예에 따라 「선박법」, 「항공법」, 「전기사업법」 등 특수법에 의해 거래절차등기나 공급절차 및 제한 등에 관한 고유의 규정들이 마련되어 있는 것이 통례이기 때문에 이들을 그 적용대상에서 제외시키고 있는 것으로 파악할 수 있다.

Article 3

(1) Contracts for the supply of goods to be manufactured or produced are to be considered sales unless the party who orders the goods undertakes to supply a substantial part of the materials necessary for such manufacture or production.

(2) This Convention does not apply to contracts in which the preponderant part of the obligation of the party who furnishes the goods consists in the supply of labour or other services.

제3조

(1) 제조 또는 생산된 물품의 공급계약은 이를 매매로 본다. 단 그 물품을 주문한 당사자가 그러한 제조 또는 생산하는데 필요한 재료의 실질적인 부분을 공급하기로 약정한 경우는 제외한다.

(2) 이 협약은 물품을 공급하는 당사자의 의무 대부분이 노무 또는 기타 용역의 제공을 내용으로 하는 계약의 경우에는 적용하지 아니한다.

<해 설>

본 협약에서는 물품을 제조하거나 생산하여 공급하기로 하는 계약을 매매계약으로 간주한다고 규정하고 있는 바, 현재 계약의 대상물품이 현실적으로 아직 존재하지는 않지만 주문에 응해서 제조된 경우도 그것을 제조하여 공급하는 계약에 대해서는 매계약으로 취급하고 있다. 그러나 주문자가 「제조나 생산에 필요한 재료의 상당부분 을 공급하기로 한 경우」는 물품인도의무보다도 가공을 위한 용역제공의 측면이 더욱 강하기 때문에, 이러한 경우는 본 협약의 적용대상에서 제외시키고 있다. 따라서 예를 들어 반제품 소유자가 가공업자에게 물품을 인도하고, 가공업자가 해당 물품을 가공하여 반제품 소유자에게 다시 반환하기로 계약이 체결된 경우에는 본 협약의 적용을 받을 수 없게 된다.

한편 제 (2)항의 규정은 용역제공이 부수적인 것에 불과한 것일 경우만을 매매로 취급하여 이를 본 협약의 적용범위에 포함시키자는 취지라 할 수 있다. 그러므로 물품의 공급과 용역의 제공 간에 밀접한 관계가 없는 경우에는 개별계약으로 취급하여 물품공급에 대해서만 본 협약이 적용될 수 있을 것이나, 하나의 계약에서 물품공급과 용역제공이 동시에 연결되어 있는 계약에 대해서는 용역제공이 대부분을 구성하는지의 여부에 의거하여 본 협약의 적용여부를 결정짓게 된다.

이와 관련하여 예를 들어 국제물품매매계약에 따라 공급자가 구매자의 공장에 기계를 인도하여 설치해 주기로 합의하고 1년 동안만 기계를 조작할 기술자를 파견해 주기로 계약이 체결되었는데, 기계의 가격은 미화 100만 달러이고 기술자 파견에 대한 대가는 연간 미화 20만 달러라고 가정해 보자. 이러한 경우는 노동과 기타 용역의 공급이 물품을 공급하는 당사자의 의무의 대부분을 구성하지 않았으므로, 본 협약의 적용대상에 포함될 것이다. 그러나 만일 미화 100만 달러 이상의 거액에 상당하는 용역을 필요로 하는 계약이 체결되었다면, 이는 본 협약의 적용을 받지 못하게 될 것이다.

Article 4

This Convention governs only the formation of the contract of sale and the rights and obligations of the seller and the buyer arising from such a contract. In particular, except as otherwise expressly provided in this Convention, it is not concerned with:

(a) the validity of the contract or of its provisions or of any usage ;

(b) the effect which the contract may have on the property in goods sold.

제4조

이 협약은 매매계약의 성립과 그러한 매매계약으로부터 발생되는 매도인과 매수

인의 권리와 의무에 대해서만 규율한다. 특히 이 협약에서 별도로 명시적으로 규정하고 있는 경우를 제외하고, 이 협약은 다음에 해당하는 사항에는 관여하지 아니한다.

(a) 계약 또는 그 조항 또는 관습의 유효성

(b) 매매된 물품의 소유권에 대하여 계약이 가질 수 있는 효력.

<해 설>

제 4조에서는 본 협약은 매매계약의 성립 및 동 매매계약으로 인하여 발생되는 당사자 간의 권리와 의무관계만을 그 규율의 대상으로 하고 있음을 규정하고 있다. 따라서 그 밖의 계약의 효력에 관한 사항에 대해서는 이를 모두 제 6조의「당사자 자치의 원칙」또는 제 7조 (2)항에서의「국제사법의 준거법결정의 원칙」에 따르도록 하고 있다. 다만 예를 들어 본 협약 제 9조에서 규정하고 있듯이, 그 구체적인 사항들을 본 협약에서 명시적으로 규정하고 있는 내용들에 대해서만 본 협약의 규율의 대상이 될 수 있게 된다.

Article 5

This Convention does not apply to the liability of the seller for death or personal injury caused by the goods to any person.

제5조

이 협약은 물품으로 인하여 야기된 자연인의 사망 또는 신체적인 상해에 대한 매도인의 책임에 대하여는 적용하지 아니한다.

<해 설>

오늘날 선진국의 법률이나 판례에서는 매매계약을 해석함에 있어서 하자있는 물품의 제조나 판매 또는 이의 보급으로 인하여 야기되는 사망 또는 신체상의 상해 등의 사고에 대해서는 사회정책상의 묵시적인 의무로써, 매도인에게 또는 그 제조업자나 공급업자에게 손해배상이나 그 책임을 묻는 사례가 많이 있다.[8] 그러나 이러한 책임이 계약책임인가 아니면 불법행위책임인가 또는 상황에 따라 상이한 것인가 하는 문제는 각국의 법률에 따라 달리 해석되고 있기 때문에, 본 협약에서는 국제사법상의 원칙이 결정하는 준거법에 이를 맡기기로 하고 본 협약의 적용을 배제시키기로 한 것이다.

8) 제조업자의 엄격책임 또는 불법행위의 법리 적용.

Article 6
The parties may exclude the application of this Convention or, subject to article 12, delogate from or vary the effect of any of its provisions.

제6조
당사자는 이 협약의 적용을 배제시키거나 또는 제 12조의 규정에 따라 이 협약의 어떤 규정에 대해서도 그 효력을 소멸시키거나 변경시킬 수 있다.

<해 설>

본 협약에서는「당사자자치의 원칙」을 인정하여 계약당사자들이 서로 상이한 국내법의 적용을 원할 때에는 본 협약의 적용을 배제시킬 수 있도록 규정하고 있으며, 또한 본 협약의 규정내용에 대해서도 표준계약약관에 의거하여 낭사자들이 단순히 본 협약이 적용되지 않음을 합의한 경우에는 특정국의 국내법을 지정하지 않았다 하더라도 본 협약의 적용은 제외되고, 준거법은 국제사법의 원칙에 따라 선정되어 적용될 수 있게 된다.

그러나 당사자들의 본 협약에 대한 묵시적인 배제나 수정은 불가능하다.「유체동산의 국제매매에 관한 통일법 (ULIS)」 제 34조에서는 동 법의 적용에 대한 일부 또는 전부의 배제가 묵시적 또는 명시적으로 가능한 것으로 규정하고 있다. 그러나 UN의 국제무역법위원회(UNCITRAL)에서는 묵시적인 제외라는 표현을 삭제시킴으로써, 본 협약의 배제는 명시적인 경우로 한정시켰다. 따라서 본 협약의 배제라는 명시가 구체화되어 있는 경우에는 본 협약의 배제가 인정될 수 있지만, 이러한 명시가 없는 경우에는 본 협약의 배제가 인정될 수 없게 된다.

Chapter 11, General Provisions

Article 7
(1) In the interpretation of this Convention, regard is to be had to its international character and to the need to promote uniformity in its application and the observance of good faith in international trade.
(2) Questions concerning matters governed by this Convention which are not expressly settled in it are to be settled in conformity with the general principles on which it is based or, in the absence of such principles, in conformity with the law applicable by virtue of the rules of private international law.

제2장. 총칙

제7조

(1) 이 협약을 해석함에 있어서는 그 국제적인 성격과 적용상의 통일성 촉진의 필요성 및 국제무역상의 신의성실의 준수에 대하여 유의하여야 한다.

(2) 이 협약에 의하여 규율되는 사항으로써 이 협약 중에 명백히 해결되어 있지 않은 문제는 이 협약의 기초가 되어 있는 일반원칙에 따라 해결되어야 하며, 만일 그러한 원칙이 없는 경우에는 국제사법의 원칙에 의하여 적용되는 법률에 따라 해결되어야 한다.

<해 설>

「신의성실의 원칙」은 오늘날 거의 모든 나라의 판례나 학설에서 널리 인정되고 있는 사법상의 원칙이다. 이처럼 국제무역거래에서 신의를 요구하고 있는 것은 너무 성급하게 법제도에 의존하는 것을 막기 위한 것이라 할 수 있다. 다만 본 협약에 명시적 규정도 없고 또한 본 협약의 기초가 되는 일반원칙도 없는 경우에는 국제사법상의 원칙에 의거하여 적용되는 법률, 즉 준거법의 해석에 기대할 수밖에 없게 된다. 여기에서 본 협약의 기초가 되는 일반원칙으로는 ① 계약의 상대 당사자에 대한 신뢰성, ② 상대 당사자와 협력할 의무, ③ 손해경감 의무, ④ 계약위반의 법적 효과에 대한 예측가능성 등을 들 수 있다.

참고적으로 미국 통일상법전 제 1-102조에서는 "당사자는 본 법에 별도의 규정이 없는 한 본 법의 제 규정의 취지를 합의에 의하여 변경할 수 있으나, 본 법이 규정하는 신의,[9] 성실, 합리성, 주의 등의 제반 의무는 당사자들의 합의에 의해서도 이를 배제하여서는 안된다. 다만 당사자는 합의에 의하여 이들 의무이행의 기준을 구체적으로 정할 수는 있으나, 그러한 기준이 명백하게 불합리한 것이어서는 안된다"라고 규정함으로써, 매매계약의 이행상 「신의성실의 원칙」의 준수가 매우 중요한 의무임을 강조하고 있다.

Article 8

(1) For the purpose of this Convention statements made by and other conduct of a party are to be interpreted according to his intent where the other party knew or could not have been unaware what that intent was.

(2) If the preceding paragraph is not applicable, statements made by

9) 동법 제 2-103조에서는 "신의란 상인의 경우에 있어서 사실상 정직할 것과 교역에 있어서 공정거래에 대한 합리적인 상업상의 기준을 준수하는 것을 의미한다"라고 규정하고 있다.

and other conduct of a party are to be interpreted according to the understanding that a reasonable person of the same kind as the other party would have had in the same circumstances.
(3) In determining the intent of a party or the understanding a reasonable person would have had, due consideration is to be given to all relevant circumstances of the case including the negotiations, any practices which th parties have established between themselves, usages and any subsequent conduct of the parties.

제8조
(1) 이 협약을 적용하는데 있어 당사자의 진술 또는 기타의 행위는 상대방이 그 의도를 알았거나 또는 알지 못하였을 리가 없는 경우에는 당사자의 의도에 따라 해석되어야 한다.
(2) 전 항의 규정이 적용될 수 없는 경우에는 한 당사자의 진술이나 또는 기타의 행위는 상대방과 동일한 부류의 합리적인 자가 동일한 상황 하에서 가질 수 있는 이해력에 따라 해석되어야 한다.
(3) 한 당사자의 의도 또는 합리적인 자가 가질 수 있는 이해력을 결정함에 있어서는 당사자 간에 이미 확립되어 있는 교섭의 경위와 거래관행, 관습 및 당사자의 그 후의 행위 등을 포함한 일체의 관련사정이 충분히 고려되어야 한다.

<해 설>

제 8조에서는 제 6조에서 규정하고 있는 「당사자 자치의 원칙」을 명백히 뒷받침하고 있는데, 이는 해당 당사자의 의사표시에 의해 그 당사자가 의도했던 효과가 그대로 인정된다는 의미로 해석될 수 있다. 즉 당사자가 인정한 법률상의 효과를 발생시키기 위해서는 당사자의 의사표시로써 이를 명백히 하여야 한다는 것이다.

그런데 계약내용상 「당사자의 진술이나 기타의 행위」만으로는 결정하기 어려운 경우가 있는 바, 제 8조는 이러한 경우에 대비한 해석규정이라 할 수 있다. 즉 이와 관련하여 본 조에서는 계약이 체결된 상황 하에서 청약과 승낙의 교섭행위, 거래관행, 관습, 계약조건의 이행과정 등 일체의 관련사항들을 충분히 고려함과 동시에 합리적인 자의 이해력에 따라 최종적인 표준으로 해석할 수 있도록 규정하고 있다.

일반적으로 계약상의 진술해석에 관한 기본적인 접근방법에는 「주관적 의도에 따른 해석방법」과 「객관적 의도에 따른 해석방법」이 있다. (1)항은 「주관적 해석방법」에 기초하고 있으며, 진술의 해석은 진술자의 의도에 근거하여야 한다는 것이다. 단 이러한 해석방법은 상대방이 해당 당사자의 의도를 알고 있었거나 또는 몰랐을 리가 없었을 경우에만 가능하다. 그

러나 양 당사자의 의도가 엇갈려 동질성을 입증하기 어려운 경우에는「객관적인 해석방법」을 채택하여야 하는 것으로 (2)항에서 규정하고 있다. 따라서 제 8조의 진술해석의 기본적인 접근방법은「주관적인 접근방법」에「객관적인 접근방법」을 가미하고 있는 것이라 할 수 있다.

Article 9 (1) The Parties are bound by any usage to which they have agreed and by any practices which they have established between themselves. (2) The parties are considered, unless otherwise agreed, to have impliedly made applicable to their contract or its formation a usage of which the parties knew or ought to have known and which in international trade is widely known to and regularly observed by, parties to contracts of the type involved in the particular trade concerned.
제9조 (1) 당사자는 그들이 합의한 관습 및 당사자 간에 이미 확립되어 있는 거래관행에 구속된다. (2) 당사자는 별도로 합의한 경우를 제외하고, 그들이 알았거나 또는 알았어야 하는 관습으로써 해당 특수무역에 관련되는 형태의 국제무역에서 계약당사자들에게 널리 알려져 있고 또한 그들에 의해 통상적으로 준수되는 관습은 이를 묵시적으로 당사자 간의 계약 또는 그 성립에 적용하기로 한 것으로 한다.

<해 설>

원래 상사법은「관습 → 관습법 → 민법 · 상법 → 상사법」의 순서로 발전되어 왔다고 할 수 있다. 여기에서「관습」이란 동일 국, 동일 지역 또는 동일 직종 · 동일 단계에 속하는 사람들 사이에서 동일 형태의 행위가 장기간 반복되어 옴으로써 그것이 한 가지의 사회규범으로 발생 · 합의 · 확립되고, 법적 효력을 인정할만한 가치가 있으며, 공공질서에 위반되지 아니하는 경우에 비로소 형성 · 발전된 묵시적 합의라 할 수 있다. 그리고 이러한 관습에 대하여 국가가 법률로써 또는 판례로써 그 효력을 인정하였을 경우, 이는「관습법」으로 명명되고 있다.

그런데 본 협약 제 4조에서는 본 협약이 원칙적으로 계약 또는 관습의 효력에는 관여하지 아니한다고 규정함으로써, 이에 대한 결정은 당사자들의 합의 또는 국제사법의 해석에 맡기는 입장을 취할 정도로「관습」에 대한 해석상의 중요성을 강조하고 있다. 그 이유는 상관습은 국가별로 또는 지역별로 각양각색의 형태로 현존하고 있기 때문이다.

따라서 제 9조에서는 당사자들이 알았거나 또는 알았어야 하는 관습으로써 국제무역거래에서 널리 알려져 있으면서 해당 특수 무역거래에 관계되는 계약당사자들에 의해 통상적으로 준수되는 관습에 한해서만 당사자들이 구속되는 것으로 규정하고 있다. 그러므로 이러한 관습은 당사자들이 기대했던 것의 일부로 간주될 수 있을 정도로 행위가 널리 알려져 있고 통상적으로 준수되고 있는 행위이어야 한다. 결국 본 협약에서는 이러한 조건들을 갖춘 관습만이 계약당사자 간의 묵시적 합의에 의하여 그 구속력을 갖게 된다는 법적 구성의 토대를 마련한 것이라 할 수 있다.

Article 10 For the purpose of this Convention: (a) if a party has more than one place of business, the place of business is that which has the closest relationship to the contract and its performance having regard to the circumstances known to or contemplated by the parties at any time before or at the conclusion of the contract ; (b) if a party does not have a place of business, reference is to be made to his habitual residence.
제10조 이 협약을 적용하는데 있어서 (a) 한 당사자가 둘 이상의 영업소를 가지고 있는 경우에는 계약체결 당시 또는 그 이전에 당사자들이 알았거나 또는 예기하였던 상황을 고려하여 계약 및 그 이행과 가장 밀접한 관계가 있는 곳을 그 영업소로 한다. (b) 한 당사자가 영업소를 갖고 있지 아니한 경우에는 그가 상주하고 있는 장소를 영업소로 한다.

<해 설>

본 협약에서는「영업소」를「계약 및 그 이행과 가장 밀접한 관계에 있는 영업소」로 할 것을 기본원칙으로 하는 동시에,[10] 당사자가 영업소를 두고 있지 아니한 경우에는 당사자의「상주적인 거소」를 영업소로 본다고 규정하고 있다.

예를 들어 매도인이 A국과 B국에 자신의 영업소를 가지고 있고, 매수인이 B국에 자신의 영업소를 가지고 있는 경우를 가정해 보자. 이 경우 매도인이 A국에도 영업소를 두고 있기

10) 본 협약 제 10조 (1)항 참조.

때문에 당사자들은 상이한 나라에 영업소를 두고 있지만, 당사자들은 동일 국가에 역시 영업소를 두고 있다고도 할 수 있다. 그런데 매수인이 자신의 유일한 영업소를 두고 있는 B국에 있는 매도인의 지점을 통하여 매도인과 거래를 협상하고 이행할 경우, 양 당사자들은 B국의 법률에 익숙하므로 B국의 법률에 따를 것으로 예상할 수 있다.

이러한 경우에는 매도인의 두 영업장소 중 어느 영업장소의 매매가 국제적인 매매인지의 여부를 결정하는 것이 필요하다. 이와 관련하여 본 협약 제 10조 (a)호를 근거로 매도인의 관련 영업장소는 B국임을 알 수 있다. 따라서 이러한 경우는 본 협약 제 1조 (1)항에 의거하여 당사자들이 관계하는 영업장소가 상이한 국가가 아니므로 동 협약의 적용을 받을 수 없게 된다.

Article 11 A contract of sale need not be concluded in or evidenced by writing and is not subject to any other requirement as to form. It may be proved by any means, including witnesses.
제11조 매매계약은 서면으로 체결되거나 입증될 필요가 없으며, 그 형식에 대하여도 기타 하등의 요건에 구속받지 아니한다. 매매계약은 증언을 포함하여 여하한 수단에 의해서도 입증될 수 있다.

<해 설>

본 조에서는 계약체결방식과 계약입증방식을 서면으로만 한정시키지 않고, 서면 이외의 방법, 즉 구두나 증언 또는 기타의 방법으로도 가능하도록 규정하고 있다. 일반적으로 각국의 법률규정에서는 사기방지 차원에서 형식적인 서류요건을 부과시키고 있지만, 이러한 형식적인 요구조건이 법률에서 실체법이나 준거법 또는 절차법 등으로 다양하게 분류되어 있다. 이처럼 각국의 법 저촉이 심하기 때문에 최근에는 이러한 서면의 형식을 요구하는 법률이 폐지되는 경향을 보이고 있으며, 특히 국제무역거래의 적용에 있어서는 이러한 추세가 더욱 뚜렷해지는 경향을 보이고 있다.

<table>
<tr><td>Article 12
Any Provision of article 11, article 29 or Part II of this Convention that allows a contract of sale or its modification or termination by agree-ment or any offer acceptance or other indication to be made in any form other than in writin does not apply where any party has his place of business in a Contracting State which has made a declaration under article 96 of this Convention. The parties may not derogate from or vary the effect of this article.</td></tr>
<tr><td>제12조
매매계약, 합의에 의한 매매계약의 변경, 해제, 청약, 승낙 또는 기타의 의사표시를 서면 이외의 방법에 의해서도 행할 수 있음을 인정하는 이 협약의 제 11조, 제 29조 또는 제 2편에 있는 여하한 규정도, 어느 한 당사자가 이 협약 제 96조의 규정에 의하여 선언을 한 협약국 내에 영업소를 두고 있는 경우에는 적용하지 아니한다. 당사자들은 이 조항의 효력을 감하거나 변경하여서는 안된다.</td></tr>
</table>

<해 설>

제 12조는 본 협약의 가입국이 본 협약에의 가입 등의 절차를 이행함에 즈음하여 서면주의를 택할 취지의 선언을 하였을 경우, 그 당사국에 대해서는 구두에 의한 계약의 성립이나 또는 구두에 의한 입증의 효력을 인정하지 아니할 것임을 재확인시키고 있는 주의규정이라 할 수 있다.

<table>
<tr><td>Article 13
For the purpose of this Convention "writing" includes telegram and tel-ex</td></tr>
<tr><td>제13조
이 협약을 적용하는데 있어서 “서면”에는 전보와 텔렉스를 포함한다.</td></tr>
</table>

<해 설>

본 조는 오늘날과 같이 통신수단이 극도로 발달되어 있는 상황에 부응하기 위한 규정이라 할 수 있다. 그리고 본 조는 장차 오늘날의 EDI의 출현으로 인해 개정될 가능성이 매우 높은 규정 중의 하나이기도 하다.

Part II. Formation of the Contract

Article 14

(1) A proposal for concluding a contract addressed to one or more specific persons constitutes an offer if it is sufficiently definite and indicates the intention of the offeror to be bound in case of acceptance. A propasal is sufficiently definite if it indicates the goods and expressly or implicitly fixes or makes provision for determining the quantity and the price.

(2) A proposal other than one addressed to one or more specific persons is to be considered merely as an invitation to make offers, unless the contrary is clearly indicated by the person making the proposal.

제2편. 계약의 성립

제14조

(1) 1인 또는 그 이상의 특정인을 상대로 한 계약체결의 제의는 그 제의가 충분히 확정적이고 또한 승낙할 경우에 구속된다는 청약자의 의사가 표시되어 있는 경우에 청약이 된다. 제의가 물품을 표시하고 있고 또한 명시적 또는 묵시적으로 그 수량 또는 가격을 결정하고 있거나 결정하기 위한 조항이 포함되어 있는 경우, 그 제의는 충분히 확정적인 것으로 본다.

(2) 1인 또는 그 이상이 특정한 자를 상대로 하는 경우 이외의 제의는 제의자에 의하여 반대의 의사가 명백히 표시되어 있지 않는 한 단순히 청약의 유인에 불과한 것으로 본다.

<해 설>

청약이란 '청약자가 피 청약자에게 계약을 체결하고자 하는 의사표시'라 할 수 있다. 즉 청약은 매매관계에 있는 당사자 일방이 상대방의 승낙을 전제로 일정 조건의 매매계약 체결을 기대하면서 행하는 의사표시라 할 수 있다. 이와 관련하여 본 협약에서는 청약에 대한 정의를 구체적으로 규정하고 있지는 않으나, 1인 이상의 특정한 자에 대한 계약체결의 제의가 그 내용에 있어서 충분히 확정적이고,[11] 또한 승낙이 있는 경우에 구속되겠다는 청약자의 의사표시가 있는 경우를 청약으로 간주하고 있다.

11) 이와 관련하여 비엔나협약 제 14조에서는 제의의 내용이 품명, 수량, 가격 등에 관하여 명확히 하고 있거나 또는 이를 명확히 할 수 있는 조항을 포함하고 있는 경우를 지칭하고 있다.

한편 청약의 유인이란 타인을 유혹하여 자신에게 청약하도록 유도하는 행위로써 청약과 구별된다. 즉 이러한 경우에는 유혹된 자가 의사표시를 하여도 계약은 성립되지 않으며, 유인한 측으로부터 최종적인 승낙의 의사표시가 있어야 비로소 계약이 성립될 수 있게 된다. 예를 들어 상대방이 특정되지 아니하고 신문이나 TV 또는 방송에 의한 광고, 견적서, 잡지나 선전책자, 가격표, 물품목록 등의 배포를 통하여 불특정의 1인 또는 그 이상의 일반대중을 상대로 하고 있는 경우라든지 경매나 입찰 등과 같은 경우들은 단지 청약의 유인으로 간주된다.

그러나 불특정인을 상대로 하고 있다 하더라도 제의자가 자신의 제의에 의하여 승낙이 있으면 곧 계약으로 간주하겠다는 내용의 의사를 명확히 표명하였을 경우, 그러한 제의는 단순한 청약의 유인이 아니라 청약으로 간주된다. 또한 입찰내용을 보내면서 입찰을 붙인 자가 최고가격 또는 최저가격을 정하고 기타의 계약조건들을 구체적으로 명시하였거나, 또는 최저가격으로 입찰에 참가한 신청자에게 계약할 것임을 명백하게 의사 표명한 경우의 입찰안내장 등은 청약으로 간주된다.

Article 15

(1) An offer becomes effective when it reaches the offeree.

(2) An offer, even if it is irrevocable, may be withdrawn if the withdrawal reaches the offeree before or at the same time as the offer.

제15조

(1) 청약은 피 청약자에게 도달한 때 그 효력이 발생된다.

(2) 청약은 취소불능인 경우에도 청약회수의 통지가 피 청약자에게 청약의 도달 전 또는 청약과 동시에 도달하는 경우에는 이를 회수할 수 있다.

<해 설>

일반적으로 청약은 피 청약자에게 도달된 때에 비로소 그 효력이 발생된다. 그 이유는 청약은 피 청약자에게 도달되지 않으면 청약자의 청약내용을 상대방이 인지할 수 없기 때문이다. 청약의 효력발생 시기에 대하여 영미법계에서는 청약이 피 청약자에게 도달되어야 한다는 도달주의 입장을 취하고 있으며, 본 협약에서도 청약은 피 청약자에게 도달되는 때에 그 효력이 발생된다는 도달주의 입장을 취하고 있다.

한편 청약회수에 관한 일반원칙으로 청약은 피 청약자가 승낙하기 이전에는 그 회수가 가능하고, 일단 청약자의 청약이 승낙되면 회수가 불가능해진다. 여기에서 청약의 회수란 청약으로서의 효력이 아직 발생되기 이전의 상태에서 청약자가 임의로 청약의 효력을 소멸시키려는 의사표시로써 청약의 철회와는 구별된다. 본 협약에서는 청약이 취소불능인 경우

라 하더라도 청약회수의 통지가 청약의 도달 전 또는 그와 동시에 피 청약자에게 도달되는 경우 이를 회수할 수 있도록 규정하고 있다.

Article 16
(1) Until a contract is concluded an offer may be revoked if the revocation reaches the offeree before he has dispatched an acceptance.
(2) However, an offer cannot be revoked:
(a) if it indicates, whether by stating a fixed time for acceptance or otherwise, that it is irrevocable ; or
(b) if it was reasonable for the offeree to reply on the offer as being irrevocable and the offeree has acted in reliance on the offer.

제16조
(1) 계약이 체결되기 전까지는 피 청약자가 승낙의 통지를 발송하기 전에, 철회의 통지가 피 청약자에게 도달하는 경우에 청약은 철회될 수 있다.
(2) 그러나 청약이 다음과 같은 경우에는 철회될 수 없다.
(a) 청약에 승낙기간을 명시하고 있거나 또는 기타의 방법으로 청약이 취소불능임을 표시하고 있는 경우 ; 또는
(b) 피 청약자가 청약을 취소불능이라고 신뢰하는 것이 합리적이거나 또는 피 청약자가 그 청약을 신뢰하여 행동하였을 경우.

<해 설>

본 협약 제 15조 (2) 항에서는 청약이 「청약으로서의 효력을 발생시키기 이전」의 상태에 있을 때의 청약의 회수에 관하여 규정하고 있는데 비하여, 제 16조에서는 청약이 「청약으로서의 효력을 발생시킨 이후」의 상태에 있을 때의 청약의 철회에 관하여 규정하고 있다.

여기에서 「회수」란 일방 당사자가 임의로 그리고 장래 시점에 대해서 자신의 의사표시의 효력을 상실시키는 것을 의미하며, 특히 청약의 회수는 청약으로서의 효력이 아직 발생되기 이전의 상태에서 장래 시점에 대하여 청약으로서의 효력을 임의로 상실시키는 것이라 할 수 있다. 그런데 「철회」란 일정한 원인에 의하여 의사표시 또는 법률 행위의 효력을 「소급적으로 소멸시키는 것」을 의미하며, 모든 행위는 그것이 철회될 때까지는 유효한 것이다. 그리고 일단 철회되면 그 법률행위는 처음부터 무효인 것으로 간주되어 당사자 간에 발생되었던 권리와 의무는 처음부터 발생되지 않았던 것과 같아지게 된다.

청약의 철회란 청약이 일단 상대방에게 도달하여 그 효력을 발생시킨 후 승낙자가 승낙

의 통지를 보내기 전에 청약자가 철회시킬 수 있는 요건들에 의거하여 해당 청약을 소멸시키는 것을 말한다. 따라서 청약은 승낙이 이루어지기 전까지는 그 취소가 가능해질 수 있게 된다. 본 협약에서는 청약은 피 청약자가 승낙의 통지를 발송하기 이전에 그 취소의 통지가 피 청약자에게 도달되는 경우에는 이를 철회시킬 수 있는 것으로 규정함으로써, 청약이 승낙될 때까지는 그 철회가 가능한 것으로 규정하고 있다.

그러나 본 협약에서는 ① 청약이 승낙기간을 정하고 있거나 또는 그것이 취소불능임을 표시하고 있는 경우와, ② 피 청약자가 청약을 취소불능으로 신뢰하는 것이 합리적이거나 또는 피 청약자가 그 청약을 신뢰하여 행동하였을 경우에는 청약의 철회가 불가능한 것으로 규정하고 있다. 따라서 예를 들어 「확정청약」의 경우에는 청약에서 정해진 기간 내에 상대방의 승낙이 없으면 그 효력을 상실하게 되며, 또한 청약에서 정해진 기간이 도래할 때까지는 해당 청약을 철회시킬 수 없게 된다.

Article 17 An offer, even if it is irrevocable, is terminated when a rejection reaches the offeror.
제17조 청약이 비록 취소불능이라 하더라도 거절통지가 청약자에게 도달한 때에는 그 효력이 상실된다.

<해 설>

청약의 거절이란 "청약자의 청약에 대하여 피 청약자가 승낙하지 않는다는 의사표시"를 말한다. 따라서 청약은 피 청약자의 거절에 의하여 그 효력이 상실된다고 할 수 있다. 본 협약에서는 청약이 취소불능이라 하더라도 거절통지가 청약자에게 도달한 때에는 그 효력을 상실하게 되는 것으로 규정하고 있는데, 이는 현재 대부분의 법제의 취지와 일치하는 것이라 할 수 있다. 따라서 반대청약(counter offer)은 원 청약에 대한 거절에 해당된다고 할 수 있다.

Article 18 (1) A statement made by or other conduct of the offeree indicating assent to an offer is an acceptance. Silence or inactivity does not in itself amount to acceptance. (2) An acceptance of an offer becomes effective at the moment the in

dication of assent reaches the offeror. An acceptance is not effective if the indication of assent does not reach the offeror with the time he has fixed, within a reasonable time, due account being, taken of the circumstances of the transaction, including the rapidity of the means of communication employed by the offeror. An oral offer must be accepted immediately unless the circumstances indicate otherwise.
(3) However, if, by virtue of the offeror or as a result of practices which the parties have established between themselves or of usage, the offeree may indicate assent by performing an act, such as one relating to the dispatch of the goods or payment of the price, without notice to the offeror, the acceptance is effective at the moment the act is performed, provided that the act is performed within the period of time laid down in the preceding paragraph.

제18조
(1) 청약에 대한 동의를 표시하는 피 청약자의 진술 또는 그 밖의 행위는 승낙이 된다. 침묵이나 또는 아무런 행위도 취하지 아니하는 것, 그 자체로서는 승낙이 되지 아니한다.
(2) 청약에 대한 승낙은 동의의 의사표시가 청약자에게 도달함과 동시에 그 효력이 발생된다. 동의의 의사표시가 청약자가 정한 기간 내에 또는 기간이 정해지지 않은 경우에는 청약자가 사용한 통신의 신속성을 포함하여 거래의 상황을 충분히 고려하여 합리적인 기간 내에 청약자에게 도달하지 아니한 때에는 승낙은 그 효력을 발생시키지 아니한다.
(3) 그러나 청약의 성격상 또는 당사자 간에 이미 확립되어 있는 관행이나 관습의 결과로서 피 청약자가 청약자에게 아무런 통지 없이 물품의 발송이나 대금지급과 같은 행위를 함으로써 동의의 의사표시를 하고 있는 경우에는 승낙은 그 행위가 행하여짐과 동시에 효력이 발생된다. 다만 그 행위는 규정된 기간 내에 행해진 경우에 한한다.

<해 설>

본 조에서는 승낙의 효력발생시기에 관하여 규정하고 있다. 승낙의 효력발생 시기는 계약의 성립시기가 되는 것으로써, 이와 관련하여 본 협약에서는「도달주의」원칙을 채택하고 있다. 그러나 구두에 의한 청약은 별도의 특약이 없는 한 즉시 승낙하지 아니한 경우에는 그 효력을 상실하게 된다. 그리고 본 협약에서는 청약의 성격상 또 당사자의 관행 또는 관

습상 피 청약자가 청약자에게 아무런 통지 없이 물품의 대금지급 등의 행위를 함으로써 동의의 의사표시를 한 경우, 승낙은 그 행위가 행해짐과 동시에 그 효력을 발생시키는 것으로 규정하고 있다.

한편 이와는 대조적으로 침묵은 그 자체만으로는 승낙이 되지 않는다.[12] 그러나 침묵의 경우라 하더라도 그것이 승낙의 의사를 표시하고 있는 것으로 인정될만한 사정이 명백한 경우에는 승낙으로서의 효력이 발생될 수 있다.[13] 예를 들어 「어떤 행위의 실행에 의한 동의의 의사표시」가 합리적인 기간에 걸쳐 이미 당사자 간에 관행화되어 있는 경우에는 「청약→침묵→청약내용의 일방적 이행→상대방의 승낙」의 이행과정을 통하여 침묵이 승낙으로서의 효력을 발생시킬 수 있는 것으로 보아야 한다.

<table>
<tr><td>
Article 19
(1) A reply to an offer which purports to be acceptance but contains additions, limitations or other modifications is a rejection of the offer and constitutes a counter offer.
(2) However, a reply to an offer which purports to be an acceptance but contains additional or different terms which do not materially alter the terms of the offer constitutes an acceptance. Unless the offeror, without undue delay, objects orally to the discrepancy or dispatches a notice to that effect. If he does not so object, the terms of the contract are the terms of the offer with the modifications contained in the acceptance.
(3) Additional or different terms relating, among other things, to the price, payment, quality and quantity of the goods, place and time of delivery, extent of one party's liability to the other or the settlement of disputes are considered to alter the terms of the offer materially.
</td></tr>
<tr><td>
제19조
(1) 청약에 대하여 승낙을 의도하고 있으나, 그 청약에 대한 부가, 제한 또는 기타의 변경을 포함하고 있는 응답은 청약의 거절이 되며 반대청약이 된다.
(2) 그러나 청약에 대한 승낙을 의도한 응답이지만 청약의 조건을 실질적으로 변경하지 아니하는 부가적 조건 또는 상이한 조건을 포함하고 있는 응답은 청약자가 부당한 지체를 함이 없이 그 상이점에 대하여 구두로 반대하거나 또는 반대한
</td></tr>
</table>

12) 본 협약 제 18조 (1)항 후단 참조.
13) 본 협약 제 8조 (3)항 참조.

다는 취지의 통지를 하지 않는 한, 이는 승낙이 된다. 청약자가 그러한 반대를 하지 않은 경우에는 승낙에 포함된 변경내용대로 수정한 조건이 계약조건이 된다.
(3) 부가적 조건 또는 상이한 조건으로서 특히 가격, 결제, 물품의 품질 및 수량, 인도장소 및 인도시기, 상대방에 대한 일방 당사자의 책임범위 또는 분쟁해결에 관한 것은 청약의 조건을 실질적으로 변경하는 것으로 간주된다.

<해 설>

계약은 계약체결을 위한 청약과 이에 대한 승낙이 있으면 성립되는 것이지만, 실제의 거래과정에서 청약과 승낙이 1회의 교섭으로써 이의 없이 합의에 도달하게 되는 경우는 매우 드물다. 대부분의 경우에는 청약과 승낙의 내용에 대하여 당사자 간의 요구조건이 여러 번의 서식교환을 거친 다음 최종 단계에 가서 결정되는 것이 일반적이다 이와 관련하여 본 조에서는 청약에 대한 조건부 승낙의 경우는 이를 청약의 거절로 보는 동시에 새로운 청약 또는 반대청약으로 간주한다고 규정하고 있다. 다시 말해서 새로운 청약에 대해서는 새로운 승낙이 없는 한 계약이 성립되지 않게 된다. 그 결과 새로운 청약에 대한 서식교환이 되풀이 될 수밖에 없게 되는 것이다.

국제무역계약 체결의 교섭과정에서 양 당사자들이 의견접근을 위하여 서식교환을 반복하게 되는「계약조건」들의 구체적 내용은 특히 가격, 지급, 물품의 품질 및 수량, 인도장소 및 시기, 일방 당사자의 상대방에 대한 책임범위, 분쟁해결방법 등에 관한 것들이며, 본 협약에서도 이러한 내용들과 관련한「청약조건과 상이한 조건」을「청약조건을 실질적으로 변경시키는 부가적 조건」으로 정의하고 있다.

그리고 본 협약에서는 승낙자의「응답」중에 승낙자가「청약의 실질적 변경」을 요구하고 있는 경우에는 그것을 새로운 청약 또는 반대청약으로 보기로 하는 대신, 승낙자가 그 밖의 일반적 사항에 관한 청약의 변경을 요구하는 것에 그치고 있는 경우에는 청약자는 청약자가 합리적인 기간 내에 이에 대한 반대의사를 상대방에게 통지하지 아니하는 한 이를 그대로 계약조건으로 인정함으로써 계약이 성립될 수 있도록 규정하고 있다.

Article 20
(1) A period of time for acceptance fixed by the offeror in a letter begins to run from the moment telegram is handed in for dispatch or from the date shown on the letter or if no such date is shown from the date shown on the envelope. A period of time for acceptance fixed by the offer or by tele telex or other means of instantaneous communica-

tion, begins to run from the moment that the offer reaches the offeree.
(2) Official holidays or non-business days occuring during the period of acceptance are included in calculating the period. However, if a notice of acceptance cannot be delivered at the address of the offeror on the last day of the period because that day falls on an official holiday or a non-business day at the place of business of the offeror, the period is extended until the first business day which follows.

제20조
(1) 청약자가 전보 또는 서한에서 정한 승낙기간은 전보문이 발신을 위하여 넘겨진 때로부터, 또는 서한에 표시된 일자로부터, 또는 그러한 일자가 표시되지 않은 경우에는 봉투에 표시된 일자로부터 시작된다. 청약자가 전화, 텔렉스 또는 기타의 동시적 통신수단에 의하여 정해진 승낙기간은 청약이 상대방에게 도달된 때로부터 시작된다.
(2) 승낙기간 중에 들어 있는 공휴일 또는 휴업일은 승낙기간에 산입된다. 그러나 승낙기간의 말일이 청약자의 영업소 소재지의 공휴일 또는 휴일에 해당됨으로써 승낙의 통지가 기간의 말일에 청약자에게 도달될 수 없는 경우에는 그 다음의 첫 번째 영업일까지 연장된다.

<해 설>

확정청약의 경우는 그것이 「기한조건부 청약」이라 할 수 있으므로, 해당 청약은 설정된 승낙기간의 만료와 동시에 승낙자로부터의 승낙이 없으면 실효된다. 또한 본 협약 제 18조 (2)항에 의거하여 승낙의 의사표시도 그것이 청약자에게 도달된 때에 비로소 그 효력이 발생되므로 기간산정에 관한 별도의 규정이 필요하게 된다. 본 조는 이에 대한 명시적 규정이라 할 수 있다.

이와 관련하여 본 협약에서는 청약자가 정하는 승낙기간의 기산일은 청약자의 서한이나 전보의 발신일 또는 발신의뢰일로 시작되는 것을 원칙으로 하되, 서한에 발신일자가 없으면 그 봉투에 표시된 일자로부터 기간이 시작되는 것으로 하며, 특히 청약자가 전화나 텔렉스 또는 기타의 동시적 통신수단으로 승낙기간을 정하였을 경우에는 청약이 상대방에게 도달된 때로부터 기산한다고 규정하고 있다.

그리고 본 협약에 의하면 승낙기간 중에 들어 있는 공휴일이나 비영업일도 기간에 산입되는데, 그러한 날이 기간의 말일에 해당되는 경우에는 그 다음의 첫 번째 영업일까지 승낙통지의 기간이 연장되는 것으로 규정하고 있다. 또한 이러한 기간의 설정에 있어서는 청약자가 전화나 텔렉스 등에 의한 동시적 통신수단에 의한 것일 때에는 그러한 통신수단의 신

속성 등을 포함한 거래의 상황이 충분히 고려되어야 하는 것으로 규정하고 있다.[14)]

Article 21 (1) A late acceptance is nevertheless effective as an acceptance if without de lay to offeror orally so informs the offeree or dispatches a notice to that effect. (2) If a letter or other writing containing late acceptance shows that it has been sent circumstances that if its transmission had been normal it would have reached the offeror in due time, the late acceptance is effective as an acceptance unless, without delay, the offeror orally informs the offeree that he considers his offer as having lapsed or dispatches a notice to that effect.
第21조 (1) 지연된 승낙의 경우에도 청약자가 유효하다는 취지를 지체 없이 피 청약자에게 구두로 알리거나 그러한 통지를 발송하는 경우에는 승낙으로서의 효력을 갖는다. (2) 지연된 승낙이 들어 있는 서한 또는 기타의 서면으로 통상적으로 전달된 경우로써 예정된 시기에 청약자에게 도달하였을 상황 하에서 발송된 사실을 나타내고 있을 때에는 청약자가 상대방에 대하여 지체 없이 자신의 청약이 이미 실효된 것으로 간주한다는 취지를 구두로 알리거나 또는 그러한 취지의 통지를 발송하지 아니하는 한, 지연된 승낙의 경우라도 승낙으로서의 효력을 갖게 된다.

<해 설>

본 협약에 의하면 지연된 승낙의 경우로써 청약자가 유효하다는 취지를 청약자에게 구두로 알리거나 또는 그러한 취지의 통지를 발송하였을 때에는 승낙으로서의 효력을 발생시키게 되는 것으로 규정하고 있다. 또한 청약자가 그러한 반응을 보이지 아니한 경우라 하더라도, 지연승낙이 표시되어 있는 서한이나 기타의 문서가 통상적으로 전달된 경우로써 서한이나 기타 문서가 적기에 청약자에게 도달할 수 있었을 그러한 상황 하에서 발송된 것임이 입증될 수 있는 때에는 청약자가 지체 없이 자신의 청약이 실효된 것으로 간주한다는 취지를 피 청약자에게 구두로 통지하거나 또는 그러한 취지의 통지를 피 청약자에게 발송하지 않는 한, 지연된 승낙의 경우라도 승낙으로서의 효력을 갖게 되는 것으로 규정하고 있다.

따라서 본 조 (2)항의 규정은 승낙자의 중대한 과실에 기인하지 아니한 통신사정의 이상

14) 본 협약 제 18조 (2)항 참조.

상태의 발생으로 말미암아 그러한 지연사실을 전혀 알지 못함으로써 예정했던 계약이행을 위한 준비에 이미 착수하였을지도 모르는 악의 없는 승낙자를 보호하기 위한 규정이라 할 수 있다. 그러므로 이 규정은 「신의성실의 원칙」과도 부합하는 입법정신의 발로인 것으로 이해될 수 있다.

Article 22 An acceptance may be withdrawn if the withdrawal reaches the offeror before or at the same time as the acceptance would have become effective.
제22조 승낙은 승낙으로서의 효력이 발생되기 이전에 또는 그와 동시에 그 취소통지가 청약자에게 도달하는 경우에 철회될 수 있다.

<해 설>

본 조는 본 협약 제 15조에 규정되어 있는 「청약의 철회」와 관련하여 「승낙의 철회」에 관하여 동등한 내용의 명시적 규정을 포함시킴으로써 형평의 원칙을 유지하고자 하는 규정임을 알 수 있다. 그리고 본 협약에서는 청약철회의 경우와 마찬가지로 승낙철회의 경우에도 원칙적으로 「도달주의 원칙」을 채택하고 있음을 알 수 있다.

Article 23 A contract is concluded at the moment when an acceptance of an offer becomes effective in accordance with the provisions of this Convention.
제23조 계약은 청약에 대한 승낙이 이 협약의 규정에 따라 그 효력을 발생시킨 때에 성립된다.

<해 설>

매매계약이 유효한 계약으로 성립되기 위해서는 기본적으로 계약당사자 간의 합의가 있어야 하며, 무역계약에서의 합의는 일반적으로 청약과 승낙에 의해 이루어진다. 그러므로 무역계약은 계약당사자들의 의사표시가 합치되는 바에 따라 그 합의에 대한 통일적 법률효과를 발생시키게 되는 것이다.

그런데 매매계약은 매매당사자 간의 합의에 의해 성립되었다 하더라도, 계약내용이 확정되어 있거나 확정될 수 있어야 하고 그 계약내용은 이행이 가능한 것이어야 한다. 따라서 무역계약의 효력이 발생되기 위해서는 매매당사자의 법률적 행위능력이 있어야 하며, 계약내용의 적법성이 있어야 하고, 사회적으로 그 타당성이 인정되어야 한다. 이러한 이유 때문에 밀수품 매매라든지 사기행위나 강압에 의한 매매 또는 공공질서에 반하는 물품에 대한 매매계약은 무효가 된다.

Article 24 For the purposes of this Part of the Convention, as offer, declaration of acceptance or any other indication of intention "reaches" the addressee when it is made orally to him or delivered by any other means to him personally, to his place of business or mailing address or, if he does not have a place of business or mailing address, to his habitual residence.
제24조 이 협약 제 2편을 적용함에 있어서, 청약이나 승낙의 선언 또는 기타의 의사표시가 상대방에게 "도달"한 때라 함은 그 의사표시가 구두 또는 기타의 방법으로 직접 상대방에게 전달되었을 때, 또는 상대방의 영업소나 우편주소로 전달되었을 때, 또는 상대방의 영업소나 우편주소가 없는 경우에는 상대방이 상주하는 장소로 전달되었을 때로 한다.

<해 설>

본 조에서는 계약의 성립을 위한 본 협약 제 2편의 적용을 위하여 제 2편에서 규정하고 있는「도달」에 대한 정의를 명확하게 규정하고 있다. 즉 본 협약에서는「도달」에 대한 정의를 ① 그 의사표시가 구두 또는 기타의 방법으로 직접 상대방에게 전달되었을 때, 또는 ② 상대방의 영업소나 우편주소로 전달되었을 때, 또는 ③ 상대방의 영업소나 우편주소가 없는 경우에는 상대방이 상주하는 장소로 전달되었을 때로 규정하고 있다.

Part III. Sale of Goods

Chapter 1. General Provisions

Article 25
A Breach of contract committed by one of the parties is fundamental if it results in such detriment to the other party as substantially to deprive him of what is entitled to expect under the contract, unless the party in breach did each did not forsee and a reasonable person of the same kind in the same circumstances would not have foreseen such a result.

제3편. 물품의 매매

제1장. 총칙

제25조
당사자의 일방이 범한 계약위반은 그 계약에서 상대방이 기대할 권리가 있는 것을 실질적으로 박탈할 정도로 손해가 발생되는 경우에는 본질적인 계약위반이 된다. 다만 위반한 당사자가 그러한 결과를 예견하지 못하였고 또한 동일 부류에 속하는 합리적인 자일지라도 동일한 상황 하에서 그러한 결과를 능히 예견하지 못하였을 경우에는 그러하지 아니하다.

<해 설>

본 협약 제 49조 및 제 64조에서는 일방 당사자가 계약을 해제시킬 수 있는 경우에 관하여 열거하고 있는데, 예를 들어 매도인이 본질적 계약위반을 범한 경우에는 매수인으로 하여금 계약을 해제시킬 수 있도록 규정하고 있다. 본 조에서는「본질적 계약 위반」에 대한 정의를 명시하고 있다. 즉「본질적 계약위반」이란 '상대방이 기대할 권리가 있는 것을 실질적으로 박탈할 정도로 불이익한 결과가 되는 경우'를 의미하는 것으로 규정하고 있다. 단 그러한 계약위반을 한 당사자가 그러한 결과를 합리적인 방법으로써도 예견하지 못하였던 경우에는 예외로 규정하고 있다.

그런데 구체적으로 어느 정도의 계약위반의 내용이「본질적 계약위반」에 해당되는 것인가 하는 문제를 결정짓는 것은 용이한 일이 아니다. 따라서 이에 대한 최종 판단은 결국 재판

관이나 중재인이 이를 사실문제로써 결정할 수밖에 없게 된다. 그리고 만일 계약위반의 내용이 본질적인 것이 아닐 경우에는 상대방은 계약해제권을 행사하지 않고도 대금감액 청구권 또는 손해배상 청구권 등을 행사함으로써 구제받을 수 있게 된다.

Article 26 A declaration of avoidance of the contract is effective only if made by notice to the other party.
제26조 계약해제의 선언은 상대방에게 통지가 이루어진 경우에 한하여 그 효력이 있다.

<해 설>

우리나라 민법에서는 당사자의 일방이 그 채무를 이행하지 아니한 경우, 상대방은 상당기간을 정하여 그 이행을 최고한 후 상대방이 그 기간 내에도 이행을 하지 않는 경우에 비로소 계약을 해제시킬 수 있는 것으로 규정하고 있다. 이러한 계약해제와 관련하여 본 협약 제 39조 (1)항에서도 해당 당사자의 사전통지의무가 요구되고 있음을 규정하고 있다. 그리고 본 협약에서는 계약위반의 내용이 「본질적 계약위반」에 해당되는 것일 경우에는 하등의 최고 없이 통지만으로도 계약을 해제시킬 수 있는 것으로 규정하고 있다.[15)]

Article 27 Unless otherwise expressly provided in this Part of the Convention, if any notice, request or other communication is given or made by a party in accordance with this part and by means appropriate in this circumstances, a delay or error in the transmission of the communication or its failure to arrive does not deprive that party of the right to reply on the communication.
제27조 이 협약 제 3편에서 별도로 명시적으로 규정하고 있지 않는 한, 통지나 요청 또는 기타의 통신이 본 편의 규정에 따라 또는 상황에 적절한 방법으로 당사자에 의해 행해진 경우에는 통신을 전달하는데 있어 지연 또는 오류가 발생되거나 또

15) 본 협약 제 25조 및 제 26조 참조.

> 는 그것이 도달되지 아니한 경우라 하더라도 그 당사자는 해당 통신을 원용할 수 있는 권리를 박탈당하지 아니한다.

<해 설>

본 조에서는 계약이 성립된 이후의 모든 통지에 대한 통신전달 중의 위험부담원칙에 대하여 규정하고 있다. 즉 발신방법이 적절한 것이었다면 통신전달 중에 지연이나 오류가 발생되거나 또는 그것이 도달되지 아니하는 사태가 발생되었다 하더라도, 본 협약에 별도의 규정[16]이 없는 한 해당 당사자는 해당 통신을 원용함으로써 자신이 주장할 수 있는 권리를 박탈당하지 아니하는 것으로 규정하고 있다.

이와 관련하여「도달」의 정의에 대해서는 본 협약 제 24조에 규정되어 있고,「통신수단」과 관련한 구체적 내용에 대해서는 본 협약 제 18조 (2)항 및 제 20조 (1)항에 규정되어 있다.

> Article 28
> If, in accordance with the provisions of this Convention, one party is entitled to require performance of any obligation by the other party, a court is not bound to enter a judgement for specific performance unless the court would do so under its own law in respect of similar contracts of sale not governed by this Convention.

> 제28조
> 한 당사자가 이 협약의 규정에 따라 상대방에게 의무의 이행을 요구할 수 있는 경우라 하더라도, 법원은 이 협약이 적용되지 아니하는 유사한 매매계약에 대하여 국내법에 의해 특정 이행을 명하는 판결을 내리게 될만한 경우에 해당되지 아니하는 한 그러한 판결을 내릴 의무가 없다.

<해 설>

본 조는 특정 이행명령과 관련한 주의규정이라 할 수 있다. 이행청구에는 매도인에 대한 매수인의 계약대로의 물품인도청구 뿐 아니라, 대체품의 인도청구, 부족부분의 인도청구, 인도물품에 대한 부적합의 보완, 기타 계약에 따른 이행완료를 위하여 필요로 하는 모든 행위의 청구가 포함된다.[17] 그리고 본 협약에서는 이에 대응하는 규정으로 본 협약 제 62조

16) 본 협약 제 48조 (1)항 및 제 79조 (4)항 참조.

에서 매수인에 대한 매도인의 이행청구권을 별도로 마련해 두고 있다.[18] 그럼에도 불구하고 본 협약 제 28조에서는 「이 협약의 적용이 없는 유사한 매매계약에 대하여 국내법으로 그러한 특정 이행을 명하게 될 만한 경우」가 아니면, 특정 이행을 재판소가 명할 의무가 없는 것으로 규정하고 있다.

본 협약에서 이와 같이 특정 이행명령과 관련하여 주의규정을 두고 있는 이유는 특정 이행명령은 당사자들이 자신들의 권리로써 이를 청구할 수 있는 성격의 것이라기보다는 오히려 재판소의 재량적인 구제방법에 해당되는 것이기 때문이다. 특히 채무의 이행을 요구함으로 인하여 채무자가 매우 심한 곤경에 빠지게 된다거나, 또는 특정 이행이 이루어지지 않고도 손해배상만으로 충분히 구제될 수 있는 경우에 해당된다거나, 또는 재판소가 특정 이행의 명령을 장기간 감시하지 않으면 그 명령의 실효성을 확보하는 일이 불합리한 경우 등이 존재할 수 있기 때문에, 이러한 경우에는 재판소가 특정 이행을 명령하여야 할 특별한 이유가 없게 된다.

Article 29

(1) A contract may be modified or terminated by the mere agreement of the parties.

(2) A contract in writing which contains a provision requiring any modification or termination by agreement to be in writing may not be otherwise modified or terminated by agreement. However, a party may be precluded by his conduct asserting such a provision to the extent that the other party, has relied on from that conduct.

제29조

(1) 계약은 당사자들의 단순한 합의만으로 변경되거나 해제될 수 있다.

(2) 서면에 의한 계약으로써 그 변경 또는 해제가 서면에 의한 합의를 요한다는 규정이 있는 경우에는 그 밖의 방법에 의한 합의에 의해서는 변경이나 해제를 할 수 없다. 그러나 당사자는 자기의 행동으로 인하여 상대방이 그러한 행동에 신뢰를 두었던 범위까지는 위의 규정의 원용으로부터 배제될 수 있다.

<해 설>

본 조에서는 계약을 당사자의 합의에 의해서만 변경 또는 해제시킬 수 있도록 규정하고

17) 본 협약 제 46조 및 제51조 참조.

18) 대금지급 청구, 인도수령 청구, 기타 매수인의 의무이행을 위한 청구 등이 있다.

있다. 그러나 이 규정은 당사자들의 약정에 의한 변경 또는 해제의 경우를 의미하는 것이며, 이 밖에 본질적 계약위반이나 또는 기타 본 협약에서 규정하고 있는 다른 원인에 의한 해제권은 별도로 규정하고 있다.

계약 성립을 위해서는 반드시 서면이 요구되는 것이 아님을 본 협약 제 11조에서 규정하고 있다. 그러나 「당사자 자치의 원칙」에 의거해 계약의 변경 또는 해제는 서면에 의함을 요한다는 내용의 규정을 계약서에 약정해 두고 있는 경우에는 구두 또는 그 밖의 방법으로 합의변경 또는 합의해제를 할 수 없는 것으로 본 조에서 규정해 놓고 있다. 여기에서 「서면」에는 본 협약 제 13조에 규정되어 있는 바대로 전화와 텔렉스가 포함됨은 물론이다.

그러나 이와 같이 일단 계약내용의 변경합의 또는 해제합의는 「서면합의의 경우에 한한다」라고 규정해 놓고서도, 양 당사자 간의 두터운 신뢰에 의거해 그러한 합의가 무시되는 경우가 거래관행상 불가피하게 생겨날 수 있게 된다. 예를 들어 서면계약 상 '계약내용의 변경은 반드시 서면에 의하여야 한다'라고 명시되어 있음에도 불구하고 상업기회를 놓치지 않기 위하여 긴급히 구두로써 계약내용 중의 일부에 대한 변경을 일방 당사자가 호소하였을 경우, 상대방이 이를 감수하였던 관행이 어느 정도 확립되어 있는 당사자 간에는 상대방이 그러한 행동에 신뢰를 두었던 한도 내에서 당초의 서면합의에 의한 요구를 배제시킬 수 있게 된다.

이는 본 협약 제 7조에서 규정하고 있는 「신의성실의 원칙」에도 부합하는 것이라 할 수 있다.

Chapter II. Obligations of the Seller Article 30 The seller must deliver the goods, hand over any documents relating to them and transfer the property in the goods, as required by the contract and this Convention.
제2장. 매도인의 의무 제30조 매도인은 계약 및 이 협약이 요구하는 바에 따라 물품을 인도하고, 그 관계서류를 교부하며, 그리고 그 물품의 소유권을 이전시켜 주어야 한다.

<해 설>

매도인의 대표적인 의무로는 물품인도 의무와 서류교부 의무 및 물품의 소유권이전 의무를 들 수 있다. 이 중에서 매도인의 물품인도 의무와 관련하여 「유체동산의 국제매매에 관한 통일법(ULIS)」 제 19조 1항에서는 "인도란 계약에 적합한 물품을 교부하는 일"이라고 규정하고 있다. 그러나 영국의 SGA 제 62조에서는 "인도란 어떤 자로부터 다른 자로의 임의의 점유의 양도를 의미한다"라고 규정함으로써, 물품에 하자가 있는 경우라 하더라도 인도로 인정하고 있다.

그런데 비엔나협약을 제정하는 과정에서 「UN국제무역위원회 (UNCITRAL)」 작업부에서는 이와 관련하여 ① 인도와 의무를 분리시켰고, ② 인도에 계약적합성 요소를 포함시키지 않았으며, ③ 「유체동산의 국제매매에 관한 통일법」(ULIS) 제 19조를 도입하지 않기로 결정하였다. 따라서 본 협약에서는 매도인이 매수인에게 계약에 적합한 물품을 교부하지 않은 경우라 하더라도 매도인의 물품인도 의무와 관련하여 이를 정당한 인도로 간주하고 있다. 그 대신 본 협약에서는 물품인도에 있어서 인도의 방법 · 장소 · 시기 등을 규정하고, 계약에 적합하지 않은 물품이 인도된 경우 그 방안에 관하여 상세하게 규정하는 방식을 채택하였다.

Section I. Delivery of the goods and handing over of documents

Article 31

If the seller is not bound to deliver the goods at any other particular place, his obligation to deliver consists:

(a) if the contract of sale involves carriage of the goods – in handing the goods over to the first carrier for transmission to the buyer ;

(b) if, in cases not within the preceding subparagraph, the contract relates to specific goods, or unidentified goods to be drawn from a specific stock or to be manufactured or produced, and at the time of the conclusion of the contract the parties knew that the goods were at, or were to be manufactured or produced at, a particular place – in placing the goods at the buyer's disposal at that place ;

(c) in other cases – in placing the goods at the buyer's disposal at the place where the seller had his place of business at the time of the conclusion of the contract.

제1절. 물품의 인도 및 서류의 교부

제31조

매도인이 물품을 어느 특정 장소에서 인도하지 않아도 되는 경우, 매도인의 의무는 다음과 같다.

(a) 매매계약이 물품의 운송을 수반하는 경우 – 매수인에게 전달하기 위하여 물품을 최초의 운송인에게 교부하는 것.

(b) 전 항의 규정에 해당되지 아니하는 경우로써 계약이 특정물이거나 또는 특정의 재고품이나 제조 내지 생산되는 물품에서 추출되는 불특정물에 관련되어 있으며, 또한 계약체결 당시에 양 당사자가 물품이 특정한 장소에 있거나 또는 거기에서 제조 및 생산된다는 것을 알고 있었을 경우 – 그 장소에서 물품을 매수인의 임의처분 상태로 두는 것.

(c) 기타의 경우 – 계약체결 당시에 매도인의 영업소가 있는 장소에서 물품을 매수인의 임의처분 상태로 두는 것.

<해 설>

국제물품매매계약에서 매도인이 계약물품을 지정된 특정의 인도장소에서 매수인에게 인도하도록 명시되어 있는 경우에는 매도인이 그 장소에서 반드시 물품을 교부해 주어야 한다. 그러나 국제물품매매계약에 있어서 특정의 인도장소가 지정되어 있지 않은 경우에는 매수인에게 송부해 주어야 할 물품을 제 1의 운송인에게 교부해 줌으로써 매도인의 인도의무가 완료되는 것으로 간주한다.[19] 여기에서 중요한 점은 물품에 관한 서류를 매수인에게 교부해 주지 않았다 하더라도 운송인에게로의 물품교부에 의하여 인도가 이행된 것으로 간주한다는 점이다. 즉 이러한 경우 매도인이 계약을 위반하여 해당 서류를 매수인에게 교부해 주지 않았다 하더라도 물품인도는 이행된 것으로 보고, 서류교부와 관련한 계약위반의 문제는 별도로 처리된다는 점이다.

본 협약에서는 계약서에 특정의 인도장소가 지정되어 있지 않고 Incoterms상의 특정 거래조건만을 명시하고 있는 경우, 전통적으로 빈번하게 사용되고 있는 무역거래조건인 FOB, CFR, CIF거래조건에서는 매도인이 선적항에 있는 본선의 선상에 물품을 적재함으로써 매도인의 인도의무가 완료된 것으로 간주한다. 그리고 복합운송거래의 무역거래조건인

19) 국제물품매매계약에서 물품의 운송을 예정하고 있는 경우로써 계약물품을 항만까지 철도나 트럭을 이용하여 반출할 필요가 있는 경우, 매도인은 제 1의 철도업자 또는 트럭업자에게 물품을 교부함으로써 자신의 인도의무를 완료하게 된다.

FCA, CPT, CIP거래조건에서는 첫 번째 운송인에게 물품을 교부해 줌으로써 매도인의 인도의무가 완료된 것으로 간주한다.[20]

한편 당사자 간의 물품매매계약에서 물품의 운송이 예정되어 있지 않고 또한 특정 인도장소가 지정되어 있지도 않은 경우로써 특정물 매매 또는 특정의 재고품 중에서 추출되는 불특정물 매매 등에 관련되어 있는 경우, 계약체결 당시 양 당사자들이 해당 물품이 특정장소에 있거나 또는 그곳에서 제조 내지 생산된다는 사실을 알고 있었을 때에는 그 장소에서 매수인의 임의처분 상태로 두는 것을 매도인의 인도의무 이행으로 간주한다. 그리고 기타의 경우에는 계약체결 당시 매도인의 영업소가 있는 장소에서 물품을 매수인의 임의처분 상태 하에 두는 것을 매도인의 인도의무 이행으로 간주한다.

Article 32

(1) If the seller, in accordance with the contract or this Convention, hands the goods over to, a carrier and if the goods are not clearly identified to the contract by markings on the goods, by shipping documents or otherwise, the seller must give the buyer notice of the consignment specifying the goods.

(2) If the seller is bound arrange for carriage of the goods, he must make such contracts are necessary for carriage to the place fixed by means of transportation, appropriate in the circumstances and according to the usual terms for such transportation.

(3) If the seller is not bound to effect insurance in respect of the carriage of the goods, he must, at the buyer's request, provide him with all available information necessary to enable him to effect such insurance.

제32조

(1) 매도인이 계약 또는 이 협약의 규정에 따라 물품을 운송인에게 교부하는 경우로써 물품이 하인이나 운송서류 또는 기타의 방법에 의하여 그 계약에 명확히 특정되어 있지 아니한 경우, 매도인은 물품에 대하여 상술한 탁송통지를 매수인에게 발송하여야 한다.

20) Incoterms 2000에 의하면 FOB CFR, CIF거래조건의 규정에 대한 전문에서 roll-on/roll-off 운송 및 콘테이너 운송의 경우와 같이 본선의 현측난간이 실질적인 목적에 아무런 의미를 갖지 못하는 경우에는 FCA, CPT, CIP거래조건을 이용하도록 규정하고 있다. 한편 Incoterms 2010에서는 본선의 현측난간 개념을 삭제시켰다.

> (2) 매도인이 물품의 운송을 주선할 책임이 있는 경우, 매도인은 상황에 따라 적당한 운송수단에 의해 해당 운송을 위한 통상적인 조건으로 약정된 장소까지의 운송에 필요한 계약을 체결하여야 한다.
> (3) 매도인이 물품의 운송과 관련하여 보험을 부보할 책임이 없는 경우로써 매수인의 요구가 있을 때에는 매도인은 매수인으로 하여금 보험을 부보하는데 필요한 입수가능한 모든 정보를 매수인에게 제공해 주어야 한다.

<해 설>

매도인은 늦어도 물품발송 시까지는 통상적으로 하인이나 운송서류 등에 의하여 해당 물품을 계약목적물로 특정하게 된다. 여기에서 매도인이 탁송통지를 하여야 하는 시기는 매도인의 인도의무 완료 후의 합리적인 기간 내로 해석되어야 한다. 즉 물품이 운송인에게 교부되어도 하인, 운송서류, 매수인에 대한 통지, 기타의 방법에 의하여 해당 물품이 계약목적물로써 명확하게 특정될 때까지는 물품의 멸실 및 훼손에 대한 위험이 매수인에게 이전되지 않는다.[21)]

Incoterms의 각 무역거래조건 A-7 및 B-7에서는 매도인의 통지의무 및 매수인의 통지의무에 관하여 각각 규정하고 있다. 그 주요 골자로는 매도인은 각 거래조건에 있어서 자신의 인도의무를 완료한 때에 그 사실을 매수인에게 통지해 주어야 한다. 그리고 매수인은 F유형(FAS, FOB 등)의 거래조건에서는 운송인, 선박, 선적장소 등을 통지해 주어야 하며, 그 이외의 거래조건에서 매수인이 수령기일 · 인도장소 · 목적지 등을 지정할 권리를 가지고 있는 경우에는 그러한 내용들을 매도인에게 통지해 주어야 한다.

그리고 국제물품매매계약이 C유형 또는 D유형의 거래조건으로 체결된 경우, 매도인은 물품운송계약을 체결해야 할 의무가 있다. 또한 FOB거래조건에서는 매도인이 운송계약을 체결해야 할 의무는 없지만, 매수인이 매도인에게 운송수배를 위임하는 경우도 있다. 이러한 경우 매도인은 상황에 따라 적당한 운송수단에 의하여 해당 운송을 위한 통상적인 조건으로 약정된 장소까지의 운송에 필요한 운송계약을 체결해 주어야 한다.

한편 국제물품매매계약이 CIF 또는 CIP거래조건으로 체결된 경우, 매도인은 물품운송에 관한 보험계약을 체결하여야 한다. 그리고 본 협약에서는 매도인이 물품의 운송과 관련하여 보험부보의무가 없는 경우라 하더라도 매수인의 요구가 있는 때에 매도인이 매수인에게 보험에 관한 정보를 제공해 주어야 할 의무가 있는 것으로 규정하고 있다.

---

21) 본 협약 제 67조 (2)항 참조.

Article 33
The seller must deliver the goods:
(a) if a date is fixed by or determinable from the contract, on that date ;
(b) if a period of time if fixed by or determinable from the contract, at any time within that period unless circumstances indicate that the buyer is to choose a date ; or
(c) in any other case, within a reasonable time after the conclusion of the contract.

제33조
매도인은 다음에 해당하는 시기에 물품을 인도하여야 한다.
(a) 기일이 계약에 의하여 확정되어 있거나 또는 확정될 수 있는 경우에는 그 날.
(b) 기간이 계약에 의하여 확정되어 있거나 또는 확정될 수 있는 경우에는 매수인이 기일을 선정하여야 하는 상황이 명시되어 있지 않는 한 그 기간 내의 임의의 시기: 또는
(c) 기타의 경우에는 계약체결 후의 상당한 기간 내.

<해 설>

기일이 계약에 의하여 확정되어 있거나 또는 확정될 수 있는 경우, 매도인은 그 확정된 날에 물품을 인도해 주어야 한다. 그리고 기간이 계약에 의하여 확정되어 있거나 또는 확정될 수 있는 경우에는 매수인이 기일을 선정하여야 하는 상황이 명시되어 있지 않는 한, 매도인은 그 기간 내의 임의의 시기에 해당 물품을 인도해 주어야 한다. 이처럼 매수인이 특정일을 선정할 수 있도록 계약이 체결된 경우, 매수인은 매도인으로 하여금 그 특정일에 인도가 가능할 수 있도록 충분한 사전통지를 해주어야 한다.

한편 인도기일 또는 인도기간이 계약서에 확정되어 있지 않은 경우, 매도인은 계약체결 후 합리적인 기간 내에 물품을 인도해 주어야 한다.

Article 34
If the seller is bound to hand over documents relating to the goods, he must hand them over at the time and place and in the form required by the contract. If the seller has handed over documents before that time, he may, up to that time, cure any lack of conformity in the

documents, if the exercise of this right does not cause the buyer unreasonable inconvenience or unreasonable expense. However, the buyer retains any right to claim damages as provided for in this Convention.

제34조
매도인이 물품에 관한 서류를 교부할 의무가 있는 경우에는 계약에서 요구하고 있는 시기, 장소 및 방법에 따라 이를 교부해 주어야 한다. 해당 기일 이전에 매도인이 서류를 교부하였을 경우, 매도인은 해당 시기까지는 이 권리의 행사가 불합리한 불편이나 또는 불합리한 경비를 매수인에게 발생시키지 않는다면 서류의 결함을 보완할 수 있다. 그러나 매수인은 이 협약에서 규정하고 있는 손해배상을 청구할 권리를 보유한다.

<해 설>

선하증권, 기타의 운송증권, 창고증권 등과 같은 물품인도 청구권을 표상하는 증권 이외에 송장, 보험증권, 원산지증명서, 품질증명서, 중량증명서 등의 물품에 관한 제반 서류교부가 계약상 요구되는 경우, 매도인은 이러한 서류들을 계약에서 정한 시기 · 장소 · 방법에 따라 교부해 주어야 한다. 이에 관해서는 Incoterms에서도 각 거래조건에 따라 매도인의 서류교부의무의 내용을 상세하게 규정하고 있다.

그런데 교부해 주어야 하는 계약상의 기일 이전에 매도인이 서류를 교부한 경우로써 서류상에 결함이 있는 경우, 매도인은 해당 기일까지 이 권리의 행사가 매수인에게 불합리한 불편이나 또는 불합리한 경비를 발생시키지 않는 범위 내에서 해당 서류의 결함을 보완할 수 있다. 단 이러한 경우 매수인은 이 협약에서 규정하고 있는 손해배상을 청구할 권리를 상실하지는 않는다.

Section II. Conformity of the Goods and Third Party Claims

Article 35
(1) The seller must deliver goods which are of the quantity, quality and description required by the contract and which are contained or packaged in the manner required by the contract.
(2) Except where the parties have agreed otherwise, the goods do not with the contract unless they:
(a) are fit for the purposes for which goods of the same description

would ordinarily be used ;

(b) are fit for any particular purpose expressly or ingliedly made known to the seller at the time of the conclusion of the contract, except where the circumstances show that the buyer did not rely, or that it was unreasonable for him to rely, on the seller's skill and judgement:

(c) possess the qualities of goods which the seller has held out to the buyer as a sample or model ;

(d) are contained or packaged in the manner usual for such goods or, where there is no such manner, in a manner adequate to preserve and protect the goods.

(3) The seller is not liable under subparagraphs (a) to (d) of the preceding paragraph for any lack of the goods if at the time of the conclusion of the contract the buyer knew or could not have been unaware of such lack of conformity.

제2절. 물품의 적합성과 제 3자의 청구권

제35조

(1) 매도인은 계약에서 요구되는 수량, 품질 및 물품명세로 또한 계약에서 요구되는 방법에 따라 용기에 담겨지거나 포장된 물품을 인도하여야 한다.

(2) 당사자들이 별도로 합의한 경우를 제외하고 물품은 다음의 요건에 충족되지 않으면 계약과 일치하지 않는 것으로 간주한다.

(a) 물품명세와 동일한 물품으로써 통상적으로 사용되는 목적에 적합한 것일 것.

(b) 계약체결 당시에 매도인에게 명시적 또는 묵시적으로 알려져 있는 특정 목적에 적합한 것일 것. 다만 매수인이 매도인의 기술 및 판단에 의존하고 있지 아니하거나 또는 의존하는 것이 불합리한 것이었을 경우에는 제외한다.

(c) 매도인이 매수인에게 견본 또는 모형으로 제시한 물품의 품질을 구비한 것일 것.

(d) 해당 물품은 통상적인 방법으로 또한 그러한 방법이 없는 경우에는 그 물품을 보존하거나 또는 보호할 수 있는 적절한 방법으로 용기에 담겨지거나 포장되어 있는 것일 것.

(3) 매수인이 계약체결 당시에 물품이 전 항 (a) 내지 (d)의 요건에 적합하지 않다는 것을 알고 있었거나 또는 알지 못하였을 리가 없는 경우, 매도인은 그러한 부적합에 대하여 책임을 지지 아니한다.

<해 설>

수량의 적합성과 관련하여 본 협약 제 35조 (1)항에서는 "계약에 정해진 수량"으로 규정하고 있다. 그런데 국제물품매매에서는 장거리 수송의 경우 어느 정도의 수량 감소 및 계약수량에 대한 과부족을 허용해 주고 있다. 예를 들어 신용장통일규칙에서도 물품의 수량에 대한 과부족이 있어서는 안된다는 취지의 내용을 신용장상에 별도로 명시하고 있지 않는 한 5%이내의 과부족을 허용해 주고 있다. (about, circa 또는 이와 유사한 용어가 사용된 경우에는 10% 이내의 과부족을 허용해 주는 것으로 해석하고 있다). 그리고 국제물품매매계약에서는 일정 범위의 과부족을 허용하는 관습 내지는 관행이 당사자 간에 존재하는 경우 그 관행에 의존하게 된다.

본 협약 제 35조 (2)항 (a)호부터 (c)호까지는 당사자 간의 별도의 합의가 없는 경우의 품질에 관한 계약 적합성의 판단기준에 관하여 규정하고 있다.

(1) 통상 사용목적에의 적합

계약서에서 계약물품에 대한 사용목적을 특별히 명시하고 있지 않은 경우, 인도된 물품은「계약서에 기술된 것과 동일한 종류의 물품이 통상적으로 사용되는 목적에 적합한 것」이어야 할 필요가 있다. 따라서 매수인이 해당 물품을 통상의 사용목적이 아닌 특정의 사용목적을 위하여 구매하는 경우에는 그 특정 목적에 대하여 매도인에게 통지해 줄 필요가 있으며, 계약체결 시 이러한 사항이 명시적이든 묵시적이든 매도인에게 통지되지 않은 경우 매도인은 통상의 사용목적 이외의 특정 목적에 적합한 물품을 인도해 주어야 할 의무가 없다.

통상 사용목적에의 적합성 판단은 일반적으로 매도인의 영업소 소재지국 내지 지역에서의 통상의 사용목적을 그 기준으로 한다. 그러나 매수인이 해당 물품을 사용 또는 전매하려는 국가 내지 지역을 매도인에게 고지하고 있는 경우에는 그 국가 내지 지역에서의 통상의 사용목적을 기준으로 하여야 한다. 따라서 매수인이 해당 물품을 사용 또는 전매하려고 하는 국가의 행정적 규제를 매도인에게 고지하고 있는 경우, 매도인은 해당 행정적 규제에 제한을 받지 않는 적합한 물품을 인도해 주어야 할 의무를 부담하는 것으로 해석하여야 한다.

(2) 특정 사용목적에의 적합

본 협약에서는 계약체결 시 매수인이 특정의 사용목적을 명시적 또는 묵시적으로 매도인에게 알린 경우, 매도인은 그 목적에 적합한 물품을 인도해 주어야 할 의무가 있다. 예를 들어 매수인이 특정 사용목적을 매도인에게 알려준 경우라 하더라도, 매수인이 고도로 전문적이고도 기술적인 명세의 물품을 지정한 경우처럼 주변사정을 고려해 볼 때 물품선택에 있어서 매수인이 매도인의 기량 및 판단에 의존할 수 없는 것으로 인정되는 경우라든지 또는 매도인이 해당 물품에 관한 전문적 지식을 갖고 있지 못하다는 사실을 명확히 한 경우와 같

이 매도인에게 의존하는 것이 불합리한 것으로 인정되는 경우, 인도된 물품이 그 사용목적에 적합하지 않다 하더라도 매도인에게 책임이 없다.

그리고 견본 또는 모형을 토대로 당사자 간에 교섭이 이루어짐으로써 계약이 체결된 경우, 인도된 물품은 그것과 동등한 품질의 것이어야 한다. 만일 인도된 물품이 일정 부분에 있어서 견본과 다르다는 사실을 매수인으로부터 통지받은 경우에는 수정된 내용의 품질이 그 기준이 된다.

한편「계약물품과 동일한 종류의 물품에 관한 통상적인 방법에 의해 또는 이러한 방법이 없는 경우에는 그 물품을 보존하고 보호하는데 적절한 방법에 의하여 용기에 담겨져 있거나 포장되어 있는 것일 것」이 계약적합성에 관한 최소한의 요구조건이 된다. 여기에서 이러한 방법이 없는 경우라는 말의 의미는 매매목적물에 대한 통상의 포장방법이 확립되어 있지 않은 새로운 종류의 물품인 경우를 뜻한다. 그러나 해당 매매목적물이 통상적으로는 포장되지 않았던 것인 경우에까지 포장이 요구되는 것은 아니라고 할 수 있다.

그리고 매수인이 계약체결 시에 매매목적물에 관하여 제 35조 (2)항 (a)호부터 (d)호까지의 요건에 적합하지 않다는 사실을 알고 있었거나 또는 알지 못하였을 리가 없는 경우, 매도인은 그 부적합에 대하여 책임을 지지 않는다.

Article 36

(1) The seller is liable in accordance with the contract and this Convention for lack of conformity which exists at the time when the risk passes to the any buyer, even though the lack of conformity becomes apparent only after that time.

(2) The seller is also liable for any of conformity which occurs after the time indicated in the preceding paragraph and which is due to a breach of any of his obligations, including a breach of any guarantee that for a period of time the goods will remain fit for their ordinary purpose or for some particular purpose or will retain specified qualities or characteristics.

第36조

(1) 매도인은 위험이 매수인에게 이전될 때 존재하는 부적합에 대하여 또한 그 이후에 물품이 부적합하다고 명백히 밝혀진 경우에 대해서도 계약 및 이 협약에 규정된 바에 따라 그 책임을 진다.

(2) 매도인은 전 항에서 규정하고 있는 시점 이후에 발생된 부적합에 대해서, 그 부적합이 매도인이 어떤 의무를 위반한 것에서 기인된 것일 경우에는 그 책임을

져야 한다. 그러한 의무위반 중에는 일정기간동안 물품이 통상적인 목적 또는 어떤 특정 목적에 적합할 것이라는 보증의 위반 또는 일정의 품질이나 특성을 보유할 것이라는 보증의 위반이 포함된다.

<해 설>

본 협약에 의하면 물품의 계약적합성은 물품에 대한 위험이 매수인에게 이전되는 시점을 기준으로 판단하게 된다. 예를 들어 위험이 매수인에게 이전된 이후에 물품이 멸실 또는 훼손됨으로써 해당 물품이 부적합해 진 경우, 매수인은 대금지급 의무를 면제받지 못하게 된다.[22] 그러나 해당 물품에 대한 위험이 매수인에게 이전된 이후에 물품의 부적합이 발생된 경우라 하더라도 그것이 매도인에 의한 어떤 의무위반에서 기인된 것이라면, 매도인은 그 부적합에 대한 책임을 부담해야 한다.

그리고 매도인의 이러한 의무위반에는 일정기간동안 물품이 통상적인 목적 또는 어떤 특정의 목적에 적합할 것이라는 보증의 위반 또는 일정 수준의 품질이나 특성을 보유할 것이라는 보증의 위반이 포함된다. UN외교회의에서의 이 규정의 채택 경위로 보아 여기에서 말하는 보증위반은 명시적인 보증위반의 경우로만 한정되는 것은 아닌 것으로 해석되어야 한다.

Article 37

If the seller has delivered goods before the date for delivery, he may, up to that day, deliver any missing part or make up any deficiency in the quantity of the goods delivered, or deliver goods in replacement of any non-conforming goods delivered or remedy any lack of conformity in the goods delivered, provided that the exercise of this right does not cause the buyer unreasonable inconvenience or unreasonable expense. However, the buyer retains any right to claim damages to as provided for in this Convention.

제37조

매도인은 인도기일 이전에 물품을 인도하였을 경우, 그 기일까지는 매수인에게 불합리한 불편이나 또는 불합리한 비용을 발생시키지 않는 한 누락된 부분을 추가로 인도하거나, 부족수량을 보충하거나, 부적합한 인도물품을 대체할 물품을 인도하거나, 또는 인도물품의 부적합성을 보완할 수 있다. 그러나 매수인은 이 협약에서 규정하고 있는 바에 따라 손해배상을 청구할 권리를 보유한다.

22) 본 협약 제 66조 참조.

<해 설>

본 조에서는 매도인이 인도기일 이전에 물품을 인도한 경우에 관하여 규정하고 있다. 이러한 경우 매수인으로서는 본 협약 제 52조 (1)항에 의거하여 해당 물품의 인도를 수령하거나 또는 거절할 수 있게 된다. 그러나 인도기일 이전의 물품인도를 매수인이 수령하였을 경우에는 인도된 물품이 계약과 일치하지 않는다 하더라도, 매도인은 인도기일 이전까지 그 결함부분, 수량부족, 기타의 결함을 보완·보충하거나 대체할 수 있게 된다. 다만 그로 인하여 매수인에게 불합리한 불편이나 비용을 발생시켜서는 안되며, 이와 관련하여 매수인은 손해배상을 청구할 수 있는 권리를 보유하게 된다.

Article 38 (1) The buyer must examine the goods, or cause them to be examined, within as short a period as is practicable in the circumstances. (2) If the contract involves carriage of the goods, examination may be deferred until after the goods have arrived at their destination. (3) If the goods are redirected in transit or dispatched by the buyer without a reasonable opportunity for examination by him and at the time of the conclusion of the contract the seller knew or ought to have known of the possibility of such redirection or dispatch, examination may be deferred until after the goods have arrived at the new destination.
제38조 (1) 매수인은 상황에 따라 실행가능한 단기간 내에 물품을 검사하거나 또는 검사하게 하여야 한다. (2) 계약이 물품의 운송을 포함하고 있는 경우, 물품의 검사는 물품이 목적지에 도착한 후까지 연기될 수 있다. (3) 매수인이 검사를 하기 위한 합리적인 기회를 갖지 않은 상태로 운송 중에 있는 물품의 목적지를 변경시키거나 또는 물품을 전송하는 경우로써 매도인이 계약체결 당시에 그러한 변경 또는 전송의 가능성을 알았거나 또는 알았어야 하는 경우, 물품의 검사는 물품이 새로운 목적지에 도착한 후까지 연기될 수 있다.

<해 설>

매수인은 상황에 따라 가능한 한 빠른 기간 내에 물품을 검사하거나 또는 검사시켜야 한다. 따라서 계약상의 인도기일 이전에 물품인도가 이루어지는 경우에는 매수인으로 하여금

검사를 위한 준비를 기대할 수 없을 수도 있으므로, 검사를 하여야 하는 시기의 결정에 있어서 본래의 인도기일은 고려되어야 하는 중요한 「상황」 중의 하나라 할 수 있다. 그리고 필요한 검사의 내용 및 검사의 정도는 개개의 계약내용, 상관습, 물품의 종류, 당사자의 성격 등에 비추어 합리적이라고 판단되는 것이어야 한다.

한편 본 협약 제 38조 (2)항에서는 해당 계약이 물품의 운송을 포함하고 있는 경우, 물품의 검사는 물품이 목적지에 도착한 후까지 이를 연기시킬 수 있는 것으로 규정하고 있다. 게다가 매수인이 검사를 하기 위한 합리적인 기회를 갖지 않은 상태로 운송 중에 있는 물품의 목적지를 변경시키거나 또는 물품을 전송하는 경우로써 매도인이 계약체결 당시 이러한 변경 및 전송의 가능성을 알았거나 알았어야 하는 경우, 물품검사는 해당 물품이 새로운 목적지에 도착한 후까지 연기될 수 있게 된다.

Article 39

(1) The buyer loses the right to rely on a lack of conformity of the goods if he does not give notice to the seller specifying the nature of the lack of conformity within a reasonable time after he has discovered it or ought to have discovered it.

(2) In any event, the buyer loses the right to rely on a lack of conformity of the goods if he does not give the seller notice thereof at the latest within a period of two years from the date on which the goods were actually handed to the buyer, unless this time-limit is inconsistent with a contractual period of guarantee.

제39조

(1) 매수인이 물품의 부적합을 발견하거나 또는 발견하였어야 하는 때로부터 상당한 기간 내에 매도인에게 부적합의 성질을 명확히 통지하지 아니한 경우, 매수인은 물품의 부적합에 근거하여 원용할 수 있는 권리를 상실한다.

(2) 여하한 경우에도 물품이 실제로 매수인에게 교부된 날로부터 늦어도 2년 이내에 매수인이 매도인에게 물품의 부적합에 대하여 전 항의 통지를 하지 아니한 경우, 매수인은 해당 물품의 부적합에 근거하여 원용할 수 있는 권리를 상실한다. 다만 이 기간제한이 계약상 보증기간과 일치하지 않는 경우에는 그러하지 아니하다.

<해 설>

매수인이 물품의 부적합을 발견하였거나 또는 발견하였어야 했던 때로부터 상당한 기간

내에 매도인에게 그 부적합의 성질을 명확히 통지하지 않은 경우, 매수인은 물품의 부적합에 근거하여 원용할 수 있는 자신의 권리를 상실한다. 또한 물품의 부적합이 물품인도 후 요구되는 검사에서는 발견되지 않는 성격의 것인 경우, 그 이후 실제로 부적합이 판명된 때로부터 또는 그 이후의 상황으로 보아 그것이 발견되었어야 했던 때로부터 합리적인 기간 내에 이에 대한 통지가 매수인에 의해 이루어져야 한다.

따라서 매수인이 물품부적합에 대한 통지를 태만히 하고 계약에 적합한 물품이 인도된 것으로 추정한 후 후일에 매수인이 물품의 하자를 이유로 그 구제책을 구하는 경우, 매수인은 그 하자가 물품인도 당시에 이미 존재하고 있었다는 점에 관한 거증책임을 부담하게 된다. 그리고 조기의 부적합통지 해태로 인해 매도인이 어떤 손해를 입은 때에는 매수인에 의한 손해배상 청구권에 대한 조정이 가능해진다. 그러나 매수인에 의한 물품부적합 통지가 없었다 하더라도 매수인이 요구된 통지를 하지 않은 것에 대한 합리적인 변명을 할 수 있는 경우, 매수인은 상실된 이익을 제외하고 대금감액이나 손해배상을 청구할 수 있게 된다.

매수인이 부적합의 통지의무를 위반한 경우, 그는 상대방의 계약위반에 근거한 구제를 받을 수 없게 된다. 게다가 본 협약에서는 「유체동산의 국제매매에 관한 통일법」(ULIS) 제39조 (1)항과 동일하게 어떠한 경우에 있어서도 물품이 매수인에게 실제로 교부된 날로부터 늦어도 2년 이내에 이러한 통지가 이루어지지 않은 때에는 매수인은 물품부적합에 근거하여 원용할 수 있는 권리를 상실하는 것으로 규정하고 있다.

물품교부 후 즉시 발견할 수 있는 성질의 부적합인 경우에는 교부시점으로부터 합리적인 기간 내에 그 통지가 요구되므로 이 2년의 기간제한은 큰 의미를 갖는 것이 아니지만, 계약부적합이 상당기간동안 물품을 사용한 후에만 발견될 수밖에 없는 성질의 것인 경우에는 물품교부 후 2년 이상을 초과하여 발견된 부적합에 관하여 클레임이 제기될 수 없다는 점에서, 이 기간제한은 매우 엄격한 것이라 할 수 있다.

따라서 물품의 성격으로 보아 매수인이 이 기간제한을 초과하여 보다 장기간의 보호를 구하고자 하는 경우에는 특약으로 별도의 보증기간을 설정해 둘 필요가 있다 또한 2년의 기간을 단축시키는 내용에 관한 당사자 간의 합의도 그것이 불합리한 것이 아닌 한 「당사자자치의 원칙」에 의거하여 인정되는 것으로 해석되어야 한다.

Article 40

The seller is not entitled to rely on the provisions of articles 38 and 39 if the lack of conformity relates to facts of which he knew or could not have been unaware and which he did not disclose to the buyer.

제40조
매도인이 물품의 부적합을 알았거나 또는 알지 못하였을 리가 없는 경우로써 매도인이 그 사실을 매수인에게 알리지 아니하였던 사실과 관련되어 있는 경우, 매도인은 제 38조 및 제 39조의 규정을 원용할 수 있는 권리를 상실한다.

<해 설>

본 협약 제 38조와 제 39조에서는 매수인의 물품검사 의무와 하자통지 의무에 대하여 각각 규정하고 있으며, 특히 매수인의 하자통지 의무와 관련하여 매수인은 늦어도 물품이 자신에게 교부된 날로부터 2년 이내에 이를 실행하도록 규정하고 있다. 그럼에도 불구하고 매도인이 물품의 하자(부적합) 부분에 대한 사실을 알고 있으면서 이를 매수인에게 알리지 아니한 경우에는 매수인의 하자통지 의무에 대한 제한규정[23]이 적용되지 아니함으로써, 매도인으로 하여금 이들 규정을 원용할 수 있는 권리를 상실하게 되는 것으로 본 조에서 규정하고 있다. 이는 「신의성실의 원칙」에도 부합하는 규정이라 할 수 있다.

Article 41
The seller must deliver goods which are free from any right or claim of a third party, unless the buyer agreed to take the goods subject to that right or claim. However, if such right or claim is based on industrial property or other intellectual property, the seller's obligation is governed by article 42.

제41조
매도인은 매수인이 제 3자의 권리 또는 청구권을 조건으로 물품을 수령할 것을 동의한 경우를 제외하고는 제 3자의 권리 또는 청구권에 구속되지 않는 물품을 인도하여야 한다. 그러나 이러한 제 3자의 권리 또는 청구권이 공업소유권 또는 기타의 지적 소유권에 기초를 두고 있는 경우에는 매도인의 의무는 제 42조의 규정에 의하여 규율된다.

<해 설>

본 협약에서는 제 3자의 권리주장 및 청구에의 대응과 관련하여, 이는 매도인이 부담해야 되는 것으로 명확하게 규정하고 있다. 따라서 매수인이 제 3자의 권리 또는 청구의 대상

23) 본 협약에서는 이와 관련하여 최단기일은 즉시, 최장기간은 2년으로 규정하고 있다.

이 되어 있는 물품을 수령할 것에 동의한 경우를 제외하고는 매도인은 제 3자의 권리만이 아니라 제 3자의 청구로부터도 자유로운 물품을 인도해 주어야 한다. 만일 매도인이 이러한 조치들을 취해주지 않은 경우 매수인에 의한 계약해제는 정당화된다.[24)]

또한 매수인이 물품에 대한 제 3자의 권리 또는 청구의 존재를 알고 있었던 경우로써 매도인에게 이에 대한 자신의 통지의무 해태에 대한 합리적인 설명을 할 수 있는 경우, 매수인은 상실된 이익을 제외하고 제 50조의 규정에 의한 대금감액이나 또는 그 밖의 손해배상을 청구할 수 있다. 그리고 매도인이 그러한 권리 및 청구의 존재를 알고 있었던 경우, 매도인은 매수인의 통지 해태를 근거로 제 43조 (1)항을 원용할 수 있는 권리를 상실하게 된다.[25)]

Article 42

(1) The seller must deliver goods which are free from any right or claim of a third party based on industrial property or other intellectual property, of which at the time of the conclusion of the contract the seller knew or could not have been unaware, provided that the right or claim is based on industrial property or other intellectual property:

(a) under the law of the State where the goods will be resold or otherwise used, if it was contemplated by the parties at the time of the conclusion of the contract that the goods would be resold or otherwise used in that State ; or

(b) in any other case, under the law of the State where the buyer has his place of business.

(2) The obligation of the seller under the preceding paragraph does not extend to cases where:

(a) at the time of the conclusion of the contract the buyer knew or could not have been unaware of the right or claim, or

(b) the right or claim results from the seller's compliance with technical drawings, designs, formulas or other such specifications furnished by the buyer.

제42조

(1) 매도인은 매도인이 계약체결 당시에 그 존재를 알았거나 또는 알지 못하였을

24) 본 협약 제 49조 (1)항 (a)호 참조.
25) 본 협약 제 43조 (2)항 참조.

리가 없는 공업소유권 또는 기타의 지적소유권에 근거한 제 3자의 권리 또는 청구권에 구속받지 않는 물품을 인도하여야 한다. 다만 제 3자의 권리 또는 청구권이 다음의 각 호에 해당되는 국가의 법률에 의한 공업소유권 또는 기타의 지적소유권에 근거하고 있는 경우에 한한다.

(a) 당사자가 계약체결 당시에 물품이 어떤 국가에서 전매되거나 또는 사용될 것이라는 것을 예상하고 있었을 경우에는 해당 물품이 전매되거나 또는 사용되는 국가의 법률.

(b) 기타의 경우에는 매수인이 영업소를 두고 있는 국가의 법률.

(2) 전 항에서 규정하고 있는 매도인의 의무는 다음의 각호에 해당되는 경우에는 이를 적용하지 아니한다.

(a) 계약체결 당시에 매수인이 그 권리 또는 청구권의 존재를 알았거나 또는 알지 못하였을 리가 없는 경우 ; 또는

(b) 그러한 권리 또는 청구권이 매수인이 제공한 기술설계, 디자인, 처방서 또는 기타의 명세에 따라 매도인이 행한 결과로 발생된 것일 경우.

<해 설>

매도인은 자신이 계약체결 시에 그 존재를 알았거나 또는 알지 못하였을 리가 없는 공업소유권 또는 기타의 지적소유권에 근거한 제 3자의 권리 또는 청구권에 구속받지 아니하는 물품을 인도해 주어야 한다. 단 제 3자의 권리 또는 청구권은 ① 당사자가 계약체결 당시에 물품이 어떤 국가에서 전매되거나 또는 사용될 것이라는 것을 예상하고 있었을 경우에는 해당 물품이 전매되거나 또는 사용되는 국가의 법률에 의한, 그리고 ② 기타의 경우에는 매수인이 영업소를 두고 있는 국가의 법률에 의한 공업소유권 또는 기타의 지적소유권에 근거하고 있는 경우에 한한다.

그러나 이러한 매도인의 의무는 다음과 같은 경우에는 존재하지 않는다. 첫째로 계약체결 당시 매수인이 그 권리 또는 청구의 존재를 알았거나 또는 알지 못하였을 리 없는 경우와, 둘째로 이러한 권리 또는 청구가 매수인이 제공한 기술설계, 디자인, 처방서 또는 기타의 명세에 따라 매도인이 행한 결과로 발생된 것일 경우이다.

그런데 이러한 제한규정은 어디까지나 매매의 양 당사자들에게만 해당되는 것이며, 제 3자가 공업소유권 또는 기타의 지적소유권을 기초로 하여 주장할 수 있는 청구권까지도 제한하고 있는 것은 아니라는 점에 유의하여야 한다.

Article 43
(1) The buyer loses the right to rely on the provisions of article 41 or article 42 if he does not give notice to the seller specifying the nature of the right or claim of the third party within a reasonable time after he has become aware or ought to have become aware of the right or claim.
(2) The seller is not entitled to rely on the provisions of the preceding paragraph if he knew of the right or claim of the third party and the nature of it.

제43조
(1) 매수인이 제 3자의 권리 또는 청구권의 존재를 알았거나 또는 알게 된 때로부터 상당한 기간 내에 매도인에게 제 3자의 권리 또는 청구권의 성질에 대한 명확한 통지를 하지 아니한 경우, 매수인은 제 41조 또는 제 42조의 규정을 원용할 수 있는 권리를 상실한다.
(2) 매도인이 제 3자의 권리 또는 청구권 및 그 성질을 알고 있었던 경우에는 매도인은 전 항의 규정을 원용할 수 있는 권리를 상실한다.

<해 설>

본 조 (1)항에서는「매수인」이 제 3자의 권리 등에 대한 침해사실을 알고 있으면서도 이를 합리적인 기간 내에 매도인에게 통지하지 아니한 경우에는 매수인이 원용할 수 있는 권리가 상실되는 것으로 규정하고 있으며, 본 조 (2)항에서는「매도인」이 이미 그러한 침해사실을 알고 있었던 경우에는 매도인이 원용할 수 있는 권리가 상실되는 것으로 규정하고 있다.

Article 44
Notwithstanding the provisions of paragraph (1) of article 39 and paragraph (1) of article 43, the buyer may reduce the price in accordance with article 50 or claim damages, except for loss of profit, if he has a reasonable excuse for his failure to give the required notice.

제44조
제 39조 (1)항 및 제 43조 (1)항의 규정에도 불구하고 매수인이 자신에게 요구된 통지를 하지 아니한데 대한 합리적인 변명을 할 수 있는 경우, 매수인은 상실된 이익을 제외하고 제 50조의 규정에 의한 대금감액이나 또는 그 밖의 손해배상을 청구할 수 있다.

<해 설>

물품검사 의무와 하자통지 의무는 매수인에 대하여 매우 엄격한 규정이라 할 수 있다. 그러나 본 협약 제 39조 (1)항 및 제 43조 (1)항의 규정에도 불구하고, 매수인이 자신에게 요구된 통지의무를 이행하지 아니한데 대하여 합리적인 변명을 할 수 있는 경우에는 매수인에게 물품부적합을 이유로 한 대금감액 청구권과 손해배상 청구권을 부여해 줌으로써 매수인에 대한 엄격한 제재를 다소나마 완화시켜 주고 있다. 다만 매수인의 손해배상 청구액 중에서 상실된 이익에 대한 청구권은 제외시키도록 규정하고 있다.

Section III. Remedies for Breach of Contract by the Seller Article 45 (1) If the seller fails to perform any of his obligations under the contract or this Convention, the buyer may: (a) exercise the rights provided in article 46 to 52: (b) claim damages as provided in article 74 to 77. (2) The buyer is not deprived of any right he may have to claim damages by exercising his right to other remedies. (3) No period of grace may be granted to the seller by a court or arbitral tribunal when buyer resorts to a remedy for breach of contract.
제3절. 매도인의 계약위반에 대한 구제 제45조 (1) 매도인이 계약 또는 이 협약에서 규정하고 있는 자신의 의무를 이행하지 못하는 경우, 매수인은 다음의 각 호를 행사할 수 있다. (a) 제 46조 내지 제 52조에서 규정된 권리의 행사: (b) 제 74조 내지 제 77조에서 규정된 손해배상의 청구. (2) 매수인이 손해배상을 청구할 수 있는 권리는 그 이외의 구제를 구하는 권리의 행사에 의하여 박탈당하지 아니한다. (3) 매수인이 계약위반에 대한 구제를 구하는 경우, 법원 또는 중재판정부는 매도인에게 유예기간을 허용해 주어서는 안된다.

<해 설>

본 협약 제 45조 (b)항에서는 매도인의 계약위반에 대하여 매수인에게 부여될 수 있는 구제방안들을 열거하고 있지만, 그 주요 내용은 ① 손해배상 청구권「제 45조 (1)항 (b)호」, ② 계약대로의 이행청구권 (대체품 인도 및 수리청구를 포함)「제 46조」, ③ 계약해제권「제 49조」, ④ 대금감액 청구권「제 50조」이라 할 수 있다. 이러한 권리를 행사하기 위해서는 매도인의 의무가 이행되지 않았다는 객관적 사실의 존재만 있으면 충분하다. 또한 이 중에서 손해배상 청구권은 다른 구제방안들에 의한 권리의 행사에 의해서도 상실됨이 없이 항상 양립될 수 있는 권리이다. 그러나 매수인의 손해배상 청구에 대해서는 일정 조건 하에서 매도인의 면책이 인정될 수도 있다.

한편 본 협약에서는 제 45조 (1)항에서 열거하고 있는 매수인의 구제방안 이외에도 매도인의 이행기 전의 이행거절 및 분할이행 계약에서의 계약위반과 관련하여 양 당사자에게 부여될 수 있는 구제방안(제 71조~73조)들에 관하여 규정하고 있으며, 또한 손해배상액의 산정방법(제 74조~77조) 및 계약해제의 효과(제 81조~84조) 등에 대해서도 별도로 규정하고 있다.

Article 46

(1) The buyer may require performance by the seller of his obligations unless the buyer has resorted to a remedy which is inconsistent with this requirement.

(2) If the goods do not conform with the contract, the buyer may require delivery of substitute goods only if the lack of conformity constitutes a fundamental breach of contract and a request for substitute goods is made either in conjunction with notice given under article 39 or within a reasonable time thereafter.

(3) If the goods do not conform with the contract, the buyer may require the seller to remedy the lack of conformity by repair, unless this is unreasonable having regard to all the circumstances. A request for repair must be made either in conjunction with notice given under article 39 or within a reasonable time thereafter.

제46조

(1) 매수인은 매도인으로 하여금 그의 의무이행을 청구할 수 있다. 다만 매수인이 그 청구와 일치할 수 없는 구제를 구하는 경우에는 그러하지 아니하다.

(2) 물품이 계약과 일치하지 않을 때에는 오직 이 적합성의 결여가 본질적 계약

> 위반이 되는 경우로써 해당 청구가 제 39조의 규정에 의한 통지와 함께 또는 그 후 합리적인 기간 내에 행해졌을 경우에 한하여, 매수인은 대체품의 인도를 요구할 수 있다.
> (3) 물품이 계약과 일치하지 아니하는 경우로써 모든 상황을 고려하여 불합리하지 아니한 때에는 매수인은 매도인으로 하여금 그 부적합을 보완하도록 청구할 수 있다. 보완의 청구는 제 39조의 규정에 의한 통지와 함께 또는 그 후 합리적인 기간 내에 행해져야 한다.

<해 설>

매도인이 계약에 따른 그의 의무를 이행하지 않는 경우, 매수인은 매도인에게 계약에 따른 의무이행을 청구할 수 있다. 이러한 청구에는

① 물품인도가 행해지지 않은 경우에는 계약에 따른 물품의 인도 청구,

② 일부 인도의 경우에는 부족 부분의 인도 청구,

③ 부적합물품 인도의 경우에는 대체품의 인도 청구 또는 수리 청구,

④ 기타 계약에 따른 이행을 완료하는 것이 필요한 모든 행위의 이행 청구 등이 모두 포함된다.

그러나 이러한 이행 청구는 매수인이 이미 다른 구제방안을 구하고 있는 경우에는 행사될 수 없다. 그리고 일본법을 포함한 대륙법적인 관점에서 고려해 볼 때 매수인이 계약대로의 이행을 청구하는 권리는 당연한 것으로 볼 수 있지만, 영미법적 관점에서는 반드시 그러한 것이 아니다. 즉 이와 관련하여 영미법계의 보통법 하에서는 계약불이행에 대한 구제는 손해배상을 원칙으로 하고, 법원에서 계약대로의 특정 이행을 명할 수 있는 것은 형평법 하에서 손해배상에 의하여 충분한 구제를 받을 수 없는 것으로 인정되는 경우에 한한다.

그런데 대륙법적인 관점과 영미법적인 관점과는 실질적으로 그다지 큰 차이를 초래시키지는 않는다. 그 이유는 국제상거래에서는 계약목적물이 대부분 대체 가능한 것으로써, 매도인에 의한 이행지체의 경우 그 이행을 청구하는 것보다 매수인이 계약을 해제시키고 목적물을 다른 곳에서 조달하여 손해배상을 청구하는 것이 더 신속하게 문제를 처리할 수 있을 뿐 아니라, 이러한 방법은 당사자 상호간에 부과되어 있는 손해경감 의무(제 77조)의 결과로써 매수인에 의하여 선택되어야 하는 경우가 많기 때문이다. 게다가 매수인이 대체품 인도를 청구하는 경우에는 그 청구권의 행사에 엄격한 요건을 부과시키고 있다. 즉 해당 내용이 본질적 계약위반에 해당되는 것이어야 하고, 그 통지와 함께 합리적인 기간 내에 이행청구가 행해져야 하며, 인도당시의 물품상태를 유지할 수 있어야 한다. 그리고 매수인의 이행청구에 합리적인 이유가 있는 경우에는 영미법 하에서도 특정 이행에 의한 구제가 인정되고 있다.

한편 본 협약에서는 인도된 물품이 계약에 적합하지 않은 경우, 매수인의 대체품 인도청구권을 다음과 같은 경우에 한하여 인정하고 있다. 즉 그 부적합이 「중대한 계약위반」(제25조)을 구성하고, 매수인이 본 협약 제 39조에서 규정하고 있는 부적합에 대한 통지와 함께 또는 그 후 합리적인 기간 내에 그 청구를 했던 경우로 제한된다. 따라서 「중대한 계약위반」이 존재하는 때에는 매수인이 계약해제권을 행사할 수도 있으므로, 그러한 경우에 한하여 대체품 인도청구를 하든지 또는 계약을 해제하든지에 대한 선택권을 매수인에게 부여해주고 있는 것이라 할 수 있다.

그런데 해당 물품을 인도받았던 당시와 실질적으로 동등한 상태로 해당 물품을 반환할 수 없는 경우, 매수인은 대체품 인도청구권을 상실하게 된다. 그리고 물품의 부적합을 수리에 의해 보완하도록 요구하는 것도 그것이 모든 상황에 비추어 볼 때 불합리하지 않고 또한 본 협약 제 39조에서 규정하고 있는 바대로 부적합의 통지가 이루어진 경우에 한한다[26)]

매도인으로부터 물품의 인도가 없는 한 매수인은 이행청구를 계속적으로 요구할 수도 있다. 그러나 현실적으로 매도인이 그의 의무를 이행할 수 없는 경우에는 끝까지 그 이행을 청구하는 것보다 계약을 해제시키고 매수인이 해당 목적물을 다른 곳에서 조달하여 손해배상을 청구하는 것이 신속하게 문제를 처리할 수 있는 방법이라고 할 수 있다. 즉 다른 곳에서 동종의 물품을 조달하는 것이 불가능한 경우를 제외하고는 매수인이 이행청구를 계속함으로써 어떤 합리적인 이익이 존재하지는 않는다. 그 근거로써 본 협약에서는 당사자 상호에게 손해경감 의무(제 77조)를 부과시키고 있기 때문이다.

Article 47

(1) The buyer may fix an additional period of reasonable length for performance by the seller of his obligations.

(2) Unless the buyer has received notice from the seller that he will not perform within the period so fixed, the buyer may not, during that period, resort to any remedy for breach of contract. However, the buyer is not deprived thereby of any right he may have to claim damages for delay in performance.

제47조

(1) 매수인은 매도인의 의무이행을 위하여 합리적인 기간을 추가기간으로 정할 수 있다.

(2) 해당 추가기간 내에 이행할 수 없다는 내용의 통지를 매도인으로부터 접수한

26) 본 협약 제 82조 참조.

경우를 제외하고, 매수인은 해당 기간 중에 계약위반에 대하여 다른 어떠한 구제수단도 구할 수 없다. 그러나 매수인은 이로 인하여 이행상의 지연에 따른 손해배상을 청구할 권리를 박탈당하지 아니한다.

<해 설>

매수인이 매도인에 의한 계약상의 의무이행을 요구하는 것이 가능한 경우, 매수인은 매도인에게 합리적인 추가기간을 부여해 줄 수 있다. 이 추가기간은 인도불이행의 경우는 물론, 물품 부족분의 인도, 대체품의 인도, 인도된 물품의 부적합에 대한 보완, 기타 계약에 따른 이행을 완료하는 것에 필요한 모든 행위에 관하여 부여될 수 있다. 그런데 그것이 법적으로 가장 중요한 의미를 갖는 것은 매수인의 계약해제권의 발생과 직접적으로 관계되는 인도불이행의 경우에 있어서의 추가기간의 부여라 할 수 있다.[27)]

계약에서 정해진 이행기일에 물품의 인도가 행해지지 않은 것이 반드시 계약의 해제를 정당화시켜 줄 정도로 「중대한 계약위반」에 해당되는 것은 아니다. 그런데 본 협약에서 규정하고 있는 바에 의하면, 매수인이 바로 계약을 해제시킬 수 있는 것은 원칙적으로 매도인의 의무불이행이 「중대한 계약위반」에 해당되는 경우 뿐이다.[28)] 그러나 인도불이행의 경우에 관하여 계약에서 정해진 이행기일에 물품인도가 행해지지 않았던 것이 「중대한 계약위반」에 해당되지 않더라도, 매수인은 합리적인 추가기간을 정하여 인도청구를 한 후 그 기간 내에도 매도인이 물품을 인도하지 않은 경우 또는 그 기간 내에 인도를 하지 않겠다고 매도인이 선언한 경우에는 계약을 해제시킬 수 있다.

따라서 인도지체의 경우 부여된 추가기간의 경과는 계약을 해제시킬 수 있는 중요한 전제가 된다고 할 수 있다. 그리고 매수인은 일단 추가기간을 부여해 준 이상 그 추가기간 내에 이행의사가 없다는 취지의 매도인으로부터의 통지를 받은 경우를 제외하고는 이 기간 중에 계약위반에 관한 다른 구제를 구하는 것이 불가능하다.

또한 물품 부적합의 정도가 바로 계약해제를 정당화시켜 줄 정도의 중대한 계약위반에 해당되지만, 매수인이 계약을 해제시키는 구제방법을 택하지 않고 그 보완을 위한 추가기간을 부여해 주는 경우에도 동일한 효과를 발생시키게 된다. 단 매수인은 이를 근거로 이행지체에 관한 손해배상을 청구할 권리를 상실하지는 않는다. 즉 추가기간의 부여는 매수인의 재량에 위임되어 있는 것이지 매수인의 의무는 아니며, 또한 이와 관련하여 법원이나 중재기관에서도 일방적으로 매도인에게 유예기간을 허용해 주어서는 안된다.

매도인이 계약서에 명시된 인도기일 이전에 물품을 인도한 경우 매수인은 인도수령을 거절하는 것이 가능하지만,[29)] 인도기일 이전에 행해진 매도인의 물품인도를 매수인이 수령한

27) 본 협약 제 49조 (1)항 (b)호 참조.
28) 본 협약 제 49조 (1)항 (a)호 참조.

경우로써 인도된 물품이 계약에 적합하지 않은 때에는 매도인은 본래의 인도기일까지 부족 부분을 인도해 주거나, 수량 부족을 보완해 주거나, 부적합 물품을 교환해 주거나, 부적합 물품을 수리해 줌으로써 인도된 물품의 제반 결함들을 보완시켜 주는 것이 가능하다.[30] 단 「매수인에게 불합리한 불편이나 비용을 발생시키지 않는 한」이라는 전제조건이 충족되어야 한다.

한편 물품 부적합이 매도인에 의하여 보완되었는데도 불구하고 여전히 매수인에게 손해가 남아 있는 경우, 매수인의 손해배상 청구권은 아무런 영향을 받지 않는다.[31] 또한 매수인은 매도인의 물품보완과 관련하여 자신이 부담했던 비용을 청구할 수 있음은 물론이다.

그런데 인도기일 이전에 인도된 물품의 부적합을 매도인이 보완 가능한 것은 본래의 인도기일까지이다. 따라서 제 1운송인에게의 물품교부가 인도에 해당하는 경우, 매도인이 물품부적합을 보완할 수 있는 것은 제 1운송인에게 물품을 본래 교부하여야 했던 날까지이다. 즉 매도인이 물품에 관한 서류를 교부해 주어야 하는 경우로써 본래 교부해 주기로 한 날 이전에 서류가 교부된 경우, 매수인에게 불합리한 불편이나 불합리한 비용을 부담시키지 않는 한 본래 교부해 주기로 한 날까지 매도인은 서류적합성의 결함을 보완시킬 수 있다.

그리고 중요한 것은 물품 부적합의 정도가 「중대한 계약위반」에 해당되는 경우라 하더라도, 매도인이 보완할 수 없음이 명료하지 않는 한 매수인은 본래의 인도기일이 지날 때까지는 계약을 해제시킬 수 없다.[32] 또한 그 보완이 불완전하여도 본래의 인도기일 시점에서 매도인에 의하여 보완된 부적합이 역시 「중대한 계약위반」에 해당되지 않는 경우, 매수인은 계약을 해제시킬 수 없게 된다.

Article 48

(1) Subject to article 49, the seller may, even after the date for delivery, remedy at his own expense any failure to perform his obligations, if he can do so without unreasonable delay and without causing the buyer unreasonable inconvenience or uncertainty of reimbursement by the seller of expenses advanced by the buyer. However, the buyer retains any right to claim damages as provided for in this Convention.

(2) If the seller requests the buyer to make known whether he will accept performance and the buyer does not comply with the request within a reasonable time, the seller may perform within the time in

29) 본 협약 제 52조 (1)항 참조.
30) 본 협약 제 37조 참조.
31) 본 협약 제 37조 단서 참조.
32) 본 협약 제 72조 참조.

dicated in his request. The buyer may not, during that period of time, resort to any remedy which is inconsistent with performance by the seller.
(3) A notice by the seller that he will perform within a specified period of time is assumed to include a request, under the preceding paragraph, that the buyer make known his decision.
(4) A request or notice by the seller under paragraph (2) or (3) of this article is not effective unless received by the buyer.

제48조
(1) 제 49조의 규정에 따라 매도인은 인도기일 이후에도 자신의 비용으로 자신의 의무불이행에 내하여 이를 보완할 수 있다. 다만 이 경우에도 불합리하게 지체되지 않아야 하며, 매수인에게 불합리한 불편을 주게 되거나 또는 매수인이 선급한 비용을 매도인으로부터 상환 받는데 있어서 불확실성이 개입되어서는 안된다. 그러나 매수인은 이 협약에 규정된 손해배상을 청구할 권리를 갖는다.
(2) 매도인이 매수인에 대하여 이행을 수락할 것인지의 여부를 알려주도록 요구하였고 매수인이 상당한 기간 내에 그러한 요구에 응답하지 아니한 경우, 매도인은 그러한 요구시에 제시한 기간 내에 이행할 수 있다. 이 기간 중 매수인은 매도인의 이행과 일치하지 않는 다른 구제를 구할 수 없다.
(3) 특정 기간 내에 이행한다는 내용에 대한 매도인의 통지는 매수인이 승낙여부에 관한 결정을 알려야 한다는 전 항에서 규정하고 있는 요구를 포함하는 것으로 추정한다.
(4) 이 조 (2)항 또는 (3)항의 규정에 의한 매도인의 요구 또는 통지는 매수인이 이를 수령하지 않는 경우에는 그 효력이 발생되지 아니한다.

<해 설>

본 협약 제 48조 (1)항에서는 인도기일 후까지도 매도인이 “자기의 비용으로 자신의 의무불이행에 대하여 이를 보완할 수 있다"라고 규정하고 있다. 이는 인도불이행의 경우도 포함된다. 단 매도인이 자신의 불이행을 보완할 수 있게 되는 것은 「매수인에게 불합리한 불편이나 또는 매수인이 선급한 비용을 매도인으로부터 상환 받는데 있어서 불확실성이 개입되어서는 안되는 경우」로 제한된다. 이때 매도인에 의하여 이미 발생된 의무불이행으로 인하여 초래된 손해에 대해서는 손해배상에 의하여 별도로 처리된다.

매도인이 인도기일 후 자신의 계약불이행 부분을 보완하고자 할 때에는 통상적으로 그 취지를 매수인에게 통지해 주어야 하며, 또한 이를 받아들일 것인지의 여부를 문의해 보아

야 한다. 그런데 매수인이 합리적인 기간 내에 응답하지 않는 경우 매도인은 그러한 요구조건상에 제시된 기간 내에 자신의 불이행에 대한 보완이 가능하며, 그 기간 중에 매수인은 매도인의 이행과 양립하는 다른 구제를 구할 수 없게 된다.

한편 매도인이 매수인 측의 동의를 묻지 않고 일정기간 내에 자신의 계약불이행을 보완하겠다는 취지의 통지를 일방적으로 한 경우, 특별한 사정이 없는 한 그 통지에는 매수인에게 그 승낙 여부를 알려달라는 요구를 포함하고 있는 것으로 추정한다. 이러한 요구와 통지의 미도착 또는 통신전달상의 착오위험은 매도인 부담이다. 그리고 본 조 (2)항 또는 (3)항에 의한 매도인의 요구나 통지는 매수인이 이를 수령하지 아니하는 경우에는 그 효력이 발생되지 않는다.

매수인의 대체품인도 청구권은[33] 물품 부적합이 「중대한 계약위반」에 해당되는 경우에 한해서 행사될 수 있는 것이지만, 매수인 측이 계약을 해제시키지 않고 요구한 대체품의 인도청구에 대하여 매도인이 수리 등에 의한 부적합의 보완을 신청한 경우에는 이러한 보완신청에 의하여 계약해제권이 방해되는 이상 대체품의 인도청구도 마찬가지로 방해되는 것으로 간주되어야 한다. 단 수리에 의한 보완 신청은 본 조 (1)항의 요건을 충족시켜야 한다는 전제조건이 요구된다.

Article 49

(1) The buyer may declare the contract avoided:

(a) if the failure by the seller to perform any of his obligations under the contract or this Convention amounts to a fundamental breach of contract: or

(b) In case of non-delivery, if the seller does not deliver the goods within the additional period of time fixed by the buyer in accordance with paragraph (1) of article 47 or declares that he will not deliver within the period so fixed.

(2) However, in cases where the seller has delivered the goods, the buyer loses the right to declare the contract avoided unless he does so:

(a) in respect of late delivery, within a reasonable time after he has become aware that delivery has been made ;

(b) in respect of any breach other than late delivery, within a reasonable time:

(i) after he knew or ought to have known of the breach ;

33) 본 협약 제 46조 (2)항 참조.

(ii) after the expiration of any additional period of time fixed by the buyer in accordance with paragraph (1) of article 47, or after the seller has declared that he will not perform his obligations within such an additional period ; or

(iii) after the expiration of any additional period of time indicated by the seller in accordance with paragraph (2) of article 48, or after the buyer has declared that he will not accept performance.

제49조

(1) 매수인은 다음 각 호의 하나에 해당되는 경우에는 계약을 해제시킬 수 있다.

(a) 계약 또는 이 협약의 규정에 의한 매도인의 의무불이행이 본질적 계약위반에 해당되는 경우 ;

(b) 인도불이행의 경우에는 제 47조 (1)항의 규정에 따라 매수인이 물품을 인도하지 않았거나 또는 이 기간 내에 인도하지 아니할 것이라고 표명한 경우.

(2) 그러나 매도인이 물품을 이미 인도하였을 경우에는 다음에 열거되어 있는 시기에 계약을 해제시키지 않는 한, 매수인은 계약해제권을 상실한다.

(a) 인도지체에 대해서는 매수인이 인도지체된 사실을 알게 된 시기로부터 합리적인 기간 내 ;

(b) 인도지체 이외의 위반에 대해서는 다음에 열거되어 있는 시기로부터 합리적인 기간 내 ;

(i) 매수인이 그 위반을 알았거나 또는 알았어야 하는 시기 이후 ;

(ii) 제 47조 (1)항의 규정에 따라 매수인이 정한 추가기간의 유효기간이 경과한 이후 또는 그 추가기간 내에 의무를 이행하지 아니할 것이라고 매도인이 의사 표명한 이후 ;

(iii) 제 48조 (2)항의 규정에 따라 매도인이 제시한 추가기간의 유효기간이 경과한 이후 또는 매수인이 이행을 승낙하지 아니할 것이라고 의사 표명한 시기 이후.

<해 설>

본 협약에서는「계약 또는 이 협약에 근거한 매도인의 의무불이행이 중대한 계약위반에 해당되는 경우」에 매수인은 계약해제가 가능하다고 규정하고 있다. 게다가 매도인의 인도불이행의 경우에는 그것이 바로 본 조의 (a)호에 해당되는 경우가 아니라 하더라도, 본 협약 제 47조 (1)항의 규정에 근거하여 매수인이 정해준 추가기간 내에 매도인이 물품을 인도하지 않은 경우 및 매도인이 그 기간 내에 인도를 하지 않겠다고 의사 표명한 경우, 매수인은

계약해제가 가능하다.

그런데 본 협약에서는 계약해제가 가능한 경우를 엄격하게 제한하고 있다. 즉 계약해제는 상대방에게 통지가 이루어진 경우에 한해서만 그 효력이 발생되고,[34] 일정한 사실의 발생에 의하여 당사자의 의사에 관계없이 무조건 계약해제의 효과가 발생되는 것은 아니다.

계약해제권 행사의 기초가 되는「중대한 계약위반」이란「그 계약에서 상대방이 기대할 권리가 있는 것을 실질적으로 박탈할 정도로 불합리한 결과를 초래시키는 위반」을 말한다.[35] 단 이에는 중요한 제한이 있다. 즉「위반을 한 당사자가 이러한 결과를 예견하지 못하였고 또한 동일한 상황 하에서 동일한 부류에 속한 자일지라도 이러한 결과를 예견하지 못하였을 경우」에는「중대한 계약위반」이 성립되지 않는다.[36]

본 협약에서는 어떠한 계약위반이 중대한 것인가의 여부와 관련하여 그것이 해당 계약 하에서 상대방에게 가져오는 불합리한 결과의 정도에 의하여 판단하고 있다. 즉 계약의 기본적 부분을 구성하는 것으로 고려되는 의무위반에 있어서도 그 계약 하에서 상대방이 기대하는 것이 당연한 것을 실질적으로 박탈할 정도로 불합리한 결과가 발생되지 않는 한, 혜당 계약위반은「중대한 계약위반」을 성립시키지 못한다.

그런데「중대한 계약위반」의 성립은 매수인의 대체품 인도청구권[37]의 발생, 계약해제권[38]의 발생, 이행기 전의 계약해제권[39] 및 분할이행계약에 있어서의 계약해제권[40]의 발생요건이라는 중요한 기능을 담당하게 된다.

일반적으로 손해의 크기는 불합리한 결과의 유무에 대한 판단에 중요한 영향을 미친다. 그러나 경미한 의무위반과 같이 보이는 것도 예를 들어 특정 이행일이 중요한 것으로써 엄격하게 지정되어 있는 경우에는 그것을 지키지 않는 것이 상대방의 계약상의 기대를 실질적으로 파괴시키는 위반에 해당되므로「중대한 계약위반」이 된다. 따라서 어떠한 계약위반이 해당 계약 하에서「중대한 계약위반」이 되는가 하는 점은 각각의 사례에 따라 계약의 경제적 가치, 위반에 의하여 발생된 손해의 정도, 계약위반의 결과 상대방의 영업활동에 지장을 주는 정도 등을 고려하여 종합적으로 판단하여야 한다. 그런데 이 판단에 있어서 매도인이 상당기간 내에 보완할 의사를 표명하고 있는가의 여부도 중요한 기준 중의 하나가 된다.

「중대한 계약위반」으로 인정되기 위해서는 예견가능성에 따른다는 본 협약 제 25조 단서 규정에서의 예견의 주체와 관련하여, 이는 당사자가 예견하지 못한 경우뿐만이 아니라「동일한 상황 하에서 그 자와 동일한 부류에 속하는 합리적인 자」에 의한 예견 불가능이 인정

34) 본 협약 제 26조 참조.
35) 본 협약 제 25조 참조.
36) 본 협약 제 25조 단서 참조.
37) 본 협약 제 46조 (2)항 참조.
38) 본 협약 제 64조 (1)항 (a)호 참조.
39) 본 협약 제 72조 (1)항 참조.
40) 본 협약 제 73조 (1)항 참조.

되어야 한다는 요건이 추가된다. 여기에서 동일 부류에 속하는 가의 여부는 종교, 지역성, 언어, 전문지식 등의 사회적 배경에 비추어 판단하여야 하며, 그 상황이 동일한가의 여부는 거래과정, 법제, 정치적 상황, 경우에 따라서는 자연환경 등에 비추어 판단되어야 한다.

그런데 예견가능성의 기준시점에 관하여 본 협약에는 명문화된 기준이 없다. UNCITRAL에서는 이 문제를 법원의 판단에 위임시키고 굳이 특정 시점을 규정하지 않았다. 매수인이 매도인에게 추가기간을 주어 계약의 이행을 요구한 경우라든지, 매도인이 그 보완기간을 정하여 계약불이행의 보완의사를 표명한 경우에는 해당 기간 중 계약해제권의 행사가 제한된다.[41] 또한 매수인이 물품수령 당시와 실질적으로 동일한 상태로 해당 물품을 반환하는 것이 불가능한 경우, 매수인은 계약을 해제할 권리 및 매도인에게 대체품의 인도를 요구할 권리를 상실한다.[42]

그리고 이러한 경우 이외에도 매수인에 의한 계약해제권의 행사에는 다음과 같은 시기적 제한이 따른다. 즉 다음과 같은 시점으로부터 합리적인 기간 내에만 매수인의 계약해제가 가능하다.

(i) 매수인이 그 위반을 알았거나 또는 알았어야 하는 시점 이후,

(ii) 매수인이 정한 추가기간이 경과한 이후 또는 그 추가기간 내에 의무를 이행하지 않을 것이라는 의사를 매도인이 표명한 시점 이후

(iii) 매도인이 제시한 추가기간의 유효기간이 경과한 때 또는 매수인이 이행을 승낙하지 않겠다고 표명한 시점 이후.

Article 50

If the goods do not conform with the contract and whether or not the price has already been paid, the buyer may reduce the price in the same proportion as the value that the goods actually delivered had at the time of the delivery bears to the value that conforming goods would have had at that time. However, if the seller remedies any failure to perform his obligations accordance with article 37 or article 48 or if the buyer refuses to accept performance by the seller in accordance with those article the buyer may not reduce the price.

제50조

물품이 계약과 일치하지 아니하는 경우에는 대금지급 여부에 관계없이, 매수인은

41) 본 협약 제 47조 (2)항, 제 48조 (2)항 참조.
42) 본 협약 제 82조 (1)항 참조.

> 실제로 인도된 물품의 인도 당시의 가치가 계약과 일치하는 물품이었더라면 그 당시에 보유하고 있었을 가치에 대한 비율에 따라 대금을 감액시킬 수 있다. 다만 매도인이 제 37조 또는 제 48조의 규정에 따라 자신의 의무에 대한 불이행을 보완하는 경우이거나 또는 이들 규정에 따라 매도인이 행하는 이행에 대한 승낙을 매수인이 거절한 경우, 매수인은 대금을 감액시킬 수 없다.

<해 설>

물품이 계약에 적합하지 않은 경우에는 대금이 이미 지급되었는가의 여부에 관계없이, 매수인은「실제로 인도된 물품의 인도 당시의 가치가 계약에 일치하는 물품이었더라면 그 당시에 보유하고 있었을 가치에 대한 비율에 의거해」대금감액을 매도인에게 청구할 수 있다. 단 매도인이 본 협약 제 37조 또는 제 48조의 규정에 따라 그 의무의 불이행을 보완하는 경우이거나 또는 이들 규정에 따라 매도인이 행하는 이행에 대한 승낙을 매수인이 거절한 경우, 매수인은 대금을 감액시킬 수 없다. 그리고 이는 매수인이 매도인에게 의무이행을 위한 추가기간을 부여해 줌으로써 그 기간 내에 매도인이 자신의 의무불이행을 보완한 경우에도 마찬가지이다.

그런데 대금감액 청구권의 행사는 경우에 따라서는 손해배상 청구권을 행사하는 것과 동일한 효과를 초래시키는 경우도 있지만, 이 권리는 근본적으로 손해배상 청구권과는 그 성격을 달리한다. 예를 들어 매도인의 계약불이행이 불가항력적 사건발생에 의한 것인 경우에는 매수인이 손해배상을 청구할 수 없지만,[43] 그러한 경우라 하더라도 대금감액 청구권은 행사될 수 있다. 또한 대금감액 청구권은 매수인 측에게 발생된 손해의 유무에 관계없이 행사될 수도 있는 바, 예를 들면 계약체결 후 물품의 시장가격이 폭락한 경우 인도지에서의 인도시의 가치의 차이에 의거해 그 조정이 가능해질 수도 있다. 게다가 대금감액 청구권의 행사에 의하여 매수인이 입은 피해가 충분히 보상되지 않는 경우, 매수인은 별도의 손해배상 청구도 할 수 있다.[44]

이러한 매수인의 대금감액 청구권은 매수인에 의한 의사표명에 의하여 그 효과를 발생시킨다. 이와 관련하여 매수인은 자신이 대금을 지급하지 않은 경우에는 본래의 대금에서 감액분을 공제한 금액을 매도인에게 지불하면 되며, 이미 대금을 지급한 경우에는 감액분의 반환을 매도인에게 요구할 수 있게 된다. 그리고 매도인이 매수인에 의한 대금감액의 타당성에 이의를 제기하는 경우에는 통상의 분쟁해결절차에 따르게 된다.

43) 본 협약 제 79조 참조.
44) 본 협약 제 45조 (2)항 참조.

Article 51

(1) If the seller delivers only a part of the goods or if only a part of the goods delivered is in conformity with the contract, article 46 to 50 apply in respect of e part which is missing or which does not conform.

(2) The buyer may declare the contract avoided in its entirety only if the failure to make delivery completely or in conformity with the contract amounts to a fundamental breach of the contract.

제51조

(1) 매도인이 물품의 일부만을 인도하였거나 또는 인도된 물품의 일부만이 계약과 일치하는 경우에는 제 46조 내지 제 50조의 규정은 해당 부족 부분 또는 부적합 부분에 대하여 적용된다.

(2) 인도가 완전하게 이행되지 아니하였거나 또는 계약과 일치하지 아니함으로써 그것이 본질적 계약위반에 해당되는 경우에 한하여, 매수인은 계약 전체를 해제시킬 수 있다.

<해 설>

본 조 (1)항에서는 매도인이 물품의 일부만을 인도한 경우 또는 인도된 물품의 일부만이 계약에 적합한 경우에는 본 협약 제 46조부터 제 50조까지의 규정이 해당 부족 부분 또는 부적합 부분에 대하여 적용되는 것으로 규정하고 있다. 따라서 일부 인도의 경우에 대하여 매수인은 부족 부분에 대한 인도청구, 계약해제권의 행사, 대금감액의 청구가 가능하고, 일부 부적합의 경우에는 부적합 부분에 관한 대체품의 인도청구, 보완의 청구, 계약해제권의 행사, 대금감액의 청구가 가능하다.

그런데 이 규정이 중요한 의미를 갖는 것은 계약의 일부 해제가 인정된다는 점이다. 그리고 인도가 완전하게 행해지지 않은 것 및 계약에 적합하게 행해지지 않은 것이 해당 계약의 「중대한 위반」에 해당되는 경우, 매수인은 계약 전체를 해제시킬 수도 있다.

Article 52

(1) If the seller delivers the goods before the date fixed, the buyer may take delivery or refuse to take delivery.

(2) If the seller delivers a quantity of goods greater than provided for in the contract, the buyer may take delivery or refuse to take delivery

of the excess quantity. If the buyer takes delivery of all or part of the excess quantity, he must pay for it at the contract rate.

제52조

(1) 매도인이 이행기 전에 물품을 인도하는 경우, 매수인은 그 인도를 수령하거나 또는 이를 거절할 수 있다.

(2) 매도인이 계약에서 정해진 수량보다도 다량의 물품을 인도하는 경우, 매수인은 초과수량의 인도를 수령하거나 또는 이를 거절할 수 있다. 매수인이 초과수량의 전부 또는 일부의 인도를 수령하는 경우에는 계약금액의 비율에 따라 그 대금을 지급하여야 한다.

<해 설>

매도인이 인도기일 전에 물품을 인도하는 경우, 매수인은 이를 인도받을 것인지의 여부에 대한 자유재량권을 갖는다. 그 근거는 매수인에게 인도기일 전의 인도를 반드시 수령하도록 강요할 경우 매수인으로 하여금 예정 이상으로 보관비용이 많이 드는 등의 불편을 초래하게 되는 결과가 발생될 수 있기 때문이며, 또한 대금지급이 인도기일과 연결되어 있는 경우에는 조기의 대금지급이 매수인으로 하여금 금리부담을 가중시키는 결과를 초래시킬 수도 있기 때문이다.

그런데 매도인의 인도기일 전의 물품인도와 관련하여 매수인이 이를 거절한 경우, 매도인은 계약상의 인도기일에 계약물품을 다시 인도해 주는 것이 가능하다. 그리고 매수인은 자신이 인도수령을 거절하는 경우에도 해당 물품에 대한 보관의무를 부담하게 된다.[45] 한편 인도기일 이전에 매수인이 해당 물품을 수령한 경우, 매수인은 조기의 인도에 의하여 자신이 입은 손해배상 청구가 가능하다.

매도인이 계약에서 정해진 것보다 다량의 물품을 인도한 경우, 매수인은 전량에 대한 인도수령을 하든가 또는 그 초과분에 대한 인도의 수령을 거절할 수 있는 자유재량권을 갖는다. 이때 인도된 초과분 전체를 수령하든가 또는 그 일부를 수령하든가 하는 것은 매수인의 자유이다. 그리고 매수인이 초과분의 전체 또는 그 일부를 수령하는 경우에는 계약가격의 비율에 의거해 그 대가를 지불하여야 한다.

그러나 특별한 사정이 없는 한 계약에서 정해진 수량 이상의 물품이 인도되어도, 매수인은 적어도 계약에서 정해진 수량의 물품을 수령하여야만 한다. 그러나 예를 들어 초과분을 포함한 전 물품에 대하여 하나의 선하증권이 발행됨으로써 전 물품에 대한 지급이 행해지지 않으면 물품을 수령할 수 없는 경우, 그와 같은 초과량의 인도가 「중대한 계약위반」을 구성

45) 본 협약 제 86조 (2)항 참조.

하는 때에는 매수인은 계약을 해제시킬 수 있다.

그리고 계약해제를 정당화시켜 줄 정도로 「중대한 계약위반」에 해당되지 않는 경우 및 어떤 상업상 필요성에서 계약을 해제시키지 않고 전 물품을 인수해야 하는 경우라 하더라도, 매수인은 그 결과로서 자신이 입은 손해배상에 대한 청구가 가능함은 물론이다.

Chapter III. Obligations of the Buyer Article 53 The buyer must pay the price for the goods and take delivery of them as required by the contract and this Convention.
제3장. 매수인의 의무 제53조 매수인은 계약 및 이 협약의 규정에 따라 물품대금을 지급하여야 하며, 물품의 인도를 수령하여야 한다.

<해 설>

본 조는 본 협약 제 30조에서의 '매도인의 의무에 대한 총괄적 규정'에 대응한 '매수인의 의무에 대한 총괄적 규정'이라 할 수 있다. 즉 본 조에서는 매수인의 주요 의무로 대금지급 의무와 물품수령 의무가 있음을 규정하고 있다.

Section I. Payment of the Price Article 54 The buyer's obligation to pay the price includes taking such steps and complying with such formalities as may required under the contract or any laws and regulations to enable payment to be made.
제1절. 대금의 지급 제54조 매수인의 대금지급의무에는 계약 또는 법률 및 규정이 정하는 바에 따라 지급을 가능하게 하는 조치와 정식절차를 이행하는 것이 포함된다.

<해 설>

매수인은 계약에 정해진 바에 따라 대금을 지급할 의무가 있다. 그리고 대금지급에 필요한 국제거래 고유의 준비조치의 필요성이 본 협약에도 반영되어 있다. 즉 매수인의 대금지급 의무에는「계약 또는 관계법령에 정해진 바에 따라 지급을 가능하게 하는 조치들을 취하는 일 및 그것에 필요한 수속을 준수하는 일」등이 모두 포함된다고 할 수 있다.

본 조에서는 예를 들어 매수인이 국제물품매매계약에 의한 대금지급이 가능하도록 하기 위해 미리 신용장이나 기타 필요한 지급보증서의 발행을 자신의 거래은행에 의뢰한다든지, 정부 또는 기타 관련부서에 수입허가 신청 · 해외송금허가 신청 · 기타 필요한 정식절차 등을 모두 완료함으로써 외환의 취득 · 보유 · 사용이 가능한 상태에 처해지도록 조치한다든지, 지급기일이 도래함과 동시에 대금지급 의무의 이행에 하등의 지장이 없도록 조치한다든지 하는 등의 제반 업무들을 이행하여야 하는 것으로 규정하고 있다.

Article 55 Where a contract has been validly concluded but does not expressly or implicitly or make provision for determining the price, the parties are considered, in the absence of any indication to the contrary, to have impliedly made reference to the price generally charged at the time of the conclusion of the contract for such goods sold under comparable circumstances in the trade concerned.
제55조 계약이 유효하게 체결되었으나 대금을 명시적 또는 묵시적으로 결정하지 않았거나 또는 이를 결정하기 위한 조항을 두고 있지 않는 경우, 별도의 반대표시가 없는 한 당사자는 계약체결 당시에 해당 무역거래와 유사한 상황 하에서 매매된 것과 동종의 물품에 대하여 일반적으로 청구되는 대금을 묵시적으로 참조한 것으로 본다.

<해 설>

일반적으로 계약서에는 지급되어야 하는 금액과 그 계산방법이 명시적 또는 묵시적으로 표시되어 있는 것이 통례이다. 그런데 본 협약에서는 계약서상에 대금관련 조항이 없는 경우에 대한 대금설정기준에 관하여 규정하고 있다. 즉 본 조에서는 계약이 유효하게 체결되었지만 명시적 또는 묵시적으로 대금을 결정하지 아니하였거나 또는 그 결정방법에 관한 조항을 두고 있지 아니하는 경우, 당사자들은「별도의 사정」이 없는 한 계약체결 시 그 거래와 유사한 상황 하에서 매매된 것과 동종의 물품에 대하여 일반적으로 청구되는 대금을 묵시적으로 참조한 것으로 간주하도록 규정하고 있다.

이는 물품인도 시의 가격이 계약체결 시의 가격보다 높아진 경우에 매도인이 보다 높은 가격을 청구하는 것을 방지시키기 위한 규정이라 할 수 있다 그러나 본 협약 제 9조의 규정에 의해 적용되는 관습 및 관행이 「별도의 사정」을 구성할 수 있다는 점에 유의하여야 한다.

Article 56 If the price is fixed according to the weight of the goods, in case of doubt it is to be determined by the net weight.
제56조 대금이 물품의 중량에 따라 확정되는 경우로써 의문의 여지가 있는 경우에는 물품의 순중량에 의하여 결정되는 것으로 한다.

<해 설>

매도인은 계약에서 요구하고 있는 수량 또는 중량의 물품을 계약에서 요구하고 있는 방법에 따라 용기에 담겨지거나 포장된 상태로 계약물품을 매수인에게 인도해 주어야 한다.[46] 그런데 계약내용으로 보아 대금이 물품의 중량에 따라 결정된다고만 규정되어 있음으로써 그 취지가 물품의 총중량을 의미하는 것인지 또는 순중량을 의미하는 것인지가 명확하지 아니한 경우, 대금은 순중량에 의하여 결정되어야 하는 것으로 본 조에서 규정하고 있다.

Article 57 (1) If the buyer is not bound to pay the price at any other particular place, he must pay it to the seller: (a) at the seller's place of business ; or (b) if the payment is to be made against the handing over of the goods or of documents, at the place where the handing over takes place. (2) The seller must bear any increase in the expenses incidental to payment which is caused by a change in his place of business subsequent to the conclusion of the contract.

46) 본 협약 제 35조 (2)항 d호 참조.

제57조
(1) 매수인이 대금을 다른 특정 장소에서 지급할 의무가 없는 경우에는 다음의 장소에서 매도인에게 지급하여야 한다.
(a) 매도인의 영업소; 또는
(b) 물품 또는 서류의 교부와 동시에 대금이 지급되어야 하는 경우에는 그 교부가 행해지는 장소.
(2) 계약이 체결된 후에 영업소를 변경시킴으로써 야기된 대금지급에 부수하여 발생되는 비용의 증가는 매도인이 부담하여야 한다.

<해 설>

국제거래에서는 대금지급 장소 및 대금지급 방법에 관한 명확한 규정이 계약서에 포함되어 있는 것이 통례이다. 그러나 이러한 합의가 없는 경우에 대비하여 본 협약 제 57조에서는 대금지급 장소에 관하여, 그리고 제 58조 및 제 59조에서는 대금지급 시기에 관하여 규정하고 있다.

계약서에 대금지급 장소에 대한 지정이 없는 경우에는 매도인의 영업소에서 지급하는 것이 일반원칙이다. 그리고 계약체결 후에 매도인이 영업소를 변경시킴으로 인해 야기된 대금지급에 부수하여 발생되는 비용의 증가는 매도인 부담이 된다. 그런데 이러한 원칙에 대한 예외는 물품 또는 서류교부와 상환으로 대금을 지급하여야 하는 경우라 할 수 있다. 즉 이러한 경우 대금은 물품 또는 서류교부가 행해진 장소에서 지급되어야 한다.

Article 58
(1) If the buyer is not bound to pay the price at any other specific time, he must pay it when the seller place either the goods or documents controlling their disposition at the buyer's disposal in accordance with the contract and this Convention. The seller may make such payment a condition for handing over the goods or documents.
(2) If the contract involves carriage of the goods, the seller may dispatch the goods on terms whereby the goods, or documents controlling their disposition, will not be handed over to the buyer except against payment of the price.
(3) The buyer is not bound to pay the price until he has had an opportunity to examine the goods, unless the procedures for delivery or

payment agreed upon by the parties are inconsistent with his having such an opportunity.

제58조
(1) 매수인은 대금을 다른 특정 기일에 지급하여야 할 의무가 없는 경우에는 계약 및 이 협약의 규정에 따라 매도인이 물품 또는 물품을 처분할 수 있는 서류를 매수인의 처분에 맡겨두었을 때 대금을 지급하여야 한다. 매도인은 그러한 지급을 물품 또는 서류의 교부를 위한 조건으로 처리할 수 있다.
(2) 계약이 물품의 운송을 수반하는 경우, 매도인은 물품 또는 물품을 처분할 수 있는 서류가 대금지급과 동시에 교환되는 경우가 아니면 이를 매수인에게 교부하지 않을 것이라는 조건으로 물품을 송부할 수 있다.
(3) 매수인은 물품을 검사할 기회를 가질 때까지는 대금을 지급할 의무가 없다. 다만 당사자 간에 합의된 인도 또는 지급절차가 매수인이 검사의 기회를 갖는 것과 일치하지 않는 경우에는 그러하지 아니하다.

<해 설>

본 협약에서는 매수인에 의한 대금지급을 매도인의 물품 또는 서류교부를 위한 전제조건으로 규정하고 있는 바, 본 협약에 의하면 매도인의 물품 또는 서류교부 의무와 매수인의 대금지급 의무와는 동시이행의 관계에 있다고 할 수 있다. 그러므로 계약이 물품의 운송을 예정하고 있는 경우에도 매도인은 대금지급이 이행되지 않으면 물품 또는 그 처분을 지배하는 서류를 매수인에게 교부하여서는 안된다는 조건을 붙여 물품을 송부할 수 있게 된다.

한편 매수인은 물품을 검사할 기회를 갖기까지는 대금을 지급해야 할 의무가 없다. 즉 매수인으로 하여금 대금지급 이전에 물품을 검사할 기회를 주는 것은 매도인의 의무이다. 단 「당사자간에 합의된 인도 또는 지급의 수속과 매수인이 검사기회를 갖는 것이 일치하지 않는 경우」에는 이러한 규정이 적용되지 않는다. 이에 대한 전형적인 예로는 계약서상의 CIF 거래조건에 의거해 선하증권 또는 기타의 필요서류를 수반한 화환어음이 매수인의 영업지에 있는 거래은행을 통하여 매수인에게 제시되는 경우를 들 수 있다. 이와 같은 때에는 물품이 여전히 운송 도중에 있는 경우가 많으며, 그 결과 대금지급 이전에 물품을 검사할 기회를 매수인에게 부여해 주도록 매도인에게 요구하는 것은 해당 계약에서의 합의와 모순된다.

Article 59
The buyer must pay the price on the date fixed by or determinable from the contract and this Convention without the need for any re

quest or compliance with any formality on the part of the seller.

제59조

매수인은 계약 및 이 협약에서 정한 날 또는 확정할 수 있는 날에 대금을 지급하여야 하며, 이러한 경우 매수인은 매도인 측으로부터의 하등의 요구나 절차의 준수를 필요로 하지 않는다.

<해 설>

매수인은 대금지급 기일이 도래하면 자발적·능동적으로 대금을 지급하여야 하며, 매수인은 이를 위한 매도인으로부터의 하등의 요구나 절차의 준수를 필요로 하지 않는 것으로 본 조에서 규정하고 있다. 그러나 매도인이 매수인의 대금지급 의무의 불이행을 이유로 계약을 해제시키고자 할 경우에는 반드시 사전통지가 요구된다.[47] 그리고 매수인이 대금지급을 연체하였을 경우, 매도인은 해당 금액에 대한 이자와 손해배상을 청구할 권리를 박탈당하지 아니한다.[48]

Section ll. Taking Delivery

Article 60

The buyer's obligation to take delivery consists:

(a) in doing all the acts which could reasonable be expected of him in order to enable the seller to make delivery ; and

(b) in taking over the goods.

제2절. 인도의 수령

제60조

매수인의 인도수령 의무는 다음과 같다.

(a) 매도인이 인도를 가능하도록 해주기 위하여 매수인에게 합리적으로 기대될 수 있는 모든 행위를 하는 일 ; 그리고

(b) 물품을 수령하는 일.

47) 본 협약 제 26조 참조.

48) 본 협약 제 78조 참조.

<해 설>

매수인은 계약에 정해진 바에 따라 물품수령 의무가 있지만, 중요한 것은 이 수령의무에는 물품인수는 물론이고「매도인이 인도를 가능하게 하기 위하여 매수인에게 합리적으로 기대될 수 있는 모든 행위」를 포함한다는 점이다. 여기에서「물품인수」란 물리적인 인수를 의미하는 것으로써, 물품상의 부적합이 있어도 본 조에서 규정하고 있는 매수인의 물품수령 의무는 그 영향을 받지 않는다.[49] 한편 매수인은 그 부적합이 중대한 계약위반에 해당된다고 판단하여 계약해제권 또는 대체품인도 청구권을 행사하는 경우에 있어서도 물품인수 후의 합리적인 보존조치를 취하여야 할 의무(손해경감 의무)가 있다.[50]

Section III. Remedies for Breach of Contract by the Buyer Article 61 (1) If the buyer fails to perform any of his obligations under the contract or this Convention, the seller may: (a) exercise the rights provided in article 62 to 65 ; (b) claim damages as provided in article 74 to 77. (2) The seller is not deprived of any right he may have to claim damages by exercising his right to other remedies. (3) No period of grace may be granted to the buyer by a court or arbitral tribunal when the seller resorts to a remedy for breach of contract.
제3절. 매수인의 계약위반에 대한 구제 제61조 (1) 매수인이 계약 또는 이 협약의 규정에 의한 어떤 의무를 이행하지 아니하는 경우, 매도인은 다음의 구제를 구할 수 있다. (a) 제 62조 내지 제 65조에 규정된 권리의 행사 ; (b) 제 74조 내지 제 77조의 규정에 따른 손해배상의 청구. (2) 매도인이 손해배상을 청구할 수 있는 권리는 그 이외의 구제를 구하는 권리를 행사하더라도 박탈당하지 아니한다. (3) 매도인의 계약위반에 대한 구제를 구하는 경우에 법원 또는 중재판정부는 매수인에게 유예기간을 부여해 주어서는 안된다.

49) 본 협약 제 86조 (2)항 참조.
50) 본 협약 제 86조 (1)항 참조.

<해 설>

매수인의 계약위반에 대하여 매도인에게 부여해 주고 있는 본 협약에서의 구제책으로는 ① 손해배상 청구권,[51] ② 계약대로의 이행청구권,[52] ③ 계약해제권[53] 등을 들 수 있다. 매도인이 이러한 권리를 행사하기 위해서는 매수인의 의무가 이행되어야 한다는 객관적 사실의 존재만 있으면 충분하며 상대방의 과실 등을 입증해야 없다.

그리고 매도인의 손해배상 청구권은 다른 구제방안에 의한 권리행사에 의해서도 상실되지 않고 항상 양립될 수 있는 권리에 해당한다. 단 불가항력적인 사태가 발생된 경우에 한하여 매수인은 면책될 수도 있다.[54] 한편 매도인이 매수인의 계약위반에 대한 구제를 구하고 있는 경우, 법원 또는 중재판정부는 매수인에게 유예기간을 부여해 주어서는 안된다.

Article 62 The seller may require the buyer to pay the price, take delivery or perform his other obligations, unless the seller has resorted to a remedy which is inconsistent with this requirement.
제62조 매도인은 매수인에 대하여 대금의 지급, 인도의 수령 또는 기타 의무이행을 요구할 수 있다. 다만 매도인이 그 요구와 일치할 수 없는 구제를 구하고 있는 경우에는 그러하지 아니하다.

<해 설>

매수인이 계약내용대로 이행하지 않는 경우, 매도인은 매수인에 대하여 대금지급, 인도수령, 기타 의무이행을 요구할 수 있다. 그러나 매도인이 계약을 해제시킨 경우와 같이 매도인이 양립할 수 없는 구제를 이미 구하고 있는 경우에는 이러한 이행청구를 할 수 없게 된다.[55] 그런데 매도인은 대금지급에 관한 이행청구를 고집하여 계약해제를 지연시킴으로써 별 이익이 존재하지 않는 바, 그 이유는 본 협약에서는 양 당사자들에게 손해경감 의무[56]를 부과시키고 있기 때문이다. 즉 매도인이 매수인의 계약위반에서 발생된 손실을 경감시키기 위한 조치 중의 하나로 계약을 해제하여 대체거래를 하는 것이 포함되어 있고, 그

51) 본 협약 제 61조 (1)항 (b)호 참조.
52) 본 협약 제 62조 참조.
53) 본 협약 제 64조 참조.
54) 본 협약 제 79조 참조.
55) 본 협약 제 62조 단서 참조.
56) 본 협약 제 77조 참조.

상황 하에서 합리적인 조치를 취하여야 하며, 매도인이 이러한 조치를 취하지 않은 경우 매수인은 자신의 의무위반과 관련하여 감액을 요구할 수도 있게 된다.

본 협약에서는 대금지급과 물품인도가 동시이행의 관계에 있는 경우로써 매도인이 물품을 점유 또는 그 처분을 지배하는 것이 가능한 경우, 매도인은 그 상황 하에서 합리적으로 물품을 보존하기 위한 조치들을 취하여야 한다.[57] 이러한 규정은 매도인의 손해경감 의무를 구체화시킨 것으로써, 매도인이 대금지급청구를 계속하는 것에 대한 제약으로 작용하게 된다.

이와 관련하여 ULIS 제 61조 (2)항에서는 대체거래가 가능한 경우에 있어서의 대금지급청구에 관하여 「물품을 다른 곳에 매각하는 일이 관습에 적합하고 또한 매도인의 입장에서 합리적으로 가능한 경우, 매도인은 매수인에게 대금지급을 요구할 권리를 갖지 못한다. 이러한 경우 계약은 그와 같은 매각이 행해져야 하는 시점으로부터 해당 사실의 존재 자체에 의하여 해제된 것으로 본다」라고 규정하고 있다. 또한 UCC 제 2-709조 (1)항 (b)호에서도 매도인이 합리적인 노력을 기울였음에도 불구하고 합리적인 가격으로 전매가 불가능한 경우 또는 그 상황으로 보아 이와 같은 노력이 성공적일 수 없는 경우에 한해서만 매도인의 대금지급 청구가 가능한 것으로 규정하고 있다.

따라서 어느 경우에도 매수인이 매도인의 물품인도를 수령함으로써 현실적으로 다른 곳으로의 매각이 불가능한 경우를 제외하고는 매도인이 대금지급 청구를 계속함으로써 초래되는 합리적인 이익은 존재하지 않는다. 그 근거로써 매도인은 매수인에게 이행을 계속 청구하는 것보다 계약을 해제하여 목적물을 다른 곳에 매각한 후 손해배상을 청구하는 것이 문제를 더욱 신속하게 처리할 수 있는 바람직한 방법이기 때문이다.

Article 63

(1) The seller may fix an additional period of reasonable length for performance by the buyer of his obligations.

(2) Unless the seller has received notice from the buyer that he will not perform within the period so fixed, the seller may not, during that period, resort to any remedy for breach of contract. However, the seller is not deprived thereby of any right he may have to claim damages for delay in performance.

제63조

(1) 매도인은 매수인이 그의 의무를 이행하도록 하기 위하여 상당한 추가기간을

57) 본 협약 제 85조~제 88조 참조.

정할 수 있다.
(2) 해당 추가기간 내에 이행할 의사가 없다는 취지의 통지를 매수인으로부터 접수하지 않는 한, 매도인은 그 기간 중에는 매수인의 계약위반에 대하여 여하한 구제도 구할 수 없다. 그러나 매도인은 그로 인하여 이행의 지연에 대한 손해배상을 청구할 수 있는 권리를 박탈당하지 아니한다.

<해 설>

매도인이 매수인으로 하여금 계약상의 의무이행을 구하는 것이 가능한 경우, 매도인은 합리적인 추가기간을 부여해 주는 것이 가능하다. 매도인에 의한 추가기간의 부여는 계약에 따른 이행을 완료하는 것에 필요한 모든 행위에 대하여 가능하지만, 그것이 법적으로 가장 중요한 의미를 갖는 것은 매수인의 대금지급 의무 또는 인도수령 의무의 불이행에 있어서의 추가기간의 부여라 할 수 있다.[58)]

본 협약에서 매도인이 계약을 바로 해제시킬 수 있는 것은 원칙적으로 매수인의 의무 불이행이「중대한 계약위반」에 해당되는 경우이다. 그러나 매수인의 대금지급 의무 및 물품수령 의무 불이행의 경우에 있어서는 계약에서 정해진 이행기일에 이행되지 않은 것이「중대한 계약위반」에 해당되지 않는 경우라 하더라도, 매도인이 합리적인 추가기간을 정하여 그 이행을 청구한 후 그 기간 내에도 매수인이 이행하지 않은 경우 또는 그 기간 내에 이행하지 않을 것임을 매수인이 의사 표명한 경우에는 계약을 해제시킬 수 있는 근거가 된다.[59)]

매도인은 일단 추가기간을 부여해 준 이상 그 추가기간 내에 계약을 이행할 의사가 없다는 취지의 매수인으로부터의 통지를 수취한 경우를 제외하고, 이 기간 중에는 매도인은 매수인의 계약위반과 관련하여 다른 구제를 구할 수 없게 된다. 그러나 이것이 매도인으로 하여금 손해배상을 청구할 수 있는 권리를 상실하게 된다는 것을 의미하는 것은 아니다. 그리고 이러한 경우 법원 및 중재기관에서는 일방적으로 매수인에게 유예기간을 부여해 주어서는 안된다.[60)]

Article 64
(1) The seller may declare the contract avoided:
(a) if the failure by the buyer to perform any of his obligations under the contract or this Convention amounts to a fundamental breach of contract: or

58) 본 협약 제 64조 참조.
59) 본 협약 제 64조 (1)항 (b)호 참조.
60) 본 협약 제 61조 (3)항 참조.

(b) if the buyer does not, within the additional period of time fixed by the seller in accordance with paragraph (1) of article 63 perform his obligation to pay the price or take delivery of the goods, or if he declares that he will not do so within the period so fixed.

(2) However, in cases where the buyer has paid the price, the seller loses the right to declare the contract avoided unless he does so:

(a) in respect of late performance by the buyer, before the seller has become aware that performance has been rendered ; or

(b) in respect of any breach other than late performance by the buyer, within a reasonable time.

(i) after the seller knew or ought to have known of the breach ; or

(ii) after the expiration of any additional period of time fixed by the seller in accordance with paragraph (1) of article 63 or after the buyer has declared that he will not perform his obligations within such an additional period.

제64조

(1) 매도인은 다음 각 호의 하나에 해당되는 경우에는 계약을 해제시킬 수 있다.

(a) 계약 또는 이 협약의 규정에 의한 어떤 의무를 매수인이 이행하지 아니함에 따라 본질적 계약위반이 성립되는 경우 ; 또는

(b) 제 63조 (1)항의 규정에 따라 매도인이 정한 추가기간 내에 매수인이 대금지급 의무 또는 물품인도 수령의무를 이행하지 아니하였거나, 또는 매수인이 이 기간 내에 그 의무를 이행하지 아니할 것이라고 의사 표명한 경우.

(2) 그러나 매수인이 대금을 이미 지급하였을 경우에는 다음 각 호의 하나에 해당되는 시기에 계약을 해제시키지 않는 한, 매도인은 계약해제권을 상실한다.

(a) 매수인의 이행지연에 대해서는 매도인이 이행지연에 관한 사실을 알기 이전 또는

(b) 매수인의 이행지연 이외의 위반에 대해서는 다음 각 호의 하나에 해당되는 시기 이 후의 상당한 기간 내.

(i) 매도인이 그 계약위반을 알았거나 또는 알 수 있었던 시기 이후 ; 또는

(ii) 제 63조 (1)항의 규정에 따라 매도인이 정한 추가기간이 경과한 시기 이후, 또는 해당 추가기간 내에 자신의 의무를 이행하지 않을 것임을 매수인이 의사 표명한 시기 이후.

<해 설>

매도인이 계약을 해제시키는 것이 가능한 것은「계약 또는 이 협약에 근거하여 매수인이 자신의 의무를 이행하지 아니함에 따라 중대한 계약위반이 성립되는 경우」와「본 협약 제63조 (1)항에 근거하여 매도인이 정한 추가기간 내에 매수인이 대금지급 의무나 물품수령 의무를 이행하지 아니하였거나 또는 매수인이 그 기간 내에 자신의 의무를 이행하지 않겠다는 취지를 의사 표명한 경우」이다.

매수인의 대금지급 의무의 내용에는「계약 또는 관계법령이 정하는 바에 따라 지급을 가능하게 하기 위한 조치를 취하는 일」및「그것에 필요한 수속을 준수하는 일」등이 모두 포함되는 바,[61] 예를 들어 본 조 (1)항 (b)호의 규정내용에는 매수인이 신용장개설 의무를 위반하고 지급을 위하여 외화획득에 필요한 외환관리법령의 수속을 태만히 한 경우가 포함된다고 할 수 있다.

한편 매도인이 매수인에게 매수인의 의무이행을 위한 추가기간을 부여해 준 경우, 해당 기간 중에는 매도인의 계약해제권의 행사가 제한된다.[62] 또한 매수인이 이미 대금을 지급한 경우, 매도인에 의한 계약해제권의 행사에는 다음과 같은 포괄적인 시기적 제한이 따른다.

① 매수인에 의한 이행지체를 이유로 계약을 해제시키는 경우에는 매도인이 이행 지체된 사실을 알기 이전에만 계약해제가 가능하다.

② 이행지체 이외의 계약위반을 이유로 계약을 해제시키는 경우에는

(i) 매도인이 그 계약위반을 알았거나 알았어야 했던 시기 이후,

(ii) 매도인이 부여한 추기기간이 경과한 때 또는 해당기간 내에 의무이행을 하지 않을 것임을 매수인이 의사 표명한 시기 이후의

「합리적인 기간 내」에서만 계약해제가 가능하다. 즉 매도인에게는 계약을 해제시켜야 하는가의 여부를 판단함에 있어서 시황에 비추어 볼 여유가 없다고 할 수 있다.

Article 65

(1) If under the contract the buyer is to specify the form, measurement or other features of the goods and he fails to make such specification either on the date agreed upon or within a reasonable time after receipt of a request from the seller, the seller may, without prejudice to any other rights he may have, make specification himself in accordance with the requirements of the buyer that may be known to him.

(2) If the seller makes the specification himself, he must inform the

61) 본 협약 제 54조 참조.
62) 본 협약 제 63조 (2)항 참조.

buyer of the details thereof and must fix a reasonable time within which the buyer may are a different specification. If, after receipt of such a communication, the buyer fails to do so within the time so fixed, the specification made by the seller is binding.

제65조

(1) 계약상 매수인이 물품의 형태와 용적 또는 기타의 특징을 지정하기로 되어 있는 경우로써 합의된 기일 또는 매도인으로부터 요구를 접수한 후의 상당한 기간 내에 매수인이 그 물품명세를 지정하지 아니한 경우, 매도인은 자신이 보유하고 있는 다른 권리를 훼손당함이 없이 매도인이 알고 있는 매수인의 필요요건에 따라 스스로 물품명세를 지정할 수 있다.

(2) 매도인 자신이 물품명세를 지정하는 경우에는 매수인에게 상세한 물품명세를 통지해 주어야 하며, 또한 매수인이 그와 상이한 물품명세를 지정할 수 있는 상당한 기간을 설정해 주어야 한다. 매수인이 그러한 통지를 접수한 후 설정된 기간 내에 상이한 물품명세를 지정하지 않는 경우에는 매도인이 지정한 물품명세사항이 그 구속력을 갖는다.

<해 설>

본 협약에서는 매도인에게 물품지정권을 부여해 주고 있는데, 이러한 매도인의 권리는 계약상 물품의 형태나 특징 등에 관하여 매수인이 지정하기로 합의된 경우로써 합의된 기일에 또는 매도인으로부터의 요구를 수령한 이후의 합리적인 기간 내에도 매수인이 그 지정을 하지 않는 경우에 한해 행사될 수 있다. 이러한 매도인에 의한 일방적 지정권은 매수인이 본래 지정하여야 했던 기일이 경과하면 바로 행사되어도 좋고 또는 상당 기간을 부여해 주고 지정을 촉구한 후 행사되어도 좋다. 그러나 매도인의 지정이 그 구속력을 갖기 위해서는 다음과 같은 세 가지의 요건을 충족시킬 필요가 있다. 즉

(i) 매도인이 알고 있는 매수인의 해당 물품에 관한 필요성에 따라 지정하는 일,

(ii) 매수인에 대하여 그 지정의 물품명세를 통지하는 일,

(iii) 이러한 통지와 함께 매수인이 그것과 다른 물품명세를 지정할 수 있는 합리적 기간을 설정해 주는 일.

매수인이 이러한 통지를 접수한 후 설정된 기간 내에 상이한 물품명세를 지정하지 아니한 경우에는 매도인이 지정한 물품명세사항이 그 구속력을 갖는다. 그런데 이러한 물품지정권을 행사하는 일은 매도인의 권리이지 의무에 해당되는 것이 아니다. 그리고 매도인은 이 지정권의 행사 외에 매수인의 지정의무 위반에서 발생된 손해배상 청구가 가능함은 물론,

매수인에 의한 지정의무 위반이 「중대한 계약위반」을 성립시키는 것으로 인정되면 계약을 해제시킬 수도 있다. 따라서 이 규정내용은 매수인이 물품을 상세하게 지정하지 않은 상태하에서도 특정 물품매매계약을 성립시키기에 충분하다는 점[63)]을 시사해 주고 있다. 그러나 실제로 매도인이 이러한 물품지정권을 행사하는 경우는 매우 드물다고 할 수 있다.

Chapter Ⅳ. Passing of Risk Article 66 Loss of or damage to the goods after the risk has passed to the buyer does not discharge him from his obligation to pay the price, unless the loss or damage is due to an act or omission of the seller.
제4장. 위험의 이전 제66조 위험이 매수인에게 이전된 후의 물품의 멸실 또는 훼손은 매수인의 대금지급 의무를 면제시키지 못한다. 다만 해당 멸실 또는 훼손이 매도인의 작위 또는 부작위에 의한 것일 경우에는 그러하지 아니하다.

<해 설>

본 조에서는 위험부담의 일반원칙에 관하여 규정하고 있다. 즉 위험이 일단 매수인에게 이전된 이후에는 비록 해당 물품이 멸실 또는 훼손되었다 하더라도 매수인은 대금을 지급하여야 하는 자신의 의무로부터 면제받을 수 없게 된다.[64)] 그 이유는 위험이 매수인에게 이전된 이후의 해당 물품에 대한 모든 책임은 매수인이 부담하여야 하는 것이기 때문이다. 그러나 위험이 매수인에게 이전된 이후라 하더라도 해당 물품의 멸실 또는 훼손이 매도인의 작위 또는 부작위에 의하여 발생된 것일 경우, 매수인은 대금지급 의무로부터 면제받을 수 있게 된다.

무역실무상으로는 계약 당사자들이 그들의 계약서에 Incoterms 2010상의 FOB, CIF 등과 같은 정형거래조건을 명시해 둠으로써 물품의 위험이전시점에 관하여 미리 합의하고 있을 뿐 아니라, 이러한 위험이전시점은 일반적으로 별도의 부보조건에 의하여 결정될 수 있도록 배려하는 것이 일반관행으로 되어 있다.

---

63) 본 협약 제 14조 (1)항 참조.

64) 영국의 SGA 1979 제 20조와 미국의 UCC 제 2-509조에서도 동일한 취지의 규정을 두고 있다.

Article 67

(1) If the contract of sale involves carriage of the goods and the seller is not bound to hand them over at a particular place, the risk passes to the buyer when the goods are handed over to the first carrier for transmission to the buyer in accordance with the contract of sale. If the seller is bound to hand the goods over to a carrier at a particular place, the risk does not pass to the buyer until the goods are handed over to the carrier at that place. The fact that the seller is authorized to retain document controlling the disposition of the goods does not affect the passage of the risk.

(2) Nevertheless, the risk does not pass to the buyer until the goods are clearly identified to the contract, whether by marking on the goods, by shipping document, by notice given to the buyer or otherwise.

제67조

(1) 매매계약이 물품의 운송을 수반하는 경우로써 매도인이 특정 장소에서 물품을 교부할 의무가 없을 때에는 매매계약에 따라 매수인에게 송부하기 위하여 물품이 최초의 운송인에게 교부된 때에 위험은 매수인에게 이전된다. 매도인이 특정 장소에서 물품을 운송인에게 운송하여야 하는 경우에는 물품이 해당 장소에서 운송인에게 교부될 때까지 위험은 매수인에게 이전되지 아니한다. 매도인이 물품을 처분할 수 있는 서류를 보유할 권한이 있다는 사실은 위험의 이전에 영향을 미치지 아니한다.

(2) 그럼에도 불구하고 물품이 하인, 운송서류, 매수인에 대한 통지 또는 기타의 방법에 의하여 계약의 목적물로써 명확히 특정될 때까지 위험은 매수인에게 이전되지 아니한다.

<해 설>

본 협약 제 67조에서부터 제 69조까지는 위험이전 시점에 관하여 규정하고 있다. 본 조에서는 국제물품매매계약이 물품의 운송을 예정하고 있는 경우로써 계약에 의하여 물품의 교부장소가 특정되어 있는 경우와 특정되어 있지 아니한 경우로 구분하여 위험이전시점에 관하여 규정하고 있다.

본 협약에서는 국제물품매매계약상 매도인이 특정 장소에서 계약물품을 교부할 의무가

없는 경우에는 계약물품이 매수인에게 발송되기 위하여 제 1의 운송인에게 교부되었을 때 위험이 매수인에게 이전되는 것으로 규정하고 있다. 그러나 이와는 달리 매도인이 특정 장소에서 계약물품을 교부해 주어야 할 의무가 있는 경우에는 계약물품이 그 특정 장소에서 운송인에게 교부되었을 때 위험이 매수인에게 이전되는 것으로 규정하고 있다. 여기에서 특정 장소란 무역실무상으로는 Incoterms상의 특정 거래조건을 지정함으로써 명백해질 수 있다.

그런데 이러한 경우 물품을 대표하는 서류들(예를 들어 선하증권 등)은 이를 매도인이 보유하고 있건 매수인이 보유하고 있건 위험의 이전에 영향을 미치지 아니하고, 또한 해당 물품이 계약목적물로 특정될 때까지는 위험이 매수인에게 이전되지 않는다.

Article 68

The risk in respect of goods sold in transit passes to the buyer from the time of the conclusion of the contract. However, if the circumstances so indicate, the risk is assumed by the buyer from the time the goods were handed over to the carrier who issued the documents embodying the contract of carriage. Nevertheless, if at the time of the conclusion of the contract of sale the seller knew or ought to have known that the goods had been lost or damaged and did not disclose this to the buyer, the loss or damage is at the risk of the seller.

제68조

운송도중에 있는 물품이 매매되는 경우의 위험은 해당 매매계약이 체결된 때로부터 매수인에게 이전된다. 그러나 상황으로 보아 인정될 수 있는 경우에는 운송계약을 구현하는 서류를 발행한 운송인에게 물품을 인도한 때로부터 매수인이 그 위험을 부담한다. 그럼에도 불구하고 매매계약체결 시에 매도인이 물품이 이미 멸실 또는 손상된 사실을 알았거나 또는 알 수 있었던 경우로써 이를 매수인에게 알리지 아니한 경우, 해당 멸실 또는 훼손은 매도인의 위험부담이 된다.

<해 설>

본 조에서는 운송도중에 있는 물품의 매매에 대한 위험이전 시점에 관하여 규정하고 있다.

이와 관련하여 운송도중에 있는 물품이 매매되는 경우에는 원칙적으로 해당 계약이 체결된 때로부터 위험이 매도인으로부터 매수인에게 이전된다. 그러나 예를 들어 CIF거래조건의 매매계약에서와 같이 물품이 반입 · 인도된 증거로써 선하증권이 운송인에 의하여 발행되었을 경우에는 비록 운송도중에 그 물품이 전매되었다 하더라도 위험이전 시점은 해당 물품을 운송인에게 교부한 때로 소급하여 적용된다. 그 근거로써 매수인은 운송도중에 있는 해당 물품에 대한 우발적인 멸실 또는 훼손 등의 사고가 발생되었다 하더라도 그러한 손실을 부보조건에 의거하여 보상받을 수 있는 입장에 있기 때문이다. 따라서 이러한 경우의 위험이전 시점은 운송도중에 있는 물품에 대한 매매계약체결 시점이 아니라 선하증권이 발행된 시점(선적 시점)으로 소급된다고 할 수 있다.

그러나 위와 같은 경우라 하더라도 운송도중에 있는 물품에 대한 매매계약을 체결할 당시에 매도인이 해당 물품이 이미 멸실 또는 훼손된 사실을 알았거나 또는 알았어야 하면서도 이러한 사실을 매수인에게 알리지 아니한 경우, 위험은 매수인에게 이전되지 않으므로 매도인 스스로가 그 위험을 부담하여야 한다. 따라서 예를 들어 매도인이 해당 물품이 훼손되었다는 사실을 알고 있는 경우에는 매매계약을 체결하기 이전에 이러한 사실을 미리 매수인에게 알려줌으로써, 매수인으로 하여금 그러한 상황 하에서의 해당 물품에 대한 구매 여부를 결정할 수 있도록 해주어야 한다.

Article 69

(1) In cases not within article 67 and 68, the risk passes to the buyer when he takes over the goods or, if he does not do so in due time, from the time when the goode are placed at his disposal and he commits a breach of contract by failing to take delivery.

(2) However, if the buyer is bound to take over the goods at a place other than a place of business of the seller, the risk passes when delivery is due and the buyer is aware of the fact that the goods are placed at his disposal at that place.

(3) If the contract relates to goods not then identified, the goods are considered not to be placed at the disposal of the buyer until they are clearly identified to the contract.

제69조

(1) 제 67조 및 제 68조의 규정이 적용되지 않는 경우, 위험은 매수인이 물품을 수령한 때 또는 매수인이 상당한 기간 내에 물품을 수령하지 아니하는 경우에는 물품이 매수인의 처분에 맡겨져 있음에도 불구하고 매수인이 이를 수령하지 아니하여 계약위반을 범하게 된 때로부터 매수인에게 이전된다.

(2) 그러나 매수인이 매도인의 영업소 이외의 장소에서 물품을 수령하여야 하는

경우에는 인도의 이행기가 도래하고 또한 물품이 해당 장소에서 매수인의 처분에 맡겨진 사실을 매수인이 알았을 때에 위험이 이전된다. (3) 계약이 불특정물의 매매에 관한 것일 경우에는 물품이 계약상으로 명확히 특정될 때까지 매수인의 임의처분 상태에 놓여져 있지 아니한 것으로 간주한다.

<해 설>

본 조에서는 국제물품매매계약이 물품운송을 예정하고 있는 경우와 물품이 운송도중에 전매되는 경우를 제외한 기타의 경우의 위험이전 시점에 관하여 규정하고 있다. 즉 본 조 (1)항에서는 매도인의 영업소에서 매수인이 물품을 수령한 때로부터 위험이 이전되는 것으로 규정하고 있다. 그리고 매수인이 상당한 기간 내에 물품을 수령하지 아니하는 경우에는 해당 물품이 매수인을 위하여 그 처분이 가능한 상태로 놓여져 있음에도 불구하고 매수인이 이를 수령하지 아니함으로써 매수인의 계약위반이 성립된 시점으로부터 위험이 매수인에게 이전되는 것으로 규정하고 있다.

그런데 매수인이 매도인의 영업소 이외의 장소에서 계약물품을 수령해야 하는 경우에는 물품인도의 이행기가 도래하고 또한 해당 물품이 그 장소에서 매수인을 위하여 언제든지 처분이 가능한 상태로 놓여져 있다는 사실을 매수인이 알게 된 때로부터 위험은 매수인에게 이전되는 것으로 본 조에서 규정하고 있다. 이때 매수인이 이러한 사실을 매수인 스스로 알았건 또는 매도인의 통지에 의해 알았건 아무런 관계가 없다.

국제무역물품은 대부분이 불특정물이다. 이러한 불특정물은 특정이 이루어질 때까지 위험이 매수인에게 이전되지 않는다. 여기에서 물품의 특정이란 불특정물을 특정물로 확정짓는 것을 의미하며, 물품이 특정될 때까지 위험은 매수인에게 이전되지 않으므로 물품의 특정은 위험이전의 제 1요인으로 볼 수 있다. 일반적으로 수상운송방식의 거래조건인 경우 계약에 의거해 물품의 선적이 이루어질 때 물품은 특정물이 되며, 해당 물품의 특정물이 되면 별도의 특정을 필요로 하지 않게 된다. 따라서 특정물이 되기 전까지의 위험은 매도인이 부담해야 한다.

Article 70 If the seller has committed a fundamental breach of contract, article 67, 68 and 69 do not impair the remedies available to the buyer on account of the breach.
제70조 매도인이 본질적 계약위반을 범하였을 경우, 제 67조, 제 68조 및 제 69조의 규

정은 계약위반을 이유로 매수인이 이용할 수 있는 구제수단을 훼손시키지 아니한다.

<해 설>

본 협약 제 66조에 규정되어 있듯이 위험이 일단 매수인에게 이전된 이후에는 해당 물품이 멸실 또는 훼손되는 돌발적인 사건이 발생되었다 하더라도 매수인의 대금지급 의무는 면제받지 못하는 것이 원칙이다. 그러나 매도인이 본질적 계약위반을 범하였을 경우에는 본 협약 제 67조부터 제 69조에서 규정하고 있는 어떠한 경우에 대해서도 매수인으로 하여금 계약해제권, 대금감액 청구권, 대체품인도 청구권, 손해배상 청구권 등과 같은 구제수단들 중에서 어느 하나를 선택적으로 행사할 수 있도록 본 조에서 보장해 주고 있다. 다만 매수인의 손해배상 청구권은 다른 구제수단과 동시에 행사될 수도 있고, 다른 구제수단을 포기하고 손해배상만을 청구할 수도 있다.[65)]

Chapter V. Provisions Common to the Obligations of the seller and of the buyer

Section 1, Anticipatory Breach and Instalment Contracts

Article 71

(1) A party may suspend the performance of his obligation if, after the conclusion of the contract, it becomes apparent that the other party will not perform a substantial part of his obligations as a result of:

(a) a serious deficiency in his ability to perform or in his credit wor-thiness ; or

(b) his conduct in preparing to perform or in performing the contract.

(2) If the seller has already dispatched the goods before the grounds described in the preceding paragraph become evident, he may prevent the handing over of the goods to the buyer even though the buyer holds a document which entitles him to obtain them, The present paragraph relates only to the goods as between the buyer and the

65) 본 협약 제 45조 참조.

seller.
(3) A party suspending performance, whether before or after dispatch of the goods, must immediately give notice of the suspension to the other party and must continue with performance if the other party provides adequate assurance of his performance.

제5장. 매도인과 매수인의 의무에 공통되는 규정

제1절 예상적인 계약위반 및 분할이행계약

제71조
(1) 계약을 체결한 후에 다음 각 호의 하나에 해당하는 사유로써 상대방이 그 의무의 중요 부분을 이행하지 아니할 것이라는 것이 명백해질 경우, 당사자는 자신의 의무이행을 정지시킬 수 있다.
(a) 상대방의 이행능력 또는 그 신뢰성의 현저한 실추 ; 또는
(b) 계약의 이행을 준비하거나 또는 계약을 이행하는데 있어서의 상대방의 행위.
(2) 전 항에 규정된 사유가 명백해지기 이전에 매도인이 이미 물품을 발송하였을 경우에는 비록 물품을 취득할 수 있는 서류를 매수인이 보유하고 있다 하더라도 매도인은 물품이 매수인에게 교부되는 것을 중지시킬 수 있다. 이 항의 규정은 매도인과 매수인 상호간의 물품에 대한 권리에만 적용된다.
(3) 물품의 발송 전후에 관계없이 이행을 정지시킨 당사자는 해당 정지의 통지를 상대방에게 즉시 발송해 주어야 하며, 상대방이 그 이행에 대하여 적절한 보장을 제공해 주는 경우에는 이행을 계속하여야 한다.

<해 설>

본 조에서는 계약상에 채무이행 기간이 명확히 합의되어 있는 경우라 하더라도「이행기전의 계약위반」이 구성될 수 있는 경우가 있음을 규정하고 있다. 즉 본 협약에 의하면 계약당사자들은 상대방의 이행능력이나 그 신뢰성의 현저한 악화 또는 상대방의 계약이행 상의 준비상황이나 행위 등으로 보아 상대방이 그 의무의 실질적인 부분을 이행하지 아니할 것이라는 사실이 명백해졌을 경우에는 계약의 이행기 전이라 하더라도 자신의 의무이행을 정지시킬 수 있게 된다.

게다가 예를 들어 만일 매수인의 신용상태가 극도로 실추되어 이행기에 매수인의 대금지급 능력이 도저히 기대될 수 없는 사정이 명백해졌다면, 매도인은 해당 물품을 이미 발송한

후라 하더라도 운송인으로 하여금 매수인에 대한 물품인도를 중지시킬 수 있게 된다. 그런데 이러한 일은 매매당사자 상호간의 물품에 대한 권리에 대해서만 적용될 수 있는 바, 그 근거로써 예를 들어 매수인이 선하증권과 같은 해당 물품을 대표하는 서류들을 이미 제 3자에게 양도한 경우에는 매도인이 이를 중지시킨다는 것이 사실상 불가능하기 때문이다. 한편 이행을 정지시킨 당사자는 곧 그러한 취지를 상대방에게 통지해 주어야 하며, 만일 상대방이 그 이행에 대하여 적절한 보장을 제공해 주는 경우에는 자신의 이행을 계속하여야 한다. 여기에서 「적절한 보장」이란 국제무역거래에서 관습적으로 널리 이용되고 있는 보장수단들 즉, 신용장의 개설이라든지 은행보증서의 제공 등과 같이 그 확실성이 전제되어 있는 수단들을 말한다.

Article 72 (1) If prior to the date for performance of the contract it is clear that one of the parties will commit a fundamental breach of contract, the other party may declare the contract avoided. (2) If time allows, the party intending to declare the contract avoided must give reasonable notice to the other party in order to permit him to provide adequate assurance of his performance. (3) The requirements of the preceding paragraph do not apply if the other party has declared that he will not perform his obligations.
제72조 (1) 계약의 이행기일 이전에 당사자의 일방이 본질적인 계약위반을 범할 것이 명백한 경우, 상대방은 계약을 해제시킬 수 있다. (2) 시간이 허용되는 한, 계약을 해제시키고자 하는 당사자는 상대방이 그 이행에 대하여 적절한 보장을 제공할 수 있도록 하기 위하여 합리적인 통지를 발송하여야 한다. (3) 전 항의 규정은 상대방이 자신의 의무를 이행하지 아니할 것임을 의사 표명하였을 경우에는 적용되지 아니한다.

<해 설>

본 협약에서는 계약의 이행기일 이전이라도 당사자의 일방이 「본질적 계약위반」을 범할 것이 명백해진 경우, 상대방은 계약을 해제시킬 수 있는 것으로 규정하고 있다. 즉 예를 들어 매도인의 제조공장이 파괴됨으로써 매도인에 의한 기간 내 이행이 도저히 불가능한 상태에 도달되었다거나, 매수인의 파산 또는 신용상태의 극심한 악화로 인해 재정상태가 지급불

능 상태에 빠졌다거나, 상대국에서의 수출(입) 금지조치로 인해 사실상 이행불능 상태에 빠진 경우 등과 같이 당사자의 일방이 「본질적 계약위반」을 범하게 될 것임이 명백해진 경우, 타방 당사자는 계약을 해제시킬 수 있다는 것이다.

단 시간이 허용되는 한, 계약을 해제시키고자 하는 당사자는 상대방으로 하여금 그 이행에 대하여 적절한 보장을 제공할 수 있는 기회를 가질 수 있도록 합리적인 통지를 해 주어야 한다. 그러나 상대방이 그 의무를 이행하지 아니할 취지를 이미 의사 표명하였을 경우에는 통지해 주지 않아도 된다.

Article 73

(1) In the case of a contract for delivery of goods by Instalments, if the failure of one party to perform any of his obligations in respect of any instalment constitutes a fundamental breach of contract with respect to that instalment, the other party may declare the constract avoided with respect to that instalment.

(2) If one party's failure to perform any of his obligations in respect of any instalment gives the other party good grounds to conclude that a fundamental breach of contract will occur with respect to future Instalments, he may declare the contract avoided for the future, provided that he does so within a reason able time.

(3) A buyer who declares the contract avoided in respect of any delivery may at the same time, declare it avoided in respect of deliveries already made or of future deliveries if, by reason of their interdependence, those deliveries could not be used for the purpose contemplated by the parties at the time of the conclusion of the contract.

제73조

(1) 물품을 분할하여 인도하는 계약의 경우로써 어느 분할부분에 관한 일방 당사자의 의무 불이행이 해당 분할부분에 대하여 본질적 계약위반을 구성하는 경우, 상대방은 해당 분할부분에 대하여 계약을 해제시킬 수 있다.

(2) 어느 분할부분에 관한 일방 당사자의 의무불이행이 상대방으로 하여금 장래의 분할부분에 대하여 본질적 계약위반이 발생할 것이라고 미루어 판단하는 충분한 근거가 되는 경우, 상대방은 장래의 분할부분에 대하여 계약을 해제시킬 수 있다. 다만 상대방은 상당한 기간 내에 계약을 해제시켜야 한다.

(3) 어떤 인도 부분에 대하여 계약을 해제시키려는 매수인은 이미 이루어진 인도

또는 장래에 이루어질 인도에 대하여서도 동시에 계약을 해제시킬 수 있다. 다만 그러한 인도들이 상호의존 관계에 있음으로써 계약체결 당시에 양 당사자가 의도하였던 목적달성을 위하여 사용될 수 없게 된 경우에 한한다.

<해 설>

분할이행 계약의 경우에 있어서 물품의 어떤 분할부분에 관한 일방 당사자의 채무 불이행이 그 분할부분에 대하여「본질적 계약위반」을 성립시키는 경우, 상대방은 그 분할부분에 대하여 계약을 해제시킬 수 있다. 여기에서「본질적 계약위반」이란 본 협약 제 25조에서 규정하고 있는 "그 계약에서 상대방이 기대할 권리가 있는 것을 실질적으로 박탈할 정도로 손해가 발생되는 결과를 초래시키는 계약위반"을 말한다.

그러데 일방 당사자의 의무 불이행이 그 분할부분만을 본다면「본질저 계약위반」을 구성하는 것이 아닌 경우라 하더라도, 상대방으로 하여금 장래의 분할부분에 대하여「본질적 계약위반」이 발생할 것이라고 미루어 판단하는 충분한 근거가 되는 경우에는 상대방은 장래에 대하여 그 분할이행 계약을 해제시킬 수 있다. 다만 그러한 경우의 계약해제권 행사는 합리적인 기간 내에 이루어져야 한다.

한편 매도인에 의하여 분할인도가 이루어졌으나 이것이 미 인도부분과 상호의존 관계에 있음으로써 계약체결 시에 당사자 쌍방이 의도하였던 계약체결 목적을 달성할 수 없게 된 경우, 매수인은 현재의 기 수령부분과 장래의 미 수령부분 모두에 대하여 동시에 계약을 해제시킬 수 있다.

Section ll. Damages

Article 74

Damages for breach of contract by one party consist of a sum equal to the loss, including loss of profit, suffered by the other party as a consequence of the breach. Such damages may not exceed the loss which the party in breach foresaw or ought to have foreseen at the time of the conclusion of the contract, in the light of the facts and matters of which he then knew or ought to have known, as a possible consequence of the breach of contract.

제2절. 손해배상금

제74조
일방 당사자의 계약위반에 대한 손해배상액은 예상이익의 손실을 포함하여 해당 위반의 결과에 따라 상대방이 입은 손실과 동등한 금액으로 구성된다. 해당 손해배상액은 위반을 한 당사자가 계약체결 당시에 알았거나 또는 알았어야 했던 사실 및 사항에 비추어, 계약위반으로 인해 발생될 가능성이 있는 결과의 것임을 계약체결 당시에 예견하였거나 또는 예견하였어야 하는 손실액을 초과할 수 없다.

<해 설>

본 조에서는 계약위반에 대한 손해배상금의 액수는 해당 위반의 결과로 상대방이 입은 손실과 동등한 금액으로 구성되어야 한다는 일반원칙을 규정하고 있으며, 여기에서 말하는 손실의 의미에는 예상이익의 손실이 포함되는 것으로 규정하고 있다. 그러나 이러한 일반원칙에 대하여 손해배상금의 액수에는 매우 중요한 제한이 뒤따른다. 즉 손해배상액은 계약위반 당사자가 계약체결 당시에 알았거나 또는 알았어야 했던 사실 및 사항에 비추어, 계약위반으로 인해 발생될 가능성이 있는 결과의 것임을 계약체결 당시에 예견하였거나 또는 예견하였어야 하는 손실액을 초과할 수 없게 된다.

이처럼 계약체결 당시에 예견이 불가능하였던 손해에 대해서는 그 배상청구를 허용하지 아니하는 것이 영미법상의 기본 법리에 해당되며, 본 협약에서도 이러한 법리를 채택하고 있음을 알 수 있다. 이러한 「예견가능설의 법리」에서는 너무 疏遠한 손해에 대해서는 배상책임을 인정할 인과관계의 범위 외의 손해로 간주하며, 인과관계의 범위가 근접한 손해에 대해서만 그 배상책임을 인정하고 있다.

Article 75
If the contract is avoided and if, in a reasonable manner and within a reasonable time after avoidance, the buyer has bought goods in replacement or the seller has resold the goods, party claiming damages may recover the difference between the contract price and the price in the substitute transaction as well as any further damages recoverable under article 74.

제75조
계약이 해제된 경우로써 해제된 후 합리적인 방법과 합리적인 기간 내에 매수인

이 대체품을 구입하였거나 또는 매도인이 물품을 재매각하였을 경우, 손해배상을 청구하는 당사자는 계약대금과 대체거래에 있어서의 대금과의 차액 및 제 74조의 규정에 의하여 받을 수 있는 여타의 배상금을 보상받을 수 있다.

<해 설>

인도된 물품의 부적합의 정도가「본질적 계약위반을 구성하게 되는 경우, 매수인은 물품수령 당시와 실질적으로 동등한 상태로 해당 물품을 반환할 수 있는 한 대체품의 인도를 청구할 수 있다.[66] 그런데 계약이 해제된 경우로써 해제된 후 합리적인 방법과 합리적인 기간 내에 매수인이 대체품을 구입하였거나 또는 매도인이 물품을 재매각하였을 경우, 손해배상을 청구하는 당사자는 계약대금과 대체거래에 있어서의 대금과의 차액을 청구할 수 있다. 그리고 그 이상의 손해가 발생된 경우에는 본 협약 제 74조의 규정에 근거한 여타의 배상금을 보상받을 수 있게 된다.

Article 76

(1) If the contract is avoided and there is a current price for the goods, the party claiming damages may, if he has not made a purchase or re-sale under article 75, recover the difference between the price fixed by the contract and the current price at the time of avoidance as well as any further damages re coverable under article 74, lf, however, the party claiming damages has avoided the contract after taking over the goods, the current price at the time of such taking over shall be ap-plied instead of the current price at the time of avoidance.

(2) For the purposes of the preceding paragraph, the current price is the price prevailing at the place where delivery of the goods should have been made or if there is no current price at that place, the price at such other place as serves as a reasonable substitute, making due allowance for differences in the cost of transporting the goods.

제76조

(1) 계약이 해제되고 또한 물품에 대한 시가가 있는 경우로써 손해배상을 청구하는 당사자가 제 75조의 규정에 의한 구입 또는 전매를 하지 아니하였을 경우, 해당 당사자는 계약대금과 계약해제 당시의 시가와의 차액 및 그 밖에 제 74조의

66) 본 협약 제 46조 (2)항 및 제 82조 (1)항 참조.

규정에 의하여 받을 수 있는 여타의 배상금을 보상받을 수 있다. 그러나 손해배상을 청구하는 당사자가 물품을 수령한 후에 계약을 해제하였을 경우에는 계약해제 당시의 시가를 대신하여 물품수령 당시의 시가를 적용시킨다.
(2) 전 항의 규정을 적용하는데 있어서 시가라 함은 물품의 인도가 행해졌어야 하는 장소에서의 지배적인 가격으로 한다. 해당 장소에서의 시가가 없는 경우에는 이에 합리적으로 대체될만한 다른 장소에서의 시가로 하며, 이때 물품운송 비용의 차이가 충분히 고려되어야 한다.

<해 설>

계약이 해제되고 해당 물품에 대한 시가가 있는 경우로써 손해배상을 청구하는 당사자가 대체품의 구입 또는 제 3자에게 전매를 하지 아니하였을 경우, 해당 당사자는 계약대금과 계약해제 당시의 시가와의 차액 및 그 밖에 본 협약 제 74조의 규정에 의하여 받을 수 있는 여타의 배상금을 보상받을 수 있다.

다만 손해배상을 청구하는 당사자가 물품을 수령한 후에 계약을 해제하였을 경우에는 계약대금과 물품수령 당시의 시가와의 차액을 배상청구할 수 있다. 여기에서 「시가」라 함은 물품인도 예정 장소에서의 지배적인 가격을 말하며, 이러한 시가가 없는 경우에는 이에 합리적으로 대체될만한 다른 장소에서의 시가로 결정한다. 다만 합리적으로 대체될만한 가격을 결정함에 있어서는 물품운송 비용의 차이를 충분히 고려하여 그 시가가 산출되어야 한다.

Article 77
A party who relies on a breach of contract must take such measures as are reasonable in the circumstances to mitigate the loss, including loss of profit, resulting from the breach. If he fails to take such measures, the party in breach may claim a reduction in the damages in the amount by which the loss should have been mitigated.

제77조
계약위반을 주장하는 당사자는 희망이익의 손실을 포함하여 그 위반에 따라 야기된 손실을 경감시키기 위하여 그 상황 하에서 합리적인 조치들을 취하여야 한다. 그러한 조치를 취하지 아니하였을 경우, 계약을 위반한 당사는 경감되어야 하는 손실에 해당하는 금액을 손해배상금 중에서 감액하여 주도록 청구할 수 있다.

<해 설>

본 조에서는 상대방이 계약을 위반하였음을 주장하는 당사자들의 손해경감 의무에 관하여 규정하고 있다. 즉 해당 당사자는 그 상황 하에서 합리적인 조치를 취함으로써 상대방의 계약위반으로 인하여 발생되는 손실을 경감시키는 일에 태만하여서는 안된다. 만일 해당 당사자가 이러한 조치들을 취하지 아니하였을 경우, 계약위반을 한 상대방은 해당 당사자가 주장하는 손해액 중에서 그가 경감시킬 수 있었던 손실액만큼을 경감시켜 주도록 요청할 수 있게 된다.

<table>
<tr><td>

Section III. Interest

Article 78

If a party fails to pay the price or any other sum that is in arrears, the other party is entitled to interest on it, without prejudice to any claim for damages recoverable under article 74.

</td></tr>
<tr><td>

제3절. 이자

제78조

당사자가 대금 또는 기타 금액의 지급을 연체하였을 경우 상대방은 해당 금액에 대한 이자를 받을 권리가 있으며, 또한 제 74조의 규정에 의하여 받을 수 있는 손해배상 청구권이 침해당하지 아니한다.

</td></tr>
</table>

<해 설>

본 협약에서는 금전채무의 연체에 대한 이자의 청구는 손해배상액의 청구로서가 아니라 대금 또는 기타 금액의 지급을 연체하였을 경우에 대한 그 연체이자의 청구에 해당하는 것으로 규정하고 있다. 따라서 본 협약 제 74조의 규정에 의한 손해배상금은 이자와는 별도로 청구할 수 있는 것임을 분명히 하고 있다. 그런데 금리 계산방식은 현실적으로 국가에 따라 다르기 때문에, 이자율의 최종적인 결정은 본 협약 제 7조 (2)항에 의거하여 법정지의 국제사법상의 원칙상 지정되는 준거법의 결정에 맡길 수밖에 없게 된다.

Section IV. Exemptions

Article 79

(1) A party is not liable for a failure to perform any of the obligations if he proves that the failure was due to an impediment beyond his control and that he could not reasonably be expected to have taken the impediment into account at the time of the conclusion of the contract or to have avoided or overcome it or its consequences.

(2) If the party's failure is due to the failure by a third person he has engaged to perform the whole or a part of the contract, that party is exempt from liability only if:

(a) he is exempt under the preceding paragraph: and

(b) the person whom he has so engaged would be so exempt if the provision of that paragraph were applied to him.

(3) The exemption provided by this article has effect for the period during which the impediment exists.

(4) The party who fails to perform must give notice to the other party of the impediment and its effect on his ability to perform. If the notice is not received by the other party within a reasonable time after the party who fails to perform knew or ought to have known of the impediment, he is liable for damages resulting from such non-receipt.

(5) Nothing in this article prevents either party from exercising any right other than to claim damages under this Convention.

제4절. 면책

제79조

(1) 자기가 부담해야 하는 어떤 의무를 이행하지 못한 당사자가 그것이 불가항력적인 장해에 기인하였던 것이라는 점 및 그와 같은 장해를 계약체결 당시에 고려해 넣었거나 또는 그 장애나 결과를 회피하거나 극복하는 일이 합리적으로 기대될 수 없는 것이었다는 점을 입증하였을 경우에는 그 불이행에 대하여 책임을 지지 아니한다.

(2) 당사자의 불이행이 계약의 전부 또는 일부를 이행하기 위하여 고용된 제 3자의 불이행에서 기인된 것일 경우, 당사자는 다음의 경우에 한하여 면책된다.

(a) 당사자가 전 항의 규정에 의하여 면책되는 경우 ; 및

(b) 당사자가 고용한 제 3자에게 전 항의 규정이 적용된다면 그 제 3자가 면책될 수 있는 경우.

(3) 이 조에서 규정하고 있는 면책은 장해가 존재하는 기간동안 그 효력을 갖는다.

(4) 불이행의 당사자는 상대방에게 장해와 이 장해가 자신의 이행능력에 미치는 효과에 관하여 통지하여야 한다. 불이행의 당사자가 장해를 알았거나 또는 알았어야 하는 때로부터 상당한 기간 내에 그 통지가 상대방에게 도달되지 아니한 경우, 당사자는 해당 불수령으로 인하여 발생되는 손해배상에 대한 책임을 진다.

(5) 이 조의 규정은 이 협약의 규정에 의한 손해배상 청구 이외의 여하한 권리의 행사에 대해서도 어느 당사자에 대해서건 방해하지 아니한다.

<해 설>

본 조의「당사자에게 귀책될 수 없는 불이행」, 즉「자신의 지배를 초월하는 장해에서 기인되는 불이행」의 책임에 대하여 규정하고 있다. 이와 관련하여 본 협약은 물론 각국 법제에서는 당사자의 지배를 초월하는 장해에서 기인되는 불이행에 의한 책임으로부터 해당 당사자를 면책시켜 주고 있다.

그런데 본 협약에서는 이와 관련한 용어사용에 다소 상이한 법적 의미를 가지고 있는 Force Majeur(프랑스), Frustration(영국), Impossibility(Impracticability) of Performance(미국) 등의 용어는 전혀 사용하고 있지 않다는 점에 주목할 필요가 있다. 따라서 우리는 본 협약을 통하여 오늘날 Frustration법리의 적용에 관한 한 국제적으로 매우 조심스럽고도 신중하게 접근하고 있음을 알 수 있다.

본 조 (1)항에서는 자신의 의무를 이행하지 못한 당사자라 하더라도 다음의 요건이 구비되는 경우에는 면책되는 것으로 규정하고 있다. 즉 (1) 자신의 의무불이행이 자신의 지배를 초월한 장해의 발생으로 기인된 것이고, (2) 그러한 장해의 발생을 계약체결 당시에 미리 고려한다는 것이 합리적인 견지에서 볼 때 기대될 수 없는 것이며, (3) 그러한 장해 또는 그러한 결과를 회피하거나 극복하는 것이 합리적인 견지에서 볼 때 기대될 수 없는 성질의 것일 경우, 해당 당사자는 자신의 의무불이행으로부터 면책된다.

그리고 계약의 이행을 위하여 고용한 제 3자의 불이행에 기인하여 원 계약당사자가 계약의 이행불능 상태에 빠지게 된 경우, 본 협약에서는 다음과 같은 경우에 한하여 제 3자를 고용한 해당 당사자의 면책을 인정하고 있다. 즉 (1) 당사자 자신이 전 항의 규정에 의하여 면책되는 경우와 (2) 당사자에 의하여 고용된 제 3자가 전 항의 규정을 적용한다면 면책될 수 있는 경우, 원 계약당사자는 각각의 경우 자신의 의무불이행으로부터 면책된다.

한편 계약의 이행을 방해하는 장해가 일시적인 것일 경우, 해당 당사자의 면책은 그 장해

가 존속되는 기간 동안만 유효해진다. 즉 일시적인 장해의 결과로 「본질적 계약위반」이 성립된 경우에 상대방은 계약을 해제시킬 수도 있으나, 상대방이 계약을 해제시키지 아니하는 한 해당 계약은 여전히 존속되는 것이므로 그 장해가 제거되면 계약은 계속 이행되어야 한다. 그리고 해당 당사자는 자신의 의무를 이행할 수 없는 장해가 발생되었을 경우 이러한 사실을 상대방에게 통지해 주어야 한다. 이러한 통지는 해당 당사자가 장해를 알았거나 알 수 있었을 때로부터 합리적인 기간 내에 이루어져야 하며, 이와 관련하여 통지 미도착의 위험은 장해로 인하여 자신의 의무를 이행하지 못한 당사자가 부담해야 하는 것으로 규정하고 있다.

본 조 (5)항에서는 면책의 효과에 관하여 규정하고 있다. 즉 본 조에서 규정하고 있는 면책범위는 오직 손해배상 의무로 한정시키고 있다.

Article 80

A party may not rely on a failure of the other party to perform to the extent that such failure was caused by the first party's act or omission.

제80조

당사자가 자신의 작위 또는 부작위에 의하여 상대방의 불이행이 야기되었을 경우, 그 한도까지는 상대방의 불이행의 사실을 원용하여서는 안된다.

<해 설>

상대방의 의무불이행이 자신의 작위 또는 부작위의 결과로 인해 초래된 것일 경우, 해당 당사자는 그 책임을 전적으로 상대방에게 돌릴 수 없게 된다. 즉 자신의 귀책한도까지는 상대방의 불이행에 대하여 면책을 인정해 주어야 한다.

Section V. Effects of Avoidance

Article 81

(1) Avoidance of the contract releases both parties from their obligations under it, subject to any damages which may be due. Avoidance does not affect any provision of the contract for the settlement of disputes or any other provision of the contract governing the rights and obligations of the parties consequent upon the avoidance of the contract.

(2) A party who has performed the contract either wholly or in part may claim restitution from the other party of whatever the first party has supplied or paid under the contract. If both parties are bound to make restitution, they must do so concurrently.

제5절. 해제의 효력

제81조

(1) 계약의 해제는 정당한 손해배상에 순응할 것이라는 조건 하에 양 당사자들은 계약상의 의무로부터 면책된다. 계약의 해제는 분쟁해결을 위한 계약조항이나 계약해제에 따른 당사자의 권리와 의무를 규정하는 기타의 계약조항에 영향을 미치지 아니한다.

(2) 계약의 전부 또는 일부를 이미 이행한 자는 상대방에 대하여 자기가 해당 계약 하에서 이미 공급 또는 지급한 것에 대한 반환을 청구할 수 있다. 당사자 쌍방이 반환하여야 할 의무가 있는 경우, 양 당사자들은 이를 동시에 이행하여야 한다.

<해 설>

계약이 해제되면 양 당사자들은 계약상의 이행의무로부터 면책되지만, 그로 인하여 손해를 입은 당사자는 상대방에 대하여 손해배상 청구권 및 본 협약 제 78조에서 하고 있는 이자 청구권 등을 행사할 수 있게 된다. 그리고 중재계약이나 계약서에 포함되어 있는 중재조항 등은 계약당사자들이 해당 계약과 관련하여 발생되는 분쟁을 중재로 해결하겠다는 자발적인 약정이라 할 수 있으므로, 해당 계약의 해제에 의해 이들 분쟁해결에 관한 조항까지도 소멸되는 것으로 파악되어서는 안된다.

통상적으로 중재조항은 주 계약서에 삽입되므로 주 계약의 부속조항인 것처럼 보이지만, 중재조항의 기능은 주 계약의 효력을 포함하여 그것에서 생기는 모든 분쟁에 대하여 중재에 의해 해결할 것임을 명시한 것이라 할 수 있다. 따라서 분쟁해결조항은 해당 분쟁이 해결될 때까지 그 효력이 유효한 것으로 파악되어야 한다.[67)]

한편 계약이 해제되었을 때 당사자 중의 일방이 계약의 전부 또는 일부를 이미 이행하였을 경우, 각 당사자는 그 상대방에 대하여 「이미 인도된 물품의 반환」 또는 「이미 지급된 대금의 반환」 등과 같은 원상회복을 청구할 수 있다. 그리고 당사자 쌍방이 반환하여야 할 의

67) 이를 「중재계약의 독립성 원칙」이라 한다.

무가 있는 경우에는 양 당사자들은 이를 동시에 이행하여야 한다.

Article 82 (1) The buyer loses the right to declare the contract avoided or to require the seller to deliver substitute goods if it is impossible for him to make restitution of the goods substantially in the condition in which he received them. (2) The preceding paragraph does not apply: (a) if the impossibility of making restitution of the goods or of making restitution of the goods substantially in the condition in which the buyer received them is not due to his act or omission. (b) if the goods or part of the goods have perished or deteriorated as a result of the examination provided for in article 38 ; or (c) if the goods or part of the goods have been sold in the normal course of business or have been consumed or transformed by the buyer in the course of normal use before he discovered or ought to have discovered the lack of conformity.
제82조 (1) 매수인이 물품을 수령한 당시와 실질적으로 동일한 상태로 해당 물품을 반환하는 것이 불가능한 경우, 매수인은 계약을 해제할 권리를 상실한다. (2) 전 항의 규정은 다음의 경우에는 이를 적용하지 아니한다. (a) 물품의 반환이 불가능하거나 또는 물품의 수령 당시와 실질적으로 동일한 상태로의 반환이 불가능한 사유가 매수인의 작위 또는 부작위에서 기인된 것이 아닌 경우. (b) 물품의 전부 또는 일부가 제 38조에서 규정된 검사의 결과에 의하여 이미 멸실 또는 변질된 경우 ; 또는 (c) 매수인이 부적합을 발견하였거나 또는 발견하였어야 하는 시기 이전에 이미 물품의 전부 또는 일부가 통상의 영업과정에서 매수인에 의하여 매각되었거나 또는 통상의 사용과정에서 소비 또는 변형된 경우.

<해 설>

매수인의 계약해제권과 대체품인도 청구권은 매수인이 해당 물품을 수령 당시와 실질적으로 동일한 상태로 반환할 수 있는 경우에 한하여 행사될 수 있다. 그러나 이에 대한 예외로써 (1) 물품의 반환이 불가능하거나 또는 물품의 수령 당시와 실질적으로 동일한 상태로의 반환이 불가능한 사유가 매수인의 작위 또는 부작위에서 기인된 것이 아닌 경우, (2) 물품의 전부 또는 일부가 본 협약 제 38조에서 규정된 검사의 결과에 의하여 이미 멸실 또는 변질된 경우, (3) 매수인이 부적합을 발견하였거나 또는 발견하였어야 하는 시기 이전에 이미 물품의 전부 또는 일부가 통상의 영업과정에서 매수인에 의하여 매각되었거나 또는 통상의 사용과정에서 소비 또는 변형된 경우 등을 들 수 있다.

그러나 매수인은 본 조의 규정에 의하여 계약해제권이나 대체품인도 청구권을 상실한 경우라 하더라도, 상대방의 의무불이행에 대하여 손해배상 청구권, 대금감액 청구권, 본 협약 제 46조에서 규정하고 있는 기타의 구제수단들을 강구할 수 있는 권리를 갖는다.

Article 83
A buyer who has lost the right to declare the contract avoided or to require the seller to deliver substitute goods in accordance with article 82 retains all other remedies under the contract and this Convention.

제83조
제 82조의 규정에 의하여 계약을 해제할 권리나 또는 매도인에게 대체품을 인도하도록 요구할 권리를 상실한 매수인은 계약 및 이 협약에서 규정하고 있는 기타의 모든 다른 구제수단들을 보유한다.

<해 설>

본 협약 제 82조의 규정에 의거하여 계약해제권이나 대체품인도 청구권을 상실한 매수인은 상대방의 의무불이행에 대하여 손해배상 청구권이나 대금감액 청구권 또는 기타의 다른 구제수단들을 원용할 수 있는 권리를 보유한다.

Article 84
(1) If the seller is bound to refund the price, he must also pay interest on it, from the date on which the price was paid.
(2) The buyer must account to the seller for all benefits which has delivered from the goods or part them.
(a) if he must make restitution of the goods or part of them ; or
(b) if it is impossible for him to make restitution of all or part of the goods or to make restitution of all or part of the goods substantially in

the condition in which he received them, but he has nevertheless declared the contract avoided or required the seller to deliver substitute goods.

제84조
(1) 매도인이 대금을 반환하여야 하는 경우, 매도인은 대금이 지급된 날로부터 기산한 이자도 또한 지급하여야 한다.
(2) 매수인은 다음에 해당하는 경우에는 물품의 전부 또는 일부로부터 유래하는 모든 이익을 매도인에게 반환하여야 한다.
(a) 매수인이 물품의 전부 또는 일부를 반환하여야 하는 경우 ; 또는
(b) 물품의 전부 또는 일부를 반환하는 것이 불가능하거나 또는 물품수령 당시와 실질적으로 동일한 상태로 전부 또는 일부를 반환하는 것이 불가능한 경우에도 불구하고 매수인이 계약을 해제하였거나 또는 매도인에게 대체품을 인도하도록 요구하였을 경우.

<해 설>

본 협약 제 81조 (2)항에 의거하여 계약이 해제되었을 때 계약의 전부 또는 일부를 이미 이행한 당사자는 그 상대방에 대하여 원상회복을 청구할 수 있다. 이때 대금을 반환해 주어야 할 의무가 있는 매도인은 대금이 지급된 날로부터 기산한 이자까지도 지급해 주어야 한다.

한편 매수인은 자신이 수령한 물품의 전부 또는 일부를 반환해 주어야 하는 경우, 해당 물품으로부터 유래하는 모든 이익을 매도인에게 반환해 주어야 한다. 또한 매수인이 물품수령 당시와 실질적으로 동일한 상태로 매도인에게 반환해 줄 수 없음에도 불구하고 계약해제권이나 대체품인도 청구권을 행사하였을 경우, 매수인은 이미 자신이 수령한 물품의 전부 또는 일부로부터 유래하는 모든 이익을 매도인에게 반환해 주어야 한다.

Section VI. Preservation of the Goods

Article 85
If the buyer is in delivery in taking delivery of the goods or where payment of the price and delivery of the goods are to be made concurrently, if he fails to pay the price, and the seller is either in possession of the goods or otherwise able to control their disposition, the seller must take such steps as are reasonable in the circumstances to

preserve them. He is entitled to retain them until he has been re-imbursed his reasonable expenses by the buyer.

제6절. 물품의 보존

제85조
매수인이 물품인도의 수령을 지체한 경우 또는 대금지급과 물품의 인도가 동시에 이행되어야 하는 경우로써 매수인이 대금을 지급하지 아니하고 매도인이 물품을 점유하고 있거나 또는 기타의 방법으로 처분할 수 있는 경우, 매도인은 그 상황 하에서 합리적으로 물품을 보존하기 위한 조치를 취하여야 한다. 매도인은 매수인으로부터 그 합리적인 비용을 상환받을 때까지 물품을 유치할 권한이 있다.

<해 설>

본 조에서는 매도인의 물품보존 의무에 관하여 규정하고 있다 즉 매수인에 의한 인도수령 지연이나 대금지급 불이행의 경우로써 계약물품이 아직 매도인의 점유 하에 있는 경우, 매도인은 해당 물품을 합리적으로 보존하기 위한 조치들을 취하여야 할 의무가 있다. 그리고 이러한 경우 매도인은 매수인으로부터 물품보관 비용을 상환받을 때까지 해당 물품에 대한 유치권을 행사할 수 있는 권리를 갖는다.

Article 86
(1) If the buyer has received the goods and intends to exercise any right under the contract or this Convention to reject them, he must take such steps to preserve them as are reasonable in the circumstances. He is entitled to retain them until he has been re-imbursed his reasonable expenses by the seller.
(2) If goods dispatched to the buyer have been placed at his disposal at their destination and he exercises the right to reject them, he must take possession of them on behalf of the seller, provided that this can be done without payment of the price and without unreasonable incon-venience or unreasonable expense. This provision does not apply if the seller or a person authorized to take charge of the goods on his behalf is present at the destination. If the buyer takes possession of the goods under this paragraph, his rights and obligations are governed by the

preceding paragraph.

제86조

(1) 매수인이 물품을 수령하였으나 그 물품을 거절하기 위하여 계약 또는 이 협약의 규정에 의한 권리를 행사하고자 할 경우, 매수인은 그 상황 하에서 합리적으로 물품을 보존하기 위한 조치들을 취하여야 한다. 매수인은 매도인으로부터 그 합리적인 비용을 상환받을 때까지 물품을 유치할 권한이 있다.

(2) 매수인 앞으로 발송된 물품이 목적지에서 매수인의 처분가능 상태에 놓여졌으나 매수인이 물품을 거절할 권리를 행사하는 경우, 매수인은 매도인을 대신하여 물품을 점유하여야 한다. 다만 대금을 지급함이 없이 또한 불합리한 불편이나 불합리한 비용을 수반함이 없이 점유할 수 있는 경우에 한한다. 이 규정은 매도인 또는 매도인을 대신하여 물품의 관리권한을 위임받은 자가 목적지에 있는 경우에는 적용되지 아니한다. 매수인이 이 항의 규정에 따라 물품을 점유하는 경우에 매수인의 권리 및 의무에 대하여서는 전 항의 규정을 원용한다.

<해 설>

본 조에서는 본 협약 제 85조에서 규정하고 있는「매도인의 물품보존 의무」에 대응하여「매수인의 물품보존 의무」에 관한 내용을 규정하고 있다. 즉 매수인 앞으로 송부된 물품이 목적지에 도착되면 매수인은 이를 검사하여 그 물품이 계약에 부적합한 것일 경우 해당 물품의 수령을 거절할 수 있다. 그런데 이러한 경우 해당 목적지에 매도인의 대리점이나 매도인이 지정한 관리자가 있으면 그들이 이를 보관 · 관리하여야 하지만, 그렇지 못한 경우에는 매수인 자신이 해당 물품에 대한 합리적인 보존조치들을 취하여야 한다.[68] 다만 이러한 매수인의 물품보존 의무는 매수인에게 불합리한 불편을 초래시키지 않거나 또는 불합리한 비용을 수반시키지 않는 경우에 한한다. 이때 매수인은 매도인으로부터 합리적인 물품보존 비용을 상환받을 때까지 해당 물품을 유치할 권리를 갖는다.

Article 87

A party who is bound to take steps to preserve the goods may deposit them in a warehouse of a third person at the expense of the other party provided that the expense incurred is not unreasonable.

68) 만일 해당 물품이 급속히 부패되거나 변질될 수 있는 성질의 것인 경우, 물품보존의무를 부담하고 있는 매수인은 본 협약 제 88조 (2)항에 의거하여 자신이 점유 · 보존하고 있는 물품을 매각하기 위한 필요한 조치들을 강구하여야 한다.

제87조
물품을 보존하기 위한 조치를 취할 의무가 있는 당사자는 그 비용이 불합리한 것이 아닌 한 상대방의 비용으로 물품을 제 3자의 창고에 기탁할 수 있다.

<해 설>

매도인이건 매수인이건 물품보존 의무를 부담하고 있는 당사자는 그 비용이 불합리한 것이 아닌 한 해당 물품을 제 3자의 창고에 기탁하여 보존시킬 수 있으며, 이때의 비용은 상대방이 부담하도록 처리할 수 있다.

Article 88
(1) A party who is bound to preserve the goods in accordance with article 85 or 86 may sell them by any appropriate means if there has been an unreasonable delay by the other party in taking possession of the goods or in taking them back or in paying the price or the cost of preservation, provided that reasonable notice of the intention to sell has been given to the other party.
(2) If the goods are subject to rapid deterioration or their preservation would involve unreasonable expense, a party who is bound to preserve the goods in accordance with article 85 or 86 must take reasonable measures to sell them, To the extent possible he must give notice to the other party of his intention to sell.
(3) A party selling the goods has the right to retain out of the proceeds of sale an amount equal to the reasonable expenses of preserving the goods and of selling them, He must account to the other party for the balance.

제88조
(1) 제 85조 또는 제 86조의 규정에 따라 물품을 보존할 의무가 있는 당사자는 상대방이 물품에 대한 점유의 취득, 그 반환, 또는 대금이나 보존비용을 지급함에 있어 불합리하게 지연되었을 경우에는 적당한 방법으로 물품을 매각할 수 있다. 다만 상대방에게 매각의 의도에 대한 합리적인 통지를 하였을 경우에 한한다.
(2) 물품이 급속히 변질되기 쉬운 것이거나 또는 그 보관에 불합리한 비용이 수

반되는 것일 경우에는 제 85조 또는 제 86조의 규정에 의하여 물품을 보존할 의무가 있는 당사자는 물품을 매각하기 위한 합리적인 조치들을 취하여야 한다. 이러한 경우 해당 당사자는 가능한 범위 내에서 상대방에게 매각의 의도에 관하여 통지해 주어야 한다.

(3) 물품을 매각하는 당사자는 매각대전 중에서 물품의 보존 및 그 매각에 소요된 합리적인 비용과 동일한 금액을 공제할 권리가 있다. 다만 해당 당사자는 그 잔액에 대하여 상대방에게 정산해 주어야 한다.

<해 설>

물품보존 의무가 있는 당사자가 상대방에게 합리적인 통지를 하였음에도 불구하고 아무런 반응이 없거나 또는 불합리하게 의무이행을 지연시키는 경우, 그는 보존 중인 물품을 매각할 수 있다. 이때 해당 당사자는 상대방에게 보존 중인 물품매각과 관련하여 합리적인 통지를 해주어야 한다.

그리고 해당 물품이 급속히 변질되기 쉬운 성질의 것이거나 또는 그 보관에 불합리한 비용이 수반되는 것일 경우, 물품보존 의무가 있는 당사자는 해당 물품을 매각하기 위한 합리적인 조치들을 취하여야 한다. 그리고 이러한 경우 해당 당사자는 가능한 범위 내에서 상대방에게 매각의 의도에 관하여 통지해 주어야 한다.

한편 보존 중인 물품을 매각한 당사자는 매각대전 중에서 보존비용, 매각비용, 기타 합리적인 소요비용을 공제할 권리가 있다. 그러나 해당 당사자는 이들 비용을 모두 공제한 매각대전의 잔액에 대해서는 이를 상대방에게 정산해 주어야 할 의무가 있다.

Part Ⅳ. Final Provisions

Article 89
The Secretary-General of the United Nations is hereby designated as the as the depositary for this Convention.

제4편. 최종 조항

제89조
국제연합 사무총장을 이 협약의 수탁자로 지정한다.

Article 90
This Convention does not prevail over any international agreement which has already been or may be entered into and which contains provisions concerning the matters governed by this Convention, provided that the parties have their places of business in State parties to such agreement.

제90조
이미 발효되었거나 또는 이후 발효하게 될 국제협정으로써 이 협약에 의하여 규율되는 사항에 관한 규정을 그 협정 내에 포함하고 있는 경우, 이 협약은 해당 협정에 우선하여 적용되지 아니한다. 다만 계약당사자가 해당 협정의 당사국 내에 영업소를 두고 있는 경우에 한한다.

Article 91
(1) This Convention is open for signature at the concluding meeting of the United Nations Conference on Contracts for the International Sale of Goods and will remain open for signature by all States at the Headquarters of the United Nations, New York until 30 September 1981.
(2) This Convention is subject to ratification, acceptance or approval by the signatory States.
(3) This Convention is open for accession by all States which are not signatory States as from the date it is open for signature.
(4) Instruments of ratification, acceptance, approval and accession are to be deposited with the Secretary-General of the United Nations.

제91조
(1) 이 협약은 국제물품매매계약에 관한 국제연합회의의 최종회합에서 서명을 위하여 개방되며, 뉴욕의 국제연합본부에서 1981년 9월 30일까지 모든 국가가 서명할 수 있도록 개방된다.
(2) 이 협약은 서명국에 의하여 비준, 수락 또는 승인되어야 한다.
(3) 이 협약은 서명을 위하여 개방된 날로부터 모든 비서명국들이 가입할 수 있도록 개방된다.
(4) 비준서, 수락서, 승인서 및 가입서는 국제연합 사무총장에게 기탁되어야 하는 것으로 한다.

Article 92

(1) A Contracting State may declare at the time of signature, ratification, acceptance approval or accession that it will not be bound by Part Ⅱ of this Convention or that it will not be bound by part Il of this Convention.

(2) A Contracting State which makes a declaration in accordance with the preceding paragraph in respect of part Ⅲ of this Convention is not to be considered a Contracting State within paragraph (1) of article 1 of this Convention in respect of matters governed by the Part to which the declaration applies.

제92조

(1) 가입국은 서명, 비준, 수락, 승인 또는 가입 시에 그 국가가 이 협약 제 2편의 규정에 구속되지 아니할 것이라는 취지 또는 그 국가가 이 협약 제 3편의 규정에 구속되지 아니할 것이라는 취지를 선언할 수 있다.

(2) 이 협약의 제 2편 또는 제 3편의 규정에 관하여 전 항의 규정에 따라 선언을 한 가입국은 그 선언이 적용되는 해당 각 편의 규정에 의하여 규율되는 사항에 관해서는 이 협약 제 1조 (1)항에 의한 소정의 가입국으로 간주되지 아니한다.

Article 93

(1) If a Contracting State has two or more territorial units in which, according to its constitution, different systems of law are applicable in relation to the matters dealt with in this Convention, it may, at the time of signature, ratification, acceptance, approval or accession, declare that Convention is to extend to all its territorial units or only to one or more of them, and may amend its declaration by submitting another declaration at any time.

(2) These declarations are to be notified to the depositary and are to state expressly the territorial units to which the Convention extends.

(3) If, by virtue of a declaration under this article, this Convention extends to one or more but not all of the territorial units of a Contracting State, and if the place of business of a party is located in

that States, this place of business, for the purposes of this Convention, is considered not to be in a Contracting State, unless it is in a territorial unit to which the Convention extends.
(4) If a Contracting State makes no declaration under paragraph (1) of this article, the Convention is to extend to all territorial units of that State.

제93조
(1) 가입국이 둘 이상의 영역을 보유하고 있고 또한 해당국의 헌법에 의하면 이 협약이 취급하고 있는 사항과 관련하여 각 영역에서 상이한 법제가 적용되고 있는 경우, 가입국은 서명, 비준, 수락, 승인 또는 가입할 당시에 이 협약을 전부의 영역에 또는 그 중의 하나 또는 그 이상의 영역에만 적용할 것이라는 것을 선언할 수 있으며, 또한 언제라도 다른 선언을 제시함으로써 이전의 선언을 변경시킬 수 있다.
(2) 전 항의 선언은 수탁자에게 통보되어야 하며, 이 협약이 적용될 영역이 명시적으로 기재되어야 한다.
(3) 이 조에 의한 선언의 결과로 이 협약이 가입국의 하나 또는 그 이상의 영역에 적용되면서도 그것이 전 영역에는 미치지 아니하는 경우로써 당사자의 영업소가 해당국 내에 있는 경우, 그 영업소가 이 협약이 적용되는 영역내에 없는 한 이 협약을 적용하는데 있어 영업소는 가입국 내에 없는 것으로 간주한다.
(4) 가입국이 이 조 (1)항의 선언을 하지 아니하는 경우, 이 협약은 해당국의 전 영역에 적용되는 것으로 한다.

Article 94
(1) Two or more Contracting States which have the same or closely related legal rule on matters governed by this Convention may at any time declare that the Convention is not to apply contracts of sale or to their formation where the parties have their places of business in those States. Such declarations may be made jointly or by reciprocal unilateral declarations.
(2) A Contracting State which has same or closely related legal rules on matters governed by this Convention as one or more Non-Contracting States may at any time declare that the Convention is not to apply to

contracts of sale or to their formation where the parties have their places of business in those States.
(3) If a State which is the object of a declaration under the preceding paragraph subsequently becomes a Contracting State, the declaration made will, as from the date on which the Convention enters into force in respect of the new Contracting State, have the effect of a declaration made under paragraph (1), provided that the new Contracting State joins in such declaration or makes a reciprocal unilateral declaration.

제94조
(1) 이 협약이 규율하는 사항에 관하여 상호 동일하거나 또는 밀접한 관계가 있는 법령을 두고 있는 둘 또는 그 이상의 가입국들은 양 당사자의 영업소가 그들 국가 내에 소재하고 있는 경우에는 이 협약이 그 매매계약 및 매매계약의 성립에 대하여 적용되지 아니한다는 취지의 선언을 언제라도 할 수 있다. 이와 같은 선언은 공동으로 또는 호혜주의를 조건으로 하여 일방적으로 행할 수 있다.
(2) 이 협약이 규율하는 사항에 대하여 하나 또는 그 이상이 비가입국들과 상호 동일하거나 또는 밀접한 관계가 있는 법령을 두고 있는 가입국은 양 당사자의 해당 영업소가 그들 국가내에 소재하고 있는 경우에 이 협약이 그 매매계약 및 성립에 대하여는 적용되지 아니한다는 취지의 선언을 언제라도 할 수 있다.
(3) 전 항의 선언의 대상이 된 국가가 그 후 가입국이 된 경우에 해당 선언은 이 협약이 그 새로운 가입국에 대하여 효력을 발생시킨 날로부터 이 조 (1)항에 의해서 규정된 선언으로서의 효력을 갖는다. 다만 새로운 가입국이 그 선언에 참가하거나 또는 호혜주의를 조건으로 하는 일방적인 선언을 한 경우에 한한다.

Article 95
Any State may declare at the time of the deposit of its instrument of ratification, acceptance, approval or accession that it will not be bound by subparagraph (1) (b) of article 1 of this Convention.

제95조
어느 가입국의 경우에도 비준서, 수락서, 승인서 또는 가입서를 기탁할 때에 이 협약 제 1조 (1)항 (b)호의 규정에 구속되지 아니할 것이라는 선언을 할 수 있다.

Article 96

A Contracting State whose legislation requires contracts of sale to be concluded in or evidenced by writing may at any time make a declaration in accordance with article 12 that any provision of article 11, article 29, or Part Ⅱ of this Convention, that allows a contract of sale or its modification or termination by agreement or any offer, acceptance, or other indication of intention to be made in any form other than in writing, does not apply where any party has his place of business in that State.

제96조

그 국가의 입법에 의하여 매매계약의 체결이 서면에 의하여 이루어지거나 입증되어야 할 것임을 요구하고 있는 가입국은 제 12조의 규정에 따라 매매계약 또는 합의에 의한 그 변경이나 해제, 또는 청약이나 승낙, 또는 기타의 의사표시를 서면 이외의 방법에 의하여 행하는 것을 인정하는 제 11조, 제 29조, 또는 이 협약 제 2부의 어떠한 규정도 당사자의 어느 일방이 그 국가내에 영업소를 두고 있는 경우에는 이를 적용하지 아니한다는 취지의 선언을 할 수 있다.

Article 97

(1) Declaration made under this Convention at the time of signature are subject to confirming upon ratification, acceptance or approval.

(2) Declarations and confirmations of declarations are to be in writing and be formally notified to the depositary.

(3) A declaration takes effect simultaneously with the entry into force of this Convention in respect of the State concerned. However, a declaration of which the depositary receives formal notification after such entry into force takes effect on the first day of the month following the expiration of six months after the date of its receipt by the depositary. Reciprocal unilateral declarations under article 94 take effect on the first day of the month following the expiration of six months after the receipt of the latest declaration by the depositary.

(4) Any State which makes a declaration under this Convention may withdraw it at any time by a formal notification in writing addressed to

the depositary Such withdrawal is to take effect on the first day of the month following the expiration of six months after the date of the receipt of the notification by the depositary.
(5) A withdrawal of a declaration made under article 94 renders inoperative, as from the date on which the withdrawal takes effect, any reciprocal declaration made by another State under that date.

제97조
(1) 서명 당시에 이 협약에 의하여 행한 선언은 비준, 수락 또는 승인에 즈음하여 이를 확인하여야 하는 것으로 한다.
(2) 선언 및 선언의 확인은 서면에 의하여 행해져야 하며 또한 정식으로 수탁자에게 통지되어야 한다.
(3) 선언은 이를 행한 국가에 대하여 이 협약의 효력이 발생됨과 동시에 그 효력을 발생시킨다. 다만 이 협약이 그 국가에 대하여 효력을 발생시킨 후 수탁자가 선언에 대한 정식통지를 수령하였을 경우, 해당 선언은 수탁자가 이를 수령한 날로부터 6개월을 경과한 후의 최초월의 초일에 그 효력을 발생시킨다. 제 94조의 규정에 의한 호혜주의를 조건으로 하는 일방적 선언은 수탁자가 최종의 선언을 수령한 날로부터 6개월을 경과한 후의 최초월의 초일에 그 효력을 발생시킨다.
(4) 이 협약에 의한 선언을 행한 국가는 수탁자 앞으로 송부하는 서면에 의한 정식통지를 통하여 그 선언을 언제라도 철회할 수 있다. 그러한 철회는 수탁자가 통지를 수령한 날로부터 6개월이 경과한 후의 최초월의 초일에 그 효력을 발생시킨다.
(5) 제 94조의 규정에 의한 선언의 철회는 그 철회가 효력을 발생시킨 날로부터 동조의 규정에 의하여 행해진 다른 국가에 의한 호혜적 선언의 효력을 정지시킨다.

Article 98
No reservation are permitted except those expressly authorized in this Convention.

제98조
어떠한 유보도 이 협약에서 명시적으로 인정한 경우를 제외하고는 허용되지 아니한다.

Article 99

(1) This Convention enters into force, subject to the provisions of paragraph (6) of this article, on the first day of the month following the expiration of twelve months after the date of deposit of the tenth instrument of ratification, acceptance, approval or accession, including an instrument which contains a declaration made under article 92.

(2) When a State ratifies, accepts, approves or accedes to this Convention after the deposit of the tenth instrument of ratification, acceptance, approval or ac cession, this Convention, with the exception of the Part excluded, enters into force in respect of that State, subject to the provision of paragraph (6) of this article, on the first day of the month following expiration of twelve months after the date of the deposit of its instrument of ratification, acceptance, approval or accession.

(3) A State which ratifies, accepts, approves or accedes to this Convention and is a party to either or both the Convention relating to a Uniform Law on the Formation of Contracts for the international Sale of Goods done at The Hague on 1 July 1964 (1964 Hague Formation Convention) and the Convention relating to a Uniform Law on the International Sale of Goods done at The Hague on 1 July (1964 Hague Sales Convention) shall at the same time denounce, as may be, either or both the 1964 Hague Sales Convention and the 1964 Hague Formation Convention by notifying the Government of the Netherlands to that effect.

(4) A State party to the 1964 Hague Sales Convention which ratifies, accepts, approves or accedes to the present Convention and declares or has declared under article 92 that it will not be bound by Part Ⅱ of this Convention shall at the time of ratification, acceptance, approval or accession denounce the 1964 Hague Sales Convention by notifying the Netherlands to that effect .

(5) A State party to the 1964 Hague Formation Convention which ratifies, accepts, approves or accedes to the present Convention and declares or has declared under article 92 that it will not be bound by Part Ⅲ of this Convention shall at the time of ratification, acceptance, ap-

proval or accession denounce the 1964 Hague Formation Convention by notifying the Government of the Netherlands to that effect.
(6) For the purpose of this article ratifications, acceptances, approvals and accessions in respect of this Convention by States to the 1964 Hague Formation Convention or to the 1964 Hague Sales Convention shall not be effective until such denunciations as may be required on the part of those States in repect of the latter two Conventions have themselves become effective. The depositary of this Convention shall consult with the Government of the Netherlands, as the depository of the 1964 Conventions, so as to ensure necessary coordination in this respect.

제99조
(1) 이 협약은 이 조 (6)항의 규정에 따를 것을 조건으로 하고, 제 92조의 규정에 의한 선언에 기재되어 있는 문서를 포함하여 제 10번째의 비준서, 수락서, 승인서 또는 가입서가 기탁된 날로부터 12개월을 경과한 후의 최초 월의 초일에 그 효력을 발생시킨다.
(2) 이 협약의 제 10번째의 비준서, 수락서, 승인서 또는 가입서의 기탁 후에 비준, 수락, 승인 또는 가입을 하는 국가에 대하여 이 협약은 그 적용이 배제되는 해당 편을 제외하고 이 조 (6)항의 규정에 따를 것을 조건으로 하여 해당 국가의 비준서, 수락서, 승인서 또는 가입서가 기탁된 날로부터 12개월을 경과한 후의 최초월의 초일에 그 효력을 발생시킨다.
(3) 1964년 7월 1일 헤이그에서 작성된 국제물품매매계약의 성립에 관한 통일법에 관한 협약(1964년 헤이그 성립협약) 및 1964년 7월 1일 헤이그에서 작성된 국제물품매매에 관한 통일법에 관한 협약(1964년 헤이그 매매협약)의 일방 또는 쌍방의 당사국이 이 협약에의 비준, 수락, 승인 또는 가입을 할 때에는 네덜란드 정부에 그러한 취지를 통지함으로써, 각기 경우에 따라 1964년 헤이그 성립협약 및 1964년 헤이그 매매협약의 일방 또는 쌍방을 동시에 폐기하여야 한다.
(4) 1964년 헤이그 매매협약의 당사국으로서 이 협약에의 비준, 수락, 승인 또는 가입을 하는 국가가 제 92조의 규정에 의하여 이 협약 제 2편의 규정에 구속되지 아니한다는 취지의 선언을 행하거나 또는 행하였을 경우, 해당 국가는 비준, 수락, 승인 또는 가입할 당시에 네덜란드 정부에 그러한 취지를 통지함으로써 1964년 헤이그 매매협약을 폐기하여야 한다.
(5) 1964년 헤이그 성립협약의 당사국으로서 이 협약에의 비준, 수락, 승인 또는

가입을 하는 국가가 제 92조의 규정에 의하여 이 협약 제 3편의 규정에 구속되지 아니한다는 취지의 선언을 행하거나 또는 행하였을 경우, 해당 국가는 비준, 수락, 승인 또는 가입할 당시에 네덜란드 정부에 그러한 취지를 통지함으로써 1964년 헤이그 성립협약을 폐기하여야 한다.
(6) 이 조를 적용하는데 있어 1964년 헤이그 성립협약 또는 1964년 헤이그 매매협약 당사국의 이 협약에 관한 비준, 수락, 승인 또는 가입은 당사국이 전자의 두 가지 협약에 관한 폐기 통지가 효력을 발생시키게 될 때까지는 그 효력을 발생시키지 아니한다. 이 협약의 수탁자는 이 점에 대한 필요한 상호조정을 확실하게 하기 위하여 1964년 협약의 수탁자인 네덜란드 정부와 상의하여야 한다.

Article 100
(1) This Convention applies to the formation of a contract only when the proposal for concluding the contract is made on or after the date when the Convention enters into force in respect of the Contracting States referred to in subparagraph (1) (a) or the Contracting State referred to in subparagraph (1) (b) of article 1.
(2) This Convention applies only to contracts concluded on or after the date when the Convention enters into force in respect of the Contracting States referred to in subparagraph (1) (a) or the Contracting State referred to in subparagraph (1) (b) of article 1.

제100조
(1) 이 협약은 이 협약의 제 1조 (1)항 (a)호의 규정에 의한 가입국이나 동 항 (b)호의 규정에 의한 가입국에 대하여 그 효력을 발생시키게 된 날, 또는 그 날 이후에 계약을 체결하기 위한 청약이 행하여진 경우에만 계약의 성립에 관하여 적용된다.
(2) 이 협약은 이 협약의 제 1조 (1)항 (a)호의 규정에 의한 가입국이나 동 항 (b)호의 규정에 의한 가입국에 대하여 그 효력을 발생시키게 된 날 또는 그 날 이후에 체결된 계약에 대해서만 적용된다.

Article 101
(1) A Contracting State may denounce this Convention, or Part II or Part Ⅲ of the Convention, by a formal notification in writing addressed

to the depositary.

(2) The denunciation takes effect on the first day of the month following the expiration of twelve months after the notification is received by the depositary, where a longer period for the denunciation to take effect is specified in the notification, the denunciation takes effect upon the expiration of such longer period after the notification is received by the depositary.

DONE at Vienna, this day of eleventh day of April, one thousand nine hundred and eighty, in a single original, of which the Arabic, Chinese, English, French, Russian and Spanish texts are equally authentic.

IN WITNESS WHEREOF the undesigned plenipotentiaries, being duly authoized by their respective Government, have signed this Convention.

제101조

(1) 가입국은 수탁자 앞으로 송부하는 서면통지를 통하여 이 협약 또는 이 협약의 제 2편 또는 제 3편을 폐기할 수 있다.

(2) 폐기는 수탁자가 통지를 수령한 날로부터 12개월을 경과한 후의 최초 월의 초일에 그 효력을 발생시킨다. 그러한 통지 중에 폐기가 그 효력을 발생시키기 위한 더욱 장기의 기간이 명시되어 있을 경우, 폐기는 수탁자가 통지를 수령한 후 해당 기간이 경과함과 동시에 그 효력을 발생시킨다.

이 협약서는 1980년 4월 11일 비엔나에서 단일 원본으로 작성되었으며, 이에 관하여 아랍어, 중국어, 영어, 불어, 러시아어 및 서반아어로 작성된 각 정본은 모두 동등하게 인증된 정본인 것으로 한다.

위의 증거로써 각 해당국 정부에 의하여 정식으로 부여받은 전권대표들은 이 협약에 서명하였다.

제 3 편

국제물품매매계약과의 관련계약

제1장 대금결제계약
제2장 운송계약
제3장 보험계약
제4장 중재계약
제5장 Frustration 성립에 의한 계약소멸

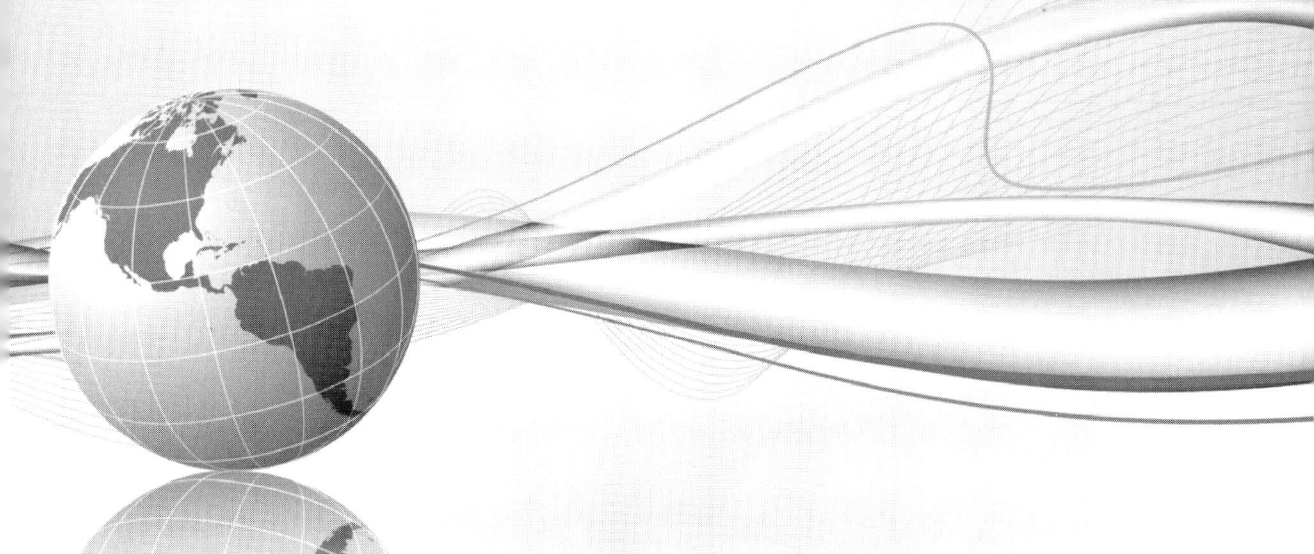

제1장 대금결제계약

제1절 대금결제방식

국제물품매매계약을 체결하는 당사자들은 계약체결 시 대금결제와 관련된 구체적인 거래조건들을 그들의 계약서에 포함시키게 된다. 그 근거로써 대금결제조건은 물품매매계약에서 반드시 약정되어야 하는 중요한 거래조건들 중의 하나이기 때문이다. 그리고 이러한 대금결제와 관련된 내용 중 특히 대금결제시기, 대금결제통화, 대금결제방식 등은 명확하게 약정되어야 하는 중요한 사항들에 해당된다고 할 수 있다.

즉 대금결제시기와 관련하여 선적시점을 기준으로 선적 전 지급, 선적 시 지급, 선적 후 지급 등으로 구분할 수 있으며, 또한 계약조건에 의거하여 선지급, 일람출급환어음에 의한 지급, 동시 지급, 기한부어음에 의한 지급, 후 지급, 연 지급 등으로 구분할 수도 있다.

그리고 대금결제가 이루어져야 할 결제통화는 구체적으로 명시해 두어야 할 필요가 있는 바, 특히 달러의 경우 어느 국가의 달러인지 해당 국가 명을 결제통화 명 앞에 반드시 명시해 둠으로써 장래의 분쟁발생 소지를 없애는 것이 바람직하다.

한편 대금결제방식에는 크게 신용장방식에 의한 결제, 추심방식에 의한 결제, 송금방식에 의한 결제 등으로 구분할 수 있는데, 이 중에서 신용장방식에 의한 대금결제가 오늘날 국제물품매매계약과 관련하여 비교적 보편화되어 있는 대금결제방식이라 할 수 있다. 그 근거로써 신용장방식에 의한 대금결제방식은 추심방식이나 송금방식에 비하여 금융기능과 지급보증 기능을 동시에 가지고 있어서 금융적 불편이나 신용위험을 대폭 감소시킬 수 있는 편리성은 물론 매매계약 당사자들에게 상당한 유용성을 제공해 줄 수 있기 때

문이다.

예를 들어 서류거래조건의 국제물품매매계약인 경우 매도인은 대금회수의 편의를 도모하기 위해 환어음을 발행하고 이 환어음에 운송서류를 첨부하여 화환어음으로 만든 후, 자신의 거래은행이나 기타 은행을 통하여 화환어음의 대금을 추심하는 방식으로 지급을 받게 된다. 그러나 이러한 화환어음 추심방식은 추심과정에서 은행이 개입된다 하더라도 관계은행이 매도인에게 지급을 보장해 주는 것이 아니기 때문에 매도인은 지급보장에 대한 확신을 가질 수 없다. 따라서 매수인의 신용상태가 불분명한 경우, 제 3자가 대금지급에 대한 보증을 해주지 않는 한 매도인은 안심하고 국제무역거래를 할 수 없게 된다.

이러한 은행의 지급보장을 구체화시킨 제도가 신용장 거래제도이며, 은행이 수익자에게 지급을 보장하되 화환어음 또는 운송서류의 제공을 조건부로 확약한 것을 화환신용장이라 한다. 따라서 화환신용장 거래는 무역거래 과정에서 현문인도방식 대신 약정된 서류와의 상환으로 대금지급이 이루어지기 때문에, 해당 물품에 대한 지식이 전혀 없는 관계은행들도 쉽게 신용장 거래에 참여할 수 있게 된다. 그 결과 매수인에 대한 신용부족으로 성사되지 못했던 국제무역거래는 화환신용장을 이용할 경우 서류의 인도에 의한 지급보증이 이루어지게 되므로 그 활기를 띠게 된다.

화환신용장 거래는 은행이 매도인에게 대금지급을 보장해 주고, 매수인에게는 약정물품을 대표하는 서류의 제공을 보장해 주는 두 가지 기능을 가지고 있다. 특히 서류인도의 보장기능은 매수인인 신용장개설의뢰인을 위한 것으로써, 약정서류를 확실히 인도해 주기 위해서는 신용장거래를 서류거래로 한정시키는 것이 바람직하다. 이러한 원칙은 개설은행으로 하여금 상품거래로부터 해방시켜 주는 결과를 가져다주기 때문에 신용장거래의 원활화에 크게 기여하게 된다. 그러므로 신용장거래는 그 거래를 원활하게 하기 위하여 「독립 · 추상성의 원칙」과 「엄밀일치의 원칙」이 적용되고 있다.

신용장의 독립성에 대해서는 신용장 통일규칙에서 「신용장은 그 성격상 매매계약 및 기타 계약에 근거를 두고 있는 경우에도 이와는 관계가 없는 별도의 독립된 거래이며, 은행은 신용장상에 그러한 계약에 관한 어떠한 참고사항이 포함되어 있다 하더라도 그러한 계약과는 아무런 관계가 없거나 또는 구속되지 않는다」[1]라고 규정하고 있다. 따라서 은행은 매도인과 매수인 간의 매매계약 또는 기타 신용장의 발행에 근거가 되는 계약상의 이유에 의해 권리침해를 당하거나 그 책임 및 의무를 부담하지 아니한다. 이는 신용장의 본질을 규정하는 가장 중요한 조항으로 간주되고 있으며, 이를 토대로 은행은 제출된 서류를 발행한 운송회사, 보험회사, 검사소, 매도인 등에게 직접 가서 일일이 확인하지 않고서도 어음의 지급, 인수 또는 매입을 할 수 있게 된다.

1) 신용장 통일규칙(1994), 제 3조 a항 참조.

신용장의 추상성이란 매매계약서에 명시된 물품이 무엇이든 간에 또는 매수인에게 실제로 도착된 물품이 어떻든 간에, 은행은 신용장에서 요구되고 있는 서류만을 토대로 대금지급의 여부를 결정하게 됨을 의미한다. 이에 관하여 신용장 통일규칙에서는「신용장거래에서 모든 관계 당사자는 서류를 취급하는 것이지 서류와 관계되는 상품, 서비스 그리고/또는 기타의 이행을 취급하는 것이 아니다」[2]라고 규정하고 있다. 일반적으로 은행은 물품이나 용역에 대한 전문적 지식이 부족한 경우가 대부분이므로, 신용장거래에서는 은행의 책임한계를 서류에만 한정시켜 서류의 문면상의 일치성 또는 그 정당성 여부에 따라 은행의 지급의무를 결정짓는 근거로 설정하고 있다.

그리고 엄밀일치의 원칙[3]이란 은행이 신용장 조건에 엄밀히 일치하지 않는 서류를 거절할 수 있는 권리를 가지고 있다는 법적 원칙을 의미한다. 즉 이는 제출된 운송서류가 신용장조건의 문언에 합치된 것으로 판명된 서류에 한하여 은행이 지급을 행할 수 있다는 원칙을 말한다. 따라서 국제상거래상의 지급수단으로서의 신용장은 서류상의 엄밀성을 그 생명으로 하고 있다고 할 수 있다. 다만 은행의 면책 여부에 대한 분쟁요인으로써 은행이 제시된 서류에 대하여 어느 정도의 상당한 주의 및 상당한 검토를 하여야 하는가에 관한 문제가 발생될 수 있을 뿐이다.

이상에서 검토해 보았듯이 신용장계약은 본질적으로 매매계약과는 별개의 독립된 거래이며, 관계은행은 서류 문면상의 일치성 여부에 따라 그 지급여부를 결정하게 된다. 만일 신용장거래가 이러한 독립 · 추상성을 갖지 못하고 신용장 개설은행이 매매계약의 당사자가 되어 버린다면, 오늘날과 같은 국제적 물동량의 무역거래에 대한 유통을 감당해 내기 어려웠을 것이다.

그런데 국제적으로 위조 또는 변조된 서류에 의한 사기거래가 이루어진 경우에 한 하여, 이러한 신용장의 독립 · 추상성의 원칙이 배제된 판례들을 많이 볼 수 있다. 그러나 이러한 판례는 신용장의 독립 · 추상성의 원칙을 축소시켜 적용하기 위한 의도에서 비롯된 것이 아니라, 신용장거래의 엄격한 적용을 통하여 사기에 의한 거래를 방지시킴으로써 신용장 거래제도를 보다 발전시켜 나가기 위한 의도로 받아들여야 할 것이다.

---

2) 신용장 통일규칙 (1994), 제 4조 참조.
3) 신용장 통일규칙 (1994), 제 13조 참조.

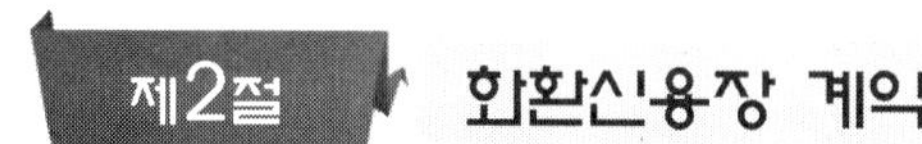

제2절 화환신용장 계약

1. 수출업자와 수입업자 간의 법률적 관계

수출업자와 수입업자 간에 맺어지는 법률관계는 매매계약이 성립되었을 때부터 시작된다고 볼 수 있으며, 이러한 매매계약은 신용장거래와는 직접적인 법률적 관계가 없다. 그러나 당사자들이 매매계약을 체결할 당시 대금결제를 신용장에 의해 처리하기로 합의하였을 경우에는 신용장에 관한 법률관계가 성립된다고 할 수 있다. 매매계약서상의 지급조건에서 신용장개설을 명백히 규정하고 있다거나 또는 수출입업자 상호간에 동종의 계약을 체결함에 있어서 신용장의 개설을 전제로 한다는 사실을 묵시적으로 합의하고 있는 것으로 간주될 경우, 수입업자는 신용장을 개설해야 할 의무를 부담하게 된다.

매매계약서에 신용장 개설을 요구하는 문언이 기재되어 있는 경우, 수입업자는 매매계약상의 의무이행을 위한 첫 단계로 신용장을 개설하지 않으면 안된다. 만일 수입업자가 이러한 신용장개설 의무를 이행하지 않을 경우, 수출업자는 매매계약상의 자신의 의무를 이행하지 않아도 된다. 즉 수출입업자 간에 체결된 매매계약에서 신용장개설을 명백히 규정하고 있는데 수입업자가 신용장을 개설하지 않는다거나 또는 신용장개설을 부당하게 지연시키는 경우, 계약물품의 인도와 더불어 해당 운송서류를 수입업자에게 인도해 주어야 하는 수출업자의 의무는 자동적으로 소멸하게 된다.

이와 관련하여 수출업자와 수입업자 간의 권리, 의무관계를 검토해 보면 다음과 같다. 신용장 그 자체는 하나의 독립된 결제수단이 아니라 계약당사자 간의 매매계약에 따른 대금지급 방법의 수단에 불과하다. 즉 신용장은 일종의 계약의 성질을 지니고 있는 것이기 때문에 특정 조건에 부합하는 제반 서류를 지정된 기일 내에 제시하면 지불하겠다는 은행의 약속에 불과할 뿐이다. 따라서 신용장 그 자체가 유통될 수 있는 어음과 같은 수단이 되지는 못하며, 그 결과 모든 신용장이 일반어음과 같이 배서에 의해 자유로이 양도될 수 있는 것도 아니다.(다만 양도가능 신용장의 경우는 예외) 신용장거래에 있어서 수익자(수출업자)는 개설은행과 개설의뢰인 간의 특정 계약내용에 의하여 어떠한 권익도 침해받지 아니하며, 그 결과 예를 들어 개설은행이 파산하여 지급능력이 상실된 경우 개설의뢰인인 수입업자는 개설은행의 지불능력에 대한 책임을 부담하여야 한다. 그러므로 신용장거래는 절대 지급수단이 아닌 조건부 지급수단으로 간주됨으로써, 조건부 지급수단

이 소멸된 경우 원 계약에 의거하여 수출업자는 수입업자에게 대금지급을 요구할 수 있게 된다. 이와 관련된 내용의 몇 가지 판례들을 소개하면 다음과 같다.

Newman Industries Ltd, V, Indo-British Industries Ltd사건[4]에서 이 사건을 담당했던 Sellers판사는 "…본 계약에서의 대금지급은 은행의 보증으로 이루어지도록 되어 있었으나 피고(수입업자)의 요청과 원고(수출업자)의 수락에 의해 신용장으로 대체된 거래로써, 이 신용장 하에서 발급된 어음이 절대 지급수단이라는 증거도 없고 또한 그렇게 추정할 수 있는 근거도 없다. 이러한 상황 하에서 본인은 신용장에 의한 대금지급이 이루어지지 못할 경우 원고가 피고에게 대금지급을 요청하지 못할 어떠한 이유도 발견할 수 없다"라고 판시하였다.

또한 Soproma S. P. A, v. Marine & Animal By-Products Corporation사건[5]에서도 이 사건을 담당했던 McNair판사는 "…수입업자의 대리인인 은행이 부도가 나서 지불능력을 상실한 경우, 수입업자는 수출업자에게 지불의무가 생긴다. 그 이유는 수입업자가 정당한 신용장, 즉 지불능력이 있는 신용장을 개설해 주지 못한 결과가 되기 때문이다"라고 판시하였다.

그리고 B, D. & F. Man Ltd. V. Nigerian Sweets & Confectionary Co., Ltd 사건[6]에서는 피고(수입업자)가 런던의 상업은행을 통해 원고(수출업자)에게 신용장을 개설해 주었으나, 1973년 10월 5일에 은행이 파산선고를 함으로써 당사자 간에 분쟁이 발생되었다. 이 분쟁은 상사중재에 회부되어 중재인들이 원고의 입장을 지지하는 판정을 내렸으나, 피고가 이에 불복하여 소송을 제기하였던 사건이다. 그러나 이 사건을 담당했던 법원에서는 「매도인에 대한 매수인의 대금지급 의무는 일차적인 것이었으며, 은행이 매도인의 어음을 지급하려 했던 기간 동안에는 이 의무가 잠정적으로 중지되었으나 은행이 그 의무를 다하지 못하였으므로, 매수인의 원래 의무가 다시 유효하게 되었다」라는 요지의 매수인 패소판결을 내렸다.

2. 개설은행과 개설의뢰인 간의 법률적 관계

신용장 개설은행은 개설의뢰인의 요청과 지시에 의해 신용장을 개설하게 되며, 은행은 이에 대한 대가로 수수료를 지급받는다. 그런데 개설은행은 일단 신용장을 개설하였으면 매도인과 매수인 간의 매매계약이 파기되었거나 소송관계가 발생되었다 하더라도 이미 개설된 신용장을 취소할 수 없다(단 취소가능신용장의 경우는 예외). 또한 매매계약의 시

4) (1956) 2 Lloyd's Rep. 219, 236.
5) (1966) 2 Lloyd's Rep. 367, 385, 386.
6) (1977) 2 Lloyd's Rep. 50.

효가 끝났다고 해서 신용장의 유효기간이 자동적으로 끝나는 것이 아니라, 신용장의 유효기간이 만료될 때까지 개설의뢰인과 개설은행 간에 체결된 신용장 개설약정은 유효하게 된다.

한편 수출지의 어음의 지급, 인수 및 매입은행이 보내오는 서류가 신용장 조건과 상이한 경우, 개설은행은 독자적으로 판단해서 지급을 거절하거나 또는 개설의뢰인에게 그러한 사실을 문의할 수 있다. 일반적으로 개설은행은 자신들이 접수한 서류상에 어떤 하자가 발견되면 개설의뢰인의 처분에 맡기게 되며, 또한 개설의뢰인은 서류상의 하자내용이 경미하거나 해당 물품의 수입이 절실한 경우 이러한 하자에도 불구하고 서류를 인수하도록 은행에 통보하게 된다. 이러한 경우 개설의뢰인이 모든 책임을 지게 되며, 은행은 서류상의 하자와 관련하여 아무런 책임을 지지 않게 된다.

그러나 개설은행의 부주의로 하자가 있는 서류에 대하여 은행이 대금지급을 해 주었을 경우, 개설의뢰인은 개설은행에게 대금을 상환해 줄 의무가 없다. 이러한 경우 만일 개설의뢰인이 신용장 금액에 해당하는 자금을 개설은행에 예치해 놓았다면 개설의뢰인은 이 자금을 되돌려 받을 수 있게 된다. 즉 이러한 경우 개설은행은 자신들의 과실 및 부주의로 초래한 위험을 부담하게 되는 셈이다. 그 대신 개설은행은 그 서류가 대표하는 화물에 대한 담보권을 갖게 되므로 전액이 아닌 하락시세만큼의 손해를 보게 될 것이다.

이와 관련된 내용의 판례들을 많이 찾아볼 수 있다. 즉 신용장의 개설에 의해 매도인은 계약물품을 운송인에게 인도하고 관계 운송서류와 환어음을 제시하여 은행으로부터 대금을 결제받았으나, 수입업자가 서류상의 하자를 이유로 개설은행에게 대금충당을 거부함으로써 분쟁이 발생되는 경우이다. 이러한 경우 비록 매도인에 의하여 인도된 선적물품이 계약물품과 동일하다 하더라도 시장 상황의 변화로 손해를 볼 가능성이 있는 매수인이 서류상의 하자를 이유로 대금지불을 거절하게 되면, 개설은행은 이에 대한 항변을 하지 못하게 된다. 게다가 개설의뢰인이 사전에 수입대금을 은행에 예탁해 놓았다 하더라도 개설의뢰인은 이러한 자금의 반환까지도 요구할 수 있는 권리를 갖는다. 따라서 은행이 적절한 주의를 기울였다면 서류상의 하자를 식별할 수 있었는데도 불구하고 운송서류를 주의 깊게 검토하지 않은 경우, 개설은행은 이로 인해 발생되는 모든 손해에 대하여 개설의뢰인에게 그 책임을 져야 한다. 이러한 경우 은행은 해당 물품에 대한 담보권만을 갖게 될 뿐이다.

한편 개설은행의 부주의로 신용장 조건과 상이한 서류를 개설의뢰인에게 인도하였는데 개설의뢰인도 부주의로 그러한 서류를 인수한 후 사후에 그러한 하자내용을 개설의뢰인이 발견하였을 경우, 개설의뢰인은 개설은행에 대하여 서류상의 하자를 이유로 항변할 수 있는 권리를 상실한다. 즉 개설의뢰인은 서류상의 하자가 있으면 발견된 당시에 서류

의 인수를 거절하고 대금지급을 하지 말아야 하며, 일단 개설의뢰인이 서류를 인수하게 되면 개설은행은 이에 대한 아무런 책임을 지지 않는다.

이와 관련된 내용의 판례로써 North Woods Paper Mill, Ltd. v. National City Bank of New York사건[7]을 들 수 있다. 이 사건에서 신용장에는 "Steel Forging Billet"을 요구하였는데, 실제로 제출된 송장 상에는 "Raw Ingot'로 되어 있었다. 은행은 부주의로 이 서류와 상환으로 대금결제를 해 주었고, 수입업자 역시 이러한 사실을 인지하지 못함으로써 은행에 대금을 충당해 준 후 수입물품을 실수요자에게 인도해 주었다. 실수요자는 계약물품이 아님을 발견하여 수입업자에게 계약위반을 이유로 손해배상을 받아냈으며, 수입업자는 다시 서류상의 하자가 있었는데도 대금을 지급해 준 개설은행에 대하여 대금반환 소송을 제기하였다. 그러나 이 사건을 담당했던 법원에서는 은행의 면책을 인정함으로써 매수인 패소판결을 내렸다.

신용장 개설의뢰인은 서류상의 하자가 발견된 경우 대금지급을 거절할 수 있는 권리를 갖는다. 이러한 경우 개설의뢰인은 제시된 서류를 가지고 있지 말고 곧바로 은행에 되돌려 보내야 한다. 이러한 조치를 취할 수 없는 경우 개설의뢰인은 대금지급을 해야 하며, 이미 지급하였다면 이에 대한 반환청구권이 소멸하게 된다.

그리고 개설은행은 자신들의 부주의나 과실로 하자가 있는 서류와 상환으로 대금지급을 하였을 경우, 이에 대한 책임추궁은 오직 신용장 개설의뢰인으로부터만 받게 된다. 그런데 개설은행은 제시된 서류상에 아무런 하자가 없는데도 특별한 이유 없이 대금지급을 지연시키거나 거절할 수는 없으며, 이는 개설은행의 직무유기에 해당되어 개설은행이 이와 관련된 모든 책임을 부담하게 된다.

3. 신용장의 조건위반에 따른 손해배상액의 산정

은행이 신용장에 따른 대금지급을 수익자에게 부당하게 거절하는 경우, 수익자는 은행에 대하여 손해배상 청구권을 갖는다. 이때 은행의 이행거절에 대한 수익자의 손해배상 청구액은 계약의 일반원칙에 근거해서 산정된다. 이는 신용장거래에서의 은행과의 약정을 단순한 금전채무로 보는 것이 아니라 그 이상의 것으로 보아야 한다는 논리에 입각한 것이다.

이를 뒷받침해 주는 판례로써 Belgian Grain and Produce V. Cox사건[8]을 들 수 있다. 이 사건은 항소심에서 "…매도인의 구제방법은 손해배상에 의한 것이어야 하며, 그

7) (1953) 121 N. Y. S. 2d. 543.
8) (1919) 1 LIL Rep. 256, 257.

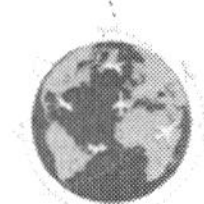

손해배상액의 한도는 회수 가능한 모든 금액이어야 한다.… 신용장거래의 목적 중의 하나는 손해배상액에 대한 논쟁을 제거하는데 있다"라고 판시되었다. 즉 취소불능 신용장이 개설되고 은행이 서류와 상환으로 대금을 지급하기로 약정되어 있는 한, 은행의 부당한 지급거절에 대한 매도인의 손해배상 청구액의 산정은 은행의 계약위반으로 인하여 합리적으로 산출되는 모든 손해배상액이 된다.

따라서 이러한 경우 매도인이 회수할 수 있는 손해배상액은

(1) 은행이 지급 거절한 환어음 금액의 전액,

(2) 은행의 지급거절로 인해 발생된 것임이 공정하고도 합리적으로 인정되는 부수 손해액,

(3) 신용장개설시 양 당사자에 의해 예견된 것으로써 합리적으로 추정되는 부수 손해액 등이 된다. 여기에서 부수손해액이란 이자손실은 물론, 은행의 계약위반으로 인해 물품의 인도중지 · 운송 · 보호관리 · 반송 · 재매각 등에 의해 기인된 모든 부담금과 비용 및 수수료를 포함한다.

이러한 맥락에서 개설은행이 관계서류들을 매수인에게 부당하게 제공하지 않는 경우에도 매수인의 손해배상 청구액은 단순한 금전채무의 위반이 아닌 당사자 간의 계약위반에 기초해서 산정하게 된다. 그 이유는 은행의 매수인에 대한 부당한 지급거절이 매매계약의 위반을 초래하게 되어 매수인은 물품의 정상거래에서 오는 예견된 이익을 상실하게 되기 때문이다. 따라서 이러한 경우 매수인은 은행에 대하여 매매계약 위반으로 인해 매도인에게 배상하는 손해액과 정상거래로부터 취득할 수 있었을 것으로 예견되는 이익의 손실액을 모두 청구할 수 있게 된다.

그 대신 은행은 신용장거래에서 대금지급을 정당하게 거절할 수 있는 권리를 갖는다. 즉 신용장의 독립 · 추상성 원칙에 근거해서 보호를 받을 수 있는 바, 예를 들어 매도인이 문면 상 신용장 조건과 불일치한 서류를 제시한 경우 은행은 이를 거절할 수 있게 된다. 예를 들어 Donald H. Scott v. Barclays Bank사건[9]에서 매도인은 CIF거래조건으로 취소불능 신용장을 은행으로부터 개설받았는데, 신용장 조건에서 전쟁위험을 담보하는 승인된 보험증권이 요구되었으나 매도인은 미국식 보험증명서를 제시하였다. 이에 은행은 보험증명서가 CIF거래조건에서의 승인된 보험증권이 아닌 점을 들어 대금지급을 거절함으로써 분쟁이 발생되었다. 이 사건을 담당했던 재판부는 은행의 행위를 정당한 것으로 판결하였다.

그리고 매도인이 사기에 근거한 서류를 제시한 경우로써 이러한 사기의 사실이 명백하고 은행이 이를 알고 있는 한, 은행은 이를 거절할 권리를 갖는다. 예를 들어 United

9) (1992) 12 Ll.L. Rep. 502

City Merchants and Others v. Royal Bank of Canada and Others사건[10]에서 이 사건을 담당했던 Diplock판사는 "…은행의 매도인에 대한 계약적 의무의 일반원칙에는 하나의 독립된 예외가 존재한다"라고 판시하였다. 즉 이처럼 사기에 의한 서류가 은행에 제시된 경우, 외관상 서류상의 하자가 발견되지 않는다 하더라도 해당 서류가 사기임을 명백히 입증할 수 있는 한 신용장의 독립·추상성의 원칙에 대한 유일한 예외가 인정되고 있다.

제3절 보증신용장 계약

1. 보증신용장 하에서의 은행의 지급요건

보증신용장은 그 양식에 관계없이 개설은행의 지급확약 문언이 명확히 명시되어 있어야 하며, 보증신용장의 본질이 계약의무의 이행을 보증하는 보증수단이므로 지급확약은 반드시 취소불능이어야 한다. 또한 보증신용장은 신용장의 한 종류에 해당되므로 신용장의 독립·추상성 원칙에 근거하여 개설은행의 지급의무는 보증신용장에 명기된 서류 및 환어음의 제시에 의하여 발생되는 바, 개설은행은 채무자와 수익자 간에 발생한 불이행에 대한 사실 및 법적 분쟁에 개입할 필요가 없다. 또한 보증신용장에는 신용장 유효기일과 개설은행이 부담해야 할 보증신용장 금액이 명시되어 있어야 하며, 보증신용장 그 자체에 신용장임을 반드시 표기해 놓아야 한다.

보증신용장 하에서 개설은행의 지급의무는 보증신용장을 발행하게 된 당사자 간의 기본계약과는 별개의 독립적 의무이다. 즉 보증신용장은 그 성격상 보증의 수단으로 사용되고 있지만, 엄격히 신용장의 한 종류이기 때문에 신용장거래의 특성인 독립·추상성의 원칙을 준수하고 있다. 따라서 보증신용장이 기본계약의 이행 등을 보증하기 위하여 개설되었다 하더라도, 기본계약의 내용 및 이행내용 등을 구실로 지급에 영향을 미칠 수 없게 된다. 이에 관한 대표적인 예로 기본계약이 파기되는 상황이 발생되었다 하더라도, 보증신용장 하에서의 개설은행의 지급의무는 유효한 것으로 판결된 사례도 있다.[11]

이처럼 보증신용장 하에서의 개설은행의 지급의무는 절대적이므로, 개설은행은 기본계약의 내용과 관계없이 신용장 조건과의 일치 여부만을 근거로 그 지급에 대한 결정을 하

---

10) (1993) 1 A.C. 183.

11) 'Barclays Bank v. Mercantile National Bank사건 (1973) 481 F.2d 224, 1239.

면 된다. 이러한 신용장거래의 특성에 의거해 각 당사자들은 다음과 같은 편리함을 도모할 수 있게 된다. 즉 개설은행은 개설의뢰인과 수익자 간의 기본계약에서 기인하는 분쟁에 개입할 필요가 없으며, 수익자는 개설의뢰인의 계약불이행 시 계약불이행 여부에 대한 사실판단의 논란 없이 서류의 일치에 의거해 지급을 보장받을 수 있게 되고, 개설의뢰인은 자신이 보증신용장에 제시한 조건이 일치되기 전에는 개설은행에 대한 상환의무가 없게 된다.

그러므로 보증신용장 개설은행은 개설의뢰인의 지급능력 및 이에 대한 의문제기와 무관하게 신용장 조건과 일치된 서류제시에 대한 지급의무만을 준수하게 되는 주 채무자의 입장에 놓이게 된다. 따라서 보증신용장 개설은행은 보증신용장 조건과 일치하는 서류를 제시한 수익자에 대하여 일차적 지급의무를 부담하게 되며, 이러한 이유 때문에 보증신용장 하에서 수익자는 개설의뢰인에게 지급을 청구하지 않고 직접 보증신용장 개설은행을 상대로 지급을 청구할 수 있게 된다.

보증신용장 하에서 지급에 필요한 서류는 대개 환어음과 수익자에 의해 작성된 기본계약의 불이행을 입증하는 불이행확인서이며, 이러한 서류가 보증신용장 조건과 일치하면 은행은 지급해야 할 의무가 발생된다. 즉 보증신용장 하에서 개설은행의 지급의무는 사실판단이나 법적 판결에 의하지 않고 서류상의 일치 여부만을 근거로 대금지급을 이행해야 하는 바, 만일 사실판단이나 법적 판결에 의해 은행의 지급의무가 발생된다면 이는 보증신용장이 아닌 보증서에 해당하는 경우일 것이다. 이러한 이유 때문에 보증신용장 조건과 일치하는 서류제시에 대한 은행의 지급의무는 개설은행으로 하여금 사실판단에 따르는 주관적 판단위험을 배제시켜 줌으로써 지급의 객관적 기준을 제공받을 수 있게 해준다.

그러므로 보증신용장 거래에서는 신용장거래의 주요 원칙인 엄밀일치의 원칙이 더욱 강조된다. 개설은행은 수익자에 의해 제시된 서류가 보증신용장 조건과 엄밀하게 일치하는지를 점검하여 보증신용장 조건과 문면 상 일치할 경우 해당 금액을 지급하여야만 한다. 서류상의 불일치가 발견되면 은행은 지급해야 할 의무가 없는 바, 제시된 서류가 보증신용장 조건과 일치하여야 함은 은행의 지급의무의 전제조건이기 때문이다. 다만 문제가 될 수 있는 것은 보증신용장 거래에서 제시되는 서류들이 화환신용장 거래에 비해 매우 간단하고 서류작성자가 수익자이기 때문에 서류의 엄밀일치의 원칙에 별다른 어려움이 없을 것으로 유추될 수 있으나, 실제로는 불이행확인서 등의 작성에 대한 표준화된 양식이 없어서 서류의 기재내용 및 그 해석과 관련하여 분쟁발생의 소지가 많다는 점이다.

최근 엄밀일치의 원칙에 대한 엄격한 적용이 신용장거래의 원활화에 오히려 역행할 우려가 있다는 이유로, 엄밀일치의 원칙을 다소 완화시킴으로써 중요한 사항이 아닌 경우에는 상당일치의 원칙을 인정하려는 판례들도 나오고 있는 실정이다.[12] 그러나 보증신용

장 거래에서는 지급에 필요한 서류가 비교적 간단하고 이를 수익자 자신이 직접 작성한다는 점을 고려할 때, 엄밀일치의 원칙이 엄격히 적용되어야 할 것으로 판단된다. 특히 문제가 될 수 있는 것은 아직 불이행확인서에 대한 표준서식이 국제적으로 정형화되어 있지 않아 당사자 간의 분쟁발생의 소지가 많다는 점과, 현행 신용장통일규칙에서는 화환신용장의 서류에 관한 내용들만을 규정하고 있을 뿐 보증신용장의 서류에 대한 관련규정이 없다는 점을 들 수 있다.

또한 보증신용장 거래에서는 수익자가 직접 지급에 필요한 모든 서류를 작성하기 때문에 수익자에 의한 부당한 지급청구의 가능성이 높아지게 된다. 즉 개설은행은 수익자가 제시한 서류의 실질적인 사실 여부 및 그 진실성에 대해 의문을 갖게 되어도 신용장 독립 · 추상성의 원칙에 의거해 서류가 보증신용장 조건에 일치하면 지급해야 할 의무가 발생되며, 이러한 원칙에 입각해 은행이 지급하였으나 실제로는 부당한 지급이었을 경우 이를 상환해야 하는 개설의뢰인에게는 큰 부담이 될 수밖에 없다. 이를 방지하기 위해 은행은 수익자에 의한 사기행위의 입증을 통해 지급거절을 할 수 있으나, 사기행위임을 개설의뢰인이 은행에 통지하였다 하더라도 개설은행이 선의로 행한 지급에 대해서는 개설의뢰인이 이를 상환해 주어야 할 의무가 발생된다.

한편 보증신용장은 자기정산기능이 없다는 한계가 있다. 즉 개설은행은 보증신용장 대금을 지급한 경우 이에 상응하는 담보채권의 보전 없이 개설의뢰인으로부터 동일 금액을 상환받아야 하는데, 개설의뢰인의 지급능력 상실시 개설은행은 큰 위험에 노출될 수밖에 없게 된다.[13] 특히 개설의뢰인이 파산한 경우 담보를 확보해 놓지 못한 개설은행은 크나큰 부담이 될 수밖에 없다. 예를 들어 한 사건[14]에서는 개설의뢰인의 파산으로 인한 은행의 지급정지를 거절함으로써 신용장 독립 · 추상성의 원칙을 강조하였는 바, 그 이유는 개설의뢰인의 파산신청에 의해 보증신용장의 지급이 연기 내지 정지될 수 있게 된다면 보증신용장 거래는 신뢰받는 제도가 될 수 없을 것이기 때문이라는 근거에서였다. 이러한 보증신용장의 과다한 위험노출과 관련한 특성 때문에 개설은행이 실제로 파산하게 된 사례도 있었다.[15]

---

12) Netherlands Trading Soc iety v. Wayne & Haylitt Co. (1952) 6 LDB, 320: Tallbot v. Bank Hendersonville (1973) Tenn. App. 496 S W, 2d 548: Crocker Commercial Services Inc. v of Countryside Bank (1981) NDⅢ. 538 F.SuPP, 1360.

13) 화환신용장의 경우에는 개설은행이 신용장개설 시 발행의뢰인으로부터 미리 담보를 확보해 놓음으로써 위험에 대비하거나, 또는 개설의뢰인의 지급능력 상실시 운송서류를 처분함으로써 신용장발행금액과 처분가액과의 차액만큼만 손해를 보게 된다.

14) MJ. Sales & Distribution Co. (1982) No. 8-3172.

15) United States National Bank in San Diego가 1973년에 9,000만$ 상당의 보증신용장을 발행해 주고 파산하였음.

2. 보증신용장 하에서의 은행의 지급거절 기준

보증신용장 하에서 은행이 지급거절권을 행사할 수 있는 경우는 서류불일치의 경우와 수익자의 사기에 의한 지급청구임이 명확히 입증된 경우로 대별할 수 있다.

먼저 서류불일치에 의한 은행의 지급거절권을 구체적으로 검토해 보면 다음과 같다. 보증신용장 개설은행은 제시된 서류에 대해 보증신용장 조건과 일치하는가를 심사하여 이를 근거로 그 지급여부를 결정하면 된다. 즉 개설은행은 기본계약에 연유한 사실적 판단들을 배제하고, 지급청구를 위해 제시된 서류의 보증신용장 조건과의 문면 상 일치 여부와 서류상호 간의 일치 여부 등을 상당한 주의를 기울여 점검한 후 그 지급여부를 결정하면 된다.

그러므로 수익자가 은행으로부터 대금을 지급받기 위해서는 개설의뢰인의 기본계약 상의 불이행 사실을 입증하는 서류를 보증신용장 조건과 일치시켜야 한다. 즉 수익자는 개설의뢰인의 실질적 불이행에도 불구하고 보증신용장 조건과 일치하는 서류를 제시하지 못하면 은행으로부터 대금지급을 받을 수 없게 된다. 보증신용장 하에서의 지급약정은 기본계약과는 별개의 독립적인 지급의무이므로, 개설의뢰인의 불이행 사실이 보증신용장 조건대로 기재된 서류의 제시가 지급청구의 전제조건이 된다. 그리고 제시된 서류의 진위성 및 위조 · 변조 등의 사실에 대해 은행은 면책된다. 다시 말해서 은행은 제시된 서류의 문면상의 일치 여부만을 판단하면 될 뿐, 서류의 진위성 및 위조 · 변조 등에 대해서는 책임을 지지 않는다.

보증신용장 거래에서 지급을 위해 제시되어야 할 서류는 일반적으로 환어음과 불이행 확인서가 대부분이며, 이러한 서류의 제시는 수익자에 의해 직접 수행되기 때문에「요구된 서류의 미비」로 인해 지급 거절되는 사례는 거의 없다. 그러므로 개설은행은 수익자가 제시한「서류의 신용장 조건과의 불일치」를 근거로 지급거절하게 되는 사례가 그 대부분을 차지하게 된다.

이러한 경우 법원에서는 서류의 문면 상의 일치 여부에 관한 기준으로 엄밀일치의 원칙을 고수하고 있으며, 상당일치의 원칙을 적용하게 되는 경우는 화환신용장 거래에서의 기타 서류 등에서나 가능할 뿐 보증신용장 거래에서는 이를 인정하지 않는 경향을 보이고 있다. 그 이유는 보증신용장 거래에서 제시되는 불이행확인서는 그 서류의 본질상 화환신용장 거래에서의 기타 서류가 아닌 지급청구를 위한 중요서류이자 유일한 서류에 해당되므로 화환신용장 거래에서의 기타 서류와 동일하게 취급될 수 없기 때문이다.

특히 보증신용장 하에서 대금지급에 필요한 서류는 다음과 같은 특성을 지니고 있기 때문에 보다 엄밀한 일치가 요구된다. 즉 보증신용장 거래에서의 불이행확인서는 화환

신용장거래에서의 선하증권과는 달리 유가증권이 아닐 뿐 아니라 유통성도 없다는 점이다. 또한 화환신용장 거래에서 지급을 위해 제시되어야 하는 서류는 정형화되어 있지만 보증신용장 거래에서 지급을 위해 제시되어야 하는 서류는 정형화되어 있지 않을 뿐 아니라, 현재로서는 이를 규제하는 규정조차 없다는 점이다. 게다가 보증신용장의 지급에 필요한 서류인 환어음과 불이행확인서를 지급청구자인 수익자가 직접 작성하여 제시한다는 점이다.

이러한 이유들 때문에 보증신용장 거래에서의 엄밀일치의 원칙은 보다 엄격하게 적용되어야 한다. 게다가 수익자는 기본계약 상의 당사자임은 물론 보증신용장 거래의 직접적인 당사자이므로 보증신용장 조건과의 일치여부를 가장 잘 알고 있는 당사자이며, 수익자가 작성한 환어음과 불이행확인서는 그 지급여부를 판단하는 유일한 서류이자 중요한 서류에 해당되기 때문이다.

지금까지 논의한 바대로 수익자가 지급청구하기 위해 제시한 서류가 보증신용장 조건과 불일치하는 경우 개설은행은 지급거절권을 행사할 수 있는 바, 그 근거로써 개설의뢰인이 제시한 조건에 위배되는 서류에 대한 개설은행의 지급에 대해서는 개설의뢰인이 상환을 거절할 수 있기 때문이다. 여기에서 서류의 조건 불일치에 대한 구체적인 내용으로는 보증신용장의 조건과 일치하지 않는 서류의 제시 및 제시된 서류 상호간의 불일치, 보증신용장의 유효기일 이후의 제시, 요구된 서류의 미비[16] 등을 들 수 있다.

그런데 개설은행은 서류를 심사하기 위해 상당한 기간[17]을 소요할 수는 있으나, 지급거절을 결정하였을 때에는 이러한 사실을 지체 없이 전신 등 신속한 방법으로 추심의뢰은행이나 수익자에게 통지해 주어야 한다. 이를 이행하지 못한 개설은행은 지급거절권을 상실하게 되는 바, 개설은행은 관계당사자에게 지급거절 사항을 구체적으로 명시하여 통지해 주어야 할 의무가 있다.

다음으로 개설은행이 지급거절권을 행사할 수 있는 수익자의 사기에 의한 지급청구의 경우를 검토해 보기로 한다. 개설은행은 신용장조건과 일치하는 서류가 제시되었을 경우에는 신용장의 독립·추상성 원칙에 의거해 기본계약 상의 내용을 이유로 지급거절권을 행사할 수 없으나, 이러한 독립·추상성의 원칙에 대한 유일한 예외가 수익자의 사기에 의한 지급청구의 경우이다. 즉 수익자가 제시한 서류가 문면 상 신용장 조건과 일치하더라도 수익자의 사기행위에 의한 지급청구임이 명백한 경우, 은행은 지급거절권을 행사할

16) 간혹 계약조항에 의거하여 수익자 이외의 제 3자가 발행한 불이행확인서를 추가적으로 요구하는 경우가 있는데, 이러한 경우 제 3자 발행의 서류미비도 조건불일치에 해당된다.

17) 영국에서는 은행의 관행상 5일 내지 6일의 서류심사 기간을 인정하고 있으며, 개설의뢰인에게 불일치 여부에 대한 의견을 청취하는 경우라 하더라도 8일을 초과하지 않을 것을 권하고 있다. 한편 남미나 아시아 및 아프리카의 은행들은 서류심사시 이보다 더 긴 기간이 소요되고 있으며, 서류심사 기간은 나라마다 조금씩 다르다.

수 있다. 단 이러한 경우의 은행의 지급거절권은 사기에 대한 단순한 주장이 아닌 명백히 입증된 사기일 경우로 한정시키고 있다.

그런데 개설은행이 수익자의 사기행위를 이유로 지급 거절하는 경우, 중요한 것은 사기행위에 대한 기준 설정이라 할 수 있다. 이러한 기준은 은행의 지급거절 사유와 직결되기 때문에 매우 신중하게 설정되어야 하며, 미국 통일상법전에서도 사기행위의 기준 및 그 범위가 명확히 설정되어 있지 않음으로 인해 논란이 그치지 않고 있는 실정이다.

사기원칙에 관한 은행의 지급거절권과 관련하여 미국 통일상법전에서는 이를 인정하는 것으로 규정하고 있지만, 신용장통일규칙에는 이에 관한 명문규정이 없는 실정이다. 그러나 불문법 체계를 갖추고 있는 영미법계와 성문법 체계를 갖추고 있는 대륙법계에서도 사기원칙에 의한 은행의 지급거절권을 인정하고 있으며, 국제상업회의소에서도 이를 인정하는 견해를 채택하고 있다.

그러나 사기의 기준 및 지급거절의 요건 등은 아직 구체적으로 마련되어 있지 않아 법원에서는 각 사례별로 주변 상황을 고려하여 판결하고 있는 실정이다. 미국의 펜실베니아 법원에서는 Intraworld Industries Inc Girard Trust Bank사건[18]에 대한 판결과정에서 「사기의 기준」에 관하여 "…지급정지를 정당화시켜 주는 상황은 수익자의 비행이 전 거래를 위해함으로써 개설은행 채무의 독립성에 관한 합법적 목적이 더 이상 유지될 수 없는 사기의 상황으로 제한되어야 한다"라고 판시하였다. 여기에서 「전 거래」란 신용장개설 계약은 물론 기본계약을 포함하는 개념이다. 따라서 보증신용장을 악용하려는 목적으로 지급을 청구하는 수익자의 사기는 이 기준에 부합하게 된다. 이를 좀 더 구체적으로 언급하면 사기의 정도가 심각하여 수익자가 대금을 수취하도록 허용하는 것이 무의미하며 수익자의 지급청구가 전혀 사실에 기인하지 않았을 경우가 이에 해당한다고 볼 수 있다.

그런데 사기란 주장하기는 쉬워도 이를 입증하기는 힘들다는 특성을 지니고 있기 때문에 이에 대한 판단과정에서 어려운 문제가 발생될 수 있는 바, 이를 극복하기 위해 은행의 지급거절 요건으로 사기행위에 대한 명백한 증거를 제시하도록 요구하고 있다.

여기에서 「명백한 증거」라 함은 사기에 대한 단순한 주장이 아니라 수익자가 부당한 지급거절을 이유로 제소한다 하더라도 이 증거에 의해 방어할 수 있을 정도의 확실한 증거임을 의미한다. 이처럼 명백한 증거를 요구하고 있는 또 다른 이유는 사기원칙에 의한 지급거절 및 지급정지의 빈번한 남용은 국제적으로 활용되고 있는 보증신용장의 유용성을 해칠 수 있기 때문이다. 따라서 사기원칙에 의한 은행의 지급거절은 보증신용장의 유용성을 저해하지 않는 범위 내에서 활용되는 것이 바람직하다고 할 수 있다.

---

18) (1975) 461 Pa, 343, 336 A. 2d. 316.

제2장 운송계약

운송시스템은 운송로, 운송수단, 터미널의 3대 요소로 구성되어 있다고 할 수 있다. 여기에서 「운송로」에는 바다나 강과 같은 자연적인 것과 인위적으로 만든 철도, 운하, 도로, 공항 등을 들 수 있으며, 「운송수단」으로는 항공기, 선박, 화물자동차, 철도화차, 부선 등을 들 수 있다. 그리고 「터미널」은 인위적으로 특정 지역에 만들어진 것으로써 그 곳을 이용하는 운송수단들이 최대의 효용을 얻을 수 있도록 운송의 고리역할을 담당하게 된다.

한편 운송계약방식으로는 「육상운송계약」, 「해상운송계약」, 「항공운송계약」, 「복합운송계약」 등을 들 수 있으며, 이 중에서 육상운송방식에는 육로운송, 철도운송, 내수로운송 등이 포함된다고 할 수 있다. 이러한 운송계약은 不要式의 洛成契約으로서 대부분 송하인과 운송인 간에 체결되며, 경우에 따라서는 송하인이 수하인의 대리인 자격으로 계약을 체결하기도 한다. 여기에서 후자의 경우 계약은 운송인과 수하인 사이에 체결되는 것으로써, 수하인만이 운송계약과 관련한 소송을 제기할 수도 있고 제기당할 수도 있게 된다.

다음에서는 각각의 운송계약 방식에 관하여 간략히 검토해 보기로 한다.

제1절 육상운송계약

육상운송 방식은 자동차운송과 철도운송 및 내수로운송 등으로 대별할 수 있다 그런데 유럽 제국에서의 국제도로운송에는 1956년 5월 19일 스위스 제네바에서 서명된 국제도로물건 운송조약(Convention on the Contract for the International Carriage of Goods by Road: CMR조약)이 적용되고 있다. CMR조약은 한 국가의 특정 지점으로부터 다른 나라의 특정 지점까지 육로로 운송되는 국제육로운송에 관한 규정으로써, 두 당

사국 중 어느 한 쪽만이라도 이 조약에 가입한 경우 적용되는 것으로 규정함으로써 두 당사국 중 어느 한 쪽만이라도 이 조약에 가입한 경우 적용되는 것으로 규정하고 있다.1) 그리고 CMR조약에서 인정하는 운송서류는 CMR운송장(CMR Consignment Note)인데, 이 운송장은 유통증권이나 권리증권의 성격을 지니지 못한다는 특징을 가지고 있다.

CMR조약 상 운송인의 책임에 대한 일반원칙은 엄격책임주의에 그 바탕을 두고 있다. 즉 운송인은 조약상의 면책사유 이외의 사유로 인하여 화물수령 시로부터 인도 시까지의 과정에서 발생된 화물의 전부 또는 일부에 대한 멸실이나 훼손 또는 인도지연에 따른 책임을 지게 된다. 운송인의 면책사유에 대해서는 CMR조약 제 17조와 제 18조에서 규정하고 있는데, 그 대표적인 내용으로는

① 화주 측의 고의 또는 과실,

② 운송인 측의 고의나 과실의 결과가 아니라 화주 측의 지시에 의한 것,

③ 화물의 숨은 고유 하자,

④ 불가항력 사태, 즉 운송인이 피할 수 없었음은 물론 그 결과를 방지할 수 없는 사정의 발생 등을 들 수 있다.

그런데 이러한 운송인의 면책사유에 대한 거증책임은 운송인 측에게 있다. 따라서 운송인은 자신의 면책사유에 관한 증거를 제시하지 못하게 되면 면책될 수 없게 된다. 그리고 화물의 멸실 또는 훼손에 대하여 운송인을 상대로 손해배상을 청구하기 위해서는 ① 외관상 발견할 수 있는 화물의 멸실이나 훼손에 대해서는 인도 시, ② 외관상 발견할 수 없는 화물의 멸실이나 훼손의 경우에는 인도 시로부터 7일 이내, ③ 인도지연으로 인한 손해의 경우에는 21일 이내에 수하인이 운송인에게 통지하여야 한다. 이러한 경우 법원에 제소할 수 있는 기간은 원칙적으로 1년이지만, 화물의 멸실이나 훼손이 운송인의 고의에 의해 발생된 경우에는 그 기간이 3년까지 연장될 수 있게 된다.

제2절 해상운송계약

1. 해상운송계약의 종류

해상운송계약은 그 법적 구조 내지는 경제적 기능에 따라 개품운송계약과 용선계약으로 대별할 수 있다.

1) CMR조약 제 1조 (1)항

(1) 개품운송계약

개품운송계약이란 운송인인 선박소유자 등이 개개의 물품에 대한 운송을 인수하고, 그 상대 당사자인 송하인이 이에 대하여 운임을 지급할 것을 약정한 운송계약을 말한다. 따라서 개품운송계약에서는 화물의 종류, 수량, 용적 등이 계약의 중심이 되고, 선박의 개성은 중시되지 않는다. 즉 개품운송계약에서 선박소유자는 불특정 다수의 송하인으로부터 여러 가지 다양한 잡화의 운송을 인수하게 된다. 그리고 개품운송계약의 경우에는 용선계약에서의 용선자에 비해 송하인의 힘이 상대적으로 취약하기 때문에, 선박소유자 등의 횡포, 특히 선하증권에 명시된 운송인의 면책약관의 남용 등에 대하여 송하인을 보호할 필요가 있다고 할 수 있다.

(2) 용선계약

해운업이 발전하는 과정에서 용선계약이라고 하는 새로운 형태의 계약방식이 탄생되었는데, 용선이란 선박소유자나 운송업자가 선박 이용자를 위하여 선박의 일부 또는 전부를 빌려주고 그 이용을 가능하게 해주는 것을 말한다. 따라서 용선계약이란 선박소유자가 선박의 전부 또는 일부의 선복(선적 공간)을 운송에 제공하여 이곳에 적재된 물품을 운송할 것을 약정하고 상대 당사자인 용선자가 이에 대한 대가로 용선료를 지급할 것을 약정한 운송계약 으로서, 일명 선복운송계약이라고도 한다.

용선계약은 용선의 범위에 따라 「전부 용선계약」과 「일부 용선계약」으로, 용선의 기간에 따라 「항해용선(Voyage Charter)계약」과 「정기용선(Time Charter)계약」으로 구분된다. 여기에서 항해용선계약은 항구와 항구간의 일정 항해를 그 계약의 내용으로 하는 것이며, 정기용선계약은 당사자의 일방(선박소유자 등)이 상대방(용선자)에 대하여 일정 기간동안 선박의 사용수익권을 제공해 주기로 약정한 계약을 말한다 한편 「나용선 계약」이란 선박 자체만을 임차하고 선원, 항세, 수선비, 항해 비용, 선체 보험료 등 항해에 필요한 일체의 인적 · 물적 요소를 용선자가 부담할 것을 조건으로 한 선박 임대차계약으로서, 이는 엄격히 운송계약이라 할 수 없다.

그러므로 정기용선계약과 나용선계약은 일정 기간을 기초로 하여 계약이 이루어진다. 그리고 항해용선계약과 정기용선계약은 선박소유자가 선박의 점유권 및 지배권을 보유한다는 점에서 나용선계약과 다르다고 할 수 있다. 즉 항해용선계약과 정기용선계약에서는 선박임대차 계약처럼 선박의 점유권이 용선자에게 인도되는 것이 아니라, 선박소유자가 선장 및 선원들을 통해 그 점유권을 행사하고 있는 상태 하에서 용선자는 선박에 대한 사용권만을 갖게 된다. 그러나 나용선계약의 경우에는 용선자가 용선기간 중 선박의 소유권을 제외하고는 선주로서의 다른 모든 권리 및 의무의 주체가 되며, 그 결과 선장 및 선원은 사실상 용선자의 사용인이 되는 셈이다.

▌표 2-1▐ 개품운송계약과 용선계약과의 비교

구분/계약	개품운송계약	용선계약
의의	※ 운송인이 개개의 물건에 대한 운송을 인수하고, 상대방이 운임을 지급할 것을 약속하는 운송계약.	※ 운송인인 선주가 선복(선적 공간)의 일부 또는 전부를 제공하여 그것에 선적된 물건을 운송할 것을 약속하고, 상대방이 용선료를 지급할 것을 약속하는 운송계약.
중시되는 점	※ 운송물의 개성 (종류 · 수량 · 중량 · 용적 · 기호 등)	※ 선박의 개성 (선종 · 톤수 · 속력 · 선형 · 선급 등)
당사자	※ 운송인(선주)과 송하인	※ 운송인(선주)과 용선자
계약체결 방식	※ 선하증권 약관에 의한 附合傭船契約으로 체결됨.	※ 당사자 간의 개별적인 교섭에 의하여 체결됨.
경제적 특징	※ 비교적 대형 · 고속 · 신조의 선박에 의한 정기해운.	※ 비교적 소형 · 서속 · 중고의 선박에 의한 부정기해운

▌2-2▐ 용선계약 대비표

구분/형태	항해용선	정기용선	선박임대차
선장고용 책임	※ 선주가 선장을 임명하고 지휘 · 감독함.	※ 항해용선과 동일.	※ 임차인이 선장을 임명하고 지휘 · 감독함.
책임한계	※ 용선자는 선복(선적 공간)을 이용하고, 선주는 운송행위를 함.	※ 항해용선과 동일.	※ 임차인이 선박을 일정기간 사용하면서 운송행위를 함.

구분/형태	항해용선	정기용선	선박임대차
운임의 결정기준	※ 운임은 화물의 수량 또는 선복(선적 공간)을 기준으로 결정함.	※ 용선료는 원칙적으로 기간을 근거로 결정함.	※ 임차료는 기간을 기초로 하여 결정함.
기항담보	※ 용선자는 재용선자에 대하여 기항담보의 책임이 없음.	※ 항해용선과 동일.	※ 임차인은 화주 또는 용선자에 대하여 기항담보의 책임을 짐.
비용부담 기준 (용선자)	※ 용선자 부담의 비용 항목 없음.	※연료비, 항비, 하역비, 제 수수료, 예선료, 도선료.	※ 선원 급료, 식사비용, 식수료, 윤활유, 유지비 및 수선비, 보험료, 연료비, 항비, 하역비, 제 수수료, 예선료, 도선료.

2. 선하증권의 기능

선하증권이란 화주와 선박회사 간의 해상운송계약에 의해 선박회사가 발행하는 유가증권이다. 즉 선하증권은 선박회사가 화주로부터 위탁받은 화물을 선적한 또는 선적을 목적으로 수탁한 화물을 양륙항까지 운송하여 이 증권의 소지자에게 증권과 상환으로 운송화물을 인도해 줄 것을 약속한 화물의 수취증이다. 따라서 선하증권은 선적화물을 대표하는 증서이므로 인도나 배서에 의해 전매될 수 있으며, 이 증권을 소지하고 있다는 것은 선적화물 그 자체를 소유하고 있는 것과 동일한 효력을 갖는다고 할 수 있다.

해상운송계약에서 선하증권 또는 기타 이와 유사한 서류가 반드시 발행되어야 할 필요는 없으나, 이는 통상적으로 운송인에 의하여 송하인에게 발급된다. 이러한 선하증권은 (1) 운송인에게 인도된 물품에 대하여 운송인이 발급하는 물품의 수취증이며, (2) 운송계약 또는 운송계약 조건의 증거가 되며, (3) 준 유통증서의 성격을 띤 권리증권(또는 물권증권)이라는 특성의 기능을 가지고 있다. 각각의 기능에 관하여 좀 더 구체적으로 살펴보면 다음과 같다.

(1) 수취증으로서의 선하증권

화물이 본선에 반입되면 선박운항 책임자인 일등 항해사가 선박회사에서 발급한 선적지시서와 대조해 가면서 화물을 수취하여 선창 내에 적부시키게 되는데, 이때 화물을 수취한 증거로서 본선에서 발행하는 수취서가 본선수취증(Mate's Receipt: M/R)이다. 그런데 본선수취증은 선적된 화물을 대표하는 서류가 아니며, 따라서 본선수취증의 이전은 화물의 소유권을 이전시키는 기능을 갖지 못한다. 실무적으로 본선수취증과 선하증권의 발행시점이 정확히 일치하지는 않으나, 이러한 서류들이 어느 시점에 발행되었든 선적화물을 대표하는 기능을 갖게 되는 것은 선하증권이다.

선하증권에는 통상 선적된 물품의 수량, 중량, 용적 등이 기재되어 있으며, 일반적으로 "양호한 상태로 선적되었음"이라는 문언이 포함된다. 이러한 선하증권은 운송인의 대리인인 선장이 서명 · 날인을 한다. 즉 선장은 선주의 대리인으로서, 또는 용선계약에 있어서는 용선자의 위탁을 받은 대리인으로서, 「물품이 양호한 상태로 선적되었음」을 명시하고 있는 선하증권에 서명 · 날인권을 가진다. 그러나 선장은 자신에게 인도되지 않은 물품에 대하여 수취증으로서의 선하증권에 서명 · 날인할 수 없다.

이처럼 선장은 자신에게 인도되지 않은 물품에 대하여 선하증권에 서명 · 날인할 수 있는 권리가 없기 때문에, 이를 근거로 운송인은 선하증권에 명시되어 있는 물품이 실제로 수령되지 않은 경우 그러한 사실에 대하여 정당하게 주장할 수 있는 권리가 있다. 실제로

수령되지 않은 물품에 대하여 선하증권이 발급되었다면, 이는 운송인이 선하증권을 위조한 경우가 될 것이다. 그런데 위조된 선하증권이 제시된 경우, 매수인은 대금지급을 거절할 수 있는 권리가 있다. 또한 신용장거래에서 위조된 선하증권이 발행된 사실이 명확하게 입증된 경우, 은행은 비록 신용장조건과 일치하는 서류가 제시되었다 하더라도 지급거절이 가능함은 물론 이미 지급된 금액에 대해서까지도 환급을 받을 수 있게 된다.

그러나 정상적인 선하증권은 운송인에게 인도된 것으로 명시되어 있는 한 해당 물품이 운송인에게 인도되었다는 추정적 증거가 되므로, 물품이 운송인에게 인도되지 않았다는 사실에 대한 입증책임은 운송인에게 있다. 따라서 만일 선하증권을 발행한 운송인이 해당 물품이 인도되지 않았다는 사실에 대하여 결정적인 증거를 제시하지 못하게 되면, 운송인은 그 책임을 면할 수 없게 된다. 또한 선하증권 상에 "물품이 양호한 상태로 선적되었음"이라는 문언이 명시되어 있는 경우, 운송인은 물품이 계약과 일치하지 않는다는 통지를 받지 못한 양수인 또는 소지인에 대하여, 그리고 이러한 문언에 따라 행동한 선하증권의 양수인 또는 소지인에 대하여 물품이 인도될 당시 양호한 상태가 아니었음을 나중에 주장하는 것은 「금반언의 원칙」이 적용되어 인정될 수 없게 된다. 이러한 경우 운송인은 이에 대한 모든 책임을 져야 한다.

(2) 운송계약 증거로서의 선하증권

선하증권에는 운송계약조건이 포함되어 있는 것이 일반적이다. 그런데 용선계약의 경우 선하증권이 「운송계약 그 자체」인지, 아니면 「계약의 증거를 구성해 주는 단순한 서류」에 불과한 것인지에 관하여 법적인 견해충돌이 있다. 이에 대하여 선하증권은 단지 계약의 증거일 뿐이며, 따라서 구두상의 증거도 선하증권에서 명시하고 있는 계약조건을 변경시킬 수 있는 유효한 증거가 될 수 있다는 주장이 지배적인 견해이다 따라서 송하인은 선하증권 상에 기재되어 있지 않은 조건이라도 선하증권의 발행에 앞서 선박회사 측이 운송계약의 내용으로 승낙한 조건이 있다면, 송하인은 이를 입증함으로써 선박회사에 대항할 수 있게 된다.

예를 들어 S.S. Andennes(Cargo Owners) v. S.S. Andennes(Owners) 사건[2]에서는 청과물업자인 매도인이 1947년 11월 22일경에 선박회사의 대리점과 운송계약을 구두로 체결하였는데, 대리점은 매도인의 수출물품인 오렌지를 싣고 런던으로 직항할 것에 합의하였다. 그런데 11월 22일 매도인의 물품이 선적되어 대리점에서 선하증권을 발행하였으나, 선하증권 상에는 「선박이 런던으로 향하는 도중 다른 항구에 기항할 자유를 갖는다」는 내용의 명시적 규정이 포함되어 있었다.

2) (1951) 1 KB 55

실제로 본선은 Antwerp에 기항하였기 때문에 런던에 도착한 것은 12월 4일이었으며, 이러한 본선도착의 지연으로 인해 이 기간 동안 오렌지의 수입세가 인상되었고, 11월 중의 오렌지 수입의 대량입하로 인해 시황이 악화되어, 매수인은 많은 손해를 보게 되었다. 이에 매수인은 선박회사가 구두약속을 위반했다는 이유로 선박회사를 상대로 손해배상을 청구하게 되었고, 선박회사는 선하증권 상의 내용이 당사자의 권리와 의무를 규정하는 것이기 때문에 선하증권 상에 중간항에 기항할 자유를 갖는다고 규정하고 있는 이상 운송인은 런던으로 직항한다는 요지의 구두약속에 구속되지 않는다고 항변하였다.

이에 이 사건을 담당했던 Coddar판사는 "…운송계약은 선하증권이 서명되기 이전에 존재한 것이기 때문에, 선하증권이 계약 그 자체는 아니다. 송하인과 선박회사 간의 구두약속은 선하증권의 내용과 모순된다 하더라도 유효한 것이다"라고 판결함으로써, 매수인 승소판결을 내렸다. 그 결과 선박회사 측이 매수인에게 손해배상을 해 주어야 하는 것으로 판결되었다. 따라서 선하증권은 「운송계약 그 자체」라기 보다는 「계약의 증거를 구성해 주는 하나의 서류」에 불과한 것으로 파악되어야 한다.

(3) 권리증권으로서의 선하증권

선하증권에 표시된 물품의 소유권을 양수인에게 이전시킬 목적으로 양도인이 선하증권에 상당하는 대가를 제공한 양수인에게 선하증권을 양도할 경우, 선하증권의 이전은 물품의 소유권을 양수인에게 이전시키는 결과가 된다. 이러한 측면에서 선하증권은 유통증권의 성격을 띠고 있다. 그러나 양수인은 양도인이 취득한 물품의 권리보다 더 나은 권리를 취득할 수 없기 때문에 선하증권은 엄격히 유통증권이 아니라고 보는 견해가 더 타당하다. 따라서 엄격하게 선하증권을 유통증권이라고 명명하는 것은 부적절하지만, 해상물품운송법(1971년)과 기타 법령에서는 선하증권을 유통증권으로 간주하고 있다.

선하증권의 양수인이 선하증권에 상당하는 대가를 지불하지 않은 경우, 양수인은 선하증권에 표시되어 있는 물품이 무엇이든 간에 소유권을 취득하지 못하게 된다. 양도인이 양수인에 의해 발행된 환어음과의 상환으로 선하증권을 양도한 경우, 반대의 명시적 합의가 없는 한 양수인에게 물품의 소유권을 이전시키는 것은 환어음이 인수되는 것을 그 조건으로 한다. 따라서 만일 환어음이 인수되지 않는다면, 양수인은 물품에 대한 소유권을 취득하지 못하게 된다. 그리고 관습법상 선하증권의 양도는 물품의 점유권 및 소유권을 이전시키는 것이며, 선하증권에 포함되어 있는 계약의 의무까지도 이전시키는 것은 아니다. 그리고 만일 선하증권 상에 양도인에 의해 유통증권으로 간주한다는 내용의 명시적 규정이 포함되어 있지 않으면, 선하증권의 양도는 물품의 소유권을 양수인에게 이전시켜 주는 효력을 발휘하지 못하게 된다.

한편 선하증권은 양수인에게 물품과 관련된 저당권이나 담보권을 부여해 주기 위해 양도될 수 있으며, 이는 양도인의 의도에 달려 있다. 그 이유는 선하증권이 권리증권으로서의 효력을 지니고 있기 때문이다. 이와 관련된 내용의 판례로써 Trucks & Spares Ltd. v. Maritime Agencies(Southampton) Ltd. 사건[3]을 들 수 있다. 이 사건에서 영국의 송하인은 자동차 부품을 캐나다의 수하인 앞으로 선적하였다. 그런데 이에 대한 운임은 지급되었지만, 선박회사는 이미 운송된 다른 화물의 운임에 대한 미수금이 있다는 이유로 선하증권을 보유한 채 화물에 대한 유치권을 주장하였다. 이에 수하인은 화물의 소유주임을 증명하여 수하인이 운송인에게 선하증권을 제시하지 않더라도 화물을 인도해야 한다고 항변하였다. 이 사건을 담당했던 법원에서는 수하인의 운송인에 대한 화물인도 신청을 거절하였다. 그 이유는 선하증권의 제시가 반드시 전제되어야 물품의 인도가 가능하다는 논리에서였다.

만일 물품인수 권리가 없는 선하증권 소지인이 자신에게는 물품인수 권리가 없음을 통지하지도 않고 운송인으로부터 물품을 인수받았을 경우, 운송인은 해당 물품에 대한 권리가 있는 자에 대하여 책임을 지지 않는다. 그 근거로써 운송인은 선하증권 소지인에게 해당 물품을 인도해 줌으로써 자신의 의무를 충실히 이행한 것으로 간주되기 때문이다. 그러나 운송인이 선하증권을 소지하고 있지 않은 수하인에게 물품을 인도했다면, 이는 실제로 물품을 인수해야 할 자에게 인도하지 못한 것이 된다. 따라서 이러한 경우 운송인은 해당 물품에 대한 권리가 있는 선하증권 소지인에 대하여 책임을 져야 한다.

3. 본선수취증과 화물인도지시서의 법률적 한계

선적항에서 물품이 선측에 인도되었을 때 본선수취증(Mate's Receipt: M/R)이 송하인에게 교부되는 것이 일반 관행이며, 이 본선수취증이 선하증권과 교환되기 위해 선장에게 인도된다. 따라서 본선수취증의 소지인은 선하증권의 발행을 요구할 권리를 갖는다. 그러나 본선수취증 그 자체는 권리증권으로서의 성격을 지니고 있지 않기 때문에, 본선수취증의 이전에 의하여 선적물품의 소유권이 이전되지는 않는다. 그 결과 본선수취증의 소지인은 물품에 대한 소유권이 있는 자에 대하여 어떠한 권리도 획득할 수 없게 된다.

한편 화물인도 지시서(Delivery Order: D/O)란 무역거래에 있어서 선주 또는 그 대리점이 본선의 선장에 대하여 화물을 화주에게 인도해 주라는 지시서를 말한다. 화물인도 지시서는 선적항의 선박회사(또는 그 대리점)가 선박의 출항과 함께 적하목록을 작성하여 목적항의 선박 대리점에게 도착화물의 내용을 알리게 되면, 이 적화목록에 의하여 수입

3) (1951) 2 All E. R. 982.

항에서 발급된다. 그런데 화물인도 지시서 역시 선하증권이 갖고 있는 권리증권으로서의 기능을 지니고 있지 않으므로 그 법적인 지위는 선하증권에 비해 낮다고 할 수 있다.

이와 관련되는 내용의 판례로써 Colin & Shields v. W. Wedded & Co., Ltd.사건[4]을 들 수 있다. 이 사건에서 매도인은 CFR Liverpool조건으로 매수인과 우피(소가죽)에 대한 매매계약을 체결하였다. 그런데 계약물품은 Liverpool행 선박 대신에 Manchester행 선박에 적재되었고, 이러한 내용이 선하증권 상에 기재되어 있었다. 이러한 사실을 알게 된 매도인은 즉시 운송인에게 지시하여 선하증권 상에 "in transit to Liverpool"이라는 문언을 삽입시키도록 요구하였다. 그러나 매수인은 계약과 일치하지 않는다는 이유로 선하증권을 포함한 선적서류의 인수를 거절하였다.

이에 매도은 Manchester에서 Liverpool의 목적지까지 계약물품을 운반할 Barge船에 화물을 적재하도록 하고, 선하증권에 갈음하여 Liverpool항의 하역업자 앞으로 운송인이 발행한 화물인도 지시서를 첨부시킨 선적서류를 보내면서 해당 물품을 매수인에게 인도하도록 하역업자에게 지시하였다. 그러나 매수인은 또다시 선적서류의 인수를 거절하였고, 이로 인해 계약당사자 간에 분쟁이 발생되었다. 이 사건을 담당했던 법원에서는 이러한 매수인의 행위가 정당한 것으로 판결하였다. 그 이유는 화물인도 지시서는 선하증권을 대체할 수 있을 정도의 법적 효력을 지니고 있는 서류가 아니며, 또한 화물인도 지시서는 권리증권으로서의 성격을 지니고 있지 못하기 때문이었다.

4. 선하증권 소지인에 대한 해상운송인의 책임

선하증권 발행의 주요 목적은 선하증권 소지인에게 해당 물품에 대한 처분권을 부여해 주기 위한 것이다. 그러므로 선하증권의 이전은 해당 물품의 소유권 이전과 동일한 효과를 갖는 것이라 할 수 있다. 그러나 이는 선하증권의 본질상 다음과 같은 두 가지 측면에서 그 성격이 엄격하게 규명되어야 한다.

첫째, 선하증권의 이전은 해당 물품의 점유권에 대한 상징적 이전으로 파악되어야 하며, 선하증권의 이전이 반드시 소유권의 이전을 수반하는 것은 아니라는 점이다. 따라서 선하증권의 이전은 물품도착 시 해당 물품의 인도를 요구할 수 있는 권리를 이전시켜 주기 위한 것이지 소유권 자체를 이전시켜 주기 위한 것은 아니라는 점이다.

둘째, 선하증권 소지인은 해상운송인에 대하여 해당 물품의 인도를 요구할 수 있는 권리가 있다는 점이다. 따라서 해상운송인은 정당한 선하증권 소지인에게 해당 물품을 인도해 주면 자신의 의무를 이행한 것으로 간주되는 바, 운송인은 선하증권 소지인의 자격

4) (1952) 2 All ER 337.

에 대한 별도의 조사는 하지 않아도 된다. 다만 운송인은 선하증권을 소지하고 있지 않은 자에게 물품을 인도해 주어서는 안되며, 이러한 경우 발생되는 제반 문제에 대해 운송인은 책임을 져야 한다.

이러한 선하증권의 성격에 의거해 국제무역상의 관행은 다음과 같이 적용되고 있다. 해상운송인의 운송의무는 화물을 계약상의 도착지까지 운반해 놓는 것에 그치지 않고, 이를 정당한 수하인에게 인도해 주는 것까지 포함된다. 해상운송인이 화물을 도착지까지 운반하여 놓은 뒤라도 정당한 수하인에게 이를 인도해 주기 전까지는 그의 의무를 완전히 이행한 것으로 간주되지 않는다. 그러므로 해상운송인은 정당한 수하인 또는 선하증권 소지인에게 화물을 인도해 주기 위한 주의 의무를 기울여야 하며, 이를 위반하면 그는 선하증권 소지인에 대하여 손해배상책임을 면할 수 없게 된다.

이처럼 해상운송인은 양륙항에서 수하인 또는 선하증권 소지인에게 운송물을 인도해 주어야 할 의무가 있으며, 만일 하역업자가 송하인이나 수하인의 대리인인 경우에는 해당 하역업자에게 물품을 교부해 줌으로써 자신의 인도 의무를 완료하게 된다. 그런데 통상적으로 특수한 물품을 제외한 대부분의 수입화물은 도착 항구에서 양하되어 일단 보세구역에 장치된다. 보세구역은 지정 보세구역과 특허 보세구역으로 구분되는데, 이러한 보세구역은 통관을 하고자 하는 물품을 일시 장치하기 위한 장소이다. 그리고 자가 보세장치장에 반입된 경우에는 해당 물품이 화주의 지배하에 있게 되므로 그 보관 책임은 화주에게 있게 되며, 단지 관세확보라는 차원에서 세관장의 감독을 받게 될 뿐이다.

따라서 수입화물을 운송한 운송인이 해당 물품을 보세구역에 반입한 후 그 반출에 필요한 서류를 화주에게 교부하였다면, 운송인은 해당 운송물에 대한 인도를 완료한 것으로 간주되어야 한다. 예를 들어 선하증권이 발행된 경우에는 증권소지인이 이 증권을 운송인 또는 그 대리점에 제시한 후 화물인도 지시서를 교부받아 이를 근거로 보세구역에서 화물을 반출해 갈 수 있게 되는데, 이때 수하인은 화물인도 지시서와 수입면허장 등의 서류를 갖추어야 비로소 보세구역으로부터 화물을 반출해 갈 수 있게 된다.

그리고 수하인이 운송물을 직접 수령하지 않은 경우라 하더라도, 운송계약이나 법령 또는 거래관행에 의거해 해당 운송물을 수하인이 처분할 수 있는 상태로 넘겨졌거나, 운송물이 관계법령에 의거해 세관 또는 해당 관청의 허가를 받은 곳에 넘겨진 경우에는 운송인이 자신의 인도 의무를 완료한 것으로 보아야 한다.

그런데 오늘날 국제무역거래의 대금결제방법들 중 신용장에 의한 거래에서는 선하증권 등의 서류를 첨부한 화환어음이 이용되고 있다. 이러한 화환신용장에 의한 거래는 신용장개설은행이 선하증권 상의 수하인이 되며, 해상운송인은 선하증권과 상환으로 수하인에게 해당 운송물을 인도해야 한다. 다만 운송인은 형식상 정당한 선하증권 소지인(신용

장개설의뢰인인 수입업자)에게 운송물을 인도한 이상, 그는 악의나 중대한 과실이 없는 한 면책된다.

그러나 적법한 선하증권 소지인에게 화물을 인도하여야 할 의무를 위반하여도 운송인이 면책된다는 내용의 선하증권 상의 면책약관은 오늘날 허용되지 않는다. 그런데 선하증권 상에 다른 하자는 전혀 없으나 운송인의 면책약관을 포함하고 있는 경우로써 해당 면책약관이 실제로 행사되지 않은 경우, 이는 정당한 인도로 간주된다.

한편 선하증권과 관련된 일체의 권리를 양도받은 선하증권 소지인은 운송물의 인도청구권은 물론, 운송인의 감항능력 주의 의무 또는 운송품에 대한 주의 의무의 위반으로 인해 발생된 운송물의 멸실이나 훼손 등에 대한 손해배상 청구권을 갖는다.

제3절 항공운송계약

항공운송인의 책임 및 사고처리 방법 등을 국제적으로 통일하여 국제화물 사고를 간편하고도 신속하게 처리하기 위한 목적으로 1929년 Warsaw에서 「Convention for the Unification of Certain Rules relating to International Carriage by Air: 국제운송에 있어서의 일부 규칙의 통일에 관한 조약: 일명 바르샤바조약」이 체결되었다. 그 후 항공운송의 급속한 발달로 이 조약의 현실성이 문제시됨에 따라 결국 1955년에 헤이그에서 서명된 이른바 헤이그 의정서에 의한 개정이 이루어졌는데, 이를 「개정 바르샤바조약」이라 한다. 우리나라는 1967년에 헤이그 의정서에 가입함으로써 「개정 바르샤바조약」을 채택하였다.

「바르샤바조약」과 「개정 바르샤바조약」의 제 1조에서는 항공운송계약 상의 발송지 및 목적지가 모두 각 조약의 가입국일 경우에 한하여 적용되는 것으로 각각 규정하고 있다. 그리고 「바르샤바조약」 또는 「개정 바르샤바조약」의 가입국을 출발하여 이 조약의 가입국이든 비가입국이든 제 3국을 거쳐 다시 출발지국으로 돌아오는 경우에 한하여 각각의 조약이 적용되는 것으로 규정하고 있다.

이 조약에 의하면 항공운송인은 항공운송 중에 발생된 사고로 인한 위탁수하물의 파괴나 멸실 및 훼손에 대하여 그 책임을 져야 한다. 여기에서 「항공운송 중」이란 공항에서건, 항공기 내에서건, 그리고 공항 이외의 지역에 착륙한 경우에는 장소여하를 불문하고 해당 물건이 운송인의 관리 하에 있는 동안을 의미한다. 또한 항공운송인은 연착으로 인하여 발생되는 손해에 대해서도 책임을 져야 하는데, 여기에서 「연착」이란 운송인이 해당

화물에 대한 관리자로서의 주의를 가지고 운송계약을 이행했더라면 도착할 수 있었을 것으로 예상되는 때보다 늦게 화물이 목적지에 도착되는 경우를 말한다.

「바르샤바조약」에서는 「운송인은 운송인 및 그 사용인이 손해를 방지시키기 위해 필요한 모든 조치를 취하였다는 사실 또는 그 조치를 취할 수 없었다는 사실을 증명한 때에는 책임을 지지 아니한다」라고 규정함으로써 과실에 대한 입증책임을 운송인에게 부담시키는 과실추정주의[5]를 채택하고 있다. 따라서 항공운송인은 스스로 자신의 무과실을 입증할 수 있어야만 면책될 수 있게 된다.

한편 항공기로 화물을 운송하는 경우에는 보통 항공화물운송장(Air Waybill)이 작성·교부되는데, 이는 권리증권도 유통증권도 아닌 단순한 증거증권 내지는 화물수취증에 불과한 성격을 갖는다. 여기에서 항공화물운송장이 증거증권이 되는 근거는 항공화물운송장이 ① 항공운송계약이 존재한다는 사실, ② 운송인이 운송을 위하여 화물을 인수하였다는 사실, ③ 화물운송의 조건에 관한 증거가 된다는 사실 등을 입증하는 증거가 되는 서류이기 때문이다. 그 결과 항공운송인은 정당한 증권소지자에게 해당 화물을 인도해 주면 자신의 의무를 완료한 것으로 간주된다.

그리고 항공화물운송장은 요식증권이 아니라는 특징을 갖는다. 따라서 항공화물운송장에 기재하여야 할 사항이 「바르샤바조약」에 규정되어 있기는 하다. 그러나 그 기재사항이 빠지더라도 해당 운송장 자체가 무효가 되는 것이 아니라, 오히려 기재해야 할 책임이 있는 당사자가 그에 따른 불이익을 받게 된다.

제4절 복합운송계약

복합운송계약은 다른 종류의 운송계약과 마찬가지로 당사자 간의 합의에 의하여 성립된다. 즉 복합운송계약은 복합운송인과 송하인 또는 그 대리인 간의 청약과 승낙에 의하여 성립되며, 그 결과 복합운송계약의 성립시기는 송하인 또는 그 대리인의 청약에 대한 복합운송인 또는 그 대리인의 승낙시점이 된다. 여기에서 복합운송인이란 자신의 명의로 해당 화물의 복합운송을 인수하는 자를 말한다. 그런데 복합운송계약도 다른 운송계약과 마찬가지로 불요식계약이기 때문에 당사자 간의 합의에 별도의 형식이 요구되는 것은 아니지만, 일반적으로 복합운송계약에 있어서는 복합운송증권이 발행되고 있다.

5) 「과실추정주의」란 항공운송 중에 발생되는 모든 사고에 대하여 일단 운송인에게 과실이 있는 것으로 추정하는 것을 말한다.

복합운송증권은 복합운송계약에 의거해 복합운송인이 발행하는 증권으로써, 이는 복합운송계약의 내용 및 운송조건과 복합운송인에 의한 화물운송과의 일치여부를 증명하는 증거증권이라 할 수 있다. 그리고 복합운송증권의 유가증권성은 그 발행형식에 의하여 결정되는 것으로써 유동성이 있는 증권의 형식으로 발행된 것은 유가증권성이 인정된다. 유가증권으로서의 복합운송증권의 법적 성격은 선하증권의 법적 성격과 동일하다고 할 수 있다.

다음으로 복합운송인의 책임에 관하여 살펴보기로 한다.

복합운송인은 복합운송의 전 구간에 대한 책임을 부담하여야 한다. 그런데 복합운송인이 구체적으로 어떠한 내용의 책임을 부담하게 되는가에 대하여 「손해발생 구간이 확인되지 않은 경우」와 「손해발생 구간이 확인된 경우」로 대별하여 살펴보면 다음과 같다.

① 손해발생 구간이 확인되지 않은 경우

손해가 어느 구간에서 발생되었는지가 확인되지 않은 경우, 복합운송인은 운송물을 수령한 순간부터 이를 인도하기까지의 전 과정에서 해당 운송물에 발생된 모든 손해에 대하여 책임을 져야 한다. 그리고 이러한 경우 복합운송인의 면책사유로는 화주 또는 그 대리인의 행위에 의하여 발생된 손해, 포장 및 기호의 불충분에서 기인된 손해, 운송물 고유의 숨은 하자로 인하여 발생된 손해, 노동쟁의에 의해 발생된 손해, 원자력 손해 등을 들 수 있다. 그런데 이러한 복합운송인의 면책사유에 관한 입증책임은 복합운송인에게 있다.

② 손해발생 구간이 확인된 경우

손해발생 구간이 확인된 경우에는 강행적인 국제조약 및 국내법의 적용을 받도록 하고 있는데, 이와 같은 구간운송조약으로는 헤이그 규칙, 바르샤바조약, CMR조약 등을 수 있고 국내법으로는 예를 들면 우리나라의 상법이나 미국의 통상법 등을 들 수 있다.

제3장 보험계약

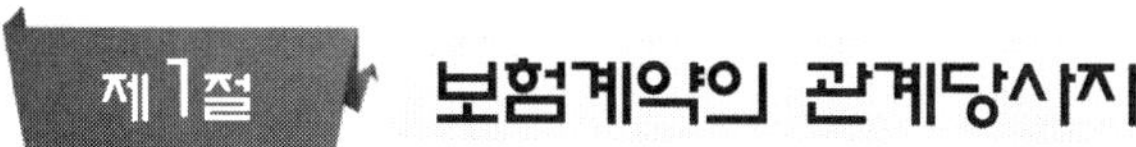

제1절 보험계약의 관계당사자

1. 보험자

보험자란 보험계약을 인수하는 주체를 말한다. 즉 보험자란 위험을 담보하고, 담보위험으로 인해 사고가 발생될 경우 그 손해를 보상해 주며, 제 3자에 대한 배상책임 등 보험계약자를 대신하여 책임지는 일을 주요 업으로 하는 개인 또는 회사를 통칭하는 말이다. 영국에서는 보험계약을 체결할 재력만 있으면 개인이라도 보험자가 될 수 있으나, 미국에서는 개인 보험업자는 허용되지 않는다. 그러나 보험계약을 인수하는 주체가 개인이든 회사 형태이든 모두 보험자라 한다.

2. 보험계약자와 피보험자

보험계약자란 보험자와 함께 보험계약의 당사자로서 보험계약을 청약하는 자 또는 보험금을 수취할 권리가 있는 자를 말한다. 이를 좀 더 구체적으로 구분하면, 보험계약을 청약하고 보험료를 납입하는 자를 보험계약자라 하고 보험금의 수취권자를 피보험자라 한다. 따라서 자신을 위하여 보험계약을 체결하는 경우, 보험계약자와 피보험자는 동일인이므로 보험료 지불의무와 보험금 수취권한은 동일인에게 귀속된다. 그리고 타인을 위하여 보험계약을 체결하는 경우, 보험계약을 청약하고 보험료 지불의무를 부담하는 자는 보험계약자가 되고 보험금의 수취권자는 피보험자가 된다.

3. 보험목적물과 피보험이익

위험이 발생됨으로써 물적 손해 또는 경제적 불이익에 노출될 수 있는 이익단체이면 무엇이든 보험의 부보대상이 될 수 있다. 예를 들어 해상보험에 있어서의 보험목적물은 적하, 선박, 선임 등과 같은 위험발생의 객체가 된다. 그리고 보험목적물과 피보험목적물은 결국 동일한 개념의 용어라 할 수 있다.

그리고 보험목적물과 특정인과의 이해관계를 피보험이익이라 한다. 그러므로 보험목적물은 누구에 의해서든 부보될 수 있는 것이 아니라 그 보험목적물과의 일정한 이해관계가 있는 자만이 부보할 수 있게 된다.

제2절 적하보험계약

1. 적하보험계약

계약 당사자들이 운송 중에 있는 화물에 대하여 보험에 반드시 부보해야 하는 것은 아니다. 그러나 일반적으로 수출입업자들은 운송 도중 화물이 입게 될지도 모르는 멸실이나 손상에 대한 재정적 손해를 보상받기 위하여 적하보험계약을 체결해 두는 경향이 있다. 상인들이 적하보험에 부보하기 위해서는 중개인을 통하거나, 대리점을 통하거나, 또는 직접 보험회사와 보험계약을 체결할 수 있게 된다.

일반상인이 보험회사를 상대로 직접 보험계약을 청약할 수도 있으나 대부분의 경우 중개인을 통하여 보험계약을 체결하고 있다. 여기에서 보험계약을 청약하는 자를 청약자라 하며, 그는 보험자가 보험계약을 인수하기로 결정한 때로부터 피보험자가 된다. 피보험자는 보험계약을 유리하게 체결할 수 있도록 모든 중요한 정보를 중개인에게 제출하게 되는데, 이를 보험계약 청약서라 부른다.

그런데 보험계약을 상담할 때에는 중개인이 보험자에게 중요한 사항 일체를 반드시 고지해 주어야 한다. 여기에서 「중요한 사항」이란 선의의 보험자가 해당 위험에 대한 인수 여부에 영향을 미칠 수 있거나, 보험자가 해당 위험을 인수하게 될 경우 보험료율에 영향을 미치게 될 중대한 사항들을 말한다. 즉 이러한 피보험자의 고지의무와 관련하여, 피보험자는 자신과 보험자 쌍방이 마땅히 알고 있어야 하는 모든 중요한 사항들을 보험자에게 성실하게 고지하여야 한다. 다만 보험자가 그러한 사항들을 이미 알고 있는 내용에 대해서는 제외된다.

그런데 오늘날 국제물품매매계약과 관련하여 해당 당사자가 복합운송에 대한 적하보험계약을 체결하게 되는 경우, 실무적으로는 해당 화물에 대한 해상보험계약을 체결해 둔 후 이를 확장 · 담보하는 방법으로 육상운송이나 내수로운송 또는 항공운송 등에 따르는 운송보험계약을 체결하는 경향을 보이고 있다. 예를 들어 CIF거래조건에서는 매도인이 해상보험을 부보하는 것으로 족하다. 그러나 CIP거래조건에서는 매도인이 해상운송뿐만 아니라 여러 운송수단이 결합되는 복합운송에 적합한 운송보험계약을 체결하여야 한다.

운송보험계약이란 해상보험을 비롯하여 육상운송보험과 항공운송보험을 포함하는 포괄적인 의미로 파악되어야 한다. 그런데 CIP거래조건에서 부보되는 해상보험은 항해에 대한 위험의 보험이지만 항해에 부수하여 발생되는 육상운송 위험 또는 항공운송 위험을 해상보험계약서에서 확장 · 담보하는 경우가 많으며, 이러한 경우 이들 해상위험 이외의 위험에 대해서도 해상보험의 제반 규정과 관습이 준용되는 것이 일반적이다. 따라서 CIP 거래조건에서 매도인이 부보해야 하는 운송보험은 해상보험으로 부보할 수도 있게 된다. 그 이유는 대부분의 복합운송이 해상운송을 포함하고 있고, 이러한 경우 해상보험계약으로 내륙이나 항공운송위험을 확장 · 담보받을 수 있기 때문이다.

한편 CIP거래조건에서 물품에 대한 위험은 해당 물품이 적출지의 운송인에게 또는 후속운송인이 참여하게 되는 경우에는 첫 번째 운송인에게 인도되는 시점에서 매도인으로부터 매수인에게 이전된다. 그러므로 매매계약 당사자들은 부보의 범위를 설정하는데 특별히 유의하여야 한다. 그런데 매매계약 당사자 간에 부보범위에 대한 합의가 없는 경우, 매도인은 자신의 판단에 의하여 무역거래관습 · 물품의 특성 · 위험과 관련된 환경적 요인 등을 고려하여 적절하다고 판단되는 보험에 부보하면 된다. 단 이러한 경우 매도인은 부보범위에 대하여 상세하게 매수인에게 통지해 주어야 한다. 그 이유는 매도인이 이를 이행해야만, 실제로 보험에 담보되지 않은 어떤 위험이 발생됨으로써 매수인에게 실질적인 손해를 끼쳤다 하더라도 매도인은 면책될 수 있기 때문이다.

2. 적하보험 특별약관

적하보험 특별약관은 해상보험증권의 내용을 그대로 두고 별도로 제정한 약관으로 이 특별약관에 의거하여 화물의 종류나 특성에 따라 보상범위를 확장 또는 제한할 수 있게 된다. 이러한 적하보험 특별약관에 해당하는 I.C.C.[1](A/R),[2] (W.A.),[3] (F.P.A.)[4]는

1) I.C.C.는 Institute Cargo Clause의 약자이다.
2) 이는 협회적하약관(전위험 담보조건)으로써 I.C.C.(All Risks: A/R)을 의미한다.
3) 이는 협회적하약관(분손담보조건)으로써 I.C.C.(With Average: W.A.)를 의미한다.
4) 이는 협회적하약관(단독해손 부담보조건)으로써 I.C.C.(Free from Particular Average: F.P.A.)

1963년 1월 1일자로 개정된 이후 1981년 12월 31일까지 사용되어 왔다. 그러나 특별약관의 모체가 되는 Lloyd's S.G.양식의 보통약관 내용이 지나치게 고어체와 난해한 문장으로 구성되어 있고, 특별약관인 I.C.C.(A/R)의 담보범위가 각종 면책위험의 불명확성 때문에 빈번하게 분쟁이 야기될 뿐 아니라, I.C.C.(W.A.)와 I.C.C.(F.P.A.) 간의 담보범위가 어떠한 차이가 있는지 불분명하다는 문제가 있었다. 그 결과 피보험자들과 관계기관의 비판이 높아지게 되면서 적하보험 특별약관에 대한 개정을 하지 않으면 안되게 되었다.

이러한 개정작업의 결과로 1982년 1월 1일부터 사용하기로 한 적하보험 특별약관(신약관)의 공식 명칭은 다음과 같다.

*협회적하약관(A 클로즈): Institute Cargo Clause (A) ← I.C.C.(A/R)
*협회적하약관(B 클로즈): Institute Cargo Clause (B) ← I.C.C.(W.A.)
*협회적하약관(C 클로즈): Institute Cargo Clause (C) ← I.C.C.(F.P.A)

개정된 적하보험 특별약관은 과거에 비해 많이 간소화되었고, 그 내용에 있어서 획일성을 갖도록 정비되었으며, 또한 적하보험 특별약관의 명칭도 변경되었다. 그러나 보험자의 보상범위나 기타 담보에 대한 원리 등 근본적인 사항들은 크게 변동되지 않았으며, 다만 구 약관과 비교하여 신 약관은 보험자의 담보위험과 면책위험이 명확하게 구분되어 있어 대단히 편리하고 쉽게 이해할 수 있도록 구성되어 있다는 특징이 있다. 신 약관에 대하여 간략하게 검토해 보기로 한다.

(1) A Clause

신 약관 I.C.C.(A) 또는 A Clause는 총 19개 소 약관으로 구성되어 있다. 즉 A Clause의 제 1조에는 위험약관, 제 2조에는 공동해손약관, 제 3조에는 쌍방과실충돌약관, 제 4조에는 일반면책약관, 제 5조에는 불내항 및 부적격성면책약관, 제 6조에는 전쟁면책약관, 제 7조에는 동맹파업면책약관, 제 8조에는 운송약관, 제 9조에는 운송계약종료약관 제 10조에는 항해변경약관, 제 11조에는 피보험이익약관, 제 12조에는 繼搬費用擔保約款, 제 13조에는 추정전손약관, 제 14조에는 증액약관, 제 15조에는 보험이익불공여약관, 제 16조에는 피보험자의무약관, 제 17조에는 위부포기약관, 제 18조에는 신속조치약관, 제 19조에는 英法適用約款이 규정되어 있다.

제 1조의 위험약관에 의하면 "이 보험은 다음의 제 4조, 제 5조, 제 6조 및 제 7조에서 규정한 각종의 면책위험을 제외한 일체의 위험을 담보한다"라고 규정함으로써 포괄책임주의를 채택하고 있다. 따라서 I.C.C.(A/R)과 I.C.C.(A)와의 차이점은 전 위험을 담보하

를 의미한다.

는 점에서는 두 약관이 같으나, IC.C.(A)에서는 면책위험을 구체적으로 명시하였다는 점을 들 수 있다. 예를 들어 제 4조의 경우 보험자의 면책위험을 7가지로 구분하여 피보험자가 이해하기 쉽도록 구체적으로 명시하였는 바, 이는 다음과 같다.

① 보험계약자의 중과실에서 기인되는 멸실, 손상 및 비용.
② 통상적인 누출손해, 중량 및 수량상의 자연감량, 통상적인 摩損.
③ 보험목적물의 포장 또는 운송 준비의 불충분한 상태로 인하여 발생되는 멸실, 손상 및 비용.
④ 보험목적물 고유의 성질과 하자로 인한 멸실, 손상 및 비용.
⑤ 제 2조 공동해손약관에서 규정한 경비를 제외하고, 지연이 담보위험으로 인하여 발생된 경우라 하더라도 그에 직접적으로 기인하여 발생된 멸실, 손상 및 비용.
⑥ 선주, 운항관리자, 운송자나 운항책임자 또는 그들 각 대리인의 파산과 재정상 결손으로 인하여 발생된 멸실, 손상 및 비용.
⑦ 원자핵 분열, 용해 혹은 유사한 반동작용, 방사성과 방사성 물질을 사용한 전투 무기를 사용함으로써 발생되는 멸실이나 손상 및 비용

등은 어떠한 경우라 하더라도 보험자가 보상하지 아니한다.

(2) B Clause

A Clause, B Clause, C Clause 의 세 가지 특별약관은 각각 19개 조항으로 구성되어 있으며, 제 1조의 위험약관만 그 내용과 구성방법이 다를 뿐 나머지 제 2조부터 제 19조까지의 18개 조항은 동일하다. 다만 B Clause와 C Clause의 제 4조 일반면책 약관의 7항(방화 등에 의한 불법행위)만이 A Clause와 비교하여 더 추가되어 있을 뿐이다. 따라서 방화 등에 의한 불법행위의 경우 A Clause에서는 보험자가 면책되지 않으나, B Clause와 C Clause의 경우에는 보험자가 면책된다고 할 수 있다.

그러므로 여기에서는 B Clause의 제 1조 위험약관만을 살펴보기로 한다. 제 1조에서는 “이 보험은 제 4조, 제 5조, 제 6조 및 제 7조의 면책규정을 제외하고, 첫째 화재 혹은 폭발, 선박이나 부선의 좌초 · 교사 · 침몰 또는 전복, 육상운송 용구의 전복 · 탈선, 물 이외의 타 목적물과 선박이나 부선 또는 운송용구와의 충돌· 접촉, 피난항에서의 화물 투하, 지진이나 활화산 및 낙뢰 등에 의해 합리적으로 기인되어 발생된 피보험목적물의 멸실 또는 손상과, 둘째 공동해손희생, 투하, 갑판유실, 선박이나 부선의 선창 · 운송컨테이너 · 지게자동차 · 보관장소에 해수나 또는 호반과 강의 담수가 흘러들었을 경우 그로 인하여 피보험목적물에 입힌 멸실 또는 손상, 셋째 선적 또는 하역작업 도중에 갑판 상에서 멸실되거나 추락하여 발생된 포장단위당 전손을 담보한다”라고 규정하고 있다.

(3) C Clause

이 약관은 보험자의 보상범위가 가장 제한된 것으로 I.C.C.(C) 또는 C Clause라고도 하는데, 담보위험은 구약관의 I.C.C.(F.P.A)와 유사하다. 그런데 이 약관에서도 B Clause에서와 같이 보험자의 담보위험을 명확하게 열거하고 있어서, 피보험자가 담보위험의 범위를 이해하기 용이하도록 규정하고 있다.

즉 제 1조에서는 "이 보험은 제 4조, 제 5조, 제 6조 및 제 7조의 면책위험을 제외하고, 첫째 화재 또는 폭발, 선박이나 부선의 좌초 · 교사 · 침몰 · 전복, 육상운송 용구의 탈선이나 전복, 물 이외의 타 목적물과 선박이나 부선 및 운송용구와의 충돌 · 접촉, 피난항에서의 화물의 하역에 직접적으로 또는 합리적으로 기인되어 발생된 멸실 또는 손상과, 둘째 공동해손희생이나 투하에 기인된 피보험목적물의 멸실 및 손상을 담보한다"라고 규정하고 있다.

그리고 나머지 제 2조에서부터 제 19조까지의 18개 조항은 B Clause와 동일하다.

제3절 보험계약에 있어서의 담보의 위반

보험증권에는 담보가 조건부로 포함되는 경우가 많으며, 보험계약에 있어서의 담보란 피보험자가 지켜야 할 약속을 의미한다. 따라서 담보의 내용이 중요하든 중요하지 않든, 이는 반드시 이행되어야 한다. 피보험자가 이를 위반한 경우 보험자는 해당 보험계약의 효력을 중단시킬 수 있는 권리를 갖는다.

예를 들어 부보된 선박이 일정 구역 내에서만 취항할 것을 담보조건으로 계약을 체결하였는데, 선장이 화물적재를 위해 보험증권 상에 명시된 항해구역을 부당하게 이탈하여 그 항해기간동안은 아무런 사고가 없었으나 다시 본래의 항해구역으로 귀항한 후 어떤 사고로 인해 선체에 손상을 입히게 되었다고 가정해 보자. 이러한 경우 사고가 난 지역이 비록 보험증권 상에 명시된 항해구간이라 하더라도, 해당 선박이 그 이전에 이미 금지구역을 항해했을 때(부당하게 이로한 때)부터 해당 보험계약의 효력은 중단된 것으로 간주되므로, 보험자는 선체 손상에 대해 보험금을 지급하지 않아도 된다.

▮표 3-1▮ 신 약관의 보상손해 비교

보 상 하 는 손 해	ICC(C)	ICC(B)	ICC(A)
* 화재 또는 폭발	○	○	○
* 본선 또는 부선의 좌초 · 교사 · 침몰 · 전복	○	○	○
* 육상운송용구의 전복 · 탈선	○	○	○
* 본선 · 부선 · 운송용구의 타물과의 충돌 · 접촉	○	○	○
* 피난항에서의 화물의 하역	○	○	○
* 지진 · 화산의 분화 · 낙뢰	×	○	○
* 공동해손희생	○	○	○
* 투하(Jettison)	○	○	○
* 갑판유실	×	○	○
* 본선 · 부선 · 선창 · 운송용구 · 컨테이너 · 지게차 또는 보관장소에의 호수 · 강물의 유입	×	○	○
* 본선 · 부선에서 선적 또는 양륙작업 중 바다에 떨어지거나 갑판에 추락하여 발생한 포장 단위당 전손	×	○	○
* 상기 이외의 멸실 · 손상의 일체의 위험	×	×	○
* 공동해손 · 구조비	○	○	○
* 쌍방과실충돌	○	○	○

보험계약에 있어서 담보의 종류에는「명시적 담보」와「묵시적 담보」가 있다.「명시적 담보」의 경우에는 담보의 내용을 보험증권에 기재하거나 또는 담보의 내용이 포함된 양식의 文案을 보험증권에 첨부시킴으로써 그 효력을 발생시키게 된다. 그리고「묵시적 담보」란 담보의 내용이 보험증권 상에 명시되어 있지는 않으나 피보험자가 묵시적으로 제약을 받지 않으면 안될 담보조건을 말한다. 해상보험계약에서의「묵시적 담보」의 대표적인 종류로는「내항성 담보」와「적법 담보」가 있으며, 이러한 담보의 의미는 선박이 항해를 개시할 때 그 항해를 수행하기 위한 충분한 내항성이 확보되어야 함은 물론 항해의 내용이 불법적이어서는 안된다는 것을 의미한다.

해상보험계약에 있어서의「묵시적 담보」에 해당하는「내항성 담보」와「적법 담보」에 관하여 좀 더 구체적으로 살펴보기로 한다.

먼저 선박보험의「내항성 담보」에 있어서 항해보험의 경우에는 내항성을 확보하여야

하는 것이 절대적이라 할 수 있지만, 기간보험인 경우에는 선박이 반드시 내항성을 확보하여야 하는 것은 아니다. 그러나 기간보험의 경우에도 항해를 개시하게 될 때에는 반드시 선박의 내항성이 확보되어야 함을 그 전제조건으로 한다.

한편 적하보험인 경우에는 선주와 화주가 구분되어 있는 한, 해당 물품을 적재할 선박이 반드시 내항성을 화보하여야 한다는「묵시적 조건」은 현실성이 없다. 그 이유는 선주의 선박관리 상태를 화주가 항상 지배할 수 있는 영역이 아니기 때문이다. 그러나 적하보험에 있어서「내항성 승인약관」은 화주와 보험자 간에 내항성이 승인된 것이긴 하지만, 화주가 선주에 대하여 주장할 수 있는 권리를 행사하는데 있어서는 아무런 영향력을 미치지 못하게 된다. 그러므로 보험자는 피보험자인 화주에게 보험금을 지급한 후, 보험자는 선박의 불내항성에 따른 화주의「對船主 求償請求權」을「대위의 원리」에 의해 부여받아 행사하게 된다. 단 이는 적재화물의 포장이 견고해야 함을 그 전제로 하며, 만일 해당 화물이 상관례 상의 표준규격대로 포장되어 있지 않다면 보험자는 면책된다. 이러한 경우 적재화물의 불충분한 포장에 대한 거증책임은 보험자에게 있다.

다음으로「적법 담보」란 해상사업이 법률이나 규정상으로 합법적이어야지 불법적이어서는 안된다는 약정을 의미한다.「적법 담보」는 기간보험이건 항해보험이건 어느 경우에나 적용된다. 예를 들어 밀수행위는 불법적인 거래로써「적법 담보」의 위반 또는「묵시적 담보」의 위반에 해당되어 보험자가 그 책임을 부담하지 아니한다.

이상에서 살펴보았듯이 보험계약에 있어서「명시적 담보」나「묵시적 담보」는 반드시 지켜져야 한다. 즉 담보내용의 중요성 여부를 불문하고 이를 위반했을 때부터 해당 보험계약은 무효가 된다. 다만 피보험자가 담보를 위반하기 이전에 발생된 손해에 대해서는 해당 위험이 보험증권상에 명시되어 있는 한 보험자가 그 책임을 져야 한다.

그러나 담보의 위반이 허용되는 특별한 경우가 있을 수 있다. 즉 예를 들어 특정 사정이 변경되어 이러한 사정 변경이 담보의 내용에 적합하지 않게 된 경우와, 관련 법률이 개정됨으로써 보험증권 상의 담보내용이 오히려 개정된 법률에 저촉되는 경우에는 담보의 위반을 허용하지 않을 수 없게 된다.

제4절 보험계약에 있어서의 피보험자의 고지의무

피보험자는 보험계약을 체결할 때 보험의 대상인 위험의 정도나 성질에 영향을 미칠 수 있는 중요 사실을 보험자에게 고지해야 할 의무가 있다. 여기에서 중요 사실이란「보

험자가 보험료를 확정하거나 또는 부보대상이 되는 위험의 인수여부를 결정함에 있어서 그 판단에 영향을 미칠 수 있는 모든 사실」을 말한다. 이러한 중요 사실이 보험자에게 고지되지 않으면 보험자는 자신의 재량으로 정식 서면통지에 의해 해당 보험계약을 취소시킬 수 있다. 그리고 피보험자는 위험의 정도나 범위가 크면 클수록 자세히 고지하여야 한다.

피보험자가 중요 사실을 고지하지 않았고, 보험자가 이러한 사실을 보험계약이 체결된 후에 발견하게 되었고, 그때까지 보험사고가 발생되지 않은 경우, 보험자는 자신의 재량으로 보험계약을 취소 또는 해제시킬 수 있다. 단 보험자가 피보험자의 미고지 사실을 발견하고서도 정당한 기간 내[5]에 무효통보를 하지 않게 되면, 해당 보험계약은 계속 유효한 것으로 간주된다. 그러나 현실적으로 보험사고가 발생되기 이전에 보험자가 미고지 사실이 무엇인가를 발견해 내기란 매우 어려운 경우가 많다.

보험자가 보험사고가 발생된 후에서야 피보험자의 중요사항에 대한 미고지 사실을 알게 되었다면, 해당 보험계약은 자동적으로 소멸된다. 이러한 미고지 사실의 중요성 여부에 대한 판단은 해당 사실이 보험료율을 결정하는데 영향을 미치는 것인지의 여부 또는 보험자가 처음부터 알았더라면 해당 보험계약의 인수를 거부하거나 인수조건을 제한시켰을 중요한 사항인지의 여부 등을 신중히 검토해 보아야 한다. 이때 피보험자의 미고지 사실이 실제로 있었다 하더라도, 그것이 중요 사실임을 보험자가 입증하지 못하게 되면 보험금은 지급되어야 한다.

한편 보험자가 특별히 별도의 질문을 하지 않는 한, 다음과 같은 경우는 피보험자가 반드시 고지해야 할 의무가 없다.

첫째, 보험자의 위험부담율이 경감될 수 있는 요인은 보험자의 특별 요청이 없는 한, 피보험자의 고지의무가 없다. 그 이유는 이러한 경우 피보험자가 보험료를 오히려 적게 부담하기 위하여 보험자에게 통지 또는 표시만 해주면 되는 것이지, 피보험자의 의무규정으로 정할 필요는 없기 때문이다. 이때 피보험자는 당초 예상했던 위험이 현저하게 감소되었을 경우, 그 사실을 보험회사에 통지해 줌으로써 위험감소 부분에 해당하는 보험료의 환불을 요구할 수 있게 된다.

둘째, 보험자가 사실상 알고 있는 것으로 간주되는 사실에 대해서는 피보험자의 고지의무가 없다. 즉 예를 들어 선박보험에 있어서 기간용선계약서 상에는 통상적으로 「용선료 지불 책임해제약관」이 삽입되는데, 이는 보험자가 당연히 알고 있는 사실로 간주되므로 피보험자는 이러한 사실을 고지하지 않아도 된다. 또한 적하보험에 있어서 보험증권 상에 명시된 항구에서의 선적방법과 최종 목적지에서의 하역방법, 그리고 관습적인 갑판

5) 보험자가 피보험자의 미고지 사실을 발견한 후 그 사실을 확인할 수 있는 기간을 고려하여 판단해야 한다.

적 등의 사실에 대하여는 피보험자가 고지하지 않아도 된다.

셋째, 보험자가 별도로 피보험자의 고지의무를 면제한 사항에 대해서도 피보험자는 고지의무가 없다. 즉 보험계약을 체결하기 이전에 통지받을 사항을 보험자가 면제시켜 준 경우, 피보험자는 이에 대한 고지의무가 없다.

넷째, 선박의 항해보험에 있어서는 출항개시 시 해당 선박이 특정 항해구간을 항해할 수 있는 내항성이 확보되어야 함을 그 전제로 하며, 보험증권 상에 별도의 명시적 규정이 없다 하더라도 이는 묵시적 담보조건에 해당된다. 그러므로 피보험자는 선박이 不耐航이라는 사실을 보험자에게 고지할 필요가 없다. 그 이유는 이러한 경우 피보험자의 고지 여부에 관계없이 해당 손해에 대하여 보험자가 면책되기 때문이다.

제5절 보험계약에 있어서의 피보험자의 손해방지의무

피보험자 및 그 대리인은 손해방지를 위하여 필요한 모든 조치를 취해야 할 의무가 있으며, 이 과정에서 발생된 손해방지비용은 보험자가 별도로 보상해 주어야 한다. 그런데 피보험자가 손해방지의무를 위반했을 경우에는 해당 보험계약의 효력이 상실되든지 또는 피보험자에게 불리한 결과를 초래시키게 된다. 그러므로 피보험자나 그 대리인은 위험발생 시 손해의 경감과 방지를 위한 최선의 노력을 기울이지 않으면 안된다.

손해방지비용은 보험계약에 의하여 피보험자에게 보상되는 비용, 즉 피보험목적물의 손해 이외에 추가로 보상되는 비용이라고 할 수 있다. 따라서 피보험목적물의 손해액과 손해방지비용의 합계가 협정보험가액을 초과할 수 있게 된다. 그러나 보험증권 상으로 담보되는 위험이 아닌 다른 위험을 방지 내지는 경감시키기 위해 발생된 비용은 보상되지 않는다.

또한 피보험자나 그 대리인이 직접 손해방지 행위를 하여야 하는 바, 타인이나 보험자가 손해방지 행위를 하였을 경우 그 비용은 손해방지비용으로 간주될 수 없게 된다. 그리고 손해방지비용으로 간주되기 위해서는 해당 경비가 피보험목적물이 실질적으로 위험에 처해 있을 때 위험을 방지시키기 위하여 발생된 것이어야 한다. 즉 안전하고 정상적인 상태 하에서 경비가 지출된 경우 이는 손해방지비용으로 간주되지 않는다. 한편 해당 경비는 보험증권 상으로 담보되는 위험을 방지 또는 경감시키기 위해 소요된 경비이어야만 손해방지비용으로 간주되어 보험자로부터 보상받게 된다.

보험증권 상에 별도도 "보험자는 손해방지비용을 담보하지 않는다"라는 내용의 명시적 규정이 포함되어 있지 않는 한, 해당 손해방지비용은 보험자에 의해 보상되어야 한다. 그 근거로써 만일 손해방지비용을 담보하지 않음으로써 특정 위험이 발생된 경우 그로 인한 손해를 방치하게 될 가능성이 크기 때문이며, 이로 인해 발생된 비용은 결국 보험자가 부담하게 되기 때문이다.

따라서 보험증권 상에 "보험자는 손해방지비용을 부담한다"라는 내용의 손해방지약관이 포함되어 있지 않다 하더라도 보험자는 손해방지비용을 피보험자에게 보상해 주어야 하며, 보험자가 피보험자에게 이를 보상해 주지 않기 위해서는 보험증권 상에 별도로 "보험자는 손해방지비용을 담보하지 않는다"라는 내용의 명시적 규정을 포함시켜야 한다.

제4장

중재계약

제1절 클레임의 개념 및 청구내용

국제무역거래에 있어서 자기 회사의 상품에 대한 효과적인 마케팅 활동을 통해 좋은 가격을 받고 양질의 제품을 생산하여 수출을 했는데도 불구하고 물품대금을 제대로 받지 못한다든지 물품대금의 일부를 클레임(Claim)에 의하여 변제해야 한다면, 이는 본래의 수출성과를 이룩하지 못하는 결과가 초래될 것이다. 그러므로 국제무역거래에서는 수출의 최종 단계까지 최선을 다해야 한다. 그런데 오늘날 무역거래량의 증가와 더불어 계약 불이행이나 하자 발생 및 비용 증가 등에 의해 발생되는 상사분쟁의 건수가 증가하고 있는 실정이다.

무역클레임이란 광의의 개념으로 볼 때 단순한 불평이나 경고 등도 포함될 수 있으나, 일반적으로 국제무역거래에서의 무역클레임이란 매매계약의 한 당사자가 계약을 위반함으로써 상대 당사자가 그것으로 인해 입게 되는 손해를 청구하는 것을 의미한다. 그러므로 국제무역거래에서 클레임은 피해자가 가해자에 대하여 피해의 보상을 요구하는 것이라 할 수 있다.

클레임이란 계약당사자 중의 일방이 상대방에게 제기할 수 있는 것으로써, 수출업자가 수입업자에게 클레임을 제기하는 경우는 일반적으로 대금결제와 관계된 것이 대부분이며, 클레임의 거의 대부분은 수입업자가 수출업자에 대하여 제기하고 있다. 무역계약 당사자 중의 일방이 고의적으로 클레임을 제기하는 경우도 종종 있으나, 대부분의 경우에는 무지와 부주의로 인한 결과에 의해 클레임이 제기되고 있다. 특히 국제무역거래에서

는 양 당사자 간의 언어, 관습, 법률, 문화적 배경 등의 차이에 기인해 클레임이 야기되는 경우가 많다. 무역클레임을 제기하는 내용에는 다음과 같은 것들이 있다.

1. 계약해제의 요구

예를 들어 계약서상의 선적기일이 경과되어도 선적이 이행되지 않는 경우, 수입업자는 선적중지 요청과 함께 계약 자체의 해제를 요구할 수 있다. 이때 수입업자는 이와 관련하여 발생된 비용 등에 대한 손해배상을 청구할 수도 있다.

2. 대체품의 인도 요구

도착된 물품의 전부 또는 일부가 불량품이거나 규격미달일 경우 그 불량품에 대해서 대체품을 요구하는 경우를 말한다. 이러한 경우는 일반적으로 수입지에서의 해당 물품에 대한 수요가 충분한 경우로써, 클레임 제기자는 물품의 대체만 이행되면 그 이상의 요구를 하지 않게 된다.

3. 대금변제의 요구

도착된 물품이 불량품이거나 규격미달인 경우라 하더라도 물품의 대체를 요구하지 않고 해당 물품을 수입 · 통관하는데 소요된 비용 등을 포함한 손해배상을 요구하게 되는 경우로써, 이는 일반적으로 해당 물품의 수입지에서의 시황이 좋지 않아 대체품이 인도되더라도 시장 전망이 좋지 못할 경우에 취해지는 클레임이라 할 수 있다.

4. 기회비용의 보상 요구

해당 수입품이 정상적으로 수입되어 판매되었더라면 얻을 수 있었을 것으로 예상되는 이익의 기회상실에 대한 보상을 요구하는 클레임을 의미한다. 이러한 경우 각종 비용은 물론 수입업자의 지출비용에 대한 이자까지도 함께 요구할 수 있다.

제2절 클레임의 종류

클레임을 원인별로 구분하면 대략 다음과 같은 유형으로 분류할 수 있다.

1. 상품에 관한 클레임

(1) 품질 불량

이는 클레임 중 가장 많이 제기되는 유형으로써 계약서에 명시된 품질과 다른 저질의 물품이 도착되었을 경우에 피해자에 의해 제기되는 클레임이다. 이는 대량생산 과정에서 발생될 수도 있고, 운송 도중에 퇴색 또는 변질됨으로써 발생될 수도 있으며, 기술자의 기술부족으로 인해 발생될 수도 있다.

(2) 규격 상이

계약당사자들은 계약물품의 규격에 대하여 그들의 계약서상에 정확하게 명시해 두고 있지만, 실무적으로는 도착된 물품의 규격이 계약서상의 물품규격과 상이함으로 인해 클레임이 제기되는 경우가 많다. 특히 일차산품인 농수산물의 경우에는 모든 수확물의 규격이 일정하지 못하기 때문에 이로 인해 야기될 수 있는 분쟁발생 가능성은 더욱 높아지게 된다.

(3) 수량 과부족

이는 계약서상에 명시된 물품의 수량과 실제로 도착한 수량과의 차이로 인해 야기되는 클레임을 말한다. 물품에 따라서는 운송 도중에 감량이 되는 것도 있고 증량이 되는 것도 있어 여러 가지 복잡한 문제를 야기시킨다. 따라서 이러한 문제들을 해결하기 위한 방편으로 계약당사자들은 그들의 계약서상에 선적수량 조건 또는 양륙수량 조건임을 명확히 명시해 두고 있다.

(4) 내용상이

도착된 물품의 명세가 계약물품의 명세와 다른 경우에는 명백한 계약위반으로써 클레

임의 대상이 된다. 예를 들면 오징어를 계약했는데 쓰레기가 도착되었다든지, 원면을 계약했는데 양모가 도착되었다든지 하는 경우를 말한다. 그리고 양파나 감자와 같은 농산품은 운송 도중 발아하여 순이 나게 되면 그 가치가 급격히 떨어지게 되는 바, 이처럼 기온이나 습도에 민감한 농산품의 운송에는 특별한 주의를 기울여야 한다.

2. 포장에 관한 클레임

국제무역거래에서는 일반적으로 장거리 수송이 수반되기 때문에, 수송과정에서 해당 물품이 외적인 요인들에 의해 영향을 받지 않을 정도의 포장이 반드시 요구되고 있다. 그런데 오늘날에는 컨테이너의 등장으로 인해 과거에 비해 비교적 포장과 관련된 분쟁이 줄어드는 경향을 보이고 있다.

한편 포장에 대한 클레임으로는 불량포장(Inferior Packing), 부정포장(False Packing), 결함포장(Detective Packing) 등을 들 수 있다.

3. 선적에 관한 클레임

선적과 관련된 클레임에는 크게 선적을 지연시키는 선적 지연과, 선적을 하지 않은 선적 불이행의 경우로 대별해 볼 수 있다.

(1) 선적 지연

계약서에 명시된 선적기간 내에 선적이 이루어지지 않으면 이는 명백한 계약위반으로써, 수출업자는 클레임을 제기당하지 않기 위하여 선하증권 상에 날인된 선적일을 위조하는 경우도 있다. 그러나 오늘날의 신용장거래에서는 위조 또는 변조된 서류임이 명확히 입증된 경우 및 하자있는 서류에 대해서는 은행이 수리하지 않으므로 주의하여야 하며, 실무적으로 수입업자 측에서 해당 물품의 수입이 긴박한 경우에는 자신의 책임 하에 개설은행으로 하여금 하자있는 서류를 인수받도록 요청하기도 한다. 그러나 이러한 경우 수출업자가 해당 계약물품을 선적조차 하지 않고 선적서류를 위조함으로써 수입업자가 사기를 당하게 되는 사례도 종종 있으므로, 수입업자는 세심한 주의를 기울여야 한다.

그리고 계절상품에 해당하는 수영복이나 겨울용 의류 및 크리스마스용 장신구 등은 선적기간이 정확하게 지켜지지 않을 경우, 수입업자는 판매기회를 상실하게 됨으로써 상품가치의 하락은 물론 1년간 재고로 보관해야만 하는 불이익을 당할 수도 있게 된다. 따라서 이러한 경우에는 기회비용 등을 고려하여 피해자로부터 막대한 손해배상을 요구하는

클레임이 제기되기도 한다.

(2) 선적 불이행

불가항력적 사태의 발생에 의한 선적 불이행의 경우가 있을 수 있으나, 이러한 경우에는 이에 대비한 계약서상의 명시적 규정이 포함되어 있는가의 여부에 의거해 분쟁을 해결하고 있다. 그러나 그 내용이 포괄적이거나 애매모호한 표현의 불가항력 조항은 해당 당사자를 면책시켜 주지 못하므로 주의하여야 하며, 또한 비록 불가항력 조항이 계약서에 명시되어 있다 하더라도 분쟁발생 시 해당 사건의 제반 주위환경 및 제반 사정을 고려하여 판결이 이루어지고 있으므로 계약당사자들이 불가항력 조항만을 믿고 안일하게 대처하는 것은 현명하지 못하다고 할 수 있다.

그리고 선적 불이행은 계약 당시에 비해 계약물품의 시세가 급격히 상승되었을 경우 수출업자가 클레임을 당할 것을 미리 예측하고 고의적으로 행할 수도 있다. 즉 이는 시세상승에 의한 추가이익이 클레임을 당했을 경우의 손실액보다 더 클 것으로 예상되는 경우에 행해질 수 있는 고의적인 행위이다. 또한 경우에 따라서는 해당 물품의 공급이 제한되어 있는 경우, 공급업자가 다른 고객에게 판매하기 위해 고의적으로 선적을 이행하지 않는 경우도 있다.

4. 시장 클레임

시장 클레임이란 계약체결 당시에 비해 수입지국 시장에서의 또는 국제시장에서의 해당 물품의 가격폭락으로 인해 이익의 하락을 예상한 수입업자가 여러 가지 이유를 들어 계약물품의 인수를 거부함으로써 야기되는 클레임을 말한다. 비록 수출업자가 계약명세와 일치하는 물품을 선적했다 하더라도, 시황이 불리해진 수입업자는 무슨 트집을 잡아서라도 클레임을 제기하려 할 수 있다. 그러므로 수입지국에서의 시황이 악화될 것으로 예상되는 경우, 수출업자는 세심한 주의를 기울이지 않으면 안된다.

5. 운송에 관한 클레임

국제무역거래에서는 운송 도중에 발생되는 계약물품의 손상 또는 훼손과 관련하여 클레임이 제기되는 경우가 많으며, 특히 곡물매매인 경우 자연적인 조건이나 풍랑 및 기온의 변화는 해당 물품에 대해 상당한 피해를 줄 우려가 있다. 이와 관련하여 대개의 경우 계약당사자들은 보험회사에 부보함으로써 이 문제를 해결하고 있다. 그러나 보험회사의

경우 특정 당사자의 과실이나 부주의로 인해 발생된 손해에 대해서는 책임을 지지 않으므로, 선박회사는 물론 계약당사자들은 위험분기시점과 관련하여 자신의 의무를 충실히 이행함으로써 클레임을 제기당하지 않도록 주의하여야 한다.

6. 결제에 관한 클레임

오늘날의 국제무역거래에서 이루어지는 대금결제방식 중 신용장거래는 계약당사자들의 물품매매계약과는 별개의 독립된 거래로써, 서류만을 근거로 결제대금의 지급여부가 결정되는 특수성을 지니고 있다. 그러므로 선적서류 상에 하자가 있는 경우, 수입업자의 요청이 없는 한 은행은 이를 이유로 대금지급을 거절할 수 있게 된다.

게다가 시황이 불리해진 수입업자는 서류상의 조그마한 하자가 발견되어도 이를 트집잡아 클레임을 제기하려 하므로, 수출업자는 신용장거래와 관련된 제반 운송서류들의 작성에 특히 유의하여야 한다. 이것이 신용장거래에 있어서의 엄밀일치의 원칙으로써, 과거에는 이 원칙을 철저하고도 엄격하게 적용시켰으나 최근에는 보증신용장의 경우를 제외하고 다소 융통성 있게 처리하는 추세에 있다.

예를 들어 한 사건[1]의 판결문에서 Summer판사는 "… 엄밀일치의 원칙이라 해서 신용장이나 서류상에 점을 하나 잘못 찍거나, 선을 하나 잘못 긋거나, 인쇄상의 잘못이 명백한 경우 등에까지 확대해서 적용할 필요는 없다"라고 판시하였다. 그러나 그렇다고 해서 이러한 판결문이 엄밀일치의 원칙을 완화시키기 위한 의도로 오해되어서는 안된다. 즉 엄밀일치의 원칙은 신용장 조건과 글자 하나 틀리지 않을 정도로 완벽하게 일치되어야 한다는 것을 의미하는 것은 아니며, 은행이 상당한 주의를 기울여 서류를 검토하는 과정에서 그 차이가 경미하여 신용장 조건을 해치지 않는 것임을 문면 상 쉽게 알아볼 수 있는 경우에는 신용장 조건과 일치하는 것으로 해석하여야 한다는 의미로 받아들여야 할 것이다.

7. 기타 클레임

이 이외에도 클레임에는 수없이 많은 유형들이 있을 수 있다. 예를 들어 수출입국의 사소한 법규나 수속절차 등을 잘못 처리한 경우라든지, 서류작성 과정에서의 상대 당사자에 대한 서류조달 협조의무를 소홀히 한 경우라든지, 국제무역거래 과정에서 발생된 추가비용을 누가 부담해야 할 것인가 하는 문제라든지, 환차손이나 환차익이 발생된 경우에 대한 권리와 의무 주장 등등 일일이 열거할 수 없을 정도로 많다고 할 수 있다.

1) Equitable Trust Co. of New York v. Dawson Partners (1927) 28 LLL Rep, 49, 53.

제3절 국제상사중재의 개념

국제상사중재란 국제상거래 당사자들이 쌍방의 합의에 의하여 법원에 소송을 제기하는 대신 중재인에게 자신들의 분쟁에 관한 해결을 부탁하는 방법이라 할 수 있다. 여기에서 중재인이란 그 자격이 법률적 요건에 의한 것이 아니라 상사분쟁사건에 대한 전문적 지식을 갖춘 학자, 변호사, 실무자 등으로서, 당사자들과 이해관계가 없는 자를 선임하는 것을 그 원칙으로 하고 있다. 따라서 상사중재는 국제상거래의 관행과 관습 등의 실무적인 지식을 바탕으로 하여 중재인에 의한 합리적인 판정을 가능하게 해준다는 특징을 지니고 있다.

한편 중재판정 과정에서 정상적인 중재절차 및 규칙을 벗어나서는 안된다는 점에 유의하여야 한다. 즉 중재는 그 판정과정에서의 형식적인 소정의 절차를 반드시 거쳐야 하며, 또한 상사중재의 경우 중재인에 의한 판정은 최종적이고도 구속력이 있는 것으로써 당사자는 이에 무조건 복종해야 한다. 그러나 중재가 진행 중에 있는 경우라 하더라도 당사자간의 합의에 의한 화해는 그 내용에 있어서나 방식에 있어서 아무런 제약을 받지 아니하며, 일단 화해가 성립되면 소정의 절차를 거쳐 중재의 종료라는 효력을 발생시키게 된다.

그리고 우리나라 대한상사중재원의 상사중재규칙 제 17조에서는 중재신청이 제출된 경우에도 일방 또는 쌍방으로부터 요청이 있을 때에는 대한상사중재원 사무국은 중재절차를 밟기에 앞서 당사자 쌍방의 편의에 의한 조정을 시도한다"라고 규정하고 있다. 여기에서 조정이란 법원의 판결이나 중재판정에 의하지 아니하고 제 3자인 조정자의 판단을 개입시켜서 분쟁을 해결하는 방식으로써, 조정자가 해당 분쟁에 대한 조정안을 작성하여 당사자에게 제시하고 해당 당사자가 이를 수락함으로써 조정이 성립된다. 이때 그 조정안에 대하여 합의가 이루어지지 않으면 조정의 효력은 없어지게 된다. 따라서 이처럼 해당 사건에 대한 최종적인 판정 결과가 그 구속력을 갖게 되는가의 여부가 조정과 중재의 근본적인 차이점이라 할 수 있다.

이상에서 살펴본 내용을 근거로 상사중재가 성립되기 위한 요건을 제시하면 다음과 같다.

① 상사분쟁의 주체인 당사자가 있어야 한다. 여기에서 당사자는 권리와 의무의 주체자로서 자연인은 물론 법인도 포함된다.

② 상사중재의 객체인 당사자 간의 분쟁이 있어야 한다.

③ 양 당사자 간의 법률행위로써 사전적 또는 사후적인 중재에 대한 합의가 있어야 한다.

④ 양 당사자에 의해 신청된 분쟁의 해결을 위임할 판정자로서 제 3자인 중재인이 있어야 한다.

⑤ 법원에의 直訴가 금지되어야 한다. 이는 재판이 가지는 경직성과 비전문성을 피하고 해당 분야의 전문가로 하여금 타당성 있고 합리적인 결론을 내릴 수 있도록 유도하기 위한 조치라 할 수 있다.

⑥ 중재인에 의한 판정은 최종적인 구속력을 갖는 것이어야 한다. 따라서 중재는 소송의 경우와 마찬가지로 그 결과에 대하여 강제적인 최종 판정의 성격을 지니기 때문에 「중재판정」이라고도 한다.

제4절 중재계약

세계 각국에서는 중재와 관련하여 공익유지 및 당사자 보호의 차원에서 중재계약이나 중재절차 및 중재판정 등에 관한 일련의 규정을 두고 있다. 우리나라에는 중재에 관한 기본법으로 중재법이 있으며, 이에 관한 절차법으로 대법원의 승인을 받은 상사중재규칙[2]이 있다.

그런데 중재에 의하여 클레임을 해결하기 위해서는 분쟁당사자 간의 중재계약이 있어야 한다. 여기에서 중재계약이란 분쟁발생 시 중재에 의하여 해결하겠다는 취지의 당사자 간의 자발적인 합의를 말한다. 분쟁이 발생된 후 중재계약의 존재를 입증하기 위해 중재계약은 「서면」으로 체결해 둘 필요가 있다.

중재계약은 그 계약의 체결시기가 분쟁발생 전인가 · 후인가에 따라 「중재조항」과 「중재부탁」으로 구분된다. 여기에서 「중재조항」이란 무역계약체결 시 장차 발생할지도 모르는 클레임에 대비하여 계약서상에 중재에 관한 조항을 미리 포함시켜 둔 경우를 말하며, 「중재부탁」이란 중재조항이 없는 상태 하에서 분쟁이 발생된 후 계약당사자들이 그 분쟁을 중재에 회부하여 해결하기로 합의한 경우를 말한다. 그런데 일단 분쟁이 발생되면 자신에게 불리하다고 판단하는 당사자는 중재에 의한 분쟁해결에 동의하지 않을 수도 있으므로 계약서에 중재조항을 미리 설정해 두는 것이 바람직하다고 수 있다.

또한 중재에 의해 분쟁을 원만히 해결하기 위해서는 계약조항에 중재인, 중재 장소, 준거법, 중재절차 등에 관하여 명확하게 명시해 두어야 한다. 계약조항에 이에 관한 구체적 사항이 명시되어 있지 않은 경우 실제로 분쟁이 발생되면 당사자의 별도의 합의가 이루

2) 현행 상사중재규칙은 1990년 1월 1일부터 시행해 오고 있다.

어져야 하는데, 일단 분쟁이 발생된 후에는 당사자들이 서로 자신에게 유리한 의견만을 주장하게 되므로 그 합의가 매우 어려워진다. 그리하여 이러한 경우에는 결과적으로 중재계약 조항이 없는 경우보다 못할 수도 있는 바, 그 이유는 중재계약 조항이 있는 경우에는 법원에 소송조차 제기할 수 없게 되기 때문이다.

일반적으로 중재계약을 체결하는 당사자들은 중재장소를 매우 중요시하는 경향이 있다. 예를 들어 한국인의 입장에서 보면 한국을 중재지로 선정하는 것이 바람직할 것이다. 그 이유는 한국의 당사자 입장에서 볼 때 중재를 위해 일부러 외국에 나갈 필요도 없고, 한국에서 중재인을 선정할 수 있음은 물론, 제반 경비를 비롯한 여러 가지 차원에서 매우 유리하기 때문이다. 그러나 계약은 항상 서로 다른 당사자 간에 체결되는 것이기 때문에 어느 일방의 주장만이 관철될 수는 없으며, 이러한 이유 때문에 그 절충안으로써 양 당사자의 소속 국가가 아닌 제 3국에서 중재를 하는 방법이 채택되는 경우도 있고, 당사자 중 피 신청인이 되는 상대방의 국가에서 중재를 하는 피고지주의 방법이 이용되는 경우도 있다.

다음으로 중재계약의 효력과 관련하여 우리나라 중재법 제 3조에서는「중재계약의 당사자는 중재판정에 따라야 한다. 다만 중재계약이 무효이거나 효력을 상실하였거나 이행이 불능일 때에 한하여 소를 제기할 수 있다」라고 규정하고 있다. 그리고 영국의 중재법, 미국의 중재법, 뉴욕협약 등에서도 이와 유사한 취지의 규정을 두고 있다. 그러므로 중재계약이 있으면 당사자는 법원에 소송을 제기할 권리를 상실한다.

예를 들어 만일 어느 일방이 중재계약을 무시하고 법원에 제소하더라도 상대방의 妨訴抗辯에 의하여 해당 소송은 여지없이 기각된다. 그러나 만일 상대방이 방소항변을 하지 않고 응할 경우에는 중재계약의 효력이 상실된다. 그리고 중재판정의 효력과 관련하여 우리나라 중재법 제 12조에서는「중재판정은 당사자 간에 있어서는 법원의 확정 판결과 동일한 효력을 갖는다」라고 규정하고 있다.

한편 중재는 일반적으로 중재절차를 관리하는 중재기관에서 수행하게 되는데, 중재기관에는 임시중재기관과 상설중재기관이 있다. 여기에서 임시중재기관이란 중재계약에 의거해 중재의 위임을 받은 중재인이 중재에 관한 행정절차를 담당함으로써 비로소 그 존재가 개시되고, 중재판정을 내림으로써 그 존재가 소멸되는 것을 말한다. 그런데 대부분의 국가에서는 상업회의소의 부속기관으로 상설중재기관을 설치해 두고 있으며, 우리나라의 경우에는 한국무역협회 산하에 대한상사중재원을 두고 있는데 이것이 상설중재기관이라 할 수 있다. 그리고 일반적으로 이들 상설중재기관은 중재규칙을 마련해 두고 있다.

제5절 중재계약의 독립성

중재계약의 독립성과 관련하여 중재계약의 효력은 주 계약의 효력과 그 운명을 같이하는 것이라는 설과, 양 계약의 효력은 각각 독립된 별개의 법률적 지위를 갖는 것이라는 설의 두 학설이 있다. 이와 관련하여 중재계약은 주 계약에 근거한 것이지만 동일운명체는 아니며, 주 계약 중에 삽입된 중재조항의 효력 역시 주 계약의 효력과 그 운명을 달리하는 것이라는 원칙이 소위 「중재조항의 독립성 원칙」이다.

중재조항의 독립성 원칙은 주 계약이 무효인 경우 주 계약의 여타 조항과 함께 중재조항도 무효로 되는 것인지의 여부와, 주 계약의 무효에 따르는 분쟁에 대하여 중재판정부가 중재관할권을 행사할 수 있는 것인지의 여부 등의 문제와 직결된다. 중재판정부의 관할권한은 주 계약에 대한 중재조항의 독립성이 전제되어야 행사될 수 있는 바, 만일 중재조항의 독립성이 부정될 경우 주 계약의 무효는 즉시 중재조항의 무효 효과를 발생시키므로 중재판정부는 주 계약의 무효를 둘러싼 분쟁에 대해서 중재관할권을 행사할 수 없게 된다.

중재조항은 계약당사자들이 해당 계약과 관련하여 발생되는 분쟁을 중재로 해결하겠다는 자발적인 약정이므로, 중재조항은 본질적으로 「당사자 자치의 원칙」에 근거한 하나의 독립적인 계약이라 할 수 있다. 통상적으로 중재조항은 주 계약서상에 삽입되므로 주 계약의 부속조항인 것처럼 보이지만, 중재조항의 기능은 주 계약의 효력을 포함해서 그것에서 생기는 모든 분쟁에 대하여 중재에 의한 해결을 명시한 것이라 있다. 따라서 중재조항은 주 계약 중의 여타 조항과는 달리, 주 계약이 무효인 경우에도 주 계약의 무효에 수반되는 분쟁사건이 존재하는 한 그것의 해결을 위해 유효해야 할 필요가 있다. 이러한 이유 때문에 중재조항의 독립성이 요구된다고 할 수 있다

그러나 세계적으로 자국의 국내법 상에서 중재조항의 독립성 원칙을 명시적으로 규정하고 있는 국가는 아직 없는 실정이다. 다만 중재조항의 독립성 원칙을 명시적으로 승인하는 것이 타당하다는 점에 대해 세계적으로 보편적인 공감대가 형성되어 있을 뿐이다. 따라서 각국은 중재조항의 독립성 원칙에 대한 법제화를 위해 노력하여야 할 것으로 판단된다.

이와 관련하여 미국에서는 중재조항의 독립성 원칙이 판례상 인정되고 있는 바, 미국에서는 중재조항이 주 계약의 사기 여부에 대한 중재도 포함하는 것으로 해석되고 있다.

그리고 프랑스의 경우에도 국제상사중재에 관한 한 주 계약의 무효를 둘러싼 분쟁에 대하여 중재판정부가 중재권한을 행사할 수 있도록 처리하고 있으며, 일본의 경우 대심원에서는 "중재계약은 주 계약과 함께 체결되었지만 그 효력은 주 계약과 분리되어 독립적으로 판단하여야 하며, 당사자 간의 특약이 없는 한 주 계약 체결상의 하자는 중재계약의 효력에 영향을 미치지 아니한다"라고 판시한 바 있다. 또한 독일에서는 중재조항이 사법상의 주 계약에 포함되어 있는 경우라 하더라도, 해당 중재조항은 주 계약과 법률적으로 별개의 독립된 계약인 것으로 처리하고 있다. 그러나 영국의 경우에는 판례상 주 계약의 무효는 중재계약의 무효를 초래하게 되므로 중재인은 주 계약 자체의 효력에 관하여 판단할 수 없는 것으로 처리하고 있는 바, 영국에서는 중재조항의 독립성 원칙을 부정하는 결과를 초래하고 있다.

한편 중재조항의 독립성 원칙과 관련하여 UNCITRAL 중재규칙 제 21조 (2)항에서는 "중재판정부는 중재조항이 포함되어 있는 계약의 존부 또는 그 유효성에 관하여 결정할 권한을 갖는다. 본 조의 적용상 계약의 일부를 이루고 있으며 또한 본 규칙에 따른 중재를 규정하고 있는 중재조항은 동 계약의 여타 조항과는 별개의 독립적인 합의사항으로 취급된다. 중재판정부가 계약이 무효라는 결정을 내렸다 하더라도 이로 인하여 당연히 중재조항의 무효를 수반하지는 아니한다"라고 규정하고 있다. 그리고 UNCITRAL 표준 국제상사중재법 제 16조에서도 중재조항의 독립성 원칙을 명시적으로 규정하고 있다.

그런데 우리나라의 중재법이나 중재규칙 상에는 이에 관한 명문규정이 없기 때문에, 주 계약이 무효로 선언된 경우 주 계약 중에 삽입되어 있는 중재조항 역시 무효화되는 것인지의 여부에 대한 의문이 제기되고 있는 실정이다. 그러므로 우리나라도 국제적인 조류에 부응하여 중재법 상에 중재조항의 독립성 원칙을 명시적으로 규정해 둠으로써, 중재판정부로 하여금 주 계약의 유효성 여부에 관한 심사는 물론 주 계약이 무효로 되는 경우에도 그 무효와 관련하여 발생되는 분쟁을 중재로 해결할 수 있는 법적 근거를 마련하는 것이 바람직할 것으로 판단된다.

제5장 Frustration 성립에 의한 계약소멸

원래부터 이행이 불가능한 것에 대한 어떤 합의가 계약당사자 간에 이루어졌다면, 이는 계약이라 할 수 없다. 그러나 양 당사자가 합의할 당시 이행이 가능했었던 특정 계약을 체결한 후, 해당 계약의 이행을 불가능하게 하거나 또는 그들이 계약체결 당시 의도했던 계약목적의 달성을 방해하는 예기치 못한 사건이 발생될 가능성은 어떤 형태의 계약이든 항상 잠재하고 있다. 그런데 이러한 사건이 양 당사자들로 하여금 더 이상의 계약이행의무로부터 면책시켜 줄 수 있는 근거가 되는지의 여부가 문제된다.

그런데 영미법계의 보통법(Common Law) 하에서는 "계약은 반드시 이행되어야 한다(Pacta Sunt Servanda)"라는 절대계약의 원칙을 고수하고 있었다.[1] 따라서 예를 들어 건축가가 특정일까지 특정 건물을 완공해 주기로 약정하였으나 파업발생으로 인해[2] 또는 해당 지역의 토질이 계약의 이행을 불가능하게 만드는 불가피한 결함을 내포하고 있었기 때문에[3] 계약의 이행에 실패하였을 경우, 이러한 사실에도 불구하고 해당 당사자는 면책될 수 없었다. 그리하여 계약당사자들은 예측할 수 없는 어려운 문제들을 취급하기 위해 「불가항력 조항」을 그들의 계약서에 삽입시키는 경향이 있어 왔다. 그런데 이러한 불가항력 조항들은 종종 해석상의 또는 적용상의 과정에서 많은 문제점들을 야기시키기도 했다.

이러한 보통법 상의 「엄격이행의 원칙」은 1863년의 영국에서의 Taylor v. Caldwell사건을 계기로 그 엄격성이 완화되는 특별한 법리로 법원에 의해 발전되어 왔다. 즉 양 당

1) Paradine v. Jane (1646) Aleyn 26 ; Atkinson v. Ritchie (1809) 10 East 530 ; Baker v. Hodgson (1814) 3 M.&S. 267 ; Bute(Marquis of) v. Thompson (1844) 13 M.&W. 487 ; Jervis v. Tomkinson (1856) 1 H.&N. 195 ; Kirk v. Gibbs (1857) 1 H.&N. 810 ; Brown v. Royal Insurance Society (1859) 1 E.&E. 853 ; Re Arther (1880) 14 Ch. d. 603 ; Leeds v. Cheetham (1827) 1 Sim. 146, 150.
2) Budgett & Co. v. Binnington&Co. (1891) 1 Q. B. 35.
3) Bottoms v. York Corporation (1892) 1 Hudson's B. C. (4th ed.) 208.

사자의 귀책사유 없이 어떤 불가항력적이고도 외래적인 사건발생에 의해 더 이상의 계약이행이 불가능해진 경우, 계약은 자동적으로 소멸됨과 동시에 양 당사자들은 더 이상의 계약이행 의무로부터 면책된다는 내용의 Frustration법리[4)]가 발전되었다.

계약이 체결된 후 이행이 완료되기 전에 계약의 주요 목적물에 대한 물리적인 파괴로 인해 계약의 이행을 불가능하게 만드는 사건이 발생된 경우, Frustration법리가 적용되는 것으로 판결되어 왔다. 그리고 Frustration법리의 성립요건으로써 계약의 이행을 불법으로 만드는 후발적 사건이 발생된 경우를 들 수 있다. 이 경우에는 공공정책에 위배된다는 근거 하에서 해당 계약의 Frustration이 성립되는 것으로 판결되어 왔다.

또한 이러한 성립요건들보다 덜 명백하긴 하지만, 지난 수십 년 동안 법적 측면에서의 급속한 발전을 계기로 많은 판례에서 Frustration이 성립되는 것으로 판결되어 온 사업목적달성 불능사건이 발생된 경우를 들 수 있다. 즉 양 당사자들이 계약체결 당시 의도했던 실질적인 계약체결 목적에 더 이상 도달할 수 없게 된 경우, 해당 계약은 Frustrarion이 성립되는 것으로 판결되어 왔다. 양 당사자의 귀책사유 없이 어떤 재앙적 사건이 발생되고 그 결과 이 사건이 계약의 기초를 파괴시킴으로써 당사자들이 처하게 된 상황이 계약체결 당시 그들이 예기했던 것과 근본적으로 다른 상태로 변화된 경우, 해당 계약은 Frustarion이 성립되는 것으로 판결되어 왔다.

한편 다른 이유 없이 단지 계약이행 상의 비용만이 현저히 증가된 경우, 일시적인 이행불능, 계약당사자가 「스스로 자초한 Frustration(Self-Induced Frustration)」, 계약당사자들에 의해 예측된 사건의 발생, 한 당사자에 의해서만 의도된 계약목적 달성의 불능, 다른 대안이 존재하는 경우, 토지의 임대차계약 등과 같은 경우는 Frustration의 성립이 인정되지 않는 것으로 판결되어 왔다.

이처럼 Frustration법리는 해당 사건의 제반 상황을 고려하여 해당 계약서상의 각 당사자들의 의무를 근거로 그 성립 여부가 결정된다. 따라서 특정 판결은 종래의 Frustration법리의 적용 여부에 대한 지침이 될 수 있을 뿐이므로 해당 사건별로 제반 주위상황을 고려하지 않으면 안된다. 그렇지만 Frustration법리의 영역은 여러 판결들에 대한 종합적 연구에 의해 정립되어야 하며, 그 분류방법은 사건의 원인별 형태 (후발적 이행불능, 후발적 위법, 전쟁의 돌발, 계약목적의 달성불능 등…)에 따라 또는 계약의 형태(고용계약, 용선계약, 물품매매계약, 운송계약, 건축계약, 임대차 계약 등…)에 따라 분류될 수 있다.

---

4) Frustration에 대한 공통적인 이해는 현재 국제적으로 통일되어 있지 못한 실정이다. 이에 대한 우리나라의 번역어로 「이행불능」, 「좌절」, 「계약목적 달성불능」 등이 있을 수 있다. 그러나 Frustration은 영국과 미국에 있어서 그 포괄적 의미가 다소 다를 뿐 아니라, 상기한 각 역어는 특수한 사건에 대해서만 적합하게 사용될 수 있는 협의의 개념이기 때문에 미숙한 감이 있다. 따라서 이 책에서는 Frustration이라는 용어를 그대로 사용하였음을 밝혀 둔다.

이처럼 Frustration법리가 적용되는 상황들을 분류한다는 것은 용이한 일이 아니나, 법원에 제소되었던 사건들의 판결 결과들을 참조함으로써 Frustration법리의 적용을 체계화시킬 수 있을 것으로 판단된다. 따라서 이 책에서는 Frustration이 성립되는 경우와 성립될 수 없는 경우로 대별하여, 영미법 상의 판례분석을 근거로 계약의 Frustration을 야기시키는 「사건 원인별 분류」를 통한 여러 계약형태의 판례들을 종합적으로 살펴보기로 한다.

제1절 계약의 Frustration이 성립되는 경우

1. 후발적 이행불능

(1) 계약목적물의 멸실 및 SGA 1979 제 7조의 규정이 성립되는 경우

특정물의 파괴로 인해 계약의 이행이 불가능해진 경우로써 양 당사자가 그 특정물이 계약의 전제조건인 것으로 이해하고 있는 경우, 해당 계약의 Frustration 성립이 인정된다. 예를 들어 Taylor v. Caldwell사건[5]에서 피고는 원고로 하여금 1861년 6, 7, 8월 중 네 번의 지정된 날 저녁에 대규모 음악회 개최를 위해 Surrey정원과 음악당을 사용하도록 허용해 주는 내용의 계약을 1861년 5월 27일에 체결하였다. 이에 대해 원고는 각각의 지정된 날 저녁에 £100를 지불하기로 합의하였다. 그런데 첫 음악회가 개최되기 6일 전에 음악당은 원인을 알 수 없는 우연한 화재에 의해 파괴되었으며, 그 결과 계약의 이행이 불가능하게 되었다.

이 사건을 담당했던 Blackburn판사는 "…계약의 이행이 특정인 또는 특정물의 계속적인 존속에 의존하게 되어 있는 계약인 경우, 특정인 또는 특정물의 소멸로부터 야기되는 이행불능은 계약의 이행의무를 면제시켜 준다는 묵시적 조건이 포함되어 있는 것으로 볼 수 있다. 특정인 또는 특정물의 파괴가 계약의 이행의무를 면제시켜 줄 것이라는 명시적 규정이 계약서에는 없지만 계약의 성격상 양 당사자들이 특정인 또는 특정물의 계속적인 존재를 근거로 계약을 체결한 것이 명백하기 때문에, 그러한 묵시적 조건이 포함되어 있는 것으로 보아야 한다. 이 사건에서 계약 전체를 살펴볼 때 양 당사자들이 음악회 개최 시 음악당이 계속 존재해야 한다는 근거 하에서 계약을 체결했음을 알 수 있는 바, 이는 그들의 계약이행에 본질적인 요소라 할 수 있다. 그러므로 어느 한 당사자의 과실 없이

5) (1863) 3 B. & S. 826.

음악당의 계속적인 존재가 중지되었기 때문에 양 당사자는 계약이행의무로부터 면책된다…"라고 판시하였다.

이 사건에서 계약은 'Surrey정원 및 음악당'과 관련된 것이었으며 음악당의 파괴로 인해 계약의 주요 목적물이 파괴되었기 때문에, 계약의 Frustration이 성립되는 것으로 판결되었다. 그러나 만약 이러한 계약의 주요 목적물과 관련된 확실한 효과를 가지고 있지 못한 부분적인 파괴는 비록 한 당사자로 하여금 완전이행의 불능에 대한 어떤 구실을 제공해 줄 수 있다거나 또는 다른 당사자에게 계약을 소멸시킬 수 있는 선택권을 부여해 주었다 하더라도, 전체 계약에 대한 Frustration의 성립이 인정되지 못한다.

한편 Appleby v. Myers사건[6]에서 원고는 피고의 공장 내에 특정 기계를 공급하여 설치해 주기로 하는 내용의 계약을 체결하였다. 대금은 작업이 완성된 후에 £459가 지불되는 조건이었다. 그런데 작업이 완성되기 전에 그 공장은 원인을 알 수 없는 화재에 의해 완전히 파괴되었으며, 이에 대해 법원은 이 계약은 Frustration이 성립되는 것으로 판결하였다. 이 경우 계약은 작업을 하기 위한 것이었으며, 그 작업은 오로지 특정 공장과 관련해서만 이행될 수 있는 것이었기 때문에 이러한 판결이 이루어졌다.

그러나 만약 공장은 아무런 손상을 입지 않았고 기계만 파괴되었다면, 원고는 다른 기계를 확보할 수 있으므로 그는 작업을 다시 시작해야 할 의무가 발생된다. 따라서 만일 이러한 가설적 사건이 발생된 경우엔 계약의 Frustration이 성립되지 못할 것이다.

그리고 Frustration과 관련된 보통법 상의 원칙은 영국 물품매매법(The Sale of Goods Act 1979 : SGA 1979)[7]의 제 62조 (2)항에 의거하여 물품매매계약에도 적용되고 있다. 특히 SGA 1979의 제 7조에서는 Frustration과 관련하여, 「특정 물품을 판매하기로 계약이 체결되고, 매도인이나 매수인 중 어느 한 당사자의 과실 없이 위험이 매수인에게 이전되기 전에 계약물품이 멸실된 경우, 그 계약은 소멸된다」라고 규정하고 있다.

따라서 이 규정이 적용되기 위해서는 여러 가지 조건이 충족되어야 하는데, 그 첫째 조건으로 양 당사자의 합의가 이루어진 물품은 특정물(specific goods)이어야 한다. 둘째로 계약물품이 멸실되어야 한다. 단 매매계약서에 명시된 사업목적과 달라질 정도로 계약물품이 손상되거나 악화되었다면, 해당 계약물품이 완전히 멸실되어야 할 필요는 없다.[8] 셋째로 위험이 매수인에게 이전되지 않았어야 한다. 그러므로 만약 계약물품이 매

6) (1867) L.R. 2 C.P. 651.
7) SGA 1979는 SGA 1893의 불공정성을 어느 정도 개선시킨 것으로써, 많은 부분은 SGA 1893과 동일하다. 다만 순진한 매수인을 보호하기 위해 과거 규정에서의 매수인에게 불리했던 엄격한 규정들을 여러 측면에서 완화시키고 있을 뿐이다.
8) Montreal Light, Heat and Power Co. v. Sedgwick (1910) A. C. 598 ; Barr v. Gibson (1838) 3 M. & W. 309, 400 ; Barrow, Lane & Ballard Ltd. v. phillip phillips & Co., Ltd. (1929) 1 K. b. 574.

수인의 위험 하에 놓여 있다면, SGA 1979 제 7조는 적용되지 않는다. 넷째로 계약물품은 매도인이나 매수인 중 어느 한 당사자의 과실 없이 소멸되어야 한다. 즉 매도인이나 매수인 중 어느 한 당사자가 자신의 의무를 태만히 하는 과실을 범한 경우, SGA 1979 제 7조는 적용되지 않는다.

그러나 SGA 1979 제 7조는 절대적인 규정이 아니라, 당사자 간의 계약서상의 명시적 합의에 의해 또는 당사자 간의 거래과정에 의해 또는 계약을 체결한 양 당사자를 구속하는 관습[9]에 의해 거절되거나 변화될 수도 있다.

SGA 1979 제 7조는 Howell v. Coupland사건[10]에 대한 영국의 공소심법원의 판결에 의해 공식화된 바 있다. 이 사건에서 피고는 지정된 특정 들판에서 재배된 감자 200톤을 원고에게 판매하는 내용의 계약을 체결하였다. 그 후 불가항력적인 천재지변으로 인해 수확에 실패한 피고는 80톤만을 인도할 수밖에 없게 되었다. 이 사건을 담당했던 Mackenzie Chalmers판사는 계약이 체결될 당시 계약물품이 실제로 있었든 없었든 간에 SGA 1979 제 7조는 특정의 지정된 물품에 대해 적용되는 것이라는 견해를 밝혔다. 그리고 SGA 1979 제 7조 적용의 효과는 계약이 자동적으로 소멸되기 때문에, 양 당사자는 사건발생 시점으로부터 더 이상의 모든 계약이행의무로부터 면책된다. 그러나 계약물품이 소멸되기 이전에 발생되었던 모든 계약상의 양 당사자의 의무는 그대로 이행되지 않으면 안된다.

SGA 1979 제 7조에서는 특정물품에 대한 위험이 매수인에게 이전되기 이전에 그 물품이 멸실된 경우 계약의 소멸을 인정하고 있다. 따라서 이 경우에는 위험이전 시점이 매우 중요한 의미를 갖는다. 그런데 SGA 1979에서는 물품매매계약 하에서의 위험은 소유권과 함께 이전되는 것으로 규정하고 있다.[11] 그러나 실질적으로 국제무역거래에 있어서는 Incoterms의 각 거래조건에 따라 위험과 소유권의 이전시점이 달라질 수 있다.[12]

만일 위험이 매수인에게 이전된 후에 계약물품이 멸실되었다면, 그 계약은 Frustration이 성립되지 않는다. 즉 위험이 매수인에게 이전된 경우 매도인은 자신의 물품인도 의무로부터 면책되며, 매수인은 모든 책임을 부담하여야 한다. 그런데 이러한 경우 매도인은 해당 물품에 대한 피보험이익을 매수인에게 이전시키는 일을 수행할 수도 있는 바, 예를 들어 CIF거래조건에서는 매도인이 물품인도 중의 위험을 자신의 명의로 부보하여 그로 인한 피보험이익을 매수인에게 이전시켜 줄 수 있게 된다.[13]

9) SGA 1979 제 55조 (항).
10) (1876) 1 Q.B. 258.
11) SGA 1979 제 20조 (1항).
12) Incoterms 2010의 각 거래조건 참조.
13) Incoterms 2010의 CIF A-5 참조.

계약물품이 특정 공급원으로부터 획득되어야 할 물품인데 위험이 매수인에게 이전되기 이전에 그 공급원으로부터의 획득이 불가능해진 사건이 발생된 경우, 해당 계약은 SGA 1979 제 7조의 규정에 의거해 Frustration이 성립된다. 그러나 이처럼 특정물이 아니라 해당 물품이 불특정물이거나 종류물(Generic Goods)인 경우, 위험이 매수인에게 이전되기 이전에 매도인이 공급하려고 의도했던 특정 물품이 파괴되었다는 이유만으로 계약의 Frustrarion이 성립될 수 없다. 이러한 경우 매도인은 계약에 명시된 부류의 다른 물품을 다른 공급원으로부터 획득하여 공급해야 할 의무가 있다. 이러한 논리의 근거는 매수인이 어떠한 목적으로 계약물품을 매입하는 것인가에 대한 내용은 매도인의 관심영역이 아닌 것과 마찬가지로, 불특정물이나 종류물에 대한 매매계약인 경우 매도인이 해당 물품을 어디에서 또는 어떻게 확보하는 것인가에 대한 내용은 매수인의 관심영역 밖이기 때문이다.

따라서 불특정물에 대한 매매계약의 경우, 계약의 본질상 Frustrarion이 성립되기에 충분한 요건이 발생되기 힘들다는 것은 명백하다. 그 결과 불특정물에 대한 매매계약은 비록 매도인이 자신의 계약을 이행하는 것이 불가능할 정도의 중요하고도 예측치 못한 상황의 변화가 발생되었다 하더라도, Frustrarion법리의 적용에 의한 해당 계약의 자동적 소멸이 인정되지 않는 것으로 판결되어 왔다[14]

그러므로 매도인은 계약서에 명시된 물품들을 자신이 획득하려고 의도했던 원천으로부터 구하는 것이 더 이상 가능하지 못하게 되었다고 항변할 수 없으며, 그 계약은 Frustrarion의 성립이 인정되지 않는다.[15] 다만 계약당사자들이 계약물품은 지정된 특정 공급원으로부터 획득된 것이어야만 된다는 공통된 전제 하에서 매매계약이 체결되었는데 그 공급원으로부터의 획득이 불가능해진 경우에 한하여 계약의 Frustration이 성립될 수 있을 뿐이다.[16] 그리고 예기된 공급 원천이 해당 계약물품을 획득할 수 있는 유일한 원천이라 하더라도, 기계의 고장이나 운송의 부적합성 등과 같은 일상적인 어려움에 의해 공급 감소의 원인이 되는 방해사건은 해당 계약의 Frustration을 성립시키지 못한다.

---

14) Blackburn Bobbin Co., Ltd. v. T.W. Allen & Ltd. (1918) 1 K. B. 540, 550 [affd. (1919) 2 K. B. 467.]

15) King v. Parker (1876) 34 L.T. 886: Jacobs v. Credit Lyonnais (1884) 12 Q.B.D. 589 ; Blackburn Bobbin Co., Ltd. V. T.W Allen & Sons Ltd. (1918) 1 K.B. 540, 550: Lebeaupin v. Cripsin & Co (1920) 2 K.B. 714 ; Re Thornett and Fehr and Yuils Ltd. (1921) 1 K.B. 219 ; George Wills and Sons Ltd. v. R.S. Cunningham, Son & Co., Ltd. (1924) 2. K.B. 220 ; Twentsche Overseas Trading Co., Ltd. v. Uganda Sugar Factory Ltd. (1944) 113 L.J.P.C. 25 ; Monkland v. Jack Barclay Ltd. (1951) 2 K.B. 252, 258 ; Beves & Co., Ltd. v. Farkas (1953) 1 Lloyd's Rep. 103 ; Parrish & Heimbecker Ltd. v. Gooding Lbr. Ltd. (1968) 67 D.L.R. (2d) 495.

16) Re Badische Co., Ltd. (1921) 2 Ch. 331 ; Howell v. Coupland (1876) 1 Q.B.D. 258.

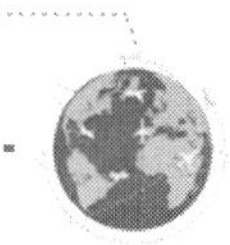

따라서 만약 농부가 농작물이 재배되는 지역에 대한 언급 없이 일정량의 농작물을 인도하기로 계약을 체결하였다면, 그는 면책되지 못한다.[17] 즉 그는 다른 곳에서 그 농작물을 확보하여야 할 의무가 있는 바, 이러한 경우 계약의 Frustration은 성립되지 않는다. 이와는 달리 만일 그가 자신이 소유하고 있는 농토에서만 재배된 일정량의 농작물을 인도하기로 계약을 체결하였는데 천재지변에 의해 물품인도가 불가능해졌다면 Frustration법리의 적용에 의해 그는 면책될 수 있게 된다.

또한 매수인이 계약체결 이전에 매도인의 농장에 대한 검사를 한 경우에는 특정 공급원이 지정된 것으로 인정되어, 매도인은 더 이상의 계약이행 의무로부터 면책된다.

이와 관련된 내용의 판례로써 Snipes Mountain Co. v. Benz Bros & Co.사건[18]을 들 수 있다. 이 사건에서 매도인은 매수인과 감자 100톤을 매매하는 계약을 체결하였다. 계약서에는 감자의 공급원에 대한 언급이 없었다. 그런데 계약이 체결되기 이전에 양 당사자는 함께 매도인의 재배지를 방문하여 해당 물품에 대한 검사를 하였다. 이때 양 당사자는 100톤 이상의 감자가 수확될 수 있을 것으로 예측하고 계약을 체결하였다. 그런데 천재지변에 의해 부분적인 수확실패를 초래하게 되었고, 그 결과 매도인은 64톤만을 인도할 수밖에 없었다. 이에 대해 법원은 매도인의 면책을 인정하는 판결을 내렸다. 이 사건에서 계약의 Frustration 성립이 인정되었으며, 매도인이 64톤을 인도해야 할 의무는 그대로 존속되는 바. 그 이유는 Frustration 성립 시점 이전의 양 당사자의 계약상의 이행 의무는 그대로 유효한 것이기 때문이다. 즉 계약의 Frustration을 성립시키는 사건이 발생된 경우, Frustration의 성립은 사건발생 시점 이후의 양 당사자들의 계약상의 이행 의무를 면제시켜 주는 것이다.

(2) 계약당사자의 사망 또는 무능

고용계약이나 도제계약 등은 한 당사자의 사망에 의해 또는 한 당사자가 사망 이외의 다른 요인에 의해 영원히 특정 계약을 이행할 수 없게 된 경우, 해당 계약은 Frustration 법리가 적용되어 자동적으로 소멸된다.[19] 그리고 서비스를 제공하기로 합의한 당사자의 건강이 심각하게 악화된 경우에도 그 계약은 Frustration이 성립될 수 있다. 한편 제 3자의 사망이나 무능에 의해 계약의 Frustration이 성립될 수도 있는 바, 예를 들어 C의 초상화를 그리기 위한 A, B간의 계약은 초상화를 그리는 작업이 시작되기도 전에 C가 사망한 경우, 그 계약은 Frustration의 성립이 인정된다.

---

17) Anderson v. May, 50 Minn. 280, 52 N.W. 530 (1892).
18) 162 Wash, 334, 298 p. 714, 74 A.L.R. 1287.
19) Cutter v. Powell (1795) 6 T.R. 320 ; Whincup v. Hughes (1871) 6 C.P. 78.

계약당사자의 신체적인 서비스를 기초로 하는 계약에 있어서 계약의 이행은 계약을 이행할 수 있는 계약당사자의 신체적인 능력이 계속적으로 존재해야 한다는 것이 그 전제조건이 된다.

예를 들어 Stubbs v. Holywell Railways Co.사건[20]에서 법원은 "…신체적인 서비스를 요구하는 계약은 그 서비스를 제공하기로 되어 있는 당사자의 사망에 의해 소멸된다…"라고 판결하였다. 또한 이와 유사한 내용의 판례인 Robinson v. Davison사건[21]에서 Martin B. 판사는 "…인간의 생명이 이 계약의 묵시적 조건이었다…"라고 판시함으로써, 이 사건에서의 Frustration 성립을 인정하였다. 이 이외에도 Graves v. Cohen사건[22]에서는 경마의 소유주인 고용주와 신체적인 서비스를 제공하기로 한 경마 기수와의 계약은 고용주의 사망에 의해 Frustration이 성립되는 것으로 판결되었다. 이처럼 계약당사자의 사망은 Frustration법리의 적용에 의해 해당 계약을 소멸시킬 수 있게 된다.

한편 계약당사자의 무능을 초래시키는 사건발생에 의해 계약의 소멸이 인정될 수 있는바, 이와 관련된 내용의 판례들을 검토해 보기로 한다.

Morgan v. Manser사건[23]에서 희극배우인 Charlie Chester(피고)는 1938년부터 10년간 그의 수익대리인인 원고와 계약을 체결하였다. 계약서에는 수익대리인인 원고의 동의 없이는 어떠한 공연도 할 수 없다는 내용의 계약조건이 명시되어 있었다. 그런데 1940년에 원고는 전쟁으로 인해 징병되었으며, 그 후 피고는 원고의 동의 없이 1945년과 1946년에 공연을 하였다. 이에 대해 원고는 피고가 계약을 위반하였다는 이유로 전쟁종료 후 소송을 제기하였다. 그러나 이 사건을 담당했던 영국 법원에서는 이 계약은 원고가 징병된 시점을 기준으로 Frustration이 성립되었다고 판결하였다. 그 근거는 10년간의 계약기간 중에 실질적인 일부를 구성하고 있었던 전쟁기간동안 원고의 군복무가 지속될 수도 있었기 때문이라는 이유에서였다.

Horlock v. Beal사건[24]에서는 영국의 선박이 제 1차 세계대전의 돌발에 의해 독일항에 억류되었으며, 그 결과 선원들도 감금되었다. 이 사건을 담당했던 법원은 계약의 소멸을 인정함으로써, 선원들은 그들의 감금기간동안에 대한 임금을 받을 권리가 없는 것으로 판결하였다. 그리고 Hare v. Murphy Brothers Ltd.사건[25]에서 이 사건을 담당했던 법원은 "…계약당사자가 12개월간의 구형을 선고받은 사건은 예측되지 않은 것이었다. 따라서 구형이 선고되었을 때, 이 사건에서의 고용계약은 자동적으로 소멸될 정도의

20) (1903) 2 K.B. 683.
21) (1867) L.R. 2 Ex. 311.
22) (1930) 46 T.L.R. 121.
23) (1948) 1 K.B. 184.
24) (1916) 1 A.C. 486.
25) (1975) I.C.R. 603.

오랜 지연이 발생되었다…"라고 판시함으로써, 이 사건에서의 Frustration 성립을 인정하였다.

한편 Robinson v. Davison사건[26]에서 원고는 음악전문가이면서 음악회 주최자였고, 피고는 피아니스트의 남편이었다. 원고는 피고의 아내가 지정된 날 저녁에 음악회에서 연주하는 조건으로 계약을 체결하였다. 그런데 음악회가 개최되기 전에 원고는 피고의 아내로부터 병 때문에 음악회에서 연주할 수 없게 되었다는 내용의 통지를 받았다. 이에 원고는 계약위반을 이유로 소송을 제기하였다. 이 사건을 담당했던 Bramwell판사는 "…본인은 어느 한 당사자의 과실 없이 발생된 이행자의 신체적 또는 정신적 무능에 의해 해당 당사자는 계약불이행으로부터 면책되는 것이라는 견해를 가지고 있다. 물론 계약당사자들은 그러한 무능력이 면책의 사유가 되지 못한다는 내용의 명시적 규정을 계약서에 포함시킬 수도 있다.… 그런데 이 사건에서 계약당사자들은 이러한 명시적 규정을 두지 않았다…"라고 판시함으로써 Frustration의 성립을 인정하였다.

이와 유사한 판례로써 Poussard v. Spiers and Pond사건[27]을 들 수 있다. 이 사건에서 원고의 아내는 3개월간 오페라에서 노래를 부르기로 피고와 계약을 체결하였는데, 첫 공연은 1874년 11월 28일 밤으로 예정되어 있었다. 그런데 첫 공연이 있기 3일 전에 그녀는 앓아눕게 되었다. 그리하여 피고는 다른 사람을 그 대역으로 맡기게 되었다. 그 후 원고의 아내는 12월 4일에 건강이 회복되었으나, 피고는 그녀의 고용을 거절하였다. 이에 대해 원고는 피고의 부당한 해고를 이유로 소송을 제기하였다. 그러나 이 사건을 담당했던 영국의 고등법원(Queen's Bench)은 그 당시 그녀의 병은 심각한 상태였고 상당 기간동안 지속될 수도 있는 병이었기 때문이라는 근거 하에서, 이 계약은 Frustration이 성립되는 것이라고 판결하였다.[28] 비록 그녀의 병이 며칠 후에 회복되었다 하더라도 그녀의 병은 상업적 측면에서 볼 때 계약의 Frustration이 성립되는 것이라고 판결하였다. 따라서 계약당사자의 병이 Frustration의 성립을 정당화시킬 수 있는지의 여부는 계약의 성격, 고용조건, 병의 심각성, 예상되는 병의 회복기간 등에 의존하게 된다.

계약당사자의 병과 관련된 내용의 판례로써 Wasserman Theatrical Enterprise, Inc. v. Harris사건[29]에서 피고는 1946년 12월 12일과 12월 16일 밤에 각각 Worcester와 Massachusetts에서 연극 공연에 Walter Huston을 출연시키기로 원고와 1946년 10월 30일에 계약을 체결하였다. 그런데 연극배우인 Huston의 공연을 할 수 없는 갑작스

26) (1871) L.R. 6 Exch. 269.
27) (1976) 1 Q.B.D. 410.
28) Davis v. Ebbw Vale U.D.C. (1911) 27 T.L.R. 543 ; Condor v. The Barron Knighs Ltd. (1966) 1 W.L.R. 87.
29) 137 Conn. 371, 77 A.2d. 329 (1950).

러운 병으로 인해 피고는 계약의 이행을 취소시켰다. 이러한 취소가 있기 전에 원고는 공연장을 준비하고 연극공연을 광고하는 과정에서 상당한 비용을 소모하였다. 따라서 원고는 이 연극공연을 준비하는 과정에서 소비한 금액과 공연취소로 인한 이익의 손실에 대한 손해배상을 청구하는 소송을 제기하였다. 그러나 이 사건을 담당했던 Brown판사는 Huston이 이 연극공연의 주연배우였고 이 주연배우 없이는 연극공연이 이루어질 수 없었다는 이유를 근거로, 이 계약의 Frustration 성립을 인정하였다.

한편 Condor v. The Barron Knights Ltd.사건[30]에서는 16세인 원고는 피고 측 밴드그룹의 고수(drummer)로 고용되는 조건으로 피고 측과 계약을 체결하였다. 이 계약은 5년간 지속되는 조건이었다. 이 그룹은 일주일에 7일간의 야간공연을 해야 하며, 때에 따라서는 하루에 한번 이상의 야간공연도 해야 한다는 사실을 양 당사자는 알고 있었다. 고수는 이 그룹의 핵심적인 구성원이었다. 그런데 계약체결 후 한 달쯤 지났을 때 원고는 신경쇠약에 걸렸으며, 피고 측은 만약 원고가 일주일에 네 번 이상의 야간공연을 하게 될 경우 더욱 심각한 신경쇠약 증세를 보이게 될 것이라는 의사의 진단을 접수하였다. 그리하여 피고 측은 불가피하게 원고를 해고시키게 되었다. 이에 대해 원고는 부당한 해고를 이유로 소송을 제기하였다. 이 사건을 담당했던 재판관은 만약 원고가 계속 공연하게 될 경우 더 심각한 병에 걸릴 가능성이 있었고, 그가 언제 완전히 회복될 수 있을 것인가를 예측하는 것이 불가능했다는 사실을 이유로, 이 계약의 Frustration 성립을 인정하였다.

(3) 계약목적물의 이용불능

계약목적물의 이용불능(unavailability)을 초래시키는 사건이 발생된 경우, 계약의 Frustration이 성립되는 것으로 판결되어 왔다. 또한 영원한 이용불능이 아니라 하더라도 계약의 이행에 본질적인 특정물이나 특정인이 그러한 목적을 성취하는데 있어서 그 이용이 불가능하게 되는 사건이 발생된 경우에도 Frustration 성립이 인정되어 왔다. 따라서 용선계약의 경우 해당 선박이 장기간 감금되거나 징발된 경우 계약의 Frustration 성립이 인정되는 것으로 판결되어 왔으며, 물품매매계약의 경우 해당 물품이 강제적으로 징발된 경우에도 그 성립이 인정되어 왔다.

예를 들어 Bank Line Ltd. v. Arthur Capel & Co.사건[31]에서는 일정 기간 동안 선박이 용선되는 정기용선계약이 체결되었다. 즉 정기선 Quito호를 인도한 때로부터 12개월간 용선자의 재량에 맡기기로 하는 내용의 정기용선계약이 1915년 2월에 체결되었다. 이는 1915년 4월부터 이듬해 4월까지의 기간이 예기된 용선계약이었다.

30) (1966) 1 W.L.R. 87.
31) (1919) A.C. 435.

그런데 Quito호는 용선계약자에게 인도되지 않은 상태에서 5월 11일에 정부에 의해 강제로 징발되었으며, 선주 측은 1915년 9월까지 징발의 해제를 주선하지 못하였다. 선박 불인도로 인한 손해에 대한 용선계약자의 청구 소송에 대하여, 이 사건을 담당했던 영국 법원은 이 용선계약의 Frustration이 성립되는 것으로 판결하였다. 그 이유는 이 계약은 실제로 4월부터 이듬해 4월까지의 용선계약이었으며, 9월부터 이듬해 9월까지의 용선계약을 당사자들이 고집하게 될 경우 이는 사실상 다른 의무를 부과시키는 결과가 초래되기 때문이라는 이유에서였다. 이 사건을 담당했던 Finlay판사는 "…나의 견해로는 선주가 이 계약이 종료되었다고 주장할 권리가 있다고 본다. 그 이유는 만약 선박이 9월에 인도되었다면, 이는 원래의 용선계약에 의해 제시된 것과 아주 중대하게 다른 새로운 계약이 되는 결과를 초래할 정도로 억류기간이 오래 지속된 것으로 보아야 하기 때문이다…"[32]라고 판시하였다.

이 사건을 담당했던 Summer판사는 정기용선계약이 선박의 징발에 의해 Frustration이 성립될 수 있는가를 결정하는 과정에서 고려해야 할 사항을 다음과 같이 언급하였다. 즉「우선 용선된 선박이 징발된 날로부터 사용될 수 없게 되는 가상적인 기간을 용선계약의 미 완료기간과 비교해 보아야 한다. 둘째로, 용선계약의 이행이 개시되었는가의 여부가 중요한 것이 아니라 지연기간의 전망을 고려하는 것이 중요한 문제이다. 셋째로, 용선계약서 상의 명시적 조건들이 고려되어야 한다. 넷째로, 계약이행 전체가 불가능해져야 한다. 즉 선박의 징발사건이 상업적으로 용선계약을 완전히 다른 것으로 만드는 그러한 성격의 것이어야 한다」라는 내용의 요지를 그의 판결문에서 언급하였다.

따라서 계약의 Frustration에 대한 성립 여부는 전 계약 기간 중 계약이행에 대한 방해 기간의 비율에 의존하게 된다. 그 결과 계약이행의 방해 사건이 발생된 경우 양 당사자가 합리적인 기간동안 기다리는 것이 허용되고 있으며, 또한 지연기간에 대한 전망을 고려하는 것이 중요한 문제로 대두된다. 이때 그 비율이 상대적으로 높으면 높을수록 해당 계약은 Frustration이 성립될 가능성이 높아지게 된다.

예를 들어 The Nema사건[33]에서는 4월부터 12월까지 여섯 또는 일곱 항해에 대한 용선계약이 체결되었는데, 선적항에서의 장기간 동맹파업으로 인하여 계약기간동안 두 항해 이상의 용선계약을 이행할 수 없게 되는 상황이 발생하였다. 이에 대해 법원에서는 이행이 가능한 용선계약의 비율을 근거로 이 계약의 Frustration이 성립되는 것으로 판결하였다.

한편 The Penelope사건[34]에서는 선박이 South Wales로부터 지중해로 석탄화물을

32) (1918~1919) All E.R. Rep. 508
33) (1982) A.C. 724.
34) (1928) p. 180 ; Reardon Smith v. Minister of Agriculture (1962) 1 Q.B. 42, 82에서는 이

운송하기 위해 12개월간 용선되는 계약이 체결되었다. 그런데 용선계약이 시작되기도 전에 그 당시 성행했던 동맹파업 사건이 발생되었다. 그 결과 8개월간 선적이 금지되었다. 이에 대해 이 사건을 담당했던 Merrivale P.판사는 계약의 Frustration 성립에 의해 이 계약의 자동적 소멸을 인정하는 것으로 판결하였다. 즉 동맹파업 사건만을 이유로 Frustration이 성립될 수는 없으나, 전 계약기간 중 지연기간이 차지하는 비율을 근거로 해당 계약의 Frustration이 성립될 수 있었다.

Bensaude v. Thames and Merset Marine insurance사건[35]에서는 선박이 병력과 식량을 Lisbon지역으로부터 Lourenco Marques지역으로 운송할 목적으로 용선되었다. 그런데 내항성을 충분히 갖춘 선박이 병력과 식량을 싣고 Lisbon을 출항한 직후에 불가항력적인 사건의 발생에 의해 선박의 프로펠러 기둥이 부러지는 사건이 발생되었다. 그 결과 수선에 필요한 지연은 병력과 식량을 예정된 기간 내에 Lourenco Marques로 운송하는 것이 불가능하게 되었다. 이에 대해 이 사건을 담당했던 Lopes판사는 "…본인의 견해로는 항해의 목적이 선박의 프로펠러 기둥의 파괴에 의해 좌절되었다고 본다…"라고 판시함으로써 Frustration의 성립을 인정하였다. 즉 계약의 이행에 근본적인 영향을 미치는 프로펠러 기둥의 파괴로 인한 선박의 이용불능사건은 계약의 Frustration을 성립시키는 것으로 판결되었다.

그러나 CIF거래조건의 국제물품매매계약 하에서는 매도인으로 하여금 계약이행수단에 대한 이용(선박 이용)을 불가능하게 만드는 사건이 발생된 경우, 계약서에 별도의 명시적 규정이 없는 한 일반적으로 Frustration 성립의 근거가 되지 못한다. 그 이유는 CIF거래조건 하에서는 매도인에게 선적이행 의무가 명백하게 부여되어 있기 때문이다.

예를 들어 Lewis Emanuel & Son Ltd.사건[36]에서는 몰타 섬에서 수확된 새로운 감자 1,000부대를 CIF London조건으로 판매하는 매매계약이 1958년 4월 14일에 체결되었다. 계약조건에는 "4월 24일 또는 그 이전에 선적이 이루어져야 한다"라는 조항이 명시되어 있었는데, 매도인은 4월 14일과 24일 사이에 운항될 선박인 "Malta"호에서 선적공간을 확보하는데 실패하였다. 이에 대해 본 사건을 담당했던 Pearson판사는 「동 계약기간 내에 유용한 선적공간이 없으면 동 계약은 소멸되는 것이다」라고 주장하는 매도인의 입장을 거절하였다. 또한 매수인은 「동 계약은 선상의 물품을 매도인이 구매함으로써 이행될 수도 있었다」라고 주장하였으나, Pearson판사는 이러한 매수인의 주장에 대해서도 거절하였다.

사건을 담당했던 Sellers판사가 The Penelope사건에서의 판결문을 인용하기도 하였다.
35) (1897) 1 K.B. 29 ; affirmed (1897) A.C. 609.
36) (1959) 2 Llody's Rep. 629.

즉 재판부는 계약서상의 「Shipment」라는 명시적 규정은 계약물품이 선박에 적재됨으로써만 계약이 이행되어야 하는 상태를 의미하는 것이며(매수인 주장에 대한 거절의 근거), 이러한 계약서상의 명시적 규정을 이행하지 못한 매도인은 계약을 위반한 것(매도인 주장에 대한 거절의 근거)이라고 판결하였다. 즉 CIF거래조건으로 매매계약이 체결된 경우 매도인은 선복수배까지 책임져야 하는 것으로 해석되어야 하며, 이를 이행하지 못한 매도인은 계약을 위반한 것이므로 매수인에게 이에 대한 손해배상을 해주어야 한다고 판결하였다.

그러나 계약서에 선적기간과 특정 선박명이 명확히 명시되어 있는 경우에는 해당 선박의 이용불능사건이 해당 계약의 Frustration을 성립시킬 수 있게 된다. 예를 들어 Nickoll and Knight v. Ashton, Eldridge & Co.사건[37]에서는 "1월 중에 …Orlando호에 선적해야 한다"라는 조건으로 목화씨에 대한 매매계약이 체결되었다. 그런데 해당 선박의 좌초로 인해 1월 중에 Orlando호에 선적하는 것이 불가능하게 되었다. 매도인은 동 계약이 Frustration법리의 적용에 의해 소멸되었다고 주장하였으며, 이에 대해 본 사건을 담당했던 법원은 매도인의 주장대로 동 계약의 Frustration 성립을 인정하였다.

따라서 계약이 CIF거래조건으로 체결되고 매도인으로 하여금 지정된 기간 내에 지정된 선박에 계약물품을 선적하도록 계약서에 명시적으로 규정하고 있는 경우, 양 당사자의 과실 없이 해당 선박의 이용이 불가능해지는 사건이 발생되면 그 계약은 Furstration 법리가 적용되어 소멸된다. 그 이유는 양 당사자들이 합의한 명시적 규정이 계약서에 포함되어 있는 경우, 계약당사자들은 이 명시적 규정에 의거해 계약을 이행해야 할 의무가 있기 때문이다. 그런데 이 사건에서 만약 계약서에 운송수단에 대한 구체적 명시가 없었다면, 매도인은 다른 방법을 동원하여 계약을 이행해야 할 의무가 부여되었을 것이다.

그리고 계약서에 '정상적인 조건 하에서 선적의 이행에 방해를 받게 되면 해당 CIF계약이 중지될 것'이라는 내용의 명시적 규정을 두고 있다 하더라도, 매도인은 단순히 운임율이 터무니없이 상승되었다는 이유만으로 면책되지 못한다.[38] 또한 동맹파업에 의해 선적이 방해를 받게 되면 선적기간이 연장될 것이라는 내용의 명시적 규정이 계약서에 포함되어 있는 경우라 하더라도, 선적항에 있는 다른 양하기는 영향을 받고 있지 않으나 단순히 화주 소유의 양하기가 동맹파업에 의해 영향을 받고 있었다는 사실만을 이유로 계약을 이행하지 않을 경우 매도인은 면책될 수 없게 된다.[39]

---

37) (1901) 2 K.B. 126.

38) Bylthe & Co. v. Richard Turpin & Co. (1916) 114 L.T. 753 ; S. Instone & Co., Ltd. v. Speeding & Marshall (1915) 32 T.L.R. 202 ; Re Comptoir commercial Anversois and Power, Son & Co. (1920) 1 K.B. 868.

39) Koninklijke Bunge v. Cie, Conyinentale d'Importation (1973) 2 Lloyd's Rep. 44.

이상의 판례들을 통해 알 수 있듯이, CIF거래조건의 국제물품매매계약에 있어서 매도인의 선적의무에 대한 이행불능사건의 발생은 계약서에 선박명과 선적기간이 명확하게 명시되어 있는데 이를 이행할 수 없게 되는 불가항력적 사건이 발생되지 않는 한, 일반적으로 해당 계약의 Frustration 성립이 인정되지 않는다고 할 수 있다.

2. 후발적 위법

(1) 전쟁의 돌발

특정 계약이 후발적 위법행위에 의해 영향을 받게 되는 경우, 법원은 당사자들의 상대적인 이해관계 뿐 아니라 그 사회의 공공이익이라는 차원을 고려해야 한다. 따라서 후발적 위법행위는 후발적 이행불능과 구분하여 하나의 독립된 계약소멸의 근거가 되고 있으며, 어느 정도 특별한 규칙들에 의한 지배를 받는다.

이러한 공공이익의 논리에 대한 견해는 강력하여 계약서상의 명시적 규정에 관계없이, 전쟁에 의한 또는 전쟁의 결과로 발생된 후발적 위법은 계약의 Frustration을 성립시킨다. 즉 전쟁돌발로 인한 적과의 교역행위는 비록 당사자들이 전쟁돌발 시 그들의 이행 의무가 연기될 것이라는 내용의 명시적 규정을 그들의 계약서에 두고 있다 하더라도, 공공정책상의 약인(Public Plicy Consideration)의 원칙에 의해 계약의 Frustration이 성립된다.[40] 단 이러한 경우 전쟁돌발 사건은 단순히 계약의 이행을 부분적으로 중지시키거나 방해하는 것에 그치는 것이 아니라 계약의 근본적 요소에 영향을 미치는 것이어야 한다.

또한 전쟁기간 중에 당사자들 중의 일방 또는 쌍방의 활동에 대한 정부의 간섭이 있는 경우 Frustration법리가 적용될 수 있다. 예를 들어 계약에 의해 예기된 활동들이 전쟁기간 중의 정부간섭에 의해 무한정의 기간 동안 금지되거나, 계약의 이행에 필요한 노동력이나 원료가 정부에 의해 강제 징발된 경우 등을 들 수 있다. 즉 특정국과의 전쟁돌발에 의해 해당 계약의 이행이 불법이 될 수 있으며, 불법이 되었기 때문에 결과적으로 Frustration법리가 적용되어 당사자들은 더 이상의 계약이행 의무로부터 면책된다. 다시 말해서 전쟁돌발 그 자체가 계약의 Frustration을 성립시키는 것이 아니라, 전쟁돌발로 인한 후발적 위법행위가 계약의 Frustration을 성립시키게 된다. 이때 해당 계약은 전체적으로 고려되어야 하며, 해당 계약의 거래조건에 따른 계약체결의 목적이 좌절된 것인가에 대한 명확한 답변이 이루어져야 한다.[41]

---

40) Ertel Bieber & Co. v. Rio Tino Co., Ltd. (1918) A.C.
41) Denny, Mott and Dickson, Ltd. v. James B. Fraser & Co., Ltd. (1944) 1 All E.R. 678.

따라서 전쟁돌발로 인한 계약소멸의 여부에 대한 결정은 각 사건의 실질적인 상황에 의존하게 된다.[42]

한편 만일 매수인이 여러 도착항 중에서 하나를 선정할 수 있는 권리를 부여받은 계약이 체결된 경우, 매수인은 계약물품이 인도될 특정 항구를 선정할 권리가 있다. 따라서 만일 매수인이 전쟁기간 중에 적항이 된 항구를 선정하였다면 이는 완전히 무효이므로, 매수인은 다른 합법적인 항구를 선정할 수 있다. 따라서 이러한 경우 계약은 Frustration이 성립될 수 없게 된다.[43] 즉 후발적 위법사건은 계약당사자로 하여금 해당 계약에 대한 합법적인 이행을 불가능하게 만드는 것이어야 한다. 그리고 만약 후발적 위법행위가 단순히 일시적인 것에 불과한 것이라면, 그 계약은 Frustration의 성립이 인정되지 않는다. 또한 후발적 위법행위가 어떤 부차적인 규정에 대해서만 관련을 맺고 있다거나, 이행이 가능한 여러 수단들 중의 하나와만 관련을 맺고 있는 경우라면, 그 계약 역시 Frustration이 성립될 수 없다.

이러한 관점에서 볼 때, 더 이상의 계약이행을 비현실적으로 만들 정도로 특정 사건이 무한정의 기간 동안 지속될 것인지의 여부는 해당 사건이 발생되었을 때 존재하는 상황들을 근거로 법정에서 고려되지 않으면 안된다. 일반적으로 해당 사건에 대한 판결 여부가 사건발생 초기에 결정되어야 한다는 견해는 가장 통설적인 견해로 받아들여지고 있으나, 이는 사건 형태에 따라 실제로 많은 어려움을 야기시키기도 한다. 예를 들어 전쟁이 30일간 지속될 것인지 30년 동안 지속될 것인지 등의 파악에 대한 어려운 문제가 제기될 수 있다. 따라서 이러한 경우 어떤 결과가 나타날 것인가를 파악하기 위해 계약당사자들이 어느 정도의 기간동안 기다리는 것이 허용되고 있다.

다음으로 전쟁돌발로 인해 후발적 위법이 발생된 경우 계약의 Frustration이 성립된 판례들을 검토해 보기로 한다.

Embiricos v. Reid사건[44]에서는 그리스 선박이 아조프 海로부터 영국으로 특정 화물을 운송하기 위해 용선되었다. 그런데 계약물품을 선적하기 시작한 후 그리스와 터키 간에 전쟁이 돌발하였으며, 그 결과 용선된 선박이 다다넬즈 해협을 통과할 수 없게 되었다. 이에 대해 이 사건을 담당했던 Scrutton판사는 다른 대체이행 수단이 존재하지 않았다는 사실을 근거로 이 용선계약은 Frustration이 성립되는 것으로 판결하였다.

Admiral Shipping Co., Ltd. v. Weinder, Hopkin & Co.사건[45]에서는 선박이 발

42) Finelvet A.G. v. Vinava Shipping Co., Ltd. (1983) 2 All E.R. 658 ; The Evia (1983) 1 A.C. 736 (1982) 3 All E.R. 350 ; The Winjiang (No. 2) (1983) 1 Lloyd's Rep. 400.
43) Hindley & Co., Ltd. v. General Fibre Co., Ltd. (1940) 2 K.B. 517.
44) (1914) 3 K.B. 45.
45) (1917) 115 L.T. 812.

트海 항해를 위해 용선되었다. 그런데 독일과 소련 간의 전쟁돌발로 인하여 이 선박이 소련 항으로부터 출항하는 것이 허용되지 않았다. 이에 대해 법원에서는 "…이 계약은 오랜 기간 동안의 지연이 사업목적을 완전히 좌절시키는 그러한 성격의 것이었으며, 따라서 용선계약자는 용선료를 지불할 의무가 없다"라고 판시하였다. 이 사건을 담당했던 Banker판사는 그의 판결문에서 Bailhache판사가 Frustration법리에 대해 정의한 「지연에 의한 사업목적 좌절은 어느 한 당사자의 과실 없이 어떤 예측치 못한 지연이 발생되었을 경우에 성립되는 것이다」라는 내용의 판결문을 인용하면서, 이 사건에서의 계약은 Frustration이 성립되는 것으로 판결하였다.

Denny, Mott & Dickson v. James B. Fraser & Co.사건[46]에서는 목재 하차장에 대한 임대차계약이 1929년 7월에 당사자들의 목재 판매를 위한 매매계약을 이행할 목적으로 체결되었다. 그런데 매매계약의 이행이 전쟁기간 중의 법령들에 의해 1939년 9월에 금지되었다. 이에 대해 이 사건을 담당했던 영국의 법원은 이 계약의 Frustration이 성립된 것으로 판결하였다. 이 사건에서의 실질적인 판결 근거는 한 계약당사자의 계약체결 목적에 주안점을 두지 않고,[47] 전쟁돌발로 인한 후발적 위법의 경우에 적용되는 공공정책적 차원에서 이루어졌다.[48]

그리고 International Sea Tankers Inc. v. Hempshire Shipping Co., Ltd. The Wenjiang(No. 2)사건[49]에서는 선박 Wenjiang호가 선주에 의해 용선계약자에게 용선되는 내용의 계약이 체결되었다. 그런데 1980년 9월 21일 Wenjiang호는 이란과 이라크를 분리시켜 놓는 Shatt Al Arab지역에 있었으며 이때 두 국가 간에 전쟁이 돌발하였다. 초기에는 전쟁이 단기간에 끝나거나 또는 선박들을 전쟁영역으로부터 자유롭게 벗어날 수 있도록 허용해 주기 위한 국제적인 시도가 성공적일 것으로 예측되었으나, 이러한 희망은 좌절되고 말았다. 이 사건에 대해 법원은 일정 기간을 기다린 후인 1980년 11월 24일자로 이 용선계약은 Frustration이 성립된 것으로 판결하였다.

한편 전쟁돌발로 인한 후발적 위법은 계약당사자의 명시적 규정보다 우선하여 계약의 Frustration이 성립된다. 이에 관한 판례로써 Pacific Phosphate Co., Ltd. v. Empire Transport Co., Ltd.사건[50]을 들 수 있다. 이 사건에서 선주는 1914년부터 1918년까지 매년 특정 선박을 용선계약자에게 용선해 주기로 하는 내용의 계약을 1913년에 체결하였다. 계약조항 중에는 「만일 전쟁이 돌발하게 될 경우 적대행위가 끝날 때까지 선적을 연

46) (1944) A.C. 265.
47) 한 당사자에 의해 의도된 계약체결 목적만으로는 계약의 Frustration이 성립되지 않는다.
48) Ertel Bieber & Co. v. Rio Tinto Co., Ltd. (1918) A.C. 260.
49) (1893) 1 Lloyd's Rep. 400.
50) (1920) 36 T.L.R. 750.

기시킬 수 있는 권리를 각 당사자에게 부여해 주기」로 하는 내용의 명시적 규정이 계약서에 포함되어 있었다. 그런데 실제로 전쟁이 돌발됨으로써 당사자 간에 분쟁이 발생하였는데, 이 사건을 담당했던 Rowlatt판사는 "…이 계약은 단지 연기되는 것이 아니라 소멸된 것이다"라고 판시하였다. 이러한 판결의 근거로써 "…이 사건에서의 연기조항은 그러한 파괴적인 성격의 전쟁까지도 포함하고 있는 것으로 양 당사자에 의해 의도된 것은 아니었다"라고 판시하였다. 따라서 전쟁돌발에 의해 적이 된 당사자와의 정기용선계약은 비록 계약서에 전쟁기간동안 계약의 이행이 중지될 것이라는 내용의 명시적 규정을 두고 있다 하더라고 계약의 Frustration이 성립되는 것으로 판결될 수 있음을 알 수 있다.[51)]

이와 관련된 내용의 판례로써 Fibrosa Spolka Akeyjna v. Fairbairn Lawson Combe Barbour Ltd.사건[52)]에서 피고는 원고에게 특정의 기계를 인도해 주기로 CIF Gdynia조건으로 1939년 7월에 매매계약을 체결하였다. 그런데 1939년 9월 23일에 Gdynia는 전쟁으로 인해 적의 점령지역이 되었다. 계약서에는 「전쟁을 포함하여 만약 매도인의 합리적인 통제능력을 벗어난 어떤 원인에 의해 출항이 방해를 받게 될 경우 적당한 기간연장이 허용된다」라는 내용의 명시적 규정이 명시되어 있었다. 이에 대해 원고 측은 계약서상의 명시적 규정에도 불구하고 Gdynia가 적의 점령지역이 되었다는 사실을 근거로 이 계약의 Frustration 성립을 주장하였다. 이 사건을 담당했던 Viscount Simon판사 및 Russell oh Killowen판사 등은 계약의 Frustration 성립을 인정하는 것으로 판결하였다. 즉 이는 전쟁이 돌발된 경우 공공정책적 차원에서 당사자들의 명시적 규정에 우선하여 계약의 Frustration이 성립됨을 보여준 대표적인 판례 중의 하나이다.

그리고 국제물품매매계약은 후발적으로 발생된 위법행위에 의해 Frustration법리가 적용된다. 예를 들어 CIF거래조건 하에서 도착항이 적항이 된 경우, 해당 계약은 Frustration법리의 적용에 의해 소멸된다. 이러한 경우 비록 계약물품이 최종적으로 중립국으로 인도될 것으로 예기되어 있는 경우라 하더라도, 전쟁돌발사건은 해당 계약의 Frustration을 성립시킬 수 있게 된다. 예를 들어 앞에서 검토한 Fibrosa Spolka Akeyjna v. Fairbairn Lawson Combe Barbour Ltd.사건[53)]에서는 영국 제조업자들이 폴란드 회사에게 CIF Gdynia조건으로 기계를 판매하는 내용의 매매계약이 체결되었다. 이 사건에서 계약물품의 최종 목적지는 1941년 여름까지 중립지역으로 남아 있었던 Vilna지역이었다 하더라도, 1939년의 전쟁돌발로 인해 Gdynia지역이 독일에 의해 점령됨으로써 계약의 Frustration이 성립되는 것으로 판결되었다.

---

51) Clapham SS Co. v. Handelsen (1917) 2 K.B. 639 ; Ertel Bieber v. Rio Tinto Co. (1918) A.C. 260.
52) (1942) 2 All E.R. 122.
53) (1943) A.C. 32.

또한 계약에 의거해 선적됨으로써 특정물이 된 해당 물품이 적의 선박이 된 특정 선박에 의해 운송되어야 하는 사건이 발생된 경우, 해당 계약은 Frustration법리가 적용되는 것으로 판결되었다. 예를 들어 Arnhold Karberg & Co. v. Blythe Green Jourdain & Co.사건[54]에서는 CIF Naples조건으로 말먹이용 콩(Horse Beans)에 대한 매매계약이 체결되었다. 이는 선하증권 및 보험증권 등의 서류와 상환으로 런던에서 대금지급이 이루어지는 조건이었다. 그런데 계약물품은 독일 선박에 선적되었으며 그 결과 독일에서 발행한 선하증권이 발급되었다. 그 후 1914년의 전쟁돌발에 의해 독일 선박은 적의 선박이 되는 후발적 위법이 발생됨으로써, 동 계약은 Frustration이 성립되는 것으로 판결되었다. 마찬가지 원칙에 의거하여 계약물품이 계약체결 후 적이 된 국가의 특정 공급원으로부터 획득될 것임이 계약서에 명시되어 있는 경우, 그 계약은 후발적 위법을 근거로 Frustration법리가 적용된다.

(2) 정부의 수출입 금지조치 및 기타 제한조치

물품매매계약이 체결된 후 정부가 정치적인 또는 경제적인 이유를 근거로 수출입을 금지시키는 경우, 이러한 정부의 금지조치에 의해 해당 물품매매계약은 Frustration이 성립될 수 있다. 그런데 이러한 내용의 사건들은 적과 교역을 행하는 경우와 같은 후발적 위법을 야기시키는 사건들과 두 가지 측면에서 그 차이가 있다고 볼 수 있다. 첫째로, 정부의 수출입 금지조치는 적과의 교역행위 등과 같은 후발적 위법을 야기시키는 사건의 경우와는 달리 정부의 후발적 금지조치가 해당 계약의 실질적인 전제조건을 파괴시키는 경우에 한하여 Frustration의 성립이 가능하다는 점이다.

둘째로, 정부의 수출입 금지조치는 적과의 교역행위 등과 같은 사건발생으로 인해 후발적 위법을 야기시키는 경우와는 달리 Frustration의 성립은 계약서상의 명시적 규정들에 의거해 배제될 수 있다는 점이다. 따라서 이러한 경우 「수출입금지조치가 취해지더라도 계약은 이행되어야 한다」라는 내용의 계약서상의 명시적 규정은 그대로 유효하기 때문에, 이러한 경우 해당 계약의 Frustration이 성립될 수 없게 된다.

한편 만약 계약체결 시점에서 어떤 금지조치가 이미 정부에 의해 실시되고 있는 상황이었다면, 이는 선행적 금지조치에 해당된다고 볼 수 있다. 따라서 이러한 경우는 불법에 해당된다는 근거 하에서 처음부터 계약을 무효화시킬 수 있는 것이지, Frustration법리의 적용에 의한 계약의 자동적 소멸이 인정되는 것이 아니다. 이와 관련된 내용의 경우는 크게 세 가지로 대별해 볼 수 있는 바. 이에 관하여 각각 살펴보기로 한다.

첫째, 양 당사자들이 해당 지역에서 요구하고 있는 법적 허가도 받지 않고 계약을 이

54) (1916) 1 K.B. 495, 506.

행하려고 의도하였거나 또는 실제로 이행한 경우가 있을 수 있다. 이러한 경우 그 계약은 Frustration법리의 적용에 의해 계약이 자동적으로 소멸되는 것이 아니라 처음부터 불법이 되어 무효화되는 것이다.

둘째로, 양 당자자들이 해당 지역에서 요구하고 있는 허가를 받게 될 경우에 한하여 계약이 이행되는 조건으로 계약을 체결한 경우가 있을 수 있다. 이때 계약의 주요 의무는 「허가를 받아야 된다」라는 전제조건을 성취시키는 일이며, 당사자 중의 일방(예를 들면 물품을 수출하려는 매도인)은 허가를 받기 위한 최선의 노력을 기울여야 할 의무가 부여된다. 이러한 경우 만약 그가 실질적인 최선의 노력을 기울였음에도 불구하고 허가를 받지 못하게 되었다면 그는 면책될 수 있게 된다. 그 이유는 그가 이행하는 행위들이 방해를 받고 있었기 때문이라는 근거 하에서가 아니라 그가 자신에게 요구되었던 모든 업무를 합리적으로 이행하였기 때문이라는 근거 하에서이다. 마찬가지로 매수인에게도 책임이 없는 바, 그 이유는 그의 의무가 소멸되었기 때문이 아니라, 그의 의무는 매도인이 이행해야 할 전제조건이 성취된 경우에 한해서 부과되는 것이기 때문이다.

셋째로, 이러한 부류의 사건에 해당하는 것으로써 매도인이 허가를 받는 것이 절대적으로 성취되어야 한다는 조건으로 계약이 체결된 경우가 있을 수 있다. 이러한 경우에는 만일 매도인이 자신의 이행의무에 실패하게 되면 그는 그 손해에 대한 책임을 져야 한다. 즉 이러한 경우에는 Frustration법리가 적용되지 않는다.

또한 물품매매계약의 경우 한 당사자가 두 개 이상의 계약의무를 이행해야 하는데 Frustration의 성립을 야기시키는 사건발생으로 인해 두 개 이상의 계약의무를 모두 이행할 수 없게 되는 경우가 발생될 수도 있다. 예를 들어 매도인이 A에게 1,000톤의 설탕을 그리고 B에게도 1,000톤의 설탕을 판매하기로 계약을 체결하였으나, 계약체결 후 예기치 못한 정부의 제한조치에 의하여 모두 1,000톤만 선적하도록 제약을 받게 되는 사건이 발생되었다고 가정해 보자. 이러한 경우 매도인이 어떻게 계약을 이행해야 할 것인가 하는 곤란한 문제가 야기될 수 있다. 즉 A와 B에게 그 비율에 따라 각각 500톤씩만 선적할 것인가, 아니면 계약체결 시점을 기준으로 연대순으로 이행함으로써 첫 번째 계약만을 이행하고 두 번째 계약의 이행을 포기할 것인가 하는 문제가 제기될 수 있다.

이에 대한 답변은 Intertradax S.A. v. Tourteaux S.A. R.L. 사건[55]에서 법원에 의해 "…곤경에 처한 매도인은 그 기준을 비율적으로 할 것인가, 또는 계약체결 시점을 기준으로 연대순으로 할 것인가, 아니면 다른 어떤 기준으로 할 것인가를 결정하는 과정에서 그는 무역관행이 적절하고도 합리적인 것으로 간주하고 있는 방법을 선정하여 이행할 수 있다…"라고 판시됨으로써 명확해졌다. 즉 근래의 판례에서 법원은 매도인의 선택권

55) (1978) 2 Lloyd's Rep. 509.

에 관한 문제를 무역관행에 맡겼다. 그러나 만약 특정 매매계약이 비합법적인 경우라면 매도인은 합법적인 매매계약만을 완전히 이행하고 비합법적인 매매계약은 무시해야 할 것이다.

다음은 정부의 규제조치에 의해 계약의 Frustration이 성립된 것으로 판결된 사례로써 Re Shipton Anderson & Co. and Harrison Bros. & Co's Arbitration사건[56]을 들 수 있다. 이 사건에서는 인도지시서가 제시된 후 7일 이내에 현금지불이 이루어지는 조건으로 밀에 대한 매매계약이 체결되었다. 그런데 계약물품이 매수인에게 인도되기 전에 정부는 법령에 의해 이를 강제로 징발하였다. 이에 대해 법원은 이 계약의 Frustration 성립을 인정하는 것으로 판결함으로써 매도인은 계약이행의무로부터 면책되었다. 따라서 국제물품매매계약의 경우 법령에 의한 정부의 강제 징발은 해당 계약의 Frustration을 성립시키게 된다. 그런데 만약 정부의 금지조치가 일시적인 것에 불과한 경우라면 해당 당사자는 합리적인 기간 동안 기다려야 할 의무가 부여된다.[57] 그 이유는 만약 금지조치가 계속적으로 실시되는 것이 아니라면 이행이 이루어질 수 있는 충분한 기간이 남아있을 수도 있기 때문이다.

Reillly v. R.사건[58]에서 원고는 특정 직위를 받는 조건으로 캐나다의 법무성에 임명되었다. 그런데 그가 재직하던 기간 중 정부의 법무성 설립에 대한 규정 폐지로 법무성이 폐지되었다. 이에 원고는 계약위반에 대한 손해배상을 요구하였으나, 이 사건을 담당했던 사법위원회는 더 이상의 이행이 법령에 의해 불가능해졌기 때문에 이 계약은 Frustration이 성립되는 것으로 판결하였다. 또한 가스회사와의 가스 보관에 관한 계약은 1948년 영국의 가스법(Gas Act, 1948)에 근거한 정부의 국유화에 의해 Frustration이 성립되는 것으로 판결되었다.

앞에서 언급하였듯이 국제물품매매계약에 있어서 정부에 의해 부과된 수출입 금지조치나 제한조치로 인해 계약의 이행이 불가능해진 경우, 일반적으로 해당 계약은 Frustration 법리가 적용된다. 예를 들어 Walton(Grain & Shipping) Ltd. v. British Italian Trading Co., Ltd.사건[59]에서는 계약서에 「수출금지를 포함한 불가항력적 사건이 발생하여 선적이 지연되는 경우 선적기간은 연장되며, 연장된 선적기간 내에도 선적이 불가능해지면 동 계약은 소멸된다」라는 내용의 불가항력 조항이 명시되어 있었다. 그런데 결과적으로

56) (1915) 3 K.B. 676.

57) Andrew Millar & Co., Ltd. v. Taylor & Co., Ltd. (1916) 1 K.B. 402 ; cf. Embiricos v. Sydney Reid & Co. (1914) 3 K.B. 45 ; Atlantic Maritime Co., Inc. v. Gibbon (1954) 1 Q.B. 88 ; Walton(Grain and Shipping) Ltd. v. British Italian Trading Co., Ltd. (1959) 1 Lloyd's Rep. 223.

58) (1943) A.C. 176.

59) (1959) 1 Lloyd's Rep. 223.

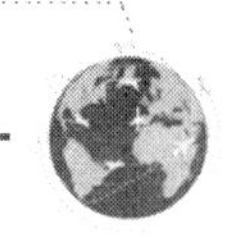

정부의 수출입 금지조치로 인하여 매도인은 불가항력 조항 중의 하나의 수출허가를 얻는데 실패하였다. 그리하여 매도인은 선적의 이행에 실패하였으며, 이에 대해 본 사건을 담당했던 Diplock판사는 「수출금지」의 의미는 「수출허가의 취득불능」을 포함하는 개념으로 해석하였다.

따라서 정부의 수출입 금지조치와 관련해 계약서에 "…을 조건으로"라는 명시적 규정이 포함되어 있는가의 여부는 Frustration법리의 적용 여부에 대하여 상당한 영향을 미치게 된다. 이와 관련하여 국제물품매매계약에 있어서 계약서에 명시적 규정이 포함된 경우와 포함되지 않은 경우로 대별하여 살펴보기로 한다.

첫째로, 계약서에 "…을 조건으로" 또는 이와 유사한 문언을 명시하지 않은 경우, 수출입허가 또는 쿼터를 획득하지 못한 당사자는 계약상 발생하는 의무에 절대적으로 구속되는 것인지, 아니면 그 당사자는 수출입의 면허나 쿼터를 얻는데 상당한 노력을 기울였음이 인정되면 면책되는 것인지의 여부가 문제될 수 있다. 이는 국제물품매매계약에 관한 Incoterms상의 특정 거래조건에서 규정하고 있는 당사자의 법적 지위에 의해 결정된다.[60)]

즉 계약당사자가 절대적으로 계약상의 의무를 이행해야 하는 주체적인 지위에서 이행해야 하는 경우엔 그러한 허가나 쿼터를 얻는 것에 대해 책임을 져야 한다. 그러나 단순히 그것을 획득하는 데에 필요한 모든 합리적인 조치를 취하도록 노력하기로 약속한 것에 불과한 것으로 해석되는 경우에는 그가 자신의 의무를 이행하기 위한 모든 노력을 기울였음에도 불구하고 실패하였음을 입증할 수 있는 한 Frustration법리가 적용될 수 있다. 따라서 계약서상의 명시적 규정이 없다고 하더라도 Frustration법리는 계약이행 시점에서의 제반 상황에 의거해 그 적용여부가 결정된다고 할 수 있다. 다만 이러한 경우 계약서상의 명시적 규정이 없음으로 인해 해당 당사자의 면책범위가 줄어들 수 있을 뿐이다.

둘째로, "…을 조건으로" 또는 이와 유사한 명시적 규정이 계약서에 포함되어 있는 경우에는 매도인이 계약상의 수출허가나 쿼터를 받기 위해 최선의 노력을 기울였음에도 불구하고 실패하였음을 입증할 수 있는 한, 매도인은 면책된다. 다시 말해서 계약서상의 "…을 조건으로"라는 명시적 규정에 의거해 양 당사자들이 해당 지역에서 요구되고 있는 허가를 받게될 경우에 한하여 계약이 이행되는 것으로 의도한 경우가 있는데, 이때 계약

60) 이와 관련된 내용의 판례로는 Mitchell Cotts & Co. (Middle East) Ltd. v. Harico Ltd. (1943) 2 All E. R. 552 ; Anglo-Russian Merchant Traders Ltd. v. Batt (1917) 2 K.B. 679: Ross T. Smith & Co., Ltd. (Liverpool) v. W.N. Lindsay Ltd. (Leith) (1953) 1 W.L. R. 1280 ; K.c. Sethia (1944) Ltd. v. Parabmull Rameshwar (1950) 1 All E.R. 51 ; H.O. Brandt & Co. (1921) S.C. (H.L.) 24.

의 주요 의무는 「…조건을 성취해야 한다」라는 전제조건을 성취시키는 일이다. 따라서 당사자 중의 일방(예를 들면 물품을 수출하려는 매도인)은 해당 조건을 성취시키기 위한 합리적인 모든 절차를 밟기 위해 실질적인 노력을 기울여야 할 의무가 있다. 이러한 경우 만약 그가 그러한 노력을 기울였음에도 불구하고 해당 조건을 성취시키지 못하게 되었다면 Frustration법리의 적용에 의해 그는 면책된다.

그 이유는 그가 이행하는 행위들이 방해를 받고 있었기 때문이라는 근거 하에서가 아니라 그가 자신에게 요구되었던 모든 의무를 합리적으로 이행하였기 때문이라는 근거 하에서이다. 마찬가지로 매수인에게도 책임이 없는 바, 그 이유는 그의 의무가 소멸되었기 때문이 아니라, 그의 의무는 계약서상의 전제조건이 성취된 경우에 한하여 부과되는 것이기 때문이다. 따라서 계약서에 "…을 조건으로"라는 명시적 규정이 포함되어 있는 경우에는 매도인이 최선의 노력을 기울였음에도 불구하고 계약의 이행이 불가능했음을 입증하게 되면, 계약의 Frustration이 성립되어 매도인은 면책된다.[61)]

이상의 내용에서 알 수 있듯이, 국제물품매매계약에 있어서의 Frustration법리는 "…을 조건으로"라는 명시적 규정이 계약서에 삽입되었는지의 여부에 의해 그 적용여부가 결정된다기보다는 계약서상의 명시적 규정에 대한 해석기준[62)]과 계약이행 시점에서의 제반 상황[63)]에 의거해 결정된다는 사실이다. 다만 계약당사자들이 "…을 조건으로"라는 구체적인 명시적 규정을 포함시켜 놓았을 경우가 그들이 면책될 수 있는 범위를 더욱 확장시켜 줄 수 있을 뿐이다. 그러므로 계약당사자들은 이러한 점을 충분히 감안하여 그들의 계약서에 특정 상황에 대비한 구체적인 명시적 규정을 명확하게 기재해 둠으로써, 갑작스러운 정부의 수출입 금지조치나 기타 제한조치로 인한 불이익으로부터 보호받는 것이 바람직하다고 할 수 있다.

3. 주변사정의 본질적 변화

(1) 사정의 현저한 변화

계약당사자들이 계약체결 당시 계약체결 후의 변화된 상황을 예측했더라면 처음부터 계약이 성립되지 않았을 것으로 인정되는 사건이 발생된 경우, 계약의 Frustration이 성립되는 것으로 판결되어 왔다. 즉 주변사정이 예상외로 변화됨으로써 계약의 묵시적 내용을 합리적으로 분석 · 판단해 볼 때 또는 주변 상황에 비추어 볼 때에 계약의 기초가 상실

61) Peter Cassidy Seed Co., Ltd. v. Osuustukkukauppa I.L. (1957) 1 W.L.R. 273.
62) Walton(Grain & Shipping) Ltd. v. British Italian Trading co., Ltd. (1959) 1 Llyod's Rep. 22.
63) Andrew Millar & Co., Ltd. v. Taylor & Co., Ltd. (1916) 1 K.B. 403.

됨으로써, 만일 계약이 유효할 경우 그것은 계약당사자들이 원래 계약을 체결한 것과 근본적으로 다른 새로운 계약으로 변경되었다는 결론에 도달하게 된 때에는 계약의 Frustration이 성립된다.

이에 대한 판례로써 W.J. Tatem Ltd. v. Gamboa사건[64]을 그 예로 들 수 있다. 이 사건의 개요를 살펴보면 스페인 시민전쟁의 절정기였던 1937년 6월에 원고는 피고인 공화당 정부에게 7월 1일부터 30일간 자신의 선박을 용선해 주었다. 계약조항 중에는 이 계약의 목적이 스페인 북부 항구로부터 프랑스 항구로 시민들을 피난시키기 위한 것이라는 명시적 규정이 포함되어 있었다. 용선료는 선박의 실질적인 재인도가 원고에게 이루어질 때까지 하루당 £250이었으며, 이는 그 당시 스페인 항에서의 일반 선박들에 대한 시장사격의 약 세배에 해당하는 가격이었다. 단 한 번의 성공적인 항해가 이루어진 후 이 선박은 그 당시 공화당 정부에 대항해 싸우던 독립주의자들에 의해 7월 1일에 포획되었으며, 9월 7일까지 Bilboa지역에 감금되어 있었다. 감금이 해제되어 궁극적으로 원고에게 재인도 된 것은 9월 11일이었다. 7월 31일에 30일간의 용선료는 지불되었으나, 공화당 정부는 선박포획에 의해 이 계약의 Frustration이 성립되었다는 근거 하에서 8월 1일부터 9월 11일까지의 용선료 지불을 거절함으로써 분쟁이 발생되었다.

이 사건을 담당했던 Goddard판사는 "…선박포획이 계약의 기초를 파괴시켰으며, 따라서 공화당 정부의 대금지급 의무는 없다"라고 판시하였다. 그는 덧붙여 "…이 계약은 계약의 주요 목적물에 대한 파괴나 또는 더 이상의 계약이행이 그 효과 면에서 실질적으로 다른 계약이 되도록 만드는 결과를 초래하는 장기간의 방해나 지연의 사유에 의해 계약의 기초가 상실되었다. 또한 계약당사자들이 해당 사건이 발생될 경우에 대비한 명시적 규정을 두지 않았기 때문에 이 계약의 Frustration이 성립된 것으로 간주된다…"라고 판시하였다. 다시 말해서 그의 판결 근거는 계약서에 명시적 규정이 없었다는 사실이 양 당사자들이 이러한 사건이 발생할 수 있을 것이라는 예측을 하지 못했다는 증거가 된다는 논리였다.

이러한 Goddard판사의 판결내용 중에 「당사자들이 해당 사건이 발생될 경우에 대비한 명시적 규정을 두기 않았기 때문에」의 문구는 주목해야 할 판결문이다. 즉 이 사건에서는 실제로 발생된 사건에 대한 규정내용을 계약서에 명시해 두지 않았기 때문에, 이 사건은 계약당사자들이 예측치 못한 사건으로 인정되어 Frustration이 성립되는 것으로 판결되었다. 그의 주장에 의하면 해당 사건에 대한 예측이 가능했는지의 여부는 계약서상의 명시적 규정의 유무에 의해 판단되는 것이라는 것이었다.

그러나 이는 그 후 Ocean Tramp Tanker Corporation v. V.O. Sovracht, The

64) (1939) 1 K.B. 132.

Eugenia사건[65]에 의해 번복되었다. 즉 계약당사자들에 의해 예측된 사건인지의 여부는 특정 사건에 관한 명시적 규정의 유무에 관계없이 판단되어야 하며, 특히 제반 상황을 고려하여 Frustration의 성립여부를 결정하여야 한다는 것이다. 그런데 일반적으로 Frustration법리는 문제된 사건이 계약당사자들에 의해 예측되지 않은 경우에 한하여 적용될 수 있는 것으로 인정되어 왔으므로, 해당 사건이 계약당사자들에 의해 예측된 것인지의 여부에 대한 판단기준은 해당 사건에 대한 계약서상의 명시적 규정에 의해서가 아니라 해당 사건의 제반 주위상황을 고려하여 결정되어야 한다는 점을 주목해야 한다.

다음으로 사정의 현저한 변화로 인해 계약의 Frustration 성립이 인정된 판례로써 Metropolitan Water Board v. Dick, Kerr & Co.사건[66]을 들 수 있다. 이 사건에서 피고는 1914년 7월에 체결된 계약에 의해 6년 내에 저수지를 건설해 주기로 원고와 합의하였다. 그리고 어떤 방해나 장애를 일으키는 사건이 발생되어 계약의 이행이 지연될 경우 그 기간이 연장될 것이라는 내용의 명시적 규정이 계약서에 포함되어 있었다. 그런데 전쟁이 돌발됨으로써 1916년 2월에 정부의 군수장관은 작업을 중지시키고 모든 설비를 정부에게 팔도록 강제로 명령하였다. 그 결과 정부의 요구대로 이행되었으며, 이에 대해 원고 측은 이 계약은 계속 유효한 것이라고 주장하였다.

이 사건에 대해 법원은 기간연장에 대한 규정이 이와 같은 작업이행에 대한 실질적인 방해를 카바해 주는 성질의 것이 아니라고 판결함으로써 이 계약의 Frustration 성립을 인정하였다. 즉 법원은 "…정부의 금지조치에 의해 야기된 방해사건은 만일 작업이 다시 시작될 경우 이는 사실상 다른 계약의 성격을 갖게 될 정도로 변화된 상태이기 때문에, 이 계약은 소멸된 것이다…"라고 판시하였다. 다시 말해서 이 사건에서는 작업이 다시 시작될 경우 하나의 새로운 계약이 될 것으로 판단된 결과 이러한 판결이 이루어졌다.

이러한 내용을 뒷받침해 주는 것으로 Parkinson(Sir Lindsay) & Co., Ltd. v. Commissioners of Works사건[67]에서 이 사건을 담당했던 Asquith판사는 "…특정 원인에 의해 지연을 야기시키는 사건이 발생될 경우 계약은 소멸되지 않고 단지 연장될 뿐이라는 내용의 규정을 계약서에 삽입시키는 때가 종종 있다. 그러나 그러한 계약서상의 명시적 규정은 당사자들이 연장조건에 관한 규정에서 예기했던 것과 근본적으로 다른 비정상적인 지연이 발생되었을 경우에는 적용되지 않는 것으로 판결되어 왔다…"라고 판시함으로써 이 계약의 Frustration 성립을 인정하였다.

Acetylene Co. of G.B. v. Canada Carbide Co. 사건[68]에서는 전쟁으로 인해 유용

65) (1964) 1 All E.R. 161.
66) (1918) A.C. 119.
67) (1949) 2 K.B. 632, 665.
68) (1922) 8 L.I.L. Rep. 456.

한 모든 선적공간이 징발됨으로써 해당 물품매매계약 하에서의 물품의 선적이 3년간 지연되었다. 그 결과 물리적으로 이행이 다시 가능해졌을 때의 주변상황은 급격히 변화되어 있었다. 즉 원래 계약체결 당시 당사자들이 의도했던 것과 실질적으로 다른 결과를 초래하게 될 정도의 급격한 변화가 발생되었는데, 이에 대해 법원은 매도인은 더 이상의 물품인도 의무가 없는 것으로 판결하였다.

한편 동맹파업으로 인해 지연이 발생된 용선계약의 경우에는 일반적으로 Frustration이 성립되지 않는다.[69] 즉 동맹파업사건은 계약의 이행에 영향을 미칠 수는 있으나 이 사건이 해당 계약의 Frustration을 자동적으로 성립시키지는 못한다.

그러나 동맹파업으로 인한 지연기간이 장기간 지속되어 계약당사자들이 합리적으로 예견했던 것보다 그들의 권리와 의무를 중대하게 변화시키게 된 경우, 당사자들로 하여금 계약을 이행하도록 요구하는 것은 불합리하다고 할 수 있다.[70] 따라서 동맹파업으로 인한 지연기간이 장기간 지속됨으로써 사정이 현저하게 변화된 경우에는 계약의 Frustration이 성립될 수도 있다.[71] 그러므로 동맹파업사건 발생으로 인한 당사자 간의 분쟁이 발생하여 법원에 제소된 경우, 이에 대한 판단은 법원의 재판관들이 해당 사건의 주변상황을 충분히 고려하여 결정하게 된다.

(2) 계약의 근본적 목적달성의 좌절

물리적 대상물이나 특정인에 대한 가용성(Availability)이 계약체결 당시 당사자들에 의해 의도되었던 목적달성을 위한 근본적 요소임이 입증되고, 어떤 외래적인 요인에 의해 그러한 대상물이나 특정인이 더 이상 계약목적 달성을 위해 유용하지 못하게 되면, 그 계약은 Frustration이 성립된다.

또한 당사자들이 그들의 계약서에 명시적으로 규정하고 있는 사건이 실제로 발생되었으나, 그들이 예측했던 것보다 더욱 근본적이고도 심각한 형태의 돌발사건이 발생될 수도 있다. 이러한 경우 계약의 Frustration 성립 여부에 대한 판단 기준은 계약서상의 명시적 규정이 해당 사건에 대한 완전하고도 독자적인 해결책이 제시될 수 있도록 의도된 것인가의 여부이다. 만약 계약서상의 명시적 규정이 이러한 완전하고도 독자적인 해결책을 제시해 주지 못하는 것이라면, 발생된 돌발사건의 결과가 계약의 근본적인 목적을 좌절시키게 되는 한 해당 계약의 Frustration이 성립된다. 그 결과 당사자들은 더 이상의 계약이행 의무로부터 면책된다.[72]

---

69) Braemount SS. Co. v. Weir (1910) 15 Com. Cas. 101 ; Ronnebeck (1914) 20 Com. Cas. 95

70) National Carriers, Ltd. v. Panalpina, Ltd. (1981) A.C. 675.

71) The Penelope (1928) p. 180.

이와 관련된 내용의 판례로써 Jackson v. Union Marine Insurance Co., Ltd.사건[73]을 들 수 있다. 이 사건에서는 1871년 11월에 용선계약이 체결되었는데, 이 용선계약에서는 해당 선박이 Liverpool에서 Newport로 가능한 한 신속히 진행한 후 그곳에서 해당 화물을 San Francisco로 향하는 철도운송에 적재하기로 되어 있었다. 그런데 계약서에는 항해의 위험 및 사고들에 대한 명시적인 면책조항들이 포함되어 있었다.

선박은 이듬해인 1872년 1월 2일에 출항하였으나 이튿날인 3일에 Cararvon만에서 좌초되었다. 선박은 2월 18일에야 구조되어 Liverpool로 다시 옮겨졌으며, 그곳에서 1872년 8월까지 수선작업이 이루어져야 했다. 이에 대하여 용선계약자는 1872년 2월 15일字로 이 계약의 Frustration 성립을 주장하였다.

이 사건에서의 논점은 선박이 수리된 후 용선계약자가 해당 화물을 선박에 적재하지 않은 행위에 대해 그가 책임을 져야 하는지, 아니면 수선기간이 용선계약자로 하여금 그러한 선적 실패에 대해 면책시켜줄 수 있을 정도의 긴 기간이었는지 하는 점이었다. 이 사건을 담당했던 법원에서는 "…그러한 기간은 상업적 관점에서 볼 때 선주와 용선계약자 간에 체결된 상업적 거래를 종료시킬 정도의 긴 기간이었다…"라고 판시함으로써, 이 계약은 Frustration법리의 적용에 의해 소멸되는 것으로 판결되었다. 그 이유는 선박수선 후 이루어지는 San Francisco로 향하는 항해는 당사자들에 의해 원래 예기되었던 사업과는 완전히 다른 것이 될 것으로 판단되었기 때문이었다. 이 사건을 담당했던 법원에서는 계약서에 명시되어 있는 면책조항은 그렇게 광범위한 성격의 손해유발 사건까지 커버해 주기 위해 의도된 것은 아니었다고 판결하였다. 이처럼 상업적 관점에서 당사자들의 계약체결 목적을 근본적으로 좌절시키는 사건이 발생된 경우, 해당 계약은 Frustration이 성립되는 것으로 판결되어 왔다. 이때 당사자들의 계약목적의 좌절 여부에 대한 판단은 법원의 재판관들에게 맡겨진다.

계약의 근본적 목적달성이 좌절된 경우에 해당하는 대표적인 판례로써 Krell v. Henry 사건[74]을 들 수 있다. 이 사건에서는 피고가 에드워드 7세의 대관식행사로 예정된 날에 영국 런던의 Pall Mall 지역에 위치해 있는 특정 건물을 임대하였다. 계약서에 명시되지는 않았다 하더라도 피고의 계약체결 목적은 시민들에게 대관식 행사를 관람시키기 위한 것이었다. 그런데 왕의 병 때문에 대관식 행사가 연기되었다. 이 사건에서는 대관식 행사의 연기로 인해 계약의 이행이 불가능한 것은 아니었는 바, 피고는 문제된 날에 그 건물을 사용할 수도 있는 상태였다. 그러나 Frustration은 물리적 이행불능에만 제한되는 것이 아니라 계약의 본질 및 계약당사자 간의 계약체결 목적을 방해하는 이행불능 사건이 발생

72) Bank Line Ltd. v. A. Capel & Co. (1919) A.C. 435.
73) (1874) L. R. 10 C. P. 125.
74) (1903) 2 K.B. 740.

된 경우에도 성립되는 것으로 인정됨으로써, 법원에서는 이 계약의 Frustration 성립을 인정하는 것으로 판결하였다.

이 사건을 담당했던 Vaughan Williams판사는 "…각 사건은 그 사건의 상황들을 고려하여 판결되어야 한다. 각 사건에서는 다음의 세 가지를 질문해 보아야 한다. 첫째, 모든 상황들을 고려해 볼 때 당사자들의 계약체결 목적이 무엇이었는가? 둘째, 계약의 이행이 방해를 받았는가? 셋째, 계약의 이행을 방해한 사건이 계약체결 당시 양 당사자들의 예측 하에 있지 못했던 그러한 성격의 것이었는가? 이 모두의 질문들에 대해 확실하고도 명료하게 답할 수 있는 경우라면, 양 당사자는 더 이상의 계약이행 의무로부터 면책될 수 있는 것이라고 본인은 생각한다. 본인은 이 사건에서 대관식 행사가 계약의 기초(당사자들의 계약체결 목적)였으며, 이 행사의 무산은 계약의 이행을 방해한 것이었다고 생각한다. 또한 본인은 대관식 행사의 불발은 계약체결 당시 계약당사자들이 예측할 수 있었던 것으로 추측할 수 없는 그러한 성격의 것이었다고 생각한다…"라고 판시하였다.

이와 동일한 관점에서 Chandler v. Webster사건[75]에서도 대관식 행사를 관람할 목적으로 방을 임대하기로 체결된 계약은 이 행사의 연기에 의해 Frustration이 성립되는 것으로 판결되었다. 즉 당사자들이 계약체결 당시 의도했던 근본적인 계약체결 목적이 좌절된 경우, 해당 계약의 Frustration이 성립되는 것으로 오늘날 확대 · 발전되어 왔다.

제2절 계약의 Frustration 성립이 배제되는 경우

1. 스스로 자초한 Frustration

한 당사자 자신의 행위나 그의 선택적인 행위로 인하여 Frustration이 유도된 경우를 가리켜 「스스로 자초한 Frustration (Self-Induced Frustration)」이라 한다. 이 경우에는 계약의 Frustration이 성립되지 않으며, 「스스로 자초한 Frustration」은 사실상 계약위반에 해당된다고 할 수 있다.

「스스로 자초한 Frustration」의 경우에 해당되는 대표적인 판례로써 Maritime National Fish Ltd. v. Ocean Trawlers Ltd.사건[76]을 들 수 있다. 이 사건에서 원고는 수달피로 만든 트로올 망[77]이 없이는 어업을 할 수 없는 트로올 증기선인 St.

75) (1904) 1 K.B. 493.
76) (1935) A.C. 524.
77) 원양어업에 쓰이는 그물의 하나. 낭망과 여기에 연결하는 양익의 수망으로 이루어진 그물임.

Cuthbert호를 피고로부터 용선하였다. 그리고 양 당사자는 이 트로올 증기선을 수산업을 위해서만 사용하기로 한다는데 합의하였다. 용선계약서는 1932년 10월 25일에 재작성되었으며 선박의 용선기간은 1년이었다. 그 당시 양 당사자들은 캐나다 정부로부터 허가를 받아야 어업을 할 수 있다는 사실을 알고 있었다. 그런데 자기 소유의 트로올船 네 척을 가지고 있었던 원고는 다섯 척 모두에 대한 허가를 받기 위해 1933년 3월 11일에 허가신청을 하였으나, 정부의 수산청으로부터 세 척에 대한 허가만을 받게 되었다. 수산청은 허가를 받게 될 세 척의 선박 명을 원고가 임의로 명시하여 수산청에 제출하도록 요구하였는데, 이 과정에서 원고는 피고로부터 용선한 트로올 증기선의 명단을 제외시켰다.

이 사건에서 원고는 용선계약서 상의 용선료에 대해 책임질 수 없다고 주장하였는 바, 그 이유로써 다섯 척의 허가를 받는데 대한 수산청의 거절로 인해 계약의 Frustration이 성립되었기 때문이라는 것이었다. 그러나 이 사건을 담당했던 영국의 추밀원(Privy Council)은 이러한 사실이 Frustration법리가 적용될 수 있는 것으로 보기에 충분하지 못한 것으로 간주하였다. 그 이유로써 Frustration의 본질은 어느 한 당사자의 조치나 선택에 근거하여 Frustration이 성립될 수 있는 것이 아니기 때문이었다. 즉 이 사건에서 사업의 공동목적을 좌절시키는 방법을 선택한 것은 원고 자신이었다. 물론 원고는 계약상 용선된 트로올 증기선에 대한 허가를 받아야 할 의무가 있는 것은 아니었다. 그러나 허가를 받지 못했다는 사실에 의존하여 용선료를 지불하지 않으려는 원고의 의도는 이를 자신의 선택에 의해 유발시켰기 때문에 인정될 수 없었다.

이 사건을 담당했던 추밀원의 Wright판사는 "…이 사건은 허가를 받는 과정에서 St. Cuthbert호를 제외시킨 것이 원고 측의 선택에 의한 조치였다는 단순한 결론만으로도 쉽게 판결될 수 있을 것이다. 원고 측은 그들이 운영하고 있었던 다섯 척의 트로올선 중에서 임의의 세 척을 선정할 수 있도록 자율권이 부여되어 있었으며, 그 하나로써 St. Cuthbert호를 선정할 수도 있었다. 원고 측이 왜 그들이 실제로 선정한 세 척의 토로올선에 대한 허가를 선호하게 되었는가에 대한 이유는 중요하지 않다. 그 당시 원고 측이 선정하게 된 세 척의 트로올선으로 사실상 운용되고 있었다는 점은 원고와 피고와의 관계에서는 중요하지 않은 문제이다. 중요한 것은 원고 측의 의지만 있었다면 St.Cuthbert호에 대한 허가를 받을 수 있었다는 점이다. …Frustration의 본질은 Frustration이 어느 한 당자의 행위나 선택에 의해 성립될 수 없다는 점이다. …이는 「스스로 자초한 Frustration」에 해당되는 것이라 할 수 있다"라고 판시하였다.

이와 유사한 내용의 판례로써 K.C. Sethia(1944) Ltd. v. Partabmull Rameshwar 사건[78]을 들 수 있다. 이 사건에서는 인도産 황마를 CIF Genoa조건으로 판매하는 매매

78) (1950) 1 All E.R. 51 ; (1951) 2 All E.R. 352.

계약이 1948년 10월에 체결되었다. 계약서에는 '만약 매도인이 필요한 수출허가를 받지 못하게 될 경우 계약이 취소될 것'이라는 내용의 명시적 규정은 포함되어 있지 않았다. 그런데 인도 정부는 황마의 수출에 대한 쿼터시스템을 적용시켜 기준년도의 수출실적에 비례해 수출쿼터를 배정해 주겠다고 발표하였다. 이에 매도인은 1946년을 기준년도로 선정하였고, 1946년도에는 매도인의 수출실적이 없어서 쿼터배정을 받지 못하였다. 그 결과 매도인은 선적을 이행하지 못하였고, 이에 대해 매수인은 계약위반을 이유로 매도인에게 손해배상을 청구하기에 이르렀다.

이 사건에서는 계약체결 당시 양 당사자가 인도정부의 쿼터시스템을 알고 있었으나, 그 기준년도의 특수성에 대해서 매수인은 알지 못했다. 그런데 매도인은 자기 임의로 선택한 기준년도에 의해 쿼터배정을 받지 못할 것을 알고 있으면서 계약을 체결했기 때문에, 매도인은 선적불이행에 대한 책임을 면할 수 없는 것으로 판결되었다.

또한 C. Czarnikow Ltd. v. Rolompex사건[79]에서도 Frustration이 성립될 수 없는 것으로 판결되었는데, 사건개요는 다음과 같다. 폴란드의 국영 무역회사인 Rolimpex는 런던의 설탕상인인 C. Czarnikiw社에게 폴란드産 사탕무 설탕을 판매하기로 1974년 5월과 7월에 매매계약을 체결하였으며, 그 해 11월과 12월 중에 설탕을 인도하기로 하였다. 계약서에는 정부의 개입이 있는 경우 계약이 취소될 수 있다는 내용의 명시적 규정이 포함되어 있었다. 그런데 1974년 8월에 내린 폭우로 인해 폴란드에서의 설탕추수는 실패하였고, 11월 5일에 폴란드 정부의 해외무역공사는 폴란드 법에 의해 설탕의 수출을 불법으로 간주하는 법령에 서명하게 되었다. 그리하여 Rolimpex社는 설탕의 인도에 실패하였다. 이 사건에 대해 법원에서는 "…자국 기업의 계약의무를 면하게 할 목적으로 정부에서 수출금지 조치를 취한 경우, 해당 계약은 Frustration이 성립될 수 없다"라고 판결하였다.[80]

이처럼 매매계약의 한 당사자인 국가 정부가 스스로 부과한 수출입 금지조치에 의존하는 것은 인정될 수 없는 바, 이러한 경우의 Frustration은 「스스로 자초한 Frustration」에 해당되기 때문이다.

한편 「스스로 자초한 Frustration」임을 입증해야 할 책임은 이를 주장하는 자에게 있다. 이와 관련된 내용의 판례로써 Joseph Constantine Steamship Line Ltd. v. Imperial Smelthing Corporation Ltd.사건[81]을 들 수 있다. 이 사건에서 원고는 피고에게 자신의 증기선인 Kingswood호를 용선해 주었는데, 이 선박은 오스트레일리아로 가서 그 곳에서 화물을 선적할 예정이었다. 그런데 용선된 선박이 해당 화물을 적재하기

79) (1978) Q.B. 176.
80) (1978) 3 W.L.R. 474.
81) (1942) A.C. 154.

이전에 선박의 보조보일러에서 격렬한 폭음을 내면서 폭발되어 계약의 이행이 불가능하게 되었다. 사실 확인 결과 그 폭음사건의 원인은 명확하게 규명되지 못하였다. 다만 가상적인 이유들 중의 하나로써 그 폭음사건이 선주의 태만에 의해 기인된 것으로 유추될 수 있을 뿐이었다.

이 사건을 담당했던 영국 법원은 용선계약자가 그 폭음사건이 선주 측의 실수에서 기인된 것임을 입증할 수 없었기 때문에, 이 계약은 Frustration법리의 적용에 의해 소멸된 것으로 판결되었다. 즉 Frustration을 야기시킨 사건이 한 당사자의 행위나 태만에 의한 결과라는 사실을 입증해야 할 책임은 이를 주장하는 당사자에게 있다. 이 사건을 담당했던 Porter판사는 "…계약의 주요 대상물이 파괴된 경우, 그(선주)는 자신의 약속을 이행할 수 없게 된다. 이러한 경우 그는 자신에게 과실이 없는 한 면책된다. 물론 만일 그의 행위가 계약의 핵심적인 문제에 대해 어떤 과실을 범했다거나 태만하였다면 그는 구제받을 수 없게 된다. 그러나 그에게 그의 과실에 대한 책임을 부과시키기 위해서는 그의 면책에 대한 반대 입장을 주장하는 상대 당사자에 의해 그의 과실이 명백하게 입증되어야 한다…"[82]라고 판시하였다.

2. 계약서상의 명시적 규정

계약당사자들이 계약체결 당시 그들의 계약서에 「…사건이 발생된 경우에도 이 계약은 소멸되지 않는다」라는 내용의 명시적 규정을 삽입시킨 경우, 계약서에 명시된 사건이 실제로 발생되면 그 계약은 Frustration이 성립되지 않는다. 즉 양 당사자가 「비록 계약의 이행이 불가능해졌다 하더라도 계약은 계속 유효한 상태로 존재한다」라는 내용의 명시적 규정을 그들의 계약서에 삽입시켰을 경우, 특정 사건은 계약의 이행에 실패한 계약당사자를 면책시켜주는 근거가 되지 못한다. 따라서 해당 당사자는 자신의 이행실패에 대한 손해배상책임을 져야 한다. 그러므로 계약당사자들이 발생가능성이 있는 특정 사건에 대하여 구체적이고도 명확한 내용으로 Frustration 성립을 배제시키기 위한 명시적 규정을 그들의 계약서에 포함시킨 경우, 실제로 그러한 사건이 발생되면 Frustration법리는 적용되지 않는다.

또한 여러 법령의 규정 중에는 "별도의 합의가 없는 한"이라는 문구를 삽입시키고 있는 경우가 많다. 예를 들어 Frustration법리에 관해 규정하고 있는 미국의 Restatement, Contracts(1979) 제 261조와 제 265조에서는 "…unless the language or circumstances indicate the contrary"라는 문구를 삽입시켜 놓고 있다. 즉 이는 양 당사자가

82) (1941) 2 All E.R. 198.

별도의 합의를 한 경우 그 합의내용에 따라야 한다는 의미를 내포하고 있는 것으로 파악해야 한다. 이러한 맥락에서 볼 때 법원은 특정 사건에 대한 판결 시 계약서상의 명시적 규정에 첫 번째 우선순위를 부여해 주어야 한다.

그러나 한편으로는 매매계약에 관한 모든 상거래상의 조건들이 당사자들에 의해 그들의 계약서에 명시적으로 기입될 수 있으리라고 가정할 수는 없다. 게다가 명시적 규정의 표현상의 문제점도 야기될 수 있다는 한계가 지적될 수 있다. 따라서 계약서상의 명시적 규정은 특정 사건이 발생될 경우에 대비한 명확하고도 하자 없는 구체적인 내용이어야 한다. 따라서 Frustration의 성립을 배제시키기 위한 계약서상의 명시적 규정은 그 내용이 구체적이고도 명확한 경우에 한하여 Frustration의 성립을 배제시켜 줄 수 있을 뿐이다.

그리고 계약서상의 명시적 규정들은 계약체결 당시에 약속된 범위를 초월해서 계약당사자들에게 어떤 의무를 부과시키는 것으로 확대 · 해석되지는 않는다. 예를 들어 Fairclough, Dodd and Jones Ltd. v. J.H. Vantol Ltd.사건[83]에서는 특정 원인들에 의해 선적이 지연되면 두 달 동안 선적이 연장될 것이라는 조항이 계약서에 명시되어 있었다. 이 사건에서는 비록 지연의 원인이 된 사건이 일부 기간 동안만 진행되었다 하더라도 두 달간의 선적기간 연장은 그대로 허용되어야 하는 것으로 판결되었다. 따라서 이 사건에서 매도인은 두 달간의 선적기간 연장에 대해 과실이 없는 것으로 판결되었으며, 또한 두 달 후에도 계속적으로 부과된 정부의 수출입 금지조치에 의해 계약의 Frustration이 성립됨으로써 매도인은 면책된다고 판결되었다.

그러나 예외적으로 전쟁이 돌발되는 사건이 발생된 경우에는 유일한 예외로써 이러한 계약서상의 명시적 규정에도 불구하고 계약의 Frustration이 성립될 수 있다. 그 근거로써 예를 들어 전쟁돌발로 인한 적과의 교역행위는 공공정책적 차원에 위배되기 때문이다. 따라서 앞에서 검토해 보았듯이, 전쟁돌발로 인한 후발적 위법이 발생된 경우에는 계약당사자들이 그들의 계약서에 포함시키고 있는 명시적 규정에도 불구하고, 계약의 Frustration이 성립될 수 있는 예외가 인정되고 있다.[84]

3. 예측된 사건

만일 계약체결 시 어떤 강제력이 존재하고 있었고 그 강제력의 실행이 계약이행에 심각

83) (1957) 1 W.L.R. 136 ; cf. European Grain and Shipping Ltd. v. J.H. Rayner & Co., Led. (1970) 2 Lloyd's Rep. 239.

84) Pacific Phosphate Co., Ltd. v. Empire Transport Co., Ltd. (1920) 36 T.L.R. 750 ; Fibrosa Spolka Akeyjna v. Fairbairn Lawson Barbour Ltd. (1942) 2 All E.R. 122 ; Metropolitan Water Board v. Dick, Kerr & Co. (1918) A.C. 119.

한 영향을 미칠 수 있는 것이라면, 그러한 강제력을 알고 있었던 당사자는 자신의 계약 불이행에 대한 방어수단으로 그 강제력의 실행이 계약체결 전이 아닌 계약체결 후에 이루어진 사건이었다는 주장을 이유로 면책될 수 없게 된다. 그 근거로써 그러한 강제력의 실행은 예견된 사건이었으며, 또한 그것은 계약에 반하기 때문이다.[85] 따라서 계약당사자 중의 일방이 특정의 위험을 예측하고 있었음이 명백한 경우에는 해당 계약의 Frustration이 성립되지 않는다.

이에 관한 판례로써 Walton Harvey Ltd. v. Walker and Homfrays Ltd.사건[86]에서는 피고가 7년 동안 피고의 호텔에서 물품을 진열해 놓을 수 있는 권리를 원고에게 부여해 주기로 하는 내용의 계약을 체결하였다. 그런데 그 호텔이 당국의 강제구매 명령에 의해 박탈당해 파괴될 것이라는 사실을 피고는 알고 있었으나, 원고는 이러한 사실을 알지 못했다. 결국 예측된 대로 강제구매 명령이 당국에 의해 실행되었으며, 이에 대해 피고는 이 계약의 Frustration 성립을 주장하였다. 그러나 법원에서는 이 계약은 Frustration이 성립될 수 없는 것으로 판결하였다. 그 이유는 양 당사자들은 호텔의 계속적인 존재가 계약의 기초였다는 사실에 묵시적으로 합의하였으며, 피고만이 그 건물의 계속적인 존재에 대한 위험요인을 예측하고 있었기 때문이었다. 따라서 이 계약은 피고의 계약위반을 근거로 Frustration이 성립되지 않는 것으로 판결되었다.

한편 Ocean Tramp Tankers Corporation v. V.O. Sovracht, The Eugenia사건[87]에서는 1959년 9월 8일의 용선계약에 의해 그 당시 Genoa에 있었던 Eugenia호가 인도로 향해 항해할 목적으로 용선계약자에게 인도되었다. 양 당사자들은 협상 당시 수에즈 운하가 봉쇄될 위험이 있다는 것을 알고 있었으나, 그들은 이에 관한 명시적 규정을 계약서에 포함시키지 않았다. 화물을 선적한 Eugenia호는 10월 20일에 Odessa로부터 출항하였다. 그런데 그 당시 인도로 가는 관습적인 항로는 수에즈 운하를 경유하는 것이었다. Eugenia호가 수에즈 운하에 도착되었을 때 그곳은 전쟁으로 인해 위험한 영역이 되어 있었다. 그런데 선박은 10월 31일에 수에즈 운하로 들어갔고, 결국 수에즈 운하가 봉쇄됨으로써 감금되기에 이르렀다. 이에 대해 용선계약자는 이 계약은 수에즈 운하의 봉쇄로 인한 Frustration이 성립되었다고 주장하였다.

이 사건을 담당했던 Denning M.R. 판사는 "…만일 당사자들이 특정 사건을 예측치 못했다면 그들이 그에 대한 규정을 계약서에 명시하지 않았을 것이라는 결론을 쉽게 추론할 수 있다. 따라서 만약 그들이 특정 사건을 예측했다면 이에 관한 규정을 두었을 것

85) Walton Harvey Ltd. v. Walker and Homfrays Ltd. (1931) 1 Ch. 274 ; Eastern Air Lines v. Gulf Oil Corp. 415 F. Supp. 429 (S.D. Fla. 1975).
86) (1931) 1 Ch. 274.
87) (1964) 1 All E.R. 161.

으로 기대할 수 있을 것이다. 그러나 이 사건에서는 사실확인 결과 당사자들이 장래의 위험을 예측하였으나 그들이 계약서에 이에 관한 명시적 규정을 두지 않았다… Frustration법리가 적용되는지의 여부를 살펴보기 위해서는 우선 첫째로 어떤 일련의 야기된 상황들에 관한 규정을 두고 있다면 그 계약은 해당 규정의 지배를 받아야 한다. 따라서 계약의 Frustration 성립에 대한 배제가 가능하다. 그러나 만약 그들이 그것에 대한 명시적 규정을 두고 있지 않다면 계약체결 당시의 상황과 새로운 상황과를 비교해 보아야 한다. 그리고 이때 그 상황이 어떻게 다른가를 비교해 보아야 한다. 한 당사자가 생각했던 것보다 더 번거로워졌다든가 더 많은 비용이 소모되었다는 사실은 Frustration을 성립시키기에 충분하지 못하다. 그것은 단순히 더욱 번거로워졌다든가 더 많은 비용이 소모된 것 이상이어야 한다. 그 기준을 유도해 내기란 경우에 따라서는 어려운 일이다. 그러나 이는 해야 되는 일이며, 법원은 이를 법의 문제로써 결정하지 않으면 안된다.[88] 이러한 법리를 이 사건에 적용시켜 볼 때 본인은 운하의 봉쇄가 이 계약을 소멸시킬 만큼 근본적으로 다른 상황을 초래한 것은 아니라는 결론에 도달했다. 그 이유는 다음과 같다. (1) 이 선박이 Odessa로부터 수에즈 운하를 경유하여 Vizagapatam에 도달하는 기간은 26일간이 소요되며 희망봉을 경유할 경우에는 56일간이 소요된다. 그러나 이는 옳은 비교가 아니다. 우리는 Nadras에서 재인도하기 위해 Genoa에서 인도하는 시점부터 전 항해구간을 고려해 보아야 한다. 수에즈 운하를 경유하는 전 항해구간은 108일간이 소요되며 희망봉을 경유할 경우엔 138일간이 소요된다. 따라서 전 항해구간을 근거로 한 이러한 차이는 Frustration을 야기시킬 정도로 근본적이지 못하다. (2) 화물은 보다 긴 항해에 의해 영향을 심하게 받지 않는 철제제품이었으며, 일찍 도착해야 할 특별한 이유가 없었다. 선박 및 승무원도 희망봉을 경유할 경우 충분히 항해할 수 있는 합당한 여건이었다. (3) 화물은 운하봉쇄 시점에 이미 갑판 위에 적재된 상태였다. (4) 희망봉을 경유하는 항해는 수에즈 운하를 경유하는 경우에 비해 용선계약자에게 보다 긴 항해 및 비용이 더 많이 소요되는 것을 제외하고는 큰 차이가 없었다…"라고 판시하였다.

그러므로 이 사건이 수에즈 운하 봉쇄의 결과로 Frustration이 성립될 수 있기 위해서는 「부패하기 쉬운 물품을 운송해야 하는 계약이었다」라는 이유 등과 같은 더욱 근본적인 사유가 있었어야 한다는 것이다. 만약 수에즈 운하를 경유해야 한다는 명시적 규정이 있었고 또한 이러한 이행방법이 유일한 수단임을 입증될 수 있었다면, 이 계약은 Frustration이 성립될 수도 있었을 것이다.

이 사건은 특정 사건에 대한 명시적 규정의 유무가 그 사건에 대한 예측가능성의 여부

88) Tsakiroglou & Co., Ltd. v. Noblee & Thorl GmbH , per Viscount Simonds and per Lord Reid.

를 결정짓는 기준이 되지 못한다는 사실을 제시했다는 점에서 중요한 의미를 갖게 된다. 즉 이 판례는 W.J. Tatem Ltd. v. Gamboa사건[89]의 판결내용을 번복시킨 판례에 해당한다. 그리고 이 판례는 예측된 사건이 발생된 경우 Frustration이 성립될 수 없다는 사실을 확인시켜 준 판례이기도 하며, 또한 계약이행상의 비용증가의 이유만으로 Frustration이 성립될 수 없다는 사실을 확인시켜 준 중요한 의미를 갖는 판례이기도 하다.

4. 단기간의 이행불능

이행불능을 야기시키는 사건이 일시적으로 진행되는 경우에는 계약의 Frustration이 성립되지 않는 것으로 판결되어 왔다. 예를 들어 선박의 징발사건이 용선계약의 이행을 방해하는 경우, 계약의 Frustration이 성립될 수 있는지의 여부는 그 징발기간을 참조함으로써 결정될 수 있다.[90] 그런데 이러한 원칙은 특정 사건이 발생하자마자 그 사건이 계약에 미치는 효과에 대한 합리적인 판단을 내릴 수 있다는 전제 하에서 성립된다.

예를 들어 갑판 노동자들의 동맹파업이 용선계약의 이행을 방해하는 경우를 가정해 보자. 이 계약은 동맹파업이 시작되자마자 즉시 Frustration이 성립되지는 않는다.[91] 이러한 경우 합리적인 사업가가 이 사건이 근본적으로 계약의 이행을 방해할 가능성이 있는가의 여부에 대한 판단을 내릴 수 있을 정도의 합리적인 기간 동안은 기다려야 한다.

이와 관련된 내용의 판례들을 검토해 보기로 한다. Adrew Millar & Co., Ltd. v. Taylor & Co., Ltd.사건[92]에서는 과자를 모로코로 수출하기 위한 매매계약이 1914년 7월에 매도인과 매수인 간에 체결되었는데 계약서에는 인도기일에 대한 기간이 명시되어 있지 않았다. 그런데 제 1차 세계대전의 돌발로 인해 계약물품에 대한 수출이 정부에 의해 금지되었으며 그 금지조치는 15일 동안만 지속되고 그 후 철폐되었다.

이에 대해 이 사건을 담당했던 법원에서는 매도인이 이 계약을 파기시킬 수 있는 권리가 없는 것으로 판결하였다. 즉 과자의 수출금지 조치는 계약을 소멸시키지 않고 그 기간을 연장시켜 줄 뿐이라고 판결하였다. 그러나 계약당사자들은 이러한 금지조치에 대하여 무한정의 기간 동안 기다릴 필요는 없으며, 계약이 합리적인 기간 내에도 이행될 수 없는 경우에 한해서 해당 계약의 Frustration이 성립될 수 있게 된다. 그런데 이 사건에서는 계약서에 인도기일이 명시되지도 않았고 또한 정부의 금지조치가 계약물품의 인도를 위

89) (1939) 1 K.B. 132.
90) Bank Line Ltd. v. Arthur Capel & Co. (1919) A.C. 435 ; cf. National Carriers Ltd. v. Panalpina(Northern) Ltd. (1981) A.C. 675, 706 ; Wong Lai Ying v. Chinachem Investment Co. (1979) 13 Build. L.R. 81.
91) cf, The Evia (No. 2) (1982) 3 All E.R. 350 ; The Agathon (1982) 2 Lloyd's Rep. 211.
92) (1916) 1 K.B. 402.

한 합리적인 기간이 도래하기 전에 철폐되었기 때문에, 자신의 의무를 이행하지 않은 매도인은 계약을 위반한 것으로 이 사건을 담당했던 Warring판사는 판결하였다.

Nordan v. Rayner and Sturgess사건[93]에서는 원고가 6년 동안 피고를 위해 런던지역의 중개인 역할을 담당하기로 1914년 7월에 계약을 체결하였다. 원고는 독일 태생이었으며 따라서 제 1차 세계대전의 돌발로 인해 그는 1914년 9월에 억류되었다. 그러나 그는 사실상 프랑스계의 Alsace혈통이었기 때문에 다음 달인 10월에 곧 석방되었다. 그런데 전쟁이 돌발되었을 때 피고는 원고에게 계약이 소멸되었다고 통지하였다. 원고는 이에 동의하지 않고 계약위반을 이유로 소송을 제기하였으며 그 결과 승소판결을 받았다. 즉 이 사건에서의 계약기간은 6년간이었으며 원고의 억류에 의한 방해는 불과 1개월 정도의 단기간이었기 때문에, 이 계약은 Frustration이 성립되지 않는 것으로 판결되었다.

또한 Port Line Ltd. v. Ben line Steamers Ltd.사건[94]에서도 이 사건을 담당했던 Diplock판사는 계속 지속될 것으로 기대되었던 30개월간의 정기용선계약(17개월이 경과된 상태였음)이 정부의 선박징발에 의해 Frustration이 성립되지 않는 것으로 판결하였다. 그 근거로써 사실상 정부의 징발기간은 3개월 동안만 지속되었으며 선박에 대한 정부의 징발이 해제된 후 10개월간의 용선계약은 유효한 상태로 존재하고 있었기 때문이었다.

단기간의 이행불능에 대한 가장 대표적인 판례로써 Cricklewood Property Investment Trust Ltd. v. Leighton's Investment Trust Ltd.사건[95]을 들 수 있다. 이 사건에서 계약당사자들은 1936년에 99년간의 임대차계약을 체결하였다. 원고는 임대받은 피고 소유의 땅 위에 상점을 건설하기로 하고, 피고는 그 대가로 임대료를 지급받는 조건이었다. 그런데 건설작업이 시작되기도 전에 제 2차 세계대전이 돌발되었으며, 그 결과 상점을 건설할 수 없다는 내용의 건축물에 대한 규제조치가 정부에 의해 시행되었다. 이에 대해 원고는 이 계약의 Frustration 성립을 주장하였다.

그러나 이 사건에서 건축물에 대한 전쟁기간동안의 일시적인 규제는 이 계약의 Frustration 성립이 인정되지 않는 것으로 영국 법원에 의해 판결되었다. 그 이유는 비록 이 사건에서 Frustration법리의 적용에 의해 계약이 소멸될 수 있는 전쟁돌발 사건이 발생되었다 하더라도, 이 계약에서는 전쟁기간 중의 규제조치가 해제된 후 건축할 수 있는 90년 이상의 충분한 기간이 남아 있는 것으로 판단되었기 때문이다. 그 결과 이 사건에서의 불법성은 이 계약의 주요 목적을 파괴시키지 못하는 것으로 판결되었다. 따라서 계약의 이행이 일시적으로만 불법에 해당되는 경우, 그 계약은 Frustration이 성립되지 않는다.

---

93) (1916) 33. T.L.R. 87 K.B.
94) (1958) 2 Q.B. 146.
95) (1945) A.C. 221.

이와 유사한 내용의 판례인 Matthey v. Curling사건[96]에서는 건물의 임대기간 중에 군 당국이 해당 건물을 점령하여 소유해버린 사건이 발생되었는데, 이 사건을 담당했던 영국 법원은 군 당국의 일시적인 점령은 건물의 임대차계약에서의 임차인의 계약이행 의무를 면제시켜 주지 못한다고 판결하였다.

한편 Ross T. Smyth & Co., Ltd.(Liverpool) v. W.N. Lindsay Ltd.(Leith)사건[97]에서 매도인은 CIF Glasgaw조건으로 시칠리아産 말먹이용 콩에 대한 매매계약을 매수인과 체결하였는데, 선적은 1951년 10월과 11월 중에 이루어지는 조건이었다. 그런데 1951년 10월 20일에 이탈리아 정부는 특별허가 품목을 제외하고는 1951년 11월 1일부터 수출을 금지시킨다는 조치를 발표하였다. 그리하여 매도인은 선적에 실패하였고, 이에 대해 매수인은 손해배상청구 소송을 제기하였다.

이 사건을 담당했던 Delvin판사는 이 사건에서의 금지조치는 Frustration을 성립시켜 주는 사건에 해당되지 않는다고 판결하였다. 그 이유는 이 사건에서의 수출금지 조치는 계약물품의 선적기간을 두 달에서 한 달로 단축시킨 것에 불과하며, 이탈리아 정부의 규제발표 이후에도 매도인은 계약물품을 선적할 수 있는 10일간의 여유가 있었기 때문이라는 근거에서였다. 따라서 만약 매도인이 그 나머지 10일간의 기간 중에도 선적이 불가능했었음을 입증할 수 있었다면, 이 계약의 Frustration 성립이 인정될 수도 있었을 것으로 판단된다.

그리고 전쟁이 돌발되었거나 정부의 수출입금지 조치가 취해진 경우에도 계약당사자들의 계약서에 합의된 선적기간 내에 전쟁이 종료되거나 정부의 수출입금지 조치가 해제된 경우, 매도인은 계약의 이행이 가능한 기간 내에 자신의 의무를 충실히 이행해야 한다. 따라서 수출에 대한 일시적인 금지조치가 계약의 이행이 가능한 기간 내에 해제된 경우, 매도인은 해당 계약을 이행하지 않으면 안된다. 다만 전쟁돌발사건 및 정부의 수출입금지 조치에 대하여 계약이 합리적인 기간 내에도 이행될 수 없는 경우에 한하여, 해당 계약의 Frustration 성립이 인정될 수 있을 뿐이다. 즉 예를 들어 CIF거래조건 하에서 정부의 수출금지 조치가 계약서상의 선적기간이 종료되기 전에 해제된 경우 매도인은 자신의 선적이행 의무를 준수해야 한다. 그 이유는 이러한 경우 앞에서 검토해 보았듯이 Frustration법리가 적용될 수 없기 때문이다.[98]

96) (1922) 2 A.C. 180.
97) (1953) 1 W.L.R. 1280.
98) cf. Andrew Millar & Co., Ltd. v. Taylor & Co., Ltd. (1916) 1 K.B. 403.

5. 이행상의 비용증가

계약의 Frustration이 성립된 것으로 판결된「계약목적물의 멸실」에 해당하는 Taylor v. Caldwell사건에서는 연주회 개최예정일 이전에 막대한 비용을 들여 음악당이 다시 건립될 수도 있었기 때문에, 이 사건은「이행불능」에 해당하는 사건이 아닌 것으로 일컬어지기도 하였다. 이러한 이유 때문에 미국에서의 일반적인 추세는「불능(Impossibility)」이라는 용어 대신「비현실성(Impracticability)」이라는 용어를 대체하여 사용하고 있다.[99] 이는 후발적 사건들에 의한 계약소멸의 법리의 영역을 확대시키기 위한 의도로 여겨진다.

여기에서「비현실성」이란 당사자들 중의 일방에 대한 극도의 비합리적인 어려움을 야기시키는 손상 또는 손실을 포함하는 개념이다.[100] 그 예로써 전쟁, 수출금지, 현지 추수의 실패, 주요 공급원의 예측치 못한 감축 등의 이유로 인한 원료 또는 공급원의 극심한 부족 등을 포함하고 있다.[101]

그러나 여기에서 주의해야 할 점은 비용이 증가되었다는 이유만으로는 해당 당사자의 계약이행 의무를 면제시켜 주지 못한다는 사실이다.[102] 이처럼 미국은 Frustration법리를 인정하는 차원에서「비현실성」과 함께 Frustration법리가 보충적으로 적용되고 있다.

그런데 미국의 경우 UCC의 규정에는 이처럼 그 적용범위를 상당히 확대시켜 놓고 있으나, 실제로 이를 적용시킴에 있어서는 영국에서의 판결 결과처럼 엄격하게 적용시키고 있는 실정이다. 게다가 미국의 UCC는 법적 구속력을 지닌 절대법이 아니라는 사실 때문에 더욱 더 그러한 판결 결과를 초래할 수 있게 된다.

한편 영국에서는 일반적으로「비현실성」의 개념이 계약의 Frustration을 성립시키기에 충분하지 못한 것으로 받아들여지고 있다.

예를 들어 Davis Contractors Ltd. v. Fairham U.D.C. 사건[103]에서의 노동력 부족으로 인한 비용증가의 경우 Frustration의 성립이 인정되지 않았으며, 수에즈 운하와 관련된 사건들도 수에즈 운하의 봉쇄에 의해 한 당사자에게 막대한 손해를 끼치게 되는 추가적인 비용발생이 해당 계약의 Frustration 성립의 근거가 되지 못하는 것으로 영국 법원에 의해 판결되어 왔다. 예를 들어 Simon판사는「비용의 증가만으로 Frustration 성립의 근거가 되지 못한다」[104]라고 주장하고 있다. 또한 British Movietonenews사건[105]

99) UCC, 제 2-615조 ; Restatement, Contracts 제 261조 (1979).
100) Restatment, Contracts 제 261조 comment d (1979).
101) Ibid. ; UCC, 제 2-615조 comment 4.
102) UCC, 제 2-615조 comment 4.
103) (1956) 2 All E.R. 145.
104) Brauer & Co. (Great Britain) Ltd. v. James Clark (brush Materials) Ltd. (1952) 2 ALL

에서 발생된「갑작스런 통화가치의 하락」은 계약의 Frustration을 성립시키지 못하는 예측치 못한 사건발생의 하나로 기록되어 있다. 그리고 현재까지도 영국 법원은 인플레이션이 Frustration 성립의 근거가 되지 못한다는 입장을 확고하게 고수하고 있다.

영국 법원에서의 이러한 견해를 뒷받침해 주고 있는 대표적인 판례들을 검토해 보기로 한다. Palmco Shipping Inc. v. Continental Ore Corporation사건[106]에서 용선계약자들은 멕시코에서 인도로 항해하기 위해 The Captin Georrge K호를 용선하는 계약을 1967년 4월에 체결하였다. 그런데 용선계약자들은 선박이 수에즈운하에 접근했던 6월 13일에 이스라엘과 이집트와의 전쟁 때문에 운하가 폐쇄되었다는 통지를 받았다. 통지를 받은 후 해당 선박은 희망봉을 경유하는 항로로 항해하였다. 만약 수에즈 운하를 통해 항해했더라면 9,700마일을 항해했겠지만 실제로는 18,400마일을 항해하게 되었다. 이에 대해 선주 측은 이 계약의 Frustration 성립을 주장하였다. 이 사건을 담당했던 법원에서는 수에즈 운하를 경유하는 예기된 항해와 희망봉을 경유한 항해와의 차이는 비용상의 차이에 불과할 뿐이라는 이유를 근거로, 이 계약은 Frustration이 성립될 수 없다고 판결하였다.

또한 Davis Contractors Ltd. v. Fareham UDC사건[107]에서 원고는 £94,000를 대가로 8개월 내에 피고에게 78개의 회의실을 건설해 주기로 계약을 체결하였다. 그런데 실제로 이 작업은 22개월이 소요되었으며, 비용은 계약조건보다 많은 £115,500가 들었다. 피고는 계약상의 대금(94,000파운드)만을 원고에게 지불하려 하였으나, 이에 대해 원고는 숙련노동의 부족으로 작업이 오랫동안 지연됨으로써 이 계약은 Frustration법리의 적용에 의해 소멸되었다고 주장하였다. 그러나 이 사건을 담당했던 영국 법원은 이 계약은 Frustration이 성립되지 않는 것으로 판결하였다.

이 사건을 담당했던 Radcliffe판사는 F. A. Tamplin SS Co., Ltd. v. Anglo-Mexican Petroleum Products Co., Ltd.사건[108]에 대한 Earl Loreburn판사의 판결문 중에 포함되어 있는 "…법원은 면책권을 가지고 있지는 않지만 법원은 계약서에 명시되지 않은 조건이 양 당사자들이 체결한 계약의 기초가 되는 여건과 환경을 근거로 면책의 여부를 추론할 수는 있다…"라는 문구를 인용하면서, "…Frustration의 법적 효과는 당사자들의 의도나 당사자들의 견해 또는 해당 사건에 대한 당사자들의 지식에 의존하는 것이 아니다. 어느 한 당사자의 과실 없이 계약이행 시 요구되고 있는 상황들이 원 계약에 의해 이루어져야 하

E.R. $97, 501 ; Finland Steamship Co., Ltd. v. Felixstowe Dock Ry. Co. (1980) 2 Lloyd's Rep. 287.

105) (1952) A.C. 166, 185.

106) (1970) 2 Lloyd's Rep. 21.

107) (1956) 2 All E.R. 145.

108) (1916) 2 A.C. 397.

는 것과 근본적으로 다른 것으로 변화되었기 때문에 계약의 이행이 불가능해진 것으로 인정될 때 비로소 Frustration이 성립되는 것이다. …어떤 고난이나 불편함 또는 물리적 손상만으로는 Frustration법리가 적용되지 못한다. Frustration은 만일 계약이 계속 이행될 경우 계약내용과는 근본적으로 다른 새로운 계약이 되는 결과를 초래시키는 중요한 변화가 발생될 때 비로소 성립되는 것이다…"라고 판시하였다. 따라서 계약체결 후 계약의 이행이 더욱 어렵게 되었다거나 이익이 현저히 줄어들었다는 이유만으로 계약당사자의 이행의무가 면제되지 못함을 알 수 있다.

한편 Carapanoyoty & Co., Ltd. v. E.T. Green Ltd.사건[109]에서는 1956년 11월 2일의 수에즈 운하 폐쇄로 인해 매도인이 선적이행을 하지 못하였고, 그 결과 매도인은 계약위반으로 피소되었다. 이 사건을 담당했던 McNair판사는 "…매도인은 계약의 이행시점에서 통상적인 항로로 운송해야 할 의무가 있으며, 만약 이행이점에서의 이용 가능한 항로가 계약체결 시 예상했던 항로를 통한 항해의 경우보다 비용이 더 들 경우, 그 계약은 Frustration이 성립된다…"라고 판시함으로써 매도인 승소판결을 내렸다. 그러나 이 판결은 3년 후의 Tsakiroglou & Co., Ltd. v. Noblee Thorl GmbH사건에 의해 번복되었다. 즉 다른 대안적인 항로가 존재하는 한 해당 계약은 Frustration이 성립될 수 없다는 것이었다.

여기에서 Tsakiroglou & Co., Ltd. v. Noblee Thorl GmbH사건[110]의 개요를 검토해 보면 다음과 같다. 이 사건에서 매도인은 매수인에게 CIF Hamburg조건으로 수단産 땅콩을 판매하는 매매계약을 체결하였다. 그런데 계약물품은 1956년 11월과 12월 중에 선적되는 조건이었다. 매도인은 두 달의 기간 중 수단 항에 정박하게 될 네 개의 선박 중 하나에 12월 7일字로 선복수배를 예약해 두었다. 그런데 11월 2일에 수에즈 운하가 봉쇄되어 통행이 불가능해졌다. 결국 매도인은 선적에 실패하였고, 이로 인해 매수인으로부터 손해배상청구가 왔을 때 그는 수에즈 운하의 봉쇄에 의해 이 계약은 Frustration법리의 적용에 의해 소멸되었다고 주장하였다.

이에 대해 이 사건을 담당했던 영국 법원의 재판관들은 만장일치로 매도인의 주장을 거절하였다. 그 근거로써 희망봉을 경유하는 Hamburg까지의 항해기간은 수에즈 운하를 통과할 경우의 항해기간에 비해 4주정도 더 오래 걸릴 것이나 인도기일이 계약서에 명시되어 있지도 않았고 어떤 특정 항로가 합의된 것도 아니었기 때문에, 매도인은 그 상황하에서 인도 가능한 항로를 선택해야 할 의무가 있었다. 또한 CIF거래조건에서는 매도인으로 하여금 통상적이고도 관습적인 항로로 물품을 인도하도록 요구하는 묵시적 조건이

---

109) (1959) 1 Q.B. 131, 148.
110) (1962) A.C. 93. ; (1961) 2 All E.R. 179.

포함되어 있는 것이라는 주장이 이 사건을 담당했던 재판관들에게 어떤 도움을 주지 못하였는 바, 그 이유는 비록 그러한 규칙이 있다고 하더라도 통상적이고도 관습적인 항로는 계약이 체결된 시점이 아니라 계약의 의무가 이행되는 시점에서 평가되어야 하기 때문이었다.

또한 이 사건에서의 계약물품은 땅콩이었기 때문에 시일이 지연되더라도 별 지장이 없는 물품이었으므로, 이 계약은 Frustration이 성립되지 않는 것으로 판결되었다. 그리고 이 사건에서는 상황의 변화가 이 계약에 대해 근본적이지 못했으며, 계약내용에는 선적기간에 관한 문구는 있었지만 도착시기에 관한 문구는 없었던 만큼 Frustration이 성립될 수 없는 것으로 판결되었다.

따라서 만일 계약물품이 부패하기 쉬운 물품이었다거나, 인도기일이 계약서에 명시되어 있었다거나, 수단 항으로부터 유럽으로 물품을 운송할 선복의 부족이 있었다면, 이 계약은 Frustration이 성립될 수도 있었을 것으로 유추될 수 있을 뿐이다.

6. 한 당사자에 의해 의도된 계약목적달성의 좌절

Frustration법리는 어느 한 당사자의 의도가 좌절되었다는 이유만으로 적용되지 않는다. 즉 Frustration법리는 양 당사자들의 공통적인 의도를 좌절시키는 사건이 발생된 경우에 한하여 그 성립이 가능해진다.

Herne Bay Steamboat Co. v. Hutton사건[111]에서 피고는 1902년 6월 28일과 29일에 Spithead지역에서의 에드워드 7세의 대관식 행사를 관람시킬 목적으로 함대 주변을 순항하기 위해 원고로부터 증기선 Cynthia호를 용선하였다. 그런데 대관식 행사는 왕의 병 때문에 취소되었으며, 그 함대는 Spithead에 정박한 상태로 머물러 있었다. 이에 원고는 계약대금 전액의 지불을 요구하였고, 선불로 £50를 지급한 피고는 Cynthia호를 이용하지 않았다는 이유로 원고에게 선불금에 대한 반환을 요구하였다. 이 사건을 담당했던 Grantham판사는 피고 측이 대금반환을 받을 수 없는 것으로 판결하였다. 이러한 Grantham판사의 판결에 대한 피고의 항소심에서 재판관들은 다음과 같이 판결하였다.

Vaughan William판사는 "…피고가 이 증기선을 빌린 목적은 고객들에게 군함식을 관람시키고 다음날엔 함대 주변을 순항하면서 Wight섬의 주변을 관광시키기 위한 것이었다. 그러나 군함식 행사가 계약의 기초로써 양 당사자들에 의해 예기된 것이었다는 합리적인 추론을 하기에는 부족한 감이 있는 것과 같다…"라고 판시하였다.

또한 Romer판사는 "…그러한 목적은 선박 용선자인 피고에게만 관심이 있는 것이었

111) (1900-1903), All E.R. Rep. 627.

지 원고인 선주에게는 중요한 것이 아니었다. …용선된 증기선 자체는 그 당시 군함식이나 선대를 관람하기 위한 것으로만 이용되는 것은 아니었다. 그것은 승객들의 운송수단일 뿐이었으며 많은 다른 선박들도 그렇게 사용되어 왔다. …군함식이 개최되지 않았다는 이유로 인해 약인의 전면적 불성취가 성립된 것도 아니고, 계약의 주요 목적에 대한 전체적인 파괴가 이루어진 것도 아니다…"라고 판시하였다.

그리고 Stirling판사도 "…본 항해의 목적은 군함식을 관람하기 위한 것만이 아니었으며, 선대 주변을 순항하는 것도 포함되어 있었다. 실제로 함대는 그곳에 정박해 있었고 따라서 관람객들은 함대 주변을 관람할 수도 있었다. …그러므로 본인은 피고가 계약이행의 의무로부터 면책될 수 없다고 생각한다"라고 판시하였다.

이처럼 재판관들은 어느 한 계약당사자의 계약체결 동기만으로는 Frustration법리가 적용될 수 없다고 주장하고 있다. 그러나 동기와 목적이 항상 명확하지만은 않다. 예를 들어 사실상 양 당사자들에게 Derby Day[112]로 알려져 있는 미래의 특정일에 Epsom으로 가기 위해 Oxford에서 차를 임대하는 계약이 체결되었는데, 계약체결 후 이 Derby Day행사가 취소되었다고 가정해 보자. 이 경우 계약의 Frustration이 성립될 것인가 · 아닌가 하는 문제는 법정에서 이 행사를 계약의 기초로 간주할 것인가, 아니면 계약체결을 유도한 하나의 동기로만 간주할 것인가에 달려 있다. 즉 이러한 경우 Krell v. Henry 사건[113]과 동등한 성격의 것으로 간주할 것인가, 아니면 위에서 살펴본 Herne Bay Steamboat Co. v. Hutton사건[114]과 동등한 성격의 것으로 간주할 것인가 하는 어려운 문제에 봉착하게 된다.

이러한 경우 Epsom으로 가는 차를 임대하는 계약은 일반적으로 Derby경마일 이외의 다른 평일에도 이루어지고 있었다는 근거 하에서 Frustration이 성립될 수 없는 것으로 판결되어야 할 것으로 판단된다. 그 이유는 계약의 Frustration이 성립된 것으로 판결된 krell v. Henry사건에서의 계약은 Pall Mall지역의 건물들은 일반적으로 그 행사일 이외에는 임대되지 않았다는 점에서 그 근본적인 차이를 찾을 수 있기 때문이다.

다음으로 용선계약과 관련된 판례들을 검토해 보기로 한다. Hudson v. Hill사건[115]에서는 선박이 Barbados지역으로 항해하기 위하여 용선되었다. 용선계약은 1870년 12월 28일에 체결되었다. 선박은 브라질에 있는 Rio지역에서 석탄화물을 하역한 후 설탕화물을 싣고 Barbados로 향하기로 되어 있었다. 그러나 선주에게는 아무런 책임이 없는 기

112) Derby Day는 영국 런던 근교인 Epsom Down이라는 지역에서 매년 개최되는 세 살이 된 말에 의한 대규모 경마대회였음.
113) (1903) 2 K.B. 740.
114) (1903) 2 K.B. 683.
115) (1874) 43 L.J.C.P. 273.

후 및 기타 상황의 변화로 인해 선박은 7월 28일까지 Barbados에 도착하지 못하였다. 설탕을 수출하는 시기는 4월부터 7월까지 지속되고 있었으며, 7월 28일에는 모든 설탕화물이 수출된 상태였다. 그 결과 용선계약자는 그곳에서 90마일 정도 떨어져 있는 St. Vincent에서 설탕화물을 선적하도록 요청받았다. 이에 대해 용선계약자는 손해를 보상받지 못하는 한 이를 받아들일 수 없다고 주장하였다.

이 사건을 담당했던 Brett판사는 "…용선계약자 입장에서의 상업적인 목적은 적당한 시기에 설탕화물을 Barbados에서 영국으로 운송하는 것이었다. 그러나 선박 소유주 입장에서의 상업적인 목적은 용선료를 지불받는 것이었다. 용선계약자의 의도대로 적절한 시기에 선박이 도착하지 못했다는 단순한 사실은 용선계약의 Frustration을 성립시키지 못한다. …선박이 용선계약자에게 어떤 이익이 있도록 사용되어야 한다는 것은 선주의 의도에 해당되는 것이 아니었다. 그러므로 선적화물로 인해 어떤 이익이 용선계약자에게 발생되지 못했다 하더라도, 이 계약은 계속 유효한 상태로 존재하는 것이다…"라고 판시하였다. 즉 어느 한 당사자의 상업적인 의도의 좌절이 해당 계약의 Frustration을 성립시킬 수 없다는 사실을 확인시켜 준 판례라고 할 수 있다.

또한 한 당사자에 의해서만 의도된 계약체결 목적의 달성이 좌절된 대표적인 판례로써 FA Tamplin SS Co., Ltd. v. Anglo-Mexican Petroleum Products Co., Ltd.사건[116]을 들 수 있다. 이 사건에서는 용선계약자들이 Oil운송을 목적으로 유조선으로 사용하기 위해 1912년 12월 4일부터 1917년 12월 4일까지 5년간 정기용선계약을 체결하였다. 그런데 1915년 2월에 유조선은 정부에 의해 강제 징발되어 군용수송선으로 전용되었다. 이에 대해 용선계약자들은 선주에게 합의된 운임을 지불하려고 하였으나, 선주 측은 정부에 의해 지불되는 더 많은 보상금을 받으려는 의도에서 정부의 징발로 인해 사업의 상업적 목적이 좌절되었으므로 이 계약은 Frustration이 성립되었다고 주장하였다.

이 사건을 담당했던 영국 법원에서는 간신히 초과된 과반수에 의해 선주 측의 주장을 거절하였다. 즉 이 사건에서는 이 계약의 Frustration 성립이 인정되지 않는 것으로 판결되었다. 견해가 상이했던 재판관들의 주장 내용을 간략히 소개해 보면 다음과 같다.

먼저 이 계약의 Frustration 성립에 대해 반대했던 Parker판사는 양 당사자들이 어떤 제한된 사업을 예기한 것이 아니었기 때문에 이 사건에서는 Frustrarion이 성립 될 수 있는 구체적인 근거가 전혀 없다는 견해를 피력하면서, 선주는 용선료를 지불받는 것 이외에는 용선계약자들이 어떠한 특정 업무를 이행하는지에 대해 관심이 없는 것이라고 주장하였다. 또한 Loreburn판사는 당사자들이 계속적인 평화스런 상태를 예상하였고 선박에 대한 통제력 상실을 예상하지 못했다는 사실을 인정한다 하더라도, 이 사건의 방해사

116) (1916) 2 A.C. 397.

건이 계약을 계속 존속시킬 수 없는 성격의 것으로는 볼 수 없다고 주장하였다. 그리고 선박이 징발되던 날의 상황을 판단해 볼 때, 1917년 12월까지의 5년이 만료되기 이전에 이 선박이 용선계약자들의 상업적인 목적을 위해 유용한 상태로 이용될 수 있는 수개월 간의 시간이 남아 있게 될지도 모른다고 주장하였다.

그러나 이 계약의 Frustration 성립을 주장했던 Haldane판사와 Atkinson판사는 다른 견해를 보였다. 즉 Haldane판사는 장래의 특정일에 이루어질 계약의 이행에 관한 한 전체적인 계약의 기초가 상실되었다는 견해를 피력하였으며, Atkinson판사는 정부의 징발이 양 당사자의 자유에 대한 실질적인 침해를 구성하는 것으로 간주하면서 계약의 기초가 소멸되었다는 견해를 피력하였다. 그러나 이 사건은 결국 다수결의 원칙에 의해 Frustration이 성립되지 않는 것으로 판결되었다.

다음으로 Blackburn Bobbin Company Ltd. v. TW Allen & Son Ltd. 사건[117]에서는 목재 1개당 10파운드 15실링의 가격으로 핀란드産 자작나무 목재 70개를 매도인인 피고가 매수인인 원고에게 판매하는 내용의 계약이 체결되었다. 전쟁이 발생되기 이전에는 핀란드의 항구에서 영국의 항구로 직접 해상운송하기 위해 선박에 목재를 선적하는 것이 그 당시의 통상적인 관습이었으며, 스칸디나비아로 철도운송 수단을 통해 운반된 후 스칸디나비아 항구에서 영국으로 해상운송 수단을 통해 운반되는 것은 그 당시의 통상적인 관습이 아니었다. 전쟁이 발생되었을 때 독일은 목재운송에 대한 금지령을 내렸으나, 이 금지령이 선포되기 이전에도 핀란드 항으로부터의 항해는 완전히 금지되어 있었다. 따라서 핀란드産 자작나무를 공급할 수 있는 정상적이고 통상적인 수단은 이미 종료된 상태였다. 이에 매도인은 동 계약의 Frustration 성립을 주장하면서 계약물품을 인도하지 않았다.

이 사건에 대해 McCardie판사의 판결에 대한 상고심을 맡았던 Pikford판사는 "…이 사건에 대해 Frustration법리가 적용되지 못한다고 언급한 McCardie판사의 판결은 옳았다는 것이 본인의 견해이다. 원고는 계약체결 당시 핀란드産 목재가 핀란드 항으로부터 직접 선적되고 있었던 상황을 알지 못했으며, 또한 원고 측은 부분적으로 스칸디나비아를 통해 철도로 운송되는 것인지 · 아닌지의 여부도 알지 못했고, 목재 상인들이 핀란드産 자작나무 목재의 재고를 보유하고 있지 않았다는 사실도 원고는 알지 못하고 있었다는 사실을 McCardie판사는 발견하였다. 본인도 사실상 이 목재를 운송하는 수단이 원고 측에게 알려져 있지 않았었다는 사실에 동의한다. …불특정물에 대한 국제물품매매계약의 경우 매수인이 매도인 측에게 계약을 이행하기 위해 의도했던 수단들에 대해 관심을 기울여야 하는 것인가? …본인은 핀란드로부터 목재를 운송하는 정상적인 수단의 계

117) (1918) 2 K.B. 467.

속적인 존재가 양 당사자들이 예기한 계약이행을 위해 필요한 중요한 문제였다는 매도인의 주장에 대한 근거를 찾아볼 수 없다…"라고 판시하였다.

따라서 Frustration법리의 사법적 근거가 성립되기 위해서는 특정 사건이 양 당사자들의 공통적인 의도를 좌절시켜야 하며, 한 당사자의 의도만을 좌절시키는 사건은 Frustration법리가 적용될 수 없음을 알 수 있다.

한편 Amalgamated Investment & Property Co., Ltd. v. John Walker & Son Ltd.사건[118]에서는 재개발을 목적으로 소유권을 인수하는 조건의 계약이 체결되었는데, 계약체결 후 그 지역에 있는 건축물들이 특별한 건축물 상의 또는 역사적 의미의 보호구역 대상으로 정부에 의해 지정되었다. 그리하여 그러한 재개발은 더욱 어렵게 되거나 불가능하게 되었고, 그 소유권은 대부분의 가치를 상실하게 되었다. 이 사건에 대해 법원은 이 계약의 Frustration이 성립되지 않는 것으로 판결하였다. 이러한 판결에 대한 근거는 재개발의 목적이 매수인만의 의도에 해당되는 것이기 때문이었다.

이러한 관점에서 볼 때, 계약이 체결된 후 계약물품을 사용하려는 매수인의 의도를 좌절시키는 사건이 발생되었다는 사실에 의해 해당 물품매매계약이 소멸되지는 않는다.[119] 따라서 국제물품매매계약은 단순히 수입물품을 제 3국으로 수출하려는 매수인의 계약체결 목적이 수출규제조치 또는 수입규제조치에 의해 좌절되었다는 이유만으로 Frustration이 성립되지 않는다. 단 그러한 목적의 계속적인 존재가 양 당사자들이 계약을 체결할 당시의 계약성립에 대한 기초였을 경우에 한하여 계약의 Frustration 성립이 인정될 수 있을 뿐이다.[120]

결론적으로 한 당사자의 계약체결 목적이 좌절되었다는 이유만으로는 해당 계약의 Frustration 성립이 인정될 수 없게 된다.

7. 다른 대안의 존재

계약서에 여러 가지의 대안적인 이행방법을 규정하고 있는 경우, 그 이행방법들 중의 하나 또는 몇 가지가 불가능하게 되었다 하더라도 계약서에 명시된 어느 한 가지의 이행방법이 가능한 상태로 존재하는 한 해당 계약은 Frustration이 성립되지 않는다.[121] 다만 최근의 판례에서는 가능한 상태로 남아 있는 이행방법으로 이행을 시도하는 것이 전

118) (1977) 1 W.L.R. 164.
119) D.M. McMaster & Co. v. Cox McEwen & Co. (1921) S.C. 24.
120) Krell v. Henry (1903) 2 K.B. 740 ; Appleby v. Myers (1867) L.R. 2 C.P. 651.
121) The Furness Bridge (1977) 2 Lloyd's Rep. 367 ; Warinco A.G. v. Fritz Mautner (1978) 1 Lloyd's Rep. 151 ; P.J. Van der Zijden Wildhandel N.V. v. Tucker & Cross Ltd. (1975) 2 Lloyd's Rep. 240.

례 없는 수준으로 상황이 변화되는 결과를 초래하게 되는 경우에 한하여 그 예외를 인정하려는 경향이 있을 뿐이다.[122)]

다른 대안이 존재하는 경우에 대한 판례로써 London & Northern Eatates Co. v. Schlesinger사건[123)]을 들 수 있다. 이 사건에서 원고는 제 1차 세계대전의 돌발 이전에 오스트리아 국민인 피고에게 플랫식 아파트를 임대해 주기로 계약을 체결하였다. 피고는 원고의 허가 없이는 이를 분양하거나 재임대할 수 없도록 계약서에 명시되어 있었다. 그런데 전쟁이 돌발됨으로써 피고는 적국의 국민이 되었으며, 정부에서는 이 플랫식 아파트가 위치해 있는 지역을 포함한 특정 지역에서 적국의 국민이 거주하는 것에 대해 금지시키는 조치를 취하였다. 이에 대해 이 사건을 담당했던 법원은 이 계약은 Frustration이 성립되지 않는 것으로 판결하였다. 그 이유는 이 플랫식 아파트에서의 개인적인 거주는 계약의 기초가 아니었을 뿐 아니라, 피고에게는 원고의 허가를 받아 이를 분양하거나 재임대할 수 있는 다른 대안적인 이행방법이 여전히 남아 있기 때문이었다.

한편 Hindley & Co. v. General Fibre Company사건[124)]에서 매도인은 1939년 9월 또는 10월 중에 황마를 선적하는 조건으로 매수인과 매매계약을 체결하였다. 계약내용 중에는 매수인과 Hamburg, Antwerp, Rotterdam, Bremen 중에서 목적항을 선택하는 것으로 되어 있었는데, 이 계약조건에 따라 매수인은 Bremen을 목적항으로 선택하여 매도인에게 통지하였다. 그런데 영국과 독일과의 전쟁돌발에 의해 적과의 교역행위는 불법이 됨으로써 Bremen항으로 입항할 수 없게 되었다. 이에 대해 매도인은 전쟁돌발에 의한 계약의 Frustration 성립을 주장한 반면, 매수인은 대체이행 수단으로써 목적항을 Antwerp로 변경시킴으로써 분쟁이 발생되었다.

이 사건을 담당했던 Atkinson판사는 "…계약은 중립적인 항구에서의 인도에 의해 여전히 이행이 가능하였고, 매수인이 목적항을 Bremen에서 Antwerp로 대체시킨 것은 유효하다. 따라서 만일 매수인이 계속해서 Bremen을 목적항으로 통지하였다면 계약이 소멸될 수 있는 것으로 가정할 수 있으나 그렇지 않았기 때문에 Frustration이 성립되지 않는다"라고 판시함으로써 매도인 패소판결을 내렸다.

이처럼 계약서에 한 당사자로 하여금 여러 대안적인 이행방법들 중 하나를 선택할 수 있는 권리를 부여해 주고 있는 경우, 한 가지 대안이 이행불능으로 되었다는 사실은 다른 대안이 존재하는 한 계약의 Frustration이 성립될 수 없다. 따라서 전쟁돌발 사건이 발

122) 이는 해당 사건들에 대한 계약서상의 명시적 규정에 근거해서 U.C.C. 상의「비현실성」의 개념이 도입됨으로써 Frustration의 성립을 인정하려는 경향이 있을 뿐이지,「비현실성」의 개념 자체만으로 계약의 Frustration이 성립되는 것은 아니다.

123) (1916) 1 K.B. 20.

124) (1940) 2 K.B. 51.

생되었다 하더라도 항상 계약의 Frustration을 성립시키는 것은 아니며, 이처럼 대체이행 수단의 존재 여부가 고려되지 않으면 안된다.

제3절 Frustration의 효과

계약의 Frustration을 성립시키는 사건이 발생되면 그 계약은 해당 사건의 발생시점으로부터 자동적으로 소멸된다. 그 결과 양 당사자는 더 이상의 계약이행 의무로부터 면책된다. 즉 보통법 하에서의 Frustration의 효과에 관한 일반원칙은 해당 계약을 처음부터 무효화시키는 것이 아니라 사건발생 시점 이후의 양 당사자의 계약이행 의무를 면제시켜 주게 된다.

이에 관하여 Simon판사는 그의 판결문에서 "…법적인 관점에서 Frustration이 발생될 때 … 이는 계약 자체를 소멸시키며 또한 양 당사자를 자동적으로 면책시켜 주게 된다"[125]라고 판시하였다. 따라서 계약은 Frustration을 성립시키는 사건이 발생된 때로부터 자동적으로 소멸되며 그 이후의 양 당사자의 계약이행 의무를 면제시켜 주게 된다. 그러므로 계약에 의해 부과된 Frustration 성립시점 이전의 양 당사자의 권리와 의무는 유효한 상태로 계속 존속된다. 이처럼 Frustration은 해당 사건 발생시점에서 자동적으로 계약의 존속 여부를 결정짓게 되는 바, 법정에서 해당 계약의 Frustration이 성립된 것으로 판결된 경우 양 당사자들이 사건발생 이후 마치 계약이 계속 유효한 것처럼 행동하는 것은 무의미한 일이라 할 수 있다.

예를 들어 Hirji Mulji v. Cheong Yue SS Co., Ltd.사건[126]에서는 선주가 자신의 선박인 Singaporean호를 10개월간 용선해주는 조건으로 1917년 3월 1일에 용선계약자의 처분가능 상태로 인도한다는 내용의 용선계약서가 1916년 11월에 작성되었다. 그런데 기일이 도래하기 전에 해당 선박이 정부에 의해 징발되었으며, 선주 측은 이러한 정부조치가 곧 해제될 것으로 예상하여 용선계약자들로 하여금 이 용선계약을 계속 유지시켜 줄 것을 요청하였다. 용선계약자들은 선주 측 주장에 따르기로 합의하였다. 그러나 이 선박은 1919년 2월까지도 정부에 의한 징발이 해제되지 않았으며, 그 결과 용선계약자들은 계약의 Frustration 성립을 근거로 선주 측의 요구를 거절하였다.

이 사건을 담당했던 법원에서는 Frustration은 계약을 자동적으로 소멸시키는 것이라

125) Joseph Constantine Steamship Line Ltd. v. Imperial Smelting Corporation, Ltd., (1942) A.C. 154, 163.
126) (1926) A.C. 497.

고 판결함으로써, 용선계약자들이 스스로 계약의 Frustration 성립을 철회하였다고 주장하는 선주 측 주장을 거절하였다.

이 사건에서 법원은 "…Frustration의 결과가 당사자들의 행동에 어떠한 영향을 미치든간에 Frustration의 법적 효과는 해당 사건에 대한 견해나 지식에 의해 영향을 받지 않는다. …당사자들이 말하거나 행할 수 있는 것은 그들이 경험하여 알고 있는 해당 사건에 대한 증언에 불과하며, 이것조차도 심도 있는 증언을 반드시 필요로 하는 것은 아니다"[127]라고 판결하였다. 따라서 Frustration은 어느 한 당사자의 선택과는 관계없이 계약의 존속 여부를 결정짓게 되며, 이러한 점에서 Frustration은 계약위반과 다르다고 할 수 있다. Frustration법리의 적용에 의해 계약이 소멸된 경우의 법적 효과에 대해 Wright판사는 "…본인의 견해로는 어느 한 당사자의 과실 없이 해당 손해에 대해 책임을 부담하고 있지 않은 상황 하에서, 사실상 더 이상의 계약이행이 불가능하게 된 날 이후의 장래시점에 대해 계약은 자동적으로 소멸된 것으로 본다"[128]라고 판시하였다.

즉 이러한 경우 계약은 장래시점에 대해서만 종료된다. 따라서 보통법 하에서의 Frustration의 효과에 관한 일반원칙으로서 각 당사자는 계약의 Frustration을 성립시키는 사건발생 이전의 자신의 계약의무를 이행하지 않으면 안된다.[129]

그런데 이러한 보통법상의 원칙은 영국의 Law Reform(Frustrated Contracts) Act 1943이 공포되기 이전까지 적용되고 있었다. 즉 이러한 보통법상의 일반원칙은 불공평한 점이 많았기 때문에, 영국에서는 Fibrosa Spolka Akeyjna v. Fairbairn Lawson Combe Ltd. 사건[130]을 계기로 1943년 이후부터 현재에 이르기까지 Law Reform(Frustrated Contracts) Act 1943을 적용시키고 있다.

1. Frustration 성립 이전의 양 당사자의 이행의무

보통법 하에서의 Frustration의 법적 효과는 양 당사자들의 장래의 계약이행 의무를 면제시켜 주지만, Frustration을 성립시킨 사건발생 이전의 계약당사자들의 대금지급과 관련된 의무 등과 같은 모든 법적 의무는 그대로 존속되었다.

예를 들어 Appleby v. Myers사건[131]에서 원고는 피고의 건물 내에 기계를 설치해 주기로 계약을 체결하였으며, 대금지급은 이러한 기계설치 작업이 완성된 후에 이루어지는

127) Hirji Mulji v. Cheong Yue SS Co., Ltd. (1926) A.C. 497, 505 at p. 509.
128) Fibrosa Spolka Akeyjna v. Fairbairn Lawson Combe Barbour Ltd. (1943) A.C. 32 at 70 (1942) 2 All E.R. 122 at 140.
129) Ibid., A.C. 32 at 58 (1952) 2 All E.R. 122 at 134.
130) (1943) A.C. 32 at 58 (1942) 2 All E.R. 122 at 134.
131) (1867) L.R. 2 C.P. 651.

조건이었다. 그런데 이러한 작업이 완성되기 전에 이미 설치된 기계 및 건물이 화재에 의해 완전히 파괴되었다. 이 사건에서 계약은 Frustration법리의 적용에 의해 소멸되었으나 대금지급은 작업이 완성된 후에 이루어지기로 합의되었기 때문에, 원고는 이미 자신이 이행한 작업에 대한 대가를 보상받을 수 없었다.

또한 Krell v. Henry사건[132]에서 임대료는 £75였으며, 이 중 £25는 선불조건이었고 나머지 £50은 6월 24일에 대금지급이 이루어지는 조건이었다. 이 사례에서 원고(임대해 준 자)는 피고로부터 £50의 임대료를 받을 수 없는 것으로 판결되었는 바, 그 이유는 대관식행사의 개최예정일인 6월 24일이 도래하기 이전에 대관식행사의 취소가 공표되었기 때문이었다.

따라서 보통법에서는 Frustration 성립시점 이전에 발생된 권리는 법적 구속력이 있는 상태로 계속 존속되지만, Frustration 성립시점 이전에 발생되지 않은 권리는 법적 구속력이 없었다. 그런데 이러한 보통법상의 일반원칙은 계약의 소멸로 인해 손실을 감수하게 되는 특정 당사자에게 해당 손실이 부과되어야 함을 의미하는 것이기 때문에, 당사자들 중의 어느 일방에게 상당한 불이익을 야기시키게 된다.

예를 들어 Chandler v. Webster사건[133]을 검토해 보기로 한다. 이 사건에서 X는 대관식행사를 관람할 목적으로 Pall Mall 지역에 있는 건물의 방을 Y에게 빌려주기로 하는 내용의 계약을 1902년에 체결하였다. 대금은 계약이 체결되는 즉시 Y가 X에게 141pound 15shilling을 지급하는 조건이었다. 그런데 Y는 £100을 지급하였고 나머지는 지급하지 못한 상태였다. 따라서 대관식행사의 취소로 인해 계약이 소멸되었을 때 Y는 나머지 대금에 대한 지급의무가 여전히 존재하고 있었다. 이에 대해 법원에서는 Y는 £100을 되돌려 받을 권리가 없을 뿐 아니라 나머지 41pound 15shilling도 지급해야 할 의무가 있는 것으로 판결하였다. 그 이유는 이 사건에서의 대금지급과 관련된 계약조건이 선불조건이었으며, Frustration 성립시점 이전에 이행되어야 하는 Y의 선불금 지급의무는 그대로 유효하기 때문이었다.

Krell v. Herny사건과 Chandler v. Webster사건을 통해 알 수 있듯이, 계약의 Frustration을 성립시키는 사건발생시점을 기준으로 선불조건인가 후불조건인가에 따라 대금을 부담하게 되는 당사자가 바뀌게 된다. 그런데 보통법에서는 이러한 불공정성을 「약인의 전면적 불성취(Total Failure of Consideration)」 법리로 해결하고 있었다. 따라서 Chandler v. Webster사건에서 Y측 변호인은 「약인의 전면적 불성취」를 근거로 계약을 취소시킬 권리가 있으며 지불된 £100도 상환 받아야 한다고 주장하였다. 그러나

132) (1903) 2 K.B. 740.
133) (1904) 1 K.B. 493.

이 사건을 담당했던 Collins M. R. 판사는 이 사건에서 「약인의 전면적 불성취」로 단정하는 것은 인정될 수 없는 것으로 판결하였다. 즉 이 사건에서는 Frustration이 당사자들로 하여금 더 이상의 계약이행 의무에 대해서만 면제시켜 줄 뿐이지 계약을 처음부터 무효화시키는 것이 아니었기 때문에, 「약인의 전면적 불성취」가 성립되지 않는 것으로 판결되었다.

Chandler v. Webster사건에서의 판결결과는 많은 불만을 야기시키게 되었다. 그리하여 그 당시의 많은 사법적 비판[134]에도 불구하고 Fibrosa Spolka Akeyjna v. Fairbairn Lawson Combe Barbour사건(이하에서는 Fibrosa사건으로 명명함)에 의해 Chandler v. Webster사건에서의 판결결과가 번복되었다. 즉 이 사건에서는 해당 계약은 Frustration 성립시점까지 완전하게 구속력이 존재하는 것이라는 보통법 하에서의 불공평한 일반원칙을 배제시키는데 성공하였다. Fibrosa사건의 개요는 다음과 같다.

영국 회사인 피고(매도인)는 폴란드 회사인 원고(매수인)에게 특정 기계를 인도해 주기 위해 CIF Gdynia조건으로 1939년 7월에 계약을 체결하였다. 그런데 1939년 9월 23일에 Gdynia는 적의 점령지역이 되었다. 계약서에는 (1) 만일 전쟁을 포함하여 매도인의 합리적인 통제범위를 벗어난 어떤 요인에 의해 출항이 방해를 받게 되면 적절한 기간연장이 허용되어야 한다는 내용과, (2) 구매가격의 1/3은 주문이 이루어질 때 대금이 지급되어야 한다는 내용의 명시적 규정이 포함되어 있었다. 원고 측은 구매가격의 1/3이 £1,600이었음에도 불구하고 실제로는 1939년 7월 18일에 £1,000만을 지불하였다. 이 사건에서 원고 측은 계약서상의 명시적 규정에도 불구하고 Gdynia가 적의 점령지역이 됨으로써 후발적 위법이 발생되었으므로 이 계약은 Frustration이 성립된 것이며, 또한 선불금£1,000를 반환받을 권리가 있다고 주장하였다.

이 사건을 담당했던 Viscount Simon판사는 "…본인은 Frustration이 성립되었을 때 후발적 상황들로부터 야기된 계약의 Frustration에 대해 왜 선불금을 반환받을 권리가 발생되어서는 안되는가에 대한 타당한 이유를 찾아볼 수가 없다. Chandler v. Webster 사건에서의 규칙은 잘못된 것이라는 결론이 성립되므로 원고 측은 £1,000을 반환받을 수 있다"라고 판시하였다. 또한 Russell of Killowen판사는 "…대금을 지급한 당사자는 그 지불금을 회복할 권리가 있다. 그것은 이행불능이 대금지급이 이루어진 것에 대한 「약인의 전면적 불성취」를 야기시켰다는 사실에 근거한 것이다. …본인의 견해로는 Chandler v. Webster사건의 판결이 잘못된 것이라고 생각한다"라고 판시하였다.

보통법 하에서의 일반원칙에 따르면 원고의 선불금 £1,600에 대한 지급의무는 이 계

---

134) Fibrosa Spolka Akeyjna v. Fairbairn Lawson Combe Barbour Ltd. (1943) A.C. 32 at 71 (1942) 2 All E.R. 122 at 140에서의 Lord Wright의 견해.

약의 Frustration 성립시점 이전에 이행되어야 하는 것으로써, 선불금 지급시점에서의 계약은 유효한 상태에 있었기 때문에 원고는 이를 반환받을 수 없게 된다. 그러나 이 사건을 담당했던 영국 상원(House of Lords)은 준계약(Quasi-Contract) 하에서 선불된 대금은 반환되어야 하는 것으로 판결하였다. 즉 영국 상원은 Chandler v. Webster사건에서의 영국 공소심법원(Court of Appeal)에서 계약이 처음부터 소멸된 것이 아니면 「약인의 전면적 불성취」가 성립될 수 없는 것이라고 판결한 가설을 배제시키는데 성공하였다.

즉 Viscount Simon판사는 약인의 의미를 구분함으로써 이를 극복하였는 바, 그는 계약에 정상적으로 부여된 약인과 준 계약적 차원에서의 약인을 구분하여 다음과 같이 설명하였다.

"…어떤 구속력이 부여된 계약은 약속의 교환에 의해 성립되거나, 어떤 행위에 대한 약속의 교환에 의해 성립될 수 있다. 따라서 계약의 성립과 더불어 법률적으로 어떤 것을 행하기로 한 약속은 때로는 약인이 될 수도 있으나, 대금을 상환 받게 되는 준 계약적 권리에 관한 법을 고려하게 될 경우에는 이는 약인에 해당되는 약속이 아니라 약속의 이행으로 보아야 한다. 대금은 약속의 이행을 보장하기 위해 지급되었던 것이며, 만약 이행이 불가능해지면 대금지급이 이루어지도록 하는 요인은 충족되지 못하게 된다. · · ·"[135)]

Fibrosa사건을 담당했던 Atkin판사와 Macmillan판사도 Chandler v. Webster사건에서의 판결을 번복시키는데 동의하였다. 그 결과 Fibrosa사건에서 폴란드회사인 원고는 자신이 지급한 선불금을 반환받을 수 있었다.

Fibrosa사건에서 확립된 이러한 원칙은 보통법상의 불공정성을 상당히 경감시켜 주었다. 그러나 이러한 원칙은 「약인의 전면적 불성취」가 성립되는 사건이 발생된 경우에만 적용되는 것이기 때문에, 모든 문제점을 제거시키는 데는 실패하였다. 즉 첫째로, 계약의 Frustration 성립 시점에 「약인의 부분적 불성취(Partial Failure of Consideration)」가 성립된 경우 선불금의 상환은 허용되지 않는다는 점이다. 즉 Fibrosa사건은 「약인의 부분적 불성취」가 성립되어 Frustration법리가 적용된 사건으로써, 이 사건에서는 계약에 정상적으로 부여된 약인과 준 계약적 차원에서의 약인을 구분함으로써 선불금 반환 판결을 내리게 되었다. 둘째로, 대금수취인이 어떤 불공정성으로 인해 고통받을 수도 있다는 점이다. 예를 들어 Fibrosa사건에서 대금수취인은 대금상환을 하도록 강요받을 수 있는 반면에 계약의 부분이행과 관련하여 자신이 발생시킨 비용을 보상받을 수 있는 방법이 전혀 없다는 점이다. 그러므로 Fibrosa사건은 Chandler v. Webster사건에서의 불공정

135) Fibrosa Spolka Akeyjna v. Fairbairn Lawson Combe Barbour Ltd. (1943) A.C. 32, (1942) 2 All E.R. 122 at 48.

한 판결결과를 배제시키는 데에는 성공하였지만, 이러한 두 가지 문제점에 대해서는 해결해 주지 못하였다.

그리하여 영국에서는 법률개정위원회(Law Revision Committee)의 권고에 따라 Law Reform(Frustrated Contracts) Act 1943을 제정하게 되었으며, 이는 보통법상의 결함을 보완시켜 주고 있다. 이 법은 1943년 7월 1일부터 발효되어, 영국에서는 1943년 7월 1일 이후 현재까지 Frustration의 효과에 관한 한 이 법이 적용되고 있다.[136] 다만 이 법은 Frustration법리의 적용에 의한 이유 이외의 어떤 다른 이유에 의해 계약이 소멸되는 경우에는 적용되지 않는다는 점에 유의해야 한다.

2. 영국의 Frustration의 효과에 관한 규정

영국에서는 Fibrosa사건을 계기로 법률개정위원회의 권고에 따라 Law Reform (Frustrated Contracts) Act 1943(이하에서는 편의상 LRA 1943으로 명명하기로 함)이 제정되었으며, 이는 일반적으로 법적 측면에서 두 가지의 근본적인 변화를 이룩한 것으로 인정되고 있다.

첫째로, Frustration을 성립시키는 사건의 발생시점에 「약인의 전면적 불성취」가 성립되지 않았다 하더라도 선불금의 상환을 허용해 줄 수 있도록 규정함으로써, Fibrosa사건에서의 판결결과를 인정하는 것으로 확장 · 발전되었다는 점이다.

둘째로, Frustration 성립시점 이전에 계약이행 과정에서 특정의 작업을 행한 당사자로 하여금 자신의 작업의 결과로 인해 상대방에게 부여된 어떤 이익에 대한 보상을 주장할 수 있도록 허용해 주고 있다는 점이다.

이러한 점에서 LRA 1943은 보통법상의 기본적인 규칙을 수정한 것으로 볼 수 있다. 또한 이 제정법의 근본적 특징은 Frustration에 의한 계약의 소멸에 따르는 위험을 법원의 재량에 의하여 각 당사자에게 공정하게 배분시켜 줄 수 있도록 허용해주었다는 점을 들 수 있다.

(1) 이미 선급되었거나 선급되어야 할 금전에 관한 규정

LRA 1943의 제 1조 (2)항에서는 다음과 같이 규정하고 있다.

"계약이 소멸되기 이전에 계약을 이행하는 과정에서 한 당사자에 의해 이미 지급되었거나 또는 지급되어야 할 금액에 대하여, 이미 지급된 경우에는 지급받은 당사자로부터

136) Law Reform(Frustrated Contracts) Act 1943 제 1조 (1)항.

그 금액을 반환받을 수 있으며 지급되어야 할 금액에 대해서는 지급이 중지된다."

따라서 만일 Frustration을 야기시키는 사건이 발생되기 전에[137] 매수인이 매도인에게 물품구매 가격의 전부 또는 일부를 지급하였다면, 그 금액을 모두 반환받을 수 있는 권리가 매수인에게 부여된다. 그리고 만일 계약의 이행과정에서 아직 지급되지는 않았으나 Frustration 성립 이전에 선불이 이루어져야 하는 것으로 계약이 체결된 경우에도 매수인은 대금지급을 중지시킬 수 있는 권리가 있다.

또한 LRA 1943의 제 1조 (2)항에서는 다음과 같이 규정하고 있다.

"이미 지급받았거나 지급받아야 할 당사자가 계약의 이행을 목적으로 계약소멸 시점 이전에 비용을 발생시킨 경우, 법원은 모든 상황을 고려하여 그의 행위가 정당한 것으로 인정되면 발생된 비용을 초과하지 않는 범위 내에서 이미 지급된 또는 지급되어야 할 금액의 전부 또는 일부를 그로 하여금 보유하거나 반환받을 수 있도록 허용해줄 수 있다."

따라서 예를 들어 Frustration을 야기시키는 사건이 발생되기 이전에 물품을 제조하는 과정에서 또는 포장하는 과정에서 매도인에 의해 발생된 비용은 만일 법원에서 매도인이 그렇게 행한 것이 정당한 것으로 인정되면, 매도인은 해당 사건이 발생되기 전에 매수인에 의해 지급된 또는 지급되어야 할 금액을 보유하거나 반환받을 수 있게 된다. 여기에서의 「비용」이란 어떤 이윤요인을 제외시킨 순 비용(Net Expenses)을 의미한다. 그러나 이 비용에는 매도인이 개인적으로 수행한 작업이나 서비스 및 추가비용과 관련하여 합리적인 것으로 인정된 금액까지도 포함된다. 단 계약체결 이전에 발생된 비용은 배제된다.[138]

따라서 LRA 1943의 제 1조 (2)항의 규정은 다음의 두 가지 효과를 가지고 있음을 알 수 있다.

첫째로, 이 규정내용은 Fibrosa사건에 실질적으로 적용될 수 있는 것으로써, 「약인의 전면적 불성취」가 입증되어야 할 필요가 없다는 점이다. 따라서 만일 A가 B에게 £10,000의 대금지급을 받는 조건으로 기계를 제조하여 인도해 주기로 계약을 체결하였다면, B는 계약의 Frustration을 성립시킨 사건이 발생되기 이전에 이미 대금이 지급된 경우엔 그 대금을 반환받을 수 있으며, 아직 대금지급이 이루어지지 않았다면 B는 해당

137) LRA 1943은 계약소멸 이후에 관한 채권 · 채무관계는 규정하고 있지 않다. 그 이유는 계약의 Frus-tration성립에 의해 계약이 자동적으로 소멸되면 양 당사자는 더 이상의 계약이행의무로부터 면제되기 때문이다.

138) Lloyd v. Stanbury (1971) 1 W.L.R. 535 ; Angalia Television Ltd. v. Reed (1972) 1 Q.B. 60 ; Brewer Street Investments Ltd. v. Barclays Wollen Co., Ltd. (1954) 1 Q.B. 428 ; William Lacey (Hounslow) Ltd. v. Davis (1957) 1 W.L.R. 932.

금액에 대한 대금지급을 중지시킬 수 있게 된다.

둘째로, 이 규정은 Fibrosa사건에서의 판결원칙보다 한 단계 더 나아가 법원으로 하여금 Frustration을 성립시킨 사건발생 이전에 특정 당사자가 계약을 이행하는 과정에서 발생시킨 비용을 초과하지 않는 범위 내에서, 대금수취인으로 하여금 이미 지급된 금액 또는 지급되어야 할 금액을 근거로 그가 보유하거나 보상받을 수 있도록 허용해 줄 수 있는 권한을 부여해 주고 있다. 따라서 앞의 예에서 만일 A가 총 £6,000의 비용을 발생시켰다면, 그는 계약에 의거해 £10,000의 범위 내에서 이 비용의 전부 또는 일부를 그대로 보유하거나 보상받을 수 있도록 허용된다. 그러나 만일 £12,000의 비용이 발생되었다면 초과된 £2,000에 대해서는 아무런 보상을 받을 수 없게 된다. 그 이유는 LRA 1943의 규정에서 '이미 지급되었거나 지급되어야 할 금액의 전부 또는 일부에 대하여'라고 명시적으로 규정하고 있기 때문이다.

한편 LRA 1943의 제 1조 (2)항에는 계약당사자가 계약의 Frustration 성립시점 이전에 행해야 할 대금지급과 관련된 의무 이외의 다른 의무를 이행하는데 실패한 경우, 해당 당사자의 면책에 관한 규정내용은 없다. 따라서 계약당사자들은 Frustration법리의 적용에 의한 계약소멸 시점 이전의 이행의무들 중에서 대금지급과 관련된 의무 이외의 다른 의무들을 이행하지 않으면 안된다.

(2) 금전 이외의 이익에 관한 규정

보통법에서는 Frustration 성립 시점에서 아직 발생되지 않은 권리들은 법적 구속력이 없는 것으로 적용시켜 왔다. 예를 들어 만약 어느 건축가가 작업완성 시 £25,000를 지급받는 조건으로 가옥을 짓기로 계약을 체결하였다고 가정하면, 그는 가옥이 완성되기 이전에 이 계약의 Frustration이 성립될 경우 £25,000을 지급받을 수 없게 된다.

따라서 이러한 경우 보통법상의 원칙에 의하면 건축가는 Frustration 성립 이전에 이루어진 자신의 부분적 이행분에 대하여 전혀 보상받을 수 없게 된다. 예를 들어 Cutter v. Powell사건[139)]에서는 항해종료 이후 임금을 지급받기로 계약을 체결한 한 선원이 항해도중 사망하게 되었는데, 그의 부인은 그가 사망 이전에 제공한 서비스에 대한 아무런 대가도 보상받을 수 없었다.

보통법상의 이러한 불합리한 원칙들은 LRA 1943의 제 1조 (3)항에 의해 수정되었으며, LRA 1943의 제 1조 (3)항에서는 다음과 같이 규정하고 있다.

"계약의 이행과정에서 또는 계약을 이행할 목적으로 상대 당사자에 의해 행해진 어떤

139) (1795) 6 T.R. 320.

행위의 결과로 인해 계약을 체결한 한 당사자가 계약소멸시점 이전에 어떤 가치있는 이익(LRA 1943 제 1조 (2)항이 적용되는 대금지급 이외의)을 발생시킨 경우, 법원은 이를 획득한 당사자의 이익의 가치를 초과하지 않는 범위 내에서 상대 당사자에게 해당 사건의 모든 상황을 고려하여 공정하다고 판단되는 금액을 반환받을 수 있도록 허용해 줄 수 있다."

따라서 만일 A가 작업완료시 £500를 지급받기로 하고 B의 가옥을 장식해 주기로 계약을 체결하였는데 해당 가옥의 절반을 장식해 준 후 A가 사망하였다면, LRA 1943의 제 1조 (3)항의 규정에 의하여 A의 이행분에 대한 가치를 A의 대리인이 지급받을 수 있게 된다. 마찬가지로 앞의 Cutter v. Powell사건에서 LRA 1943의 제 1조 (3)항을 적용시키게 될 경우, 선원의 부인은 항해의 일정기간동안 사망한 선원이 제공한 서비스의 대가를 지급받을 수 있게 된다.

LRA 1943의 제 1조 (2)항이 대금지급과 관련된 사항에 관한 규정인 반면, 제 1조 (3)항은 대금지급 이외의 이익(Benefit)에 관한 규정이다. 따라서 만일 특정 당사자가 대금지급 이외의 어떤「가치 있는 이익(Valuable Benefit)」을 획득하였다면, 그는 대금이 지급된 또는 지급되어야 할 경우에만 적용되는 규정인 제 1조 (2)항의 규정에 입각한 어떠한 주장도 할 수 없게 된다. 그러나 이러한 경우 법원은 제 1조 (3)항의 규정 하에서도 제 1조 (2)항의 규정내용과 동일한 결과를 초래시키게 할 수 있는 바, 그 이유는「가치 있는 이익」을 획득한 당사자가 이에 대하여 얼마를 지급해야 하는가를 결정하는 과정에서 계약이행을 목적으로 자신이 발생시킨 비용이 고려될 수 있도록 LRA 1943의 제 1조 (3)항에서 규정하고 있기 때문이다.[140]

LRA 1943의 제 1조 (3)항은 비교적 최근의 B.P. Exploration Co. (Libia) Ltd. v. Hunt(No. 2)사건[141]에서 적용되었는데, 이 사건에서는 다음 두 가지 사항이 지적되었다. 첫째로 그 이익(Benefit)은 정형화된 가치산정이 이루어져야 한다는 점과, 둘째로 법원은 그 이익의 가치보다 더 크지 않은 범위 내에서 공정한 금액을 판정해야 한다는 점이다.

이때 그 이익은 Frustration이 성립된 날을 기준으로 하여 가치산정이 이루어질 것이지만, Frustration 성립 이전에 매수인이 해당 물품을 제 3자에게 처분함으로써 획득된 돈을 이용해온 사실로 인한 돈의 시간적 가치(Time Value of Money)에 대한 기준에 대하여는 LRA 1943의 규정에 아무런 언급이 없다.

140) LRA 1943의 제 1조 (3)항 (a).
141) (1979) 1 W.L.R. 783, 801.

(3) 분리 가능한 계약에 관한 규정

LRA 1943의 제 2조 (4)항에서는 분리 가능한 계약에 관하여 규정하고 있다. 즉 Frustration법리의 적용에 의한 계약소멸 시점 이전에 계약의 일부가 완전히 이행된 경우 LRA 1943은 그 계약의 나머지 부분에 대해서만 적용될 수 있게 되며, 법원은 그러한 계약의 일부를 독립된 계약으로 취급하게 되므로 이미 이행된 부분은 계약의 Frustration이 성립되지 않고, LRA 1943 제 1조의 규정은 그 계약의 나머지 부분에 대해서만 적용된다.[142]

예를 들어 네 단계로 분할하여 인도되는 물품매매계약으로써 대금지급이 독립적으로 이루어지는 경우,[143] 두 번째 단계분이 인도된 후 세 번째 단계분이 인도되기 전에 계약의 Frustration이 성립되었다고 가정해 보자. 이에 대해 법원은 앞의 두 번째 단계 분까지는 독립적인 계약으로 취급하여 계약의 Frustration을 성립시키지 않고, 세 번째 및 네 번째 단계분에 대해서만 LRA 1943의 제 1조를 적용시킬 수 있게 된다.

예를 들어 Stubbs v. Holywell Ry. 사건[144]에서는 특정 엔지니어가 다섯 분기에 걸쳐 £500를 분할해서 지급받기로 하고 15개월간 고용되었다. 그런데 그는 두 회기를 마친 뒤 사망하였다. 이 사건에서는 보통법상의 일반원칙에 따라 그의 유산관리자는 그의 사망 후 £200를 청구해서 받아내는데 성공하였으나, 사망자가 세 번째 회기분 중 두 달 동안 일한 대가에 대해서는 보통법상의 일반원칙에 따라 대금지급을 받지 못했다. 그러나 이러한 경우 LRA 1943에서는 세 번째 회기분 중의 그의 두 달간의 작업량에 대한 대금지급을 받을 수 있도록 규정하고 있다. 즉 LRA 1943의 제 2조 (4)항에서는 이행된 계약의 일부가 그 나머지 계약으로부터 분리될 수 있다면, 이는 독립된 계약으로 취급되는 것이라고 규정하고 있다. 따라서 이러한 경우 LRA 1943 제 1조의 규정은 독립된 계약의 나머지분에 대하여 적용될 수 있게 된다.

또한 LRA 1943의 제 2조 (4)항의 규정은 이미 지급된 대금을 반환받을 수 있는 특정인의 권리에 대해서도 영향을 미치게 된다. 이에 관하여 과거의 보통법 하에서는 전체 계약에 대한 「약인의 전면적 불성취」가 성립되지 않았다 하더라도, 해당 계약의 일부 계약에 대한 대금지급이 이루어졌으면 이와 관련된 대금을 되돌려 받을 수는 있었다.[145] 예를 들어 앞에서 언급한 Stubbs v. Holywell Ry. 사건에서 £500 모두가 선불로 지급되었다면, 나머지 두 회기분에 대해서는 사망자에 의해 아무런 작업이 이루어지지 않았기

142) LRA 1943 제 2조 (4)항.
143) SGA 1979 제 31조 (2)항.
144) (1867) L.R. 2 Ex. 311.
145) Tyrie v. Fletcher (1777) 2 Cowp. 666, 668.

때문에 대금을 선불로 지급한 계약당사자는 £200만을 되돌려 받을 수 있었을 것이다.

즉 세 번째 회기분에 대해서는 세 달 중 두 달간만의 작업량이 이행되었지만 선불조건이었기 때문에 보통법 하에서는 선불로 대금을 지급한 계약당사자는 그 대가를 보상받을 수 없었을 것이다. 그러나 이러한 경우 LRA 1943 제 2조 (4)항의 규정에 의하면, 이 예에서 고용주는 세 번째 회기분과 관련된 지불금 중 사망자가 작업한 두 달 간의 서비스에 대한 대가를 제외한 나머지 한 달 분에 해당되는 선불금을 반환받을 수 있게 된다.

3. 영국의 Frustration의 효과에 관한 규정의 적용이 배제되는 경우

양 당사자들은 계약의 Frustration을 성립시키는 사건에 대한 위험을 분담하려는 의도를 계약서에 명시적으로 규정해 둠으로써 LRA 1943의 적용을 배제시킬 수 있다.[146] 또한 특정 형태의 계약은 LRA 1943의 적용으로부터 배제되고 있다.[147] LRA 1943의 적용으로부터 배제되는 특정 형태의 계약은 다음과 같다.

(1) 해상물품운송계약 또는 용선계약[148]

용선계약[149]의 경우 정기용선계약과 나용선계약은 LRA 1943의 배제 규정에서 제외시키고 있어서, 정기용선계약과 나용선계약은 LRA 1943의 적용을 받게 된다. 따라서 엄격하게는 해상물품운송계약과 용선계약 중의 항해용선계약만이 LRA 1943의 적용으로부터 배제된다고 볼 수 있다.

이처럼 해상물품운송계약과 항해용선계약을 제외시키는 이유는 전통적으로 상인들에게 잘 알려져 있는 다음의 두 가지 규칙을 수호하기 위한 것이라 할 수 있다. 즉 첫째로 만약 계약서에서 운임은 항해가 종료될 때까지 지급되지 않기로 규정하고 있다면, Frustration을 성립시키는 사건 발생에 의해 계약서에 명시된 도착항에 도착하지 못하게 되는 경우 선주는 이에 대한 보상을 요구할 권리가 없다. 예를 들어 만일 합의된 항구가 Hamburg이고 독일과의 전쟁돌발에 의해 선주가 Antwerp항에 머무르게 된 경우, 화주가 자발적으로 Antwerp항에서의 인도를 받아들이지 않는 한 선주는 운임을 받을 수 없게 된다.[150] 둘째로, 운송 중 화물이 멸실되었다 하더라도 화주는 운임을 지급해야 하며

146) LRA 1943 제 2조 (3)항.
147) LRA 1943 제 2조 (5)항 (a)(b)(c).
148) LRA 1943 제 2조 (5)항 (a).
149) 용선계약에는 나용선계약(bareboat charter), 항해용선계약(voage charter), 정기용선계약(time charter) 등이 있다.
150) St. Enoch Shipping Co. v. Phosphate Mining Co. (1916) 2 K.B. 624, 625.

선불로 지급된 운임을 반환받을 수 없게 된다.[151)]

그러나 이러한 두 가지 원칙들의 적용에 의해 야기될 수 있는 위험에 대비하여 오늘날 선주 및 화주는 관습적으로 보험계약을 체결하고 있다.

(2) 보험계약[152)]

보험계약의 본질은 계약의 전체적인 위험을 위해 성립된 것이므로, 계약의 일부에 대해 대금반환은 이루어지지 않는다.[153)] 따라서 만약 특정 선박이 부보된 여러 위험들 중의 한 위험에 의해 보험계약 기간이 개시된 첫째 날에 소멸되었을 경우, 보험자는 전체 손실에 대해 모두 보상해 주어야 한다. 반대로 만약 특정 선박이 보험계약 기간 중 어느 때이건 보험계약서에 명시되어 있지 않은 어떤 다른 위험에 의해 소멸되었다면, 보험자는 피보험자에게 보험금을 지급하지 않고 보험계약자가 지불한 보험료 전체를 소유할 수 있게 된다.

(3) 특정의 물품매매계약[154)]

LRA 1943의 제 2조 (5)항 (c)에서는 「특정물이 소멸되었다는 이유에 의해 계약이 소멸된 경우로써 그 특정물에 대한 매매계약 또는 인도조건부 매매계약인 경우이거나, SGA 1893의 제 7조가 적용되는 계약」의 경우 LRA 1943의 적용을 배제시키고 있다.

이러한 경우는 전통적으로 양 당사자 간의 위험이전시점을 기준으로 보통법상의 일반원칙에 의거해 비용부담의 배분문제를 처리하고 있다.

4. 미국의 Frustration의 효과에 관한 규정

영국의 LRA 1943에 해당되는 규정내용을 미국에서는 제2차 계약법 Restatement (1979)의 제 11장 제 272조에서 규정하고 있다. 그런데 미국에서는 공정한 금액을 배분시킬 수 있는 권한을 법원에 부여해 줌으로써, 법원에서 합리적이고도 공정하게 신뢰이익의 배분문제를 처리할 수 있도록 그 권한을 부여해주고 있다.

미국의 제 2차 계약법 Restatement (1979)의 제 11장 제 272조 (1)항에서는 "본장[155)]의 규정들이 적용되는 경우에 당사자는 제 240조 및 제 377조에 의하여 원상회복

151) Byrene v. Schiller (1871) L.R. 6 Ex. 319 ; cf. Compania Naviera General v. Kerametal Ltd. (1981) 2 Lloyd's Rep. 359.
152) LRA 1943 제 2조 (5)항 (b).
153) Tyrie v. Fletcher (1777) 2 Cowp. 666, 668.
154) LRA 1943 제 2조 (5)항 (c)

(Restitution)을 포함한 소송상의 구제를 청구할 수 있다"라고 규정하고 있고, 제 272조 (2)항에서는 " 본 장의 규정들이 제 16장의 규정들과 더불어 부당한 결과를 초래한다면 법원은 당사자들의 신뢰이익의 보호를 포함한 정당한 조건에 의해 소송상의 구제수단을 허용할 수 있다"라고 규정하고 있다.

따라서 계약을 이행한 당사자는 제 240조의 규정에 의거해 대금반환을 청구할 권리가 부여된다. 그렇지 않은 경우에 있어서도 미국에서는 일반적으로 자신의 이행이 상대 당사자에게 어떤 이익을 가져다 준 경우, 그는 그 이익에 해당되는 범위 내에서 원상회복을 위한 청구를 할 수 있도록 허용해 주고 있다. 또한 이 규정에 따르면 법원은 불공평성을 피하기 위해 필요하다면 당사자들의 신뢰이익의 회복을 포함하여 공정성이 요구되는 방향으로 구제해 줄 수 있는 권한까지도 부여받고 있다.

제 2차 계약법 Restatement (1979)의 제 11장 제 272조 (1)항에 명시되어 있는 제 377조에서는「후발적 이행불능, 목적달성불능, 조건의 불성취 또는 수익자의 포기의 경우에 있어서의 원상회복」에 관해 규정하고 있는데, 제 377조에서는 다음과 같이 규정하고 있다.

"후발적 이행불능, 목적달성 불능, 조건의 불성취 또는 수익자의 포기의 결과로 이행의무가 발생되지 않았거나 이행의무로부터 면책된 당사자는 일부 이행 또는 신뢰의 방법에 의해 상대 당사자에게 준 이익에 대한 원상회복 청구권을 갖는다."

이는 영국의 LRA 1943의 제 1조 (3)항에 해당되는 내용임을 알 수 있다. 즉 만약 면책된 당사자가 계약의 나머지 부분이 이행불능으로 되기 이전에 일부를 이행하였다면, 면책된 당사자가 반대의 명시적 규정이 없는 한[156] 자신이 제공해 준 어떤 이익에 대한 원상회복을 주장할 수 있게 된다.[157] 이때 이익에 대한 평가는 영국에서처럼 그 이익 자체에 대한 평가보다는 오히려 이익에서 비용을 삭감시키는 평가방법이 사용되고 있다.

예를 들어 한 당사자가 자신의 계약이행에 대해 선불금을 받았으나 이행불능사건으로 인해 자신의 이행의무가 면제된 경우, 그는 그 선불금을 반환해야 할 의무가 있다. 따라서 개인적인 서비스를 행하기로 계약을 체결하였고 이에 대해 선불금을 지급받은 당사자는 오랜 기간 동안 자신의 서비스를 행할 수 없게 된 병으로 인해 이행이 불가능하게 되었을 경우 원상회복을 해 주어야 한다. 그러나 만약 그가 그러한 병이 생기기 이전에 일

155) 이는 제 11장을 의미하여, 제 11장에서는「후발적 이행불능과 목적달성불능」에 관한 내용을 규정하고 있다.

156) Parker v Arthur Murray, Inc., 10 I ll App. 3d. 1000, 295 N.E. 2d. 487 (1973).

157) Buccini v. Paterno Constr. Co., 253 N.Y. 2256, 170 N.E. 910 (1930) ; Donalan v. City of Boston, 223 Mass. 285, L ll N.E. 718 (1916).

부 이행을 하였다면 그는 자신의 서비스에 대한 합리적인 대가를 보상받을 수 있게 된다. 그러므로 한 당사자가 부분 이행을 하였고 이행불능의 사유로 인해 더 이상의 계약이행 의무로부터 면제된 경우, 그는 자신의 이행 부분에 대한 합리적인 대가를 주장할 수 있게 된다.

그러나 이와는 달리 한 당사자가 자신의 과실에 의해 계약의 완전한 이행에 실패함으로써 면책되지 못하는 경우, 그는 계약위반 이전에 자신이 이행한 결과에 대해 보상받을 수 없게 된다. 이러한 경우엔 계약위반에 대한 손해배상이 이루어져야 한다.

5. 영국의 Frustration의 효과에 관한 규정의 해석상의 문제점

이상에서 검토해 보았듯이 미국에서는 양 당사자에게 손실 및 부당이득에 관한 공정한 배분을 해줄 수 있는 권한을 법원에 부여해 줌으로써, 이에 관한 문제를 법원의 재판관들이 공정하고도 신중하게 처리할 수 있도록 해주고 있어서 실질적으로 어떤 불합리한 결과를 초래시키지는 않는다. 그러나 영국에서는 LRA 1943의 규정내용에 따라 계약의 Frustration이 성립됨으로써 발생된 비용 및 부당이득에 관한 배분문제를 처리하고 있으며, 오늘날 실제의 사건에 이 법을 적용시키는 과정에서 부적합한 많은 문제점들이 야기되고 있는 실정이다. 따라서 영국의 LRA 1943을 중심으로 그 문제점을 분석해 본 후, 전 세계의 무역업자들을 위한 공공이익적 차원에서 이에 관한 개선방안을 제시해 보기로 한다.

최근 영국의 LRA 1943의 근본적인 목적이 무엇인가에 대해 문제가 제기되고 있다. B.P. Exploration Co. (Libia) Ltd. v. Hunt(No. 2)사건[158]을 담당했던 Robert Goff 판사는 그의 판결문에서 LRA 1943의 근본적인 제정 취지는 "…특정 계약당사자의 불공정한 부(Unjust Enrichment)를 제거시키는데 있다. …이 법은 당사자들 간의 손실을 배분시키기 위해 고안된 것이 아니다"라고 언급하였다. 그러나 A. M. Haycroft와 D.M. Waksman은 그들의 논문에서 "…이 법은 손실의 조정을 위한 융통성 있는 도구를 제공해 주기 위해 고안된 것이다"라고 주장하고 있다. 이러한 견해 차이는 실제로 특정 사건을 판결하는 과정에서 서로 상이한 결과를 초래하게 되기 때문에 어떠한 접근방법을 채택해야 하는가가 중요한 과제가 된다. 이에 관하여 LRA 1943의 제 1조 (2)항과 제 1조 (3)항을 중심으로 각각 검토해 보기로 한다.

먼저 제 1조 (2)항에는 두 가지의 주요 요소가 포함되어 있다. 첫째는 특정 당사자에게

---

158) (1979) 1 W.L.R. 783(Goff j.) ; (1981) 1 W.L.R. 232(Court of Appeal) ; (1982) 2 W.L.R. 253(House of Lords), (1982) 1 All E.R. 925(Horse of Lords).

이미 지급된 금액에 대한 반환을 허용해 주거나, 지급이 이루어지지 않은 경우 대금지급 의무를 면제시켜 준다는 것이다. 따라서 보통법 하에서 적용되어 왔던 「약인의 전면적 불성취」를 그 성립요건으로 하지 않고 있다. 둘째로는 비용을 발생시킨 대금수취인으로 하여금 계약이행 과정에서 그가 발생시킨 비용에 대한 보상을 받을 수 있도록 고안된 규정 내용이 포함되어 있다.

그런데 첫째에 해당되는 내용을 통해 알 수 있듯이, 계약소멸시점 이전에 자신이 해야 할 의무(대금지급 이외의 의무)로 합의된 것에 대한 이행에 실패한 계약당사자를 구제해 주지는 못한다는 점을 주목해야 한다. 즉 Frustration법리의 적용에 의해 계약이 소멸되었어도 대금지급과 관련된 이행의무가 아닌 한, 계약당사자들은 자신의 의무를 이행하지 않으면 안된다. 그리고 둘째에 해당되는 내용에서 문제가 되는 것은 해당 비용에 대해 그 액수를 평가할 수 있는 기준이 영국의 LRA 1943에는 제시되어 있지 않다는 점이다. 정상적으로는 법원에서 공정한 해결을 위해 발생된 손실의 절반씩을 양 당사자에게 부과시키는 방법이 그동안 채택되어 왔다. 그러나 이러한 비용평가는 LRA 1943의 근본적 목적이 무엇인가에 따라 그 결과가 다르게 나타난다.

예를 들어 A가 B에게 ￡5,000를 선불로 지급했는데 B가 계약이행을 목적으로 ￡1,000의 비용을 발생시켰고, 이때 계약이 Frustration법리의 적용에 의해 소멸되었다고 가정해 보자. 이러한 경우 A는 얼마를 반환받을 수 있는가 하는 문제에 관하여 살펴보기로 하자.

이 예에서 B. P. Exploration Co. (Libya) Ltd. v. Hunt(No. 2)사건을 담당했던 Robert Goff 판사의 주장대로 「불공장한 부의 배제」에 근거를 둔 해석방법에 따른다면 A는 ￡5,000를 반환받도록 제안될 것인 바, 그 이유는 ￡1,000가 B(수취인)의 불공정한 부에 해당되는 것이기 때문이다. 따라서 이 경우 수취인의 비용손실에 대한 공정한 배분이 배제되는 결과를 초래하게 된다. 이에 대한 두 번째 대안으로 B의 손실을 모두 A에게 부담시키는 방법이 있을 수 있다. 즉 이러한 원칙이 적용될 경우는 A는 ￡4,000만 반환받을 수 있도록 허용될 것이다. 세 번째 대안으로써 B의 손실을 A와 B가 동등하게 분담하도록 하기 위해 법원이 A에게 ￡4,500를 반환받도록 허용해 주는 방법이 있을 수 있다. 이러한 세 가지의 대안들은 각각의 정당성이 개별적인 해당 사례별로 입증될 수 있다고 하더라도, 어떤 접근방법이 LRA 1943의 제 1조 (2)항의 규정에서 의도하고 있는 것인가를 파악하는 것은 매우 중요한 문제이다.

LRA 1943에 대한 논평에서 Glanville Williams는 이 법은 「손실의 분배가 동등하게 이루어져야 하는 보통의 법령」임을 제안하고 있다. 이는 현실적인 접근방법이라 할 수 있으며 법원으로 하여금 공정한 접근을 가능하게 해준다. 한편 융통성 있는 신중한 접근방법을 주장하는 사람들은 이러한 접근방법은 너무 제한적이므로 모든 문제에 대한 재량권을 각 사건별로 해당 사건을 담당한 재판관 각자에게 맡겨두는 편이 더 낫다고 주장하기도 한다. 그러나 중요한 것은 제 1조 (2)항의 성격상 이 규정내용이 「불공정한 부의 배제」에 그 근본목적이 있다는 주장은 독단적인 역설이라고 할 수 있다. 그 이유는 앞의 예에서 첫 번째 접근방법이 적용되는 불합리한 결과가 초래될 수 있기 때문이다.

LRA 1943 제 1조 (2)항의 또 하나의 문제점은 이 규정은 엄격히 상쇄시키는 측면에서만 적용될 수 있다는 점이다. 즉 제 1조 (2)항의 규정내용은 대금지급인이 대금수취인에게 대금반환을 청구하는 경우에만 적용된다. 앞의 예에서는 A가 이미 B에게 £5,000를 지급해야할 의무가 있음에도 불구하고 아직 지급이 이루어지지 않았을 경우, 제 1조 (2)항에서는 지급되어야 할 금액의 전부 또는 일부를 대금지급인으로 하여금 반환받을 수 있도록 허용해 주고 있기 때문에 A는 대금지급을 중지시킬 수 있게 된다.

그러나 만약 Frustration 성립시점 이전에 A가 B에게 지급해야 할 계약상의 의무가 없는 경우(즉 대금지급이 후불조건인 경우)라면, A가 B에게 대금을 지급하지 않는 한 £1,000의 비용을 발생시킨 B는 제 1조 (2)항의 규정에 따라 어떤 금액도 보상받을 수 없게 된다. 손실비용에 대하여 B가 보상받을 수 있는 금액은 A가 실제로 지급했거나 계약조항에 의거하여 Frustration 성립시점 이전에 지급하기로 되어 있는 경우로 제한한다. 따라서 만약 계약소멸 시점 이전에 A가 B에게 £500를 지급했고 B가 계약이행을 목적으로 £1,000의 비용을 발생시켰다면, B는 £500의 한도 내에서만 보상 받을 수 있을 뿐이다. 이처럼 LRA 1943 제 1조 (2)항은 상쇄시키는 측면에서만 적용될 수 있는 것으로 규정하고 있으며, 그 결과 해당 계약이 선불조건인가 · 후불조건인가에 의해 상이한 결과가 초래됨을 알 수 있다.

이상에서 살펴보았듯이 LRA 1943의 제 1조 (2)항은 그 기준을 명확하게 하기 위해 개정되어야 할 필요가 있다. 또한 중요한 것은 이 규정이 「불공정한 부의 배제」를 그 기본원칙으로 하고 있다는 주장은 받아들이기 어렵다. 이 규정의 제정취지는 「손실의 조정을 위한 융통성 있는 수단을 제공해 주기 위한 것」으로 보는 것이 타당하다고 판단된다.

다음으로 LRA 1943의 제 1조 (3)항의 문제점을 살펴보기로 한다.

이에 관한 내용도 B.P. Exploration Co. (Libya) Ltd. v. Hunt(No. 2)사건[159]을 중심으로 살펴보기로 한다. 이 사건에서는 1957년 12월에 리비아 정부가 텍사스 주의 금융업자인 Hunt씨에게 석유 발굴권을 부여해 주었다. 그런데 그는 경험도 없었고 발굴 장비도 없었기 때문에 1960년 6월에 석유발굴권의 절반을 인수시켜 준다는 조건으로 B.P.

159) (1982) 2 W.L.R. 253.

Exploration社와 계약을 체결하였다. 이 계약은 영국법의 지배를 받는 것이었다. 그런데 1971년 12월에 리비아 정부는 B.P. Exploration社의 석유발굴권의 절반을 몰수하였으며, 그 후 1973년 6월에 Hunt씨의 나머지 절반에 해당되는 석유 발굴권까지도 몰수시켜 버렸다. 그리하여 양 당사자들은 리비아 정부로부터 터무니없이 부당한 보상을 받았다. 이에 Hunt씨로부터 충분한 보상을 받지 못한 B.P. Exploration사는 이 계약은 Frustration이 성립되었으므로, LRA 1943의 제 1조 (3)항에 따라 정당한 액수의 보상이 이루어져야 한다고 주장하였다.

이 사건에 대해 법원에서는 이 계약은 B.P. Exploration사의 절반에 해당되는 석유발굴권이 몰수되었던 1971년 12월에 계약의 Frustration이 성립되었으며, 이 계약은 영국법의 지배를 받고 있는 것이기 때문에 영국의 LRA 1943의 제 1조 (3)항에 의거하여 정당한 액수가 보상되어야 하는 것으로 판결되었다. 그러나 여기에서 문제가 되는 것은 LRA 1943의 제 1조 (3)항에 의거한「가치 있는 이익(Valuable Benefit)」을 어떻게 산정할 것인가 하는 점이었다.

이 사건을 담당했던 Robert Goff판사는 "…서비스의 경우에 있어서 이익은 서비스 자체로 평가되어야 하는 것인지, 아니면 그 서비스의 최종 부산물(End Product)로 평가되어야 하는 것인지에 대한 상당한 논쟁이 있었다. …본인은 제 1조 (3)항의 규정을 유추해 볼 때 이익은 서비스의 최종부산물로 평가되어야 한다는 것이 법의 의도였다는 결론에 대해 만족스럽게 생각한다. …이익의 가치를 산정하는 단계에서 피고에게 이익의 가치를 평가하는 일은 법원에서 해야 할 과제일 뿐이라고 말할 수 있다. …LRA 1943의 기본적인 법리는 원고의 비용소모로 인한 피고의 불공정한 부를 제거시키기 위한 것이다"라고 판시하였다.

Robert Goff판사의 판결은 영국의 공소심 법원에서의 (1981) 1 W.L.R. 232와 영국상원(House of Lords)의 (1982) 1 All E.R. 925판결에 의해 그 타당성이 인정되었다. 즉 공소심 법원에서 이 사건을 담당했던 Lawton판사는 Robert Goff판사가 LRA 1943의 이면에 있는 기본목적이「불공정한 부의 배제」에 있는 것으로 생각했다는 점을 주목하면서, "…우리는 규정에 없는 단어의 사용으로부터 어떤 도움을 받을 수는 없는 것이다. 공정금액의 평가에 대한 여러 가지 가능한 접근방법들이 많이 있을 것이다. 그러나 '단순히 더 좋은 방법들이 있을 것으로 생각되기 때문에'라는 근거 하에서 원심을 번복시키는 것은 그 정당성이 인정되지 않을 것이다"[160]라고 판시하였다.

그 결과 Lawton판사는 Robert Goff판사의 판결을 번복시키지는 못하였다.

이 판례에서는 서비스의 결과로 발생된 이익이란 서비스 그 자체가 아니고 서비스의

160) (1981) 1 W.L.R. 232.

최종 부산물을 의미하는 것이라고 Robert Goff판사는 판결하였으나, 이러한「불공정한 부의 배제」라는 근거 하에서의 해석방법은 많은 어려움을 야기시키게 된다. 그렇지만 이익을 서비스 그 자체로 평가는 경우에는 여러 가지로 편리한 점이 많으며, 따라서 가능하다면 이러한 해석방법이 채택되어야 할 것으로 판단된다. 이러한 해석방법의 편리한 요소 중의 대표적인 것은「이익의 가치」에 대한 산정과 관련하여 나타날 수 있다.

즉 이익의 서비스의 최종부산물로 평가되는「불공정한 부의 배제」에 근거한 해석방법이 채택될 경우,「이익의 가치」에 대한 산정에 있어서 다음의 두 가지 문제점이 제기될 수 있다.

첫째는 소량의 서비스가 막대한 이익을 내는 결과를 초래한 경우와 역으로 대량의 서비스가 소량의 이익만을 발생시키는 결과를 초래한 경우에 어떻게 처리할 것인가 하는 문제이다. 만약 서비스 자체만으로 그 이익을 평가하는「손실의 공정한 배분」에 근거한 접근방법이 채택된다면 문제는 훨씬 간단해진다. 즉 법원에서는 서비스의 객관적인 가치 산정에만 관심을 기울이면 될 것이며, 이는 공정한 가치산정의 원칙에 입각해 평가할 수 있게 해준다. 또한 만약 이러한 기준이 채택되지 않는다면, 서비스의 최종부산물이 객관적인 가치를 거의 갖지 못하거나 전혀 갖지 못하게 된 경우 실질적인 문제점들이 제기될 수 있다. 즉 계약에 의거해 작업을 하였으나 계약만료 이전에 그 작업의 결과인 물리적 대상물이 완전히 파괴됨으로써 Frustration법리의 적용에 의해 계약이 소멸된 경우, 작업을 행한 자(서비스를 제공한 자)가 상대 당사자로부터 보상받을 수 있는 방법이 전혀 없게 된다. 특히 이에 관한 문제는 LRA 1943의 제 1조 (3)항에 규정되어 있지 않기 때문에 이러한 해석상의 문제가 야기될 수 있다.

둘째로, 이익가치의 산정시점에 대한 문제가 제기될 수 있다. 이 경우에도 이익을 서비스 자체로 평가하게 되면, 법원은 서비스가 제공되었던 시점에서의 해당 서비스에 대한 합리적인 보상을 판정할 수 있기 때문에 별 어려움이 없다. 그러나 이익가치에 대한 산정시점에서 최종부산물이 없거나 최종부산물이 있긴 하지만 객관적인 가치가 전혀 없는 경우, 이익가치를 서비스의 최종부산물로 평가하는 접근방법은 계약이행을 목적으로 서비스를 제공한 해당 당사자가 어떠한 보상도 받을 수 없게 되는 불합리한 결과를 초래하게 된다.

한편 법원이 공정금액을 평가하는 과정에서 LRA 1943의 제 1조 (3)항에 명시되어 있는 바와 같이 보상금액은 그 이익의 가치를 초과할 수 없다. 그런데 공정금액은 각 사례의 모든 상황들을 고려하여 산정되지 않으면 안되며, Glanville Williams판사도 이러한 견해에 지지를 보이고 있다. Ingram v. Little사건[161]에서 Delvin판사도 "…법원에게 손

161) (1961) 1 Q.B. 31.

실을 배분시켜 주는 권한을 부여해 주어야 한다는 인식이 우리 법에서 발견된 것은 비교적 최근의 일이다. …법의 논리에 따라 흑백의 논리로서가 아니라 공정한 배분에 그 근거를 둔 결정을 하도록 유도하는 경향이 나타나고 있다"라고 판시함으로써 이러한 견해에 지지를 보이고 있다. 또한 Lawton판사도 "…재판관이 공정금액을 평가할 때 이는 어떤 특정의 견해를 형성하기 위한 지적인 과정을 포함하고 있는 것이며, 공정하다는 개념은 절대적인 것이 아니다"라고 판시하였다. 이 의미는 어느 정도 융통성이 부여되어야 한다는 것을 뜻하므로, LRA 1943의 근본적 제정 목적을「불공정한 부의 배제」로 보는 해석방법은 너무 경직된 해석방법이라 할 수 있다.

따라서 이상의 내용을 요약 · 정리하면「불공정한 부의 배제」를 LRA 1943의 기본원칙으로 간주해서는 곤란하다는 점이다. 앞에서 살펴보았듯이 이러한 관념으로부터 유발되는 개념상의 왜곡은 실질적으로 많은 어려움을 야기시키게 된다. LRA 1943의 실질적인 토대는「손실의 조정을 위한 융통성 있는 도구를 제공해 주기 위해 고안된 것」으로 보아야 한다. 그러므로 일반적으로 LRA 1943의 제 1조 (2)항과 제 1조 (3)항에서의 가장 공정한 배분방법은 손실이 야기된 경우 그 손실을 공정하게 배분시키는 것이다. 특히 서비스의 경우 LRA 1943의 제 1조 (3)항에서의「가치 있는 이익」은 서비스 자체의 가치로 평가되어야 한다. 그리고 이러한 가치는 그러한 서비스가 제공되었던 시점에서 확정되어야 한다.

6. 영국의 Frustration의 효과에 관한 규정의 개선방안

영국의 LRA 1943은 과거의 보통법 하에서의 일반원칙에 비해 공정하고도 합리적인 해결책을 제시해 주고 있는 것으로 볼 수는 있으나, 실제로 이를 적용함에 있어서 LRA 1943의 여러 가지 해석상의 문제점이 제기될 수 있다. 따라서 이러한 문제점을 해결하기 위해 보완되어야 할 사항을 앞에서 논의한 내용을 근거로 제시해 보면 다음과 같다.

첫째, LRA 1943의 제 1조에서 이 법의 근본 목적이 무엇인가를 명확하게 규정해야 할 필요가 있다. 즉 이 법의 제정 목적이「특정 계약당사자의 불공정한 부를 배제시키기 위한 것」인지,「계약당사자들의 손실에 대한 융통성 있는 조정을 해주기 위한 것」인지를 명확하게 규정해야 할 필요가 있다. 여기에서 검토한 내용을 기준으로 할 때, 이 법이 당사자들 간의 손실을 공정하게 배분시켜 주기 위해 제정된 것으로 그 목적을 명시해 두는 것이 바람직하다.

둘째, LRA 1943 제 1조 (2)항에서는 계약소멸시점 이전의 계약당사자들의 이행의무에 관하여 대금지급과 관련된 의무만을 면제시켜 주는 것으로 규정하고 있어서 대금지급 이

외의 이행의무에 실패한 계약당사자를 구제해 주지 못하고 있는 바, 이에 대한 불합리성을 제거시키기 위한 명시적 조항이 보완되어야 한다.

셋째, LRA 1943 제 1조 (2)항의 문제점으로써 이 규정은 상쇄시키는 측면에서만 운용될 수 있다는 한계가 지적될 수 있다. 즉 비용발생으로 인한 손실은 상대 당사자가 실제로 대금을 선불로 지급했거나 계약의 Frustration 성립시점 이전에 지급하기로 되어 있는 경우로 제한되어 있기 때문에, 선불로 대금지급이 이루어지지 않기로 계약이 체결된 경우의 계약당사자는 계약이행 과정에서 또는 계약이행을 목적으로 자신이 발생시킨 비용에 대해 보상받을 수 있는 구제책이 없다. 따라서 이에 관한 합리적이고도 공정한 보완규정이 추가되어야 한다.

넷째, LRA 1943 제 1조 (3)항에서 규정하고 있는 「가치 있는 이익(Valuable Benefit)」에 대한 산정기준이 LRA 1943에는 규정되어 있지 않다. 따라서 그 기준을 서비스 자체로 평가할 것인지, 아니면 서비스의 최종 결과로만을 근거로 평가할 것인지에 관한 명시적 조항이 보완되어야 한다. 앞에서 논의한 내용을 토대로 할 경우 「가치 있는 이익」에 대한 산정기준은 서비스 자체로 평가하는 것이 바람직하다고 할 수 있다.

다섯째, LRA 1943의 규정이 현재의 내용대로 계속 존속될 경우 결국 법원의 판결에 의존할 수밖에 없다. 그러나 이러한 법원의 판결은 LRA 1943의 규정내용에 대한 범위 내에서 이루어질 수밖에 없으며, 그 결과 LRA 1943의 해석과정에서 나타날 수 있는 개념상의 왜곡은 실질적으로 많은 문제점을 야기시키게 된다. 그러므로 LRA 1943은 더욱 구체적이면서도 공정법리에 입각한 해결책이 보완될 수 있는 규정이 추가되어야 할 것으로 판단된다.

부 록

Ⅰ. Incoterms 2010

Ⅱ. Law Reform(Frustrated Contracts) Act 1943

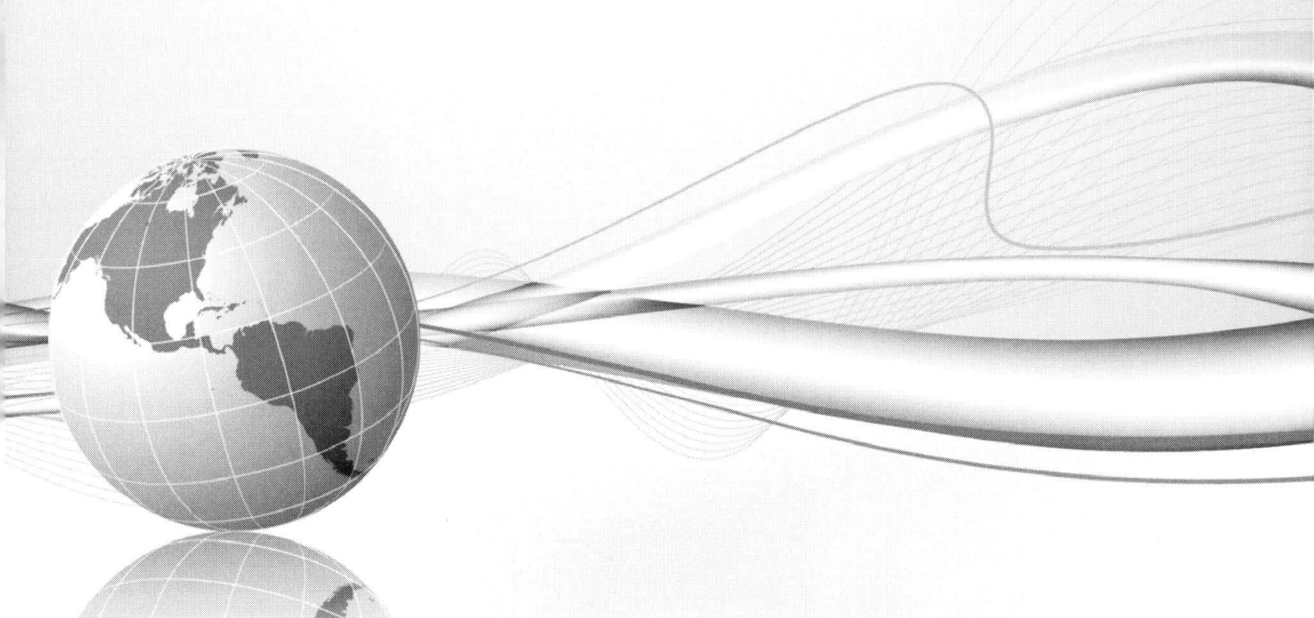

Ⅰ. Incoterms 2010

FOREWORD

By Rajat Gupta, ICC Chairman

The global economy has given businesses broader access than ever before to markets all over the world. Goods are sold in more countries, in larger quantities, and in greater variety. But as the volume and complexity of global sales increase, so do possibilities for misunderstandings and costly disputes when sale contracts are not adequately drafted.

The Incoterms rules, the ICC rules on the use of domestic and international trade terms, facilitate the conduct of global trade.

Reference to an Incoterms 2010 rule in a sale contract clearly defines the parties' respective obligations and reduces the risk of legal complications.

Since the creation of the Incoterms rules by ICC in 1936, this globally accepted contractual standard has been regularly updated to keep pace with the development of international trade. The Incoterms<g) 2010 rules take account of the continued spread of customs-free zones, the increased use of electronic communications in business transactions, heightened concern about security in the movement of goods and changes in transport practices. Incoterms 2010 updates and consolidates the 'delivered' rules, reducing the total number of rules from 13 to 11, and offers a simpler and clearer presentation of all the rules. Incoterms 2010 is also the first version of the Incoterms rules to make all references to buyers and sellers gender-neutral.

The broad expertise of ICC's Commission on Commercial Law and Practice, whose membership is drawn from all parts of the world and all trade sectors, ensures that the Incoterms 2010 rules respond to business needs everywhere.

ICC would like to express its gratitude to the members of the Commission, chaired by Fabio Bortolotti (Italy), to the Drafting Group, which comprised Charles Debattista (Co-Chair, UK), Christoph Martin Radtke CCo-Chair, France), Jens Bredow (Germany), Johnny Herre (Sweden), David Lowe (UK), Lauri Railas (Finland), Frank Reynolds (US), and Miroslav Subert (Czech Republic), and to Asko Raty (Finland) for assistance with the images depicting the 11 rules.

INTRODUCTION

The Incoterms[1] rules explain a set of three-letter trade terms reflecting business-to-business practice in contracts for the sale of goods. The Incoterms rules describe mainly the tasks, costs and risks involved in the delivery of goods from sellers to buyers.

1) “Incoterms” is registered trademark of the International Chamber of Commerce.

How to use the Incoterms 2010 rules

1. Incorporate the Incoterms 2010 rules Into your contract of sale
   If you want the Incoterms 2010 rules to apply to your contract, you should make this clear in the contract, through such words as, "[the chosen. Incoterms rule including the named. place, followed by] Incoterms 2010".

2. Choose the appropriate Incoterms rule
   The chosen Incoterms rule needs to be appropriate to the goods, to the means of their transport, and above all to whether the parties intend to put additional obligations, for example such as the obligation to organize carriage or insurance, on the seller or on the buyer. The Guidance Note to each Incoterms rule contains information that is particularly helpful when making this choice. Whichever Incoterms rule is chosen, the parties should be aware that the interpretation of their contract may well be influenced by customs particular to the port or place being used.

3. Specify your place or port as precisely as possible
   The chosen Incoterms rule can work only if the parties name a place or port, and will work best if the parties specify the place or port as precisely as possible.
   A good example of such precision would be:
   "FCA 38 Cours Albert 1er, Paris, France Incoterms 2010".
   Under the Incoterms rules Ex Works (EXW), Free Carrier (FCA), Delivered at Terminal (DAT), Delivered at Place (DAP), Delivered Duty Paid (DDP), Free Alongside Ship (FAS), and Free on Board (FOB), the named place is the place where delivery takes place and where risk passes from the seller to the buyer. Under the Incoterms rules Carriage Paid To (CPT), Carriage and Insurance Paid To (CIP), Cost and Freight (CFR) and Cost, Insurance and Freight (CIF), the named place differs from the place of delivery. Under these four Incoterms rules, the named place is the place of destination to which carriage is paid. Indications as to place or destination can helpfully be further specified by stating a precise point in that place or destination in order to avoid doubt or argument.

4. Remember that Incoterms rules do not give you a complete contract of sale
   Incoterms rules do say which party to the sale contract has the obligation to make carriage or insurance arrangements, when the seller delivers the goods to the buyer, and which costs each party is responsible for. Incoterms rules, however, say nothing about the price to be paid or the method of its payment. Neither do they deal with the transfer of ownership of the goods, or the consequences of a breach of contract. These matters are normally dealt with through express terms in the contract of sale or in the law governing that contract. The parties should be aware that mandatory local law may override any aspect of the sale contract, including the chosen Incoterms rule.

Main features of the Incoterms 2010 rules

1. Two new Incoterms rules – DAT and DAP – have replaced the Incoterms 2000 rules DAF, DES, DEQ and DDU

The number of Incoterms rules has been reduced from 13 to 11. This has been achieved by substituting two new rules that may be used irrespective of the agreed mode of transport - DAT, Delivered at Terminal, and DAP, Delivered at Place - for the Incoterms 2000 rules DAF, DES, DEQ and DDU. Under both new rules, delivery occurs at a named destination: in DAT, at the buyer's disposal unloaded from the arriving vehicle (as under the former DEQ rule); in DAP likewise at the buyer's disposal, but ready for unloading (as under the former DAF, DES and DDU rules). The new rules make the Incoterms 2000 rules DES and DEQ superfluous.

The named terminal in DAT may well be in a port, and DAT can therefore safely be used in cases where the Incoterms 2000 rule DEQ once was. Likewise, the arriving "vehicle" under DAP may well be a ship and the named place of destination may well be a port: consequently, DAP can safely be used in cases where the Incoterms 2000 rule DES once was. These new rules, like their predecessors, are "delivered", with the seller bearing all the costs (other than those related to import clearance, where applicable) and risks involved in bringing the goods to the named place of destination.

2. Classification of the 11 Incoterms 2010 rules

The 11 Incoterms 2010 rules are presented in two distinct classes

RULES FOR ANY MODE OR MODES OF TRANSPORT

EXW	EX WORKS
FCA	FREE CARRIER
CPT	CARRIAGE PAID TO
CIP	CARRIAGE AND INSURANCE PAID TO
DAT	DELIVERED AT TERMINAL
DAP	DELIVERED AT PLACE
DDP	DELIVERED DUTY PAID

RULES FOR SEA AND INLAND WATERWAY TRANSPORT

FAS	FREE ALONGSIDE SHIP
FOB	FREE ON BOARD
CFR	COST AND FREIGHT
CIF	COST INSURANCE AND FREIGHT

The First class includes the seven Incoterms 2010 rules that can be used irrespective of the mode of transport selected and irrespective of whether one or than one mode of transport is employed. EXW, FCA, CPT, CIP, DAT, DAP and DDP belong to this class. They can be used even when there is no maritime transport at all. It is important to remember, however, that these rules can be used in cases where a ship is used for part of the carriage.

In the second class of Incoterms 2010 rules, the point of delivery and the place to which the goods are carried to the buyer are both ports, hence the label "sea and inland waterway" rules. FAS, FOB, CFR and CIF belong to this class. Under the last three Incoterms rules, all mention of the ship's rail as the point of delivery has been omitted in preference for the goods being delivered when they are "on board" the vessel. This more closely reflects modern commercial reality and avoids

the rather dated image of the risk swinging to and fro across an imaginary perpendicular line.

3. Rules for domestic and international trade

Incoterms rules have traditionally been used in international sale contracts where goods pass across national borders. In various areas of the world, however, trade blocs, like the European Union, have made border formalities between different countries less significant.

Consequently, the subtitle of the Incoterms 2010 rules formally recognizes that they are available for application to both international and domestic sale contracts. As a result, the Incoterms 2010 rules clearly state in a number of places that the obligation to comply with export/import formalities exists only where applicable.

Two developments have persuaded ICC that a movement in this direction is timely. Firstly, traders commonly use Incoterms rules for purely domestic sale contracts. The second reason is the greater willingness in the United States to use Incoterms rules in domestic trade rather than the former Uniform Commercial Code shipment and delivery terms.

4. Guidance Notes

Before each Incoterms 2010 rule you will find a Guidance Note. The Guidance Notes explain the fundamentals of each Incoterms rule, such as when it should be used, when risk passes, and how costs are allocated between seller and buyer. The Guidance Notes are not part of the actual Incoterms 2010 rules, but are intended to help the user accurately and efficiently steer towards the appropriate Incoterms rule for a particular transaction.

5. Electronic communication

Previous versions of Incoterms rules have specified those documents that could be replaced by EDI messages. Articles A1/B1 of the Incoterms 2010 rules, however, now give electronic means of communication the same effect as paper communication, as long as the parties so agree or where customary. This formulation facilitates the evolution of new electronic procedures throughout the lifetime of the Incoterms 2010 rules.

6. Insurance cover

The Incoterms 2010 rules are the first version of the Incoterms rules since the revision of the Institute Cargo Clauses and take account of alterations made to those clauses. The Incoterms 2010 rules place information duties relating to insurance in articles A3/B3, which deal with contracts of carriage and insurance. These provisions have been moved from the more generic articles found in articles A10/B10 of the Incoterms 2000 rules. The language in articles A3/B3 relating to insurance has also been altered with a view to clarifying the parties' obligations in this regard.

7. Security-related clearances and information required for such clearances

There is heightened concern nowadays about security in the movement of goods, requiring verification that the goods do not pose a threat to life or property for reasons other than their inherent nature. Therefore, the Incoterms 2010 rules have allocated obligations between the buyer and seller to obtain or to render assistance in obtaining security-related clearances, such as chain-of-custody information, in articles A2/B2 and A10/B10 of various Incoterms rules.

8. Terminal handling charges

Under Incoterms rules CPT, CIP, CFR, CIF, DAT, DAP, and DDP, the seller must make arrangements for the carriage of the goods to the agreed destination. While the freight is paid by the seller, it is actually paid for by the buyer as freight costs are normally included by the seller in the total selling price. The carriage costs will sometimes include the costs of handling and moving the goods within port or container terminal facilities and the carrier or terminal operator may well charge these costs to the buyer who receives the goods. In these circumstances, the buyer will want to avoid paying for the same service twice: once to the seller as part of the total selling price and once independently to the carrier or the terminal operator. The Incoterms 2010 rules seek to avoid this happening by clearly allocating such costs in articles A6/B6 of the relevant Incoterms rules.

9. String sales

In the sale of commodities, as opposed to the sale of manufactured goods, cargo is frequently sold several times during transit "down a string". When this happens, a seller in the middle of the string does not "ship" the goods because these have already been shipped by the first seller in the string. The seller in the middle of the string therefore performs its obligations towards its buyer not by shipping the goods, but by "procuring" goods that have been shipped. For clarification purposes, Incoterms 2010 rules include the obligation to "procure goods shipped" as an alternative to the obligation to ship goods in the relevant Incoterms rules.

Variants of Incoterms rules

Sometimes the parties want to alter an Incoterms rule. The Incoterms 2010 rules do not prohibit such alteration, but there are dangers in so doing. In order to avoid any unwelcome surprises, the parties would need to make the intended effect of such alterations extremely clear iii their contract. Thus, for example, if the allocation of costs in the Incoterms 2010 rules is altered in the contract, the parties should also clearly state whether they intend to vary the point at which the risk passes from seller to buyer.

Status of this introduction

This introduction gives general information on the use and interpretation of the Incoterms 2010 rules, but does not form part of those rules.

Explanation of terms used. in the Incoterms 2010 rules

As in the Incoterms 2000 rules, the seller's and buyer's obligations are presented in mirror fashion, reflecting under column A the seller's obligations and under column B the buyer's obligations. These obligations can be carried out personally by the seller or the buyer or sometimes, subject to terms in the contract or the applicable law, through intermediaries such as carriers, freight forwarders or other persons nominated by the seller or the buyer for a specific purpose.

The text of the Incoterms 2010 rules is meant to be self-explanatory. However, in order to assist users the following text sets out guidance as to the sense in which selected terms are used throughout the document.

Carrier: For the purposes of the Incoterms 2010 rules, the carrier is the party with whom carriage is contracted.

Customs formalities: These are requirements to be met in order to comply with any applicable

customs regulations and may include documentary, security, or physical inspection obligations.

Delivery: This concept has multiple meanings in trade law and practice, but in the Incoterms 2010 rules, it is used to indicate where the risk of loss of or damage the goods passes from the seller to the buyer.

Delivery document: This phrase is now used as the heading to article A8. It means a document used to prove that delivery has occurred. For many of the Incoterms 2010 rules, the delivery document is a transport document or corresponding electronic record. However, with EXW, FCA, FAS and FOB, the delivery document may simply be a receipt. A delivery document may also have other functions, for example as part of the mechanism for payment.

Electronic record or procedure: A set of information constituted of one or more electronic messages and, where applicable, being functionally equivalent with the corresponding paper document.

Packaging: This word is used for different purposes:

1. The packaging of the goods to comply with any requirements under the contract of sale.
2. The packaging of the goods so that they are fit for transportation.
3. The stowage of the packaged goods within a container or other means of transport.

In the Incoterms 2010 rules, packaging means both the first and second of the above. The Incoterms 2010 rules do not deal with the parties' obligations for stowage within a container and therefore, where relevant, the parties should deal with this in the sale contract.

EXW

EX WORKS

EXW (insert named place of delivery) Incoterms 2010

GUIDANCE NOTE

This rule may be used irrespective of the mode of transport selected and may also used where more than one mode of transport is employed. It is suitable for domestic trade, while FCA is usually more appropriate for international trade.

"Ex Works" means that the seller delivers when it places the goods at the disposal of the buyer at the seller's premises or at another named place(i. e., works, factory, warehouse, etc.). The seller does not need to load the goods on any collecting vehicle, nor does it need to clear the goods for export, where such clearance is applicable.

The parties are well advised to specify as clearly as possible the point within the named place of delivery, as the costs and risks to that point are for the account of the seller. The buyer bears all costs and risks involved in taking the goods from the agreed point, if any, at the named place of delivery.

EXW represents the minimum obligation for the seller. The rule should be used with care as:

a) The seller has no obligation to the buyer to load the goods, even though in practice the seller may be in a better position to do so. If the seller does load the goods, it does so at the buyer's risk and expense. In cases where the seller is in a better position to load the goods, FCA, which obliges the seller to do so at its own risk and expense, is usually more appropriate.

b) A buyer who buys from a seller on an EXW basis for export needs to be aware that the seller has an obligation to provide only such assistance as the buyer may require to effect that export: the seller is not bound to organize the export clearance. Buyers are therefore well advised not to use EXW if they cannot directly or indirectly obtain export clearance.

c) The buyer has limited obligations to provide to the seller any information regarding the export of the goods. However, the seller may need this information for, e. g., taxation or reporting purposes.

A THE SELLER'S OBLIGATIONS

A1 General obligations of the seller

The seller must provide the goods and the commercial invoice in conformity with the contract of sale and any other evidence of conformity that may be required by the contract. Any document referred to in A1-A10 may be an equivalent electronic record or procedure if agreed bet-ween the parties or customary.

A2 Licences, authorizations, security clearances and other formalities

Where applicable, the seller must provide the buyer, at the buyer's request, risk and expense, assistance in obtaining any export licence, or other official authorization necessary for the export of the goods.

Where applicable, the seller must provide, at the buyer's request, risk and expense, any information in the possession of the seller that is required for the security clearance of the goods.

A3 Contracts of carriage and Insurance

a) Contract of carriage

The seller has no obligation to the buyer to make a contract of carriage.

b) Contract of insurance

The seller has no obligation to the buyer to make a contract of insurance. However, the seller must provide the buyer, at the buyer's request, risk and expense(if any), with information that the buyer needs for obtaining insurance.

A4 Delivery

The seller must deliver the goods by placing them at the disposal of the buyer at the agreed point, if any, at the named place of delivery, not loaded on any collecting vehicle. If no specific point has been agreed within the named place of delivery, and if there are several points available, the seller may select the point that best suits its purpose. The seller must deliver the goods on the agreed date or within the agreed period.

A5 Transfer of risks

The seller bears all asks of loss of or damage to the goods until they have been delivered tn accordance with A4 with the exception of loss or damage in the circumstances described in B5.

A6 Allocation of costs

The seller must pay all costs relating to the goods until they have been delivered in accordance with A4, Other than those payable by the buyer as envisaged in B6.

A7 Notices to the buyer

The seller must give the buyer any notice needed to enable the buyer to take delivery of the goods.

A8 Delivery document

The seller has no obligation to the buyer.

A9 Checking – packaging – marking

The seller must pay the costs of those checking operations (such as checking quality, measuring, weighing, counting) that are necessary for the purpose of delivering the goods in accordance with A4.

The seller must, at its own expense, package the goods, unless it is usual for the particular trade to transport the type of goods sold unpackaged. The seller may package the goods in the manner appropriate for their transport, unless the buyer has notified the seller of specific packaging requirements before the contract of sale is concluded, Packaging is to be marked appropriately.

A10 Assistance with information and related costs

The seller must, where applicable, in a timely manner, provide to or render assistance in obtaining for the buyer, at the buyer's request, risk and expense, any documents and information, including security-related information, that the buyer needs for the export and/or import of the goods and/or for their transport to the final destination.

B THE BUYER'S OBLIGATIONS

B1 General obligations of the buyer

The buyer must pay the price of the goods as provided in the contract of sale.

Any document referred to in B1-B10 may be an equivalent electronic record or procedure if agreed between the parties or customary.

B2 Licences, authorizations, security clearances and other formalities

Where applicable, it is up to the buyer to obtain, at its own risk and expense, any export and import licence or other official authorization and carry out all customs formalities for the export of the goods.

B3 Contracts of carriage and Insurance

a) Contract of carriage

The buyer has no obligation to the seller to make a contract of carriage.

b) Contract of Insurance

The buyer has no obligation to the seller to make a contract of insurance.

B4 Taking delivery

The buyer must take delivery of the goods when A4 and A7 have been complied with.

B5 Transfer of risks

The buyer bears all risks of loss of or damage to the goods from the time they have been delivered as envisaged in A4.

If the buyer fails to give notice in accordance with B7, then the buyer bears all risks of loss of or damage to the goods from the agreed date or the expiry date of the agreed period for delivery, provided that the goods have been clearly identified as the contract goods.

B6 Allocation of costs

The buyer must:

a) Pay all costs relating to the goods from the time they have been delivered as envisaged in A4;

b) Pay any additional costs incurred by failing either to take delivery of the goods when they have been placed at its disposal or to give appropriate notice in accordance with B7, provided that the goods have been clearly identified as the contract goods;

c) Pay, where applicable, all duties, taxes and other charges, as well as the costs of carrying out customs formalities payable upon export; and

d) reimburse all costs and charges incurred by the seller in providing assistance as envisaged in A2.

B7 Notices to the seller

The buyer must, whenever it is entitled to determine the time within an agreed period and/or the point of taking delivery within the named place, give the seller sufficient notice thereof.

B8 Proof of delivery

The buyer must provide the seller with appropriate evidence of having taken delivery.

B9 Inspection of goods

The buyer must pay the costs of any mandatory pre-shipment inspection, including inspection mandated by the authorities of the country of export.

B10 Assistance with information and related costs

The buyer must, in a timely manner, advise the seller of any security information requirements so that the seller may comply with A10.

The buyer must reimburse the seller for all costs and charges incurred by the seller in providing or rendering assistance in obtaining documents and information as envisaged in A10.

FCA

Free Carrier
FCA (insert named place of delivery) Incoterms 2010

GUIDANCE NOTE

This rule may be used irrespective of the mode of transport selected and may also be used where more than one mode of transport is employed.

"Free Carrier" means that the seller delivers the goods to the carrier or another person nominated by the buyer at the seller's premises or another named place. The parties are well advised to specify as clearly as possible the point within the named place of delivery, as the risk passes to the buyer at that point.
If the parties intend to deliver the goods at the seller's premises, they should identify the address of those premises as the named place of delivery, if, on the other hand, the parties intend the goods to be delivered at another place, they must identify a different specific place of delivery.

FCA requires the seller to clear the goods for export, where applicable. However, the seller has no obligation to clear the goods for import, pay any import duty or carry out any import customs formalities.

A THE SELLER'S OBLIGATIONS

A1 General obligations of the seller

The seller must provide the goods and the commercial invoice in conformity with the contract of sale and any other evidence of conformity that may be required by the contract.
Any document referred to in A1-A10 may be an equivalent electronic record or procedure if agreed between the parties or customary.

A2 Licences, authorizations, security clearances and other formalities

Where applicable, the seller must obtain, at its own risk and expense, any export licence or other official authorization and carry out all customs formalities necessary for the export of the goods.

A3 Contracts of carriage and insurance

a) Contract of carriage

The seller has no obligation to the buyer to make a contract of carriage. However, if requested by the buyer or if it is commercial practice and the buyer does not give an instruction to the contrary in due time, the seller may contract for carriage on usual terms at the buyer's risk and expense. In either case, the seller may decline to make the contract of carriage and, if it does, shall promptly notify the buyer.

b) Contract of insurance

The seller has no obligation to the buyer to make a contract of insurance. However, the seller must provide the buyer, at the buyer's request, risk, and expense (if any), with information that the buyer needs for obtaining insurance.

A4 Delivery

The seller must deliver the goods to the carrier or another person nominated by the buyer at the agreed point, if any, at the named place on the agreed date or within the agreed period.

Delivery is completed:

a) If the named place is the seller's premises, when the goods have been loaded on the means of transport provided by the buyer.

b) In any other case, when the goods are placed at the disposal of the carrier or another person nominated by the buyer on the seller's means of transport ready for unloading.

If no specific point has been notified by the buyer under B7 d) within the named place of delivery, and if there are several points available, the seller may select the point that best suits its purpose.

Unless the buyer notifies the seller otherwise, the seller may deliver the goods for carriage in such a manner as the quantity and/or nature of the goods may require.

A5 Transfer of risks

The seller bears all risks of loss of or damage to the goods until they have been delivered in accordance with A4, with the exception of loss or damage in the circumstances described in B5.

A6 Allocation of costs

The seller must pay

a) all costs relating to accordance with A4, envisaged in B6; and the goods until they have been delivered in other than those payable by the buyer as

b) where applicable, the costs of customs formalities necessary for export, as well as all duties, taxes, and other charges payable upon export.

A7 Notices to the buyer

The seller must, at the buyer's risk and expense, give the buyer sufficient notice either that the goods have been delivered in accordance with A4 or that the carrier or another person nominated by the buyer has failed to take the goods within the time agreed.

A8 Delivery document

The seller must provide the buyer, at the seller's expense, with the usual proof that the goods have been delivered in accordance with A4.

The seller must provide assistance to the buyer, at the buyer's request, risk and expense, in obtaining a transport document.

A9 Checking – packaging – marking

The seller must pay the costs of those checking operations (such as checking quality, measuring, weighing, counting) that are necessary for the purpose of delivering the goods in accordance with A4, as well as the costs of any pre-shipment inspection mandated by the authority of the country of export.

The seller must, at its own expense, package the goods, unless it is usual for the particular trade to transport the type of goods sold unpackaged. The seller may package the goods in the manner appropriate for their transport, unless the buyer has notified the seller of specific packaging requirements before the contract of sale is concluded. Packaging is to be marked appropriately.

A10 Assistance with Information and related costs

The seller must, where applicable, in a timely manner, provide to or render assistance in obtaining for the buyer, at the buyer's request, risk and expense, any documents and information, including security-related information, that the buyer needs for the import of the goods and/or for their transport to the final destination.

The seller must reimburse the buyer for all costs and charges incurred by the buyer in providing or rendering assistance in obtaining documents and information as envisaged in B10.

B THE BUYER'S OBLIGATIONS

B1 General obligations of the buyer

The buyer must pay the price of the goods as provided in the contract of sale.

Any document referred to in. B1-B10 may be an equivalent electronic record or procedure if agreed between the parties or customary.

B2 Licences, authorizations, security clearances and other formalities

Where applicable, it is up to the buyer to obtain, at its own risk and expense, any import licence or other official authorization and carry out all customs formalities for the import of the goods and for their transport through any country.

B3 Contracts of carriage and Insurance

a) Contract of carriage

The buyer must contract at its own expense for the carriage of the goods from the named place of delivery, except when the contract of carriage is made by the seller as provided for in A3 a).

b) Contract of insurance

The buyer has no obligation to the seller to make a contract of insurance.

B4 Taking delivery

The buyer must take delivery of the goods when they have been delivered as envisaged in A4.

B5 Transfer of risks

The buyer bears all risks of loss of or damage to the goods from the time they have been delivered as envisaged in A4.

If

a) the buyer fails in accordance with B7 to notify the nomination of a carrier or another person as envisaged in A4 or to give notice; or

b) the carrier or person nominated by the buyer as envisaged in A4 fails to take the goods into its charge, then, the buyer bears all risks of loss of or damage to the goods:

(i) from the agreed date, or in the absence of an agreed date,

(ii) from the date notified by the seller under A7 within the agreed period; or, if no such date has been notified, from the expiry date of any agreed period for delivery, provided that the goods have been clearly identified as the contract goods.

B6 Allocation of costs

The buyer must pay

a) all costs relating to the goods from the time they have been delivered as envisaged in A4, except, where applicable, the costs of customs formalities necessary for export, as well as all duties, taxes, and other charges payable upon export as referred to in A6 b);

b) any additional costs incurred, either because:

(i) the buyer fails to nominate a carrier or another person as envisaged in A4, or

(ii) the carrier or person nominated by the buyer as envisaged in A4 fails to take the goods into its charge, or

(iii) the buyer has failed to give appropriate notice in accordance with B7, provided that the goods have been clearly identified as the contract goods; and

c) where applicable, all duties, taxes and other charges as well as the costs of carrying out customs formalities payable upon import of the goods and the costs for their transport through any country.

B7 Notices to the seller

The buyer must notify the seller of

a) the name of the carrier or another person nominated as envisaged in A4 within sufficient time as to enable the seller to deliver the goods in accordance with that article;

b) where necessary, the selected time within the period agreed for delivery when the carrier or person nominated will take the goods;

c) the mode of transport to be used by the person nominated; and

d) the point of taking delivery within the named place.

B8 Proof of delivery

The buyer must accept the proof of delivery provided as envisaged in A8.

B9 Inspection of goods

The buyer must pay the costs of any mandatory pre-shipment of goods inspection, except when such inspection is mandated by the authorities of the country of export.

B10 Assistance with Information and related costs

The buyer must, in a timely manner, advise the seller of any security information requirements so that the seller may comply with A1Q.

The buyer must reimburse the seller for all costs and charges incurred by the seller in providing or rendering assistance in obtaining documents and information as envisaged in A10.

The buyer must, where applicable, in a timely manner, provide to or render assistance in obtaining for the seller, at the seller's request, risk and expense, any documents and information, including security-related information, that the seller needs for the transport and export of the goods and for their transport through any country.

CPT

CARRIAGE PAID TO

CPT (insert named place of destination) Incoterms 2010

GUIDANCE NOTE

This rule may be used irrespective of the mode of transport selected and may also be used where more than one mode of transport is employed.

"Carriage Paid To" means that the seller delivers the goods to the carrier or another person nominated by the seller at an agreed place (if any such place is agreed between the parties) and that the seller must contract for and pay the costs of carriage necessary to bring the goods to the named place of destination.

When CPT, CIP, CFR or CIF are used, the seller fulfils its obligation to deliver when it hands the goods over to the carrier and not when the goods reach the place of destination.

This rule has two critical points, because risk passes and costs are transferred at different places. The parties are well advised to identify as precisely as possible in the contract both the place of delivery, where the risk passes to the buyer, and the named place of destination to which the seller must contract for the carriage. If several carriers are used for the carriage to the agreed destination and the parties do not agree on a specific point of delivery, the default position is that risk passes when the goods have been delivered to the first carrier at a point entirely of the seller's choosing and over which the buyer has no control. Should the parties wish the risk to pass at a later stage (e. g., at an ocean port or airport), they need to specify this in their contract of sale.

The parties are also well advised to identify as precisely as possible the point within the agreed place of destination, as the costs to that point are for the account of the seller. The seller is advised to procure contracts of carriage that match this choice precisely. If the seller incurs costs under its contract of carriage related to unloading at the named place of destination, the seller is not entitled to recover such costs from the buyer unless otherwise agreed between the parties.

CPT requires the seller to clear the goods for export, where applicable.

However, the seller has no obligation to clear the goods for import, pay any import duty or carry out any import customs formalities.

A THE SELLER'S OBLIGATIONS

A1 General obligations of the seller

The seller must provide the goods and the commercial invoice in conformity with the contract of sale and any other evidence of conformity that may be required by the contract. Any document referred to in A1-A10 may be an equivalent electronic record or procedure if agreed between the parties or customary.

A2 Licences, authorizations, security clearances and other formalities

Where applicable, the seller must obtain, at its own risk and expense, any export licence or other official authorization and carry out all customs formalities necessary for the export of the goods, and for .their transport through any country prior to delivery.

A3 Contracts of carriage and insurance

a) Contract of carriage

The seller must contract or procure a contract for the carriage of the goods from the agreed point of delivery, if any, at the place of delivery to the named place of destination or, if agreed, any point at that place. The contract of carriage must be made on usual terms at the seller's expense and provide for carriage by the usual route and in a customary manner. If a specific point is not agreed or is not determined by practice, the seller may select the point of delivery and the point at the named place of destination that best suit its purpose.

b) Contract of insurance

The seller has no obligation to the buyer to make a contract of insurance. However, the seller must provide the buyer, at the buyer's request, risk, and expense (if any), with information that the buyer needs for obtaining insurance.

A4 Delivery

The seller must deliver the goods by handing them over to the carrier contracted in accordance with A3 on the agreed date or within the agreed period.

A5 Transfer of risks

The seller bears all risks of loss of or damage to the goods until they have been delivered in accordance with A.4, with the exception of loss or damage in the circumstances described in B5.

A6 Allocation of costs

The seller must pay

a) all costs relating to the goods until they have been delivered in accordance with A4, other than those payable by the buyer as envisaged in B6;

b) the freight and all other costs resulting from A3 a), including the costs of loading the goods and any charges for unloading at the place of destination that were for the seller's account under the contract of carriage; and

c) where applicable, the costs of customs formalities necessary for export, as well as all duties, taxes and other charges payable upon export, and the costs for their transport through any country that were for the seller's account under the contract of carriage.

A7 Notices to the buyer

The seller must notify the buyer that the goods have been delivered in accordance with A4. The seller must give the buyer any notice needed in order to allow the buyer to take measures that are normally necessary to enable the buyer to take the goods.

A8 Delivery document

If customary or at the buyer's request, the seller must provide the buyer, at the seller's expense, with the usual transport document[s] for the transport contracted in accordance with A3. This transport document must cover the contract goods and be dated within the period agreed for shipment, if agreed or customary, the document must also enable the buyer to claim the goods from the carrier at the named place of destination and enable the buyer to sell the goods in transit by the transfer of the document to a subsequent buyer or by notification to the carrier.

When such a transport document is issued in negotiable form and in several originals, a full set of originals must be presented to the buyer.

A9 Checking – packaging – marking

The seller must pay the costs of those checking operations (such as checking quality, measuring, weighing, counting) that are necessary for the purpose of delivering the goods in accordance with A4, as well as the costs of any pre-shipment inspection mandated by the authority of the country of export.

The seller must, at its own expense, package the goods, unless it is usual for the particular trade to transport the type of goods sold unpackaged. The seller may package the goods in the manner appropriate for their transport, unless the buyer has notified the seller of specific packaging requirements before the contract of sale is concluded, packaging is to be marked appropriately.

A10 Assistance with information and related costs

The seller muse, where applicable, in a timely manner, provide to or render assistance in obtaining for the buyer, at the buyer's request, risk and expense, any documents and information, including security-related information, that the buyer needs for the import of the goods and/or for their transport to the final destination.

The seller must reimburse the buyer for all costs and charges incurred by the buyer in providing or rendering assistance in obtaining documents and information as envisaged in B10.

B THE BUYER'S OBLIGATIONS

B1 General obligations of the buyer

The buyer must pay the price of the goods as provided in the contract of sale.

Any document referred to in B1-B10 may be an equivalent electronic record or procedure if agreed between the parties or customary.

B2 Licences, authorizations, security clearances and other formalities

Where applicable, it is up to the buyer to obtain, at its own risk and expense, any import

licence or other official authorization and carry out all customs formalities for the import of the goods and for their transport through any country.

B3 Contracts of carriage and Insurance

a) Contract of carriage

The buyer has no obligation to the seller to make a contract of carriage.

b) Contract of insurance

The buyer has no obligation to the seller to make a contract of insurance. However, the buyer must provide the seller, upon request, with the necessary information for obtaining insurance.

B4 Taking delivery

The buyer must take delivery of the goods when they have been delivered as envisaged in A4 and receive them from the carrier at the named place of destination.

B5 Transfer of risks

The buyer bears all risks of loss of or damage to the goods from the time they have been delivered as envisaged in A4.

If the buyer fails to give notice in accordance with B7, it must bear all risks of loss of or damage to the goods from the agreed date or the expiry date of the agreed period for delivery, provided that the goods have been clearly identified as the contract goods.

B6 Al location of costs

The buyer must, subject to the provisions of A3 a), Pay

a) all costs relating to the goods from the time they have been delivered as envisaged in A4, except, -where applicable, the costs of customs formalities necessary for export, as well as all duties, taxes, and other charges payable upon export as referred to in A6 c);

b) all costs and charges relating to the goods while in transit until their arrival at the agreed place of destination, unless such costs and charges were for the seller's account under the contract of carriage;

c) unloading costs, unless such costs were for the seller's account under the contract of carriage;

d) any additional costs incurred if the buyer fails to give notice in accordance with B7, from the agreed date or the expiry date of the agreed period for dispatch, provided that the goods have been clearly identified as the contract goods; and

e) where applicable, all duties, taxes and other charges, as well as the costs of carrying out customs formalities payable upon import of the goods and the costs for their transport through any country, unless included within the cost of the contract of carriage.

B7 Notices to the seller

The buyer must, whenever it is entitled to determine the time for dispatching the goods and/or the named place of destination or the point of receiving the goods within that place, give the seller sufficient notice thereof.

B8 Proof of delivery

The buyer must accept the transport document provided as envisaged in A8 if it is in conformity with the contract.

B9 Inspection of goods

The buyer must pay the costs of any mandatory pre-shipment inspection, except when such inspection is mandated by the authorities of the country of export.

B10 Assistance with information and related costs

The buyer must, in a timely manner, advise the seller of any security information requirements so that the seller may comply with A10.

The buyer must reimburse the seller for all costs and charges incurred by the seller in providing or rendering assistance in obtaining documents and information as envisaged in A10.

The buyer must, where applicable, in a timely manner, provide to or render assistance in obtaining for the seller, at the seller's request, risk and expense, any documents and information, including security-related information, that the seller needs for the transport and export of the goods and for their transport through any country.

CIP

CARRIAGE AND INSURANCE PAID TO

CIP (insert named place of destination) Incoterms 2010

GUIDANCE NOTE

This rule may be used irrespective of the mode of transport selected and may also be used where more than one mode of transport is employed.

"Carriage and Insurance Paid to" means that the seller delivers the goods to the carrier or another person nominated by the seller at an agreed place (if any such place is agreed between the parties) and that the seller must contract for and pay the costs of carriage necessary to brine the goods to the named place of destination.

The seller also contracts for insurance cover against the buyer's risk of loss of or damage to the goods during the carriage. The buyer should note that under CIP the seller is required to obtain insurance only on minimum cover. Should the buyer wish to have more insurance protection, it will need either to agree as much expressly with the seller or to make its own extra insurance arrangements.

When CPT, CIP, CFR or CIF are used, the seller fulfils its obligation to deliver when it hands the goods over to the carrier and not when the goods reach the place of destination.

This rule has two critical points, because risk passes and costs are transferred at different places. The parties are well advised to identify as precisely as possible in the contract both the place of delivery, where the risk passes to the buyer, and the named place of destination to which the seller must contract for carriage. If several carriers are used for the carriage to the agreed destination and the parties do not agree on a specific point of delivery, the default position is that risk passes when the goods have been delivered to the first carrier at a point entirely of the seller's choosing and over which the buyer has no control, Should the parties wish the risk to pass at a later stage (e. g., at an ocean port or an airport), they need to specify this in their contract of sale.

The parties are also well advised to identify as precisely as possible the point within the agreed place of destination, as the costs to that point are for the account of the seller. The seller is advised to procure contracts of carriage that match this choice precisely. If the seller incurs costs under its contract of carriage related to unloading at the named place of destination, the seller is not entitled to recover such costs from the buyer unless otherwise agreed between the parties.

CIP requires the seller to clear the goods for export, where applicable. However, the seller has no obligation to clear the goods for import, pay any import duty or carry out any import customs formalities.

A THE SELLER'S OBLIGATIONS

A1 General obligations of the seller

The seller must provide the goods and the commercial Invoice In conformity with the contract of sale and any other evidence of conformity that may be required by the contract. Any document referred to In A1-A10 may be an equivalent electronic record or procedure if agreed between the parties or customary

A2 Licences, authorizations, security clearances and other formalities

Where applicable, the seller must. obtain, at its own risk and expense, any export licence or other official authorization and carry out all customs formalities necessary for the export of the goods and for their transport through any country prior to delivery.

A3 Contracts of carriage and insurance

a) Contract of carriage

The seller must contract or procure a contract for the carriage of the goods from the agreed point of delivery, if any, at the place of delivery to the named place of destination or, if agreed, any point at that place. The contract of carriage must be made on usual terms at the seller's expense and provide for carriage by the usual route and in a customary manner. If a specific point is not agreed or is not determined by practice, the seller may select the point of delivery and the point at the named place of destination that best suit its purpose.

b) Contract of insurance

The seller must obtain at its own expense cargo insurance complying at least with the minimum cover as provided by Clauses (C) of the institute Cargo Clauses (LMA/IUA) or any similar clauses. The insurance shall be contracted with underwriters or an insurance company of good repute and entitle the buyer, or any other person having an insurable interest in the goods, to claim directly from the insurer.When required by the buyer, the seller shall, subject to the buyer providing any necessary information requested by the seller, provide at the buyer's expense any additional cover, if procurable, such as cover as provided by Clauses (A) or (B) of the Institute Cargo Clauses (LMA/IUA) or any similar clauses, and/or cover complying with the Institute War Clauses and/or Institute Strikes Clauses (LMA/IUA) or any similar clauses.

The insurance shall cover, at a minimum, the price provided in the contract plus 10% (i. e., 110%) and shall be in the currency of the contract.

The insurance shall cover the goods from the point of delivery set out in A4 and A5 to at least the named place of destination.

The seller must provide the buyer -with the insurance policy or other evidence of insurance cover.

Moreover, the seller must provide the buyer, at the buyer's request, risk, and expense (if any), with information that the buyer needs to procure any additional insurance.

A4 Delivery

The seller must deliver the goods by handing them over to the carrier contracted in accordance with A3 on the agreed date or within the agreed period.

A5 Transfer of risks

The seller bears all risks of loss of or damage to the goods until they have been delivered in accordance with A4, with the exception of loss or damage in the circumstances described in B5.

A6 Allocation of costs

The seller must pay

a) all costs relating to the goods until they have been delivered in accordance with A4, other than those payable by the buyer as envisaged in B6;

b) the freight and all other costs resulting from A3 a), including the costs of loading the goods and any charges for unloading at the place of destination that were for the seller's account under the contract of carriage;

c) the costs of insurance resulting from A3 b); and

d) where applicable, the costs of customs formalities necessary for export, as well as all duties, taxes and other charges payable upon export, and the costs for their transport through any country that were for the seller's account under the contract of carriage.

A7 Notices to the buyer

The seller must notify the buyer that the goods have been delivered in accordance with A4. The seller must give the buyer any notice needed in order to allow the buyer to take measures that are normally necessary to enable the buyer to take the goods.

A8 Delivery document

If customary or at the buyer's request, the seller must provide the buyer, at the seller's expense, with the usual transport document[s] for the transport contracted in accordance with A5. This transport document must cover the contract goods and be dated within the period agreed for shipment, if agreed or customary, the document must also enable the buyer to claim the goods from the carrier at the named place of destination and enable the buyer to sell the goods in transit by the transfer of the document to a subsequent buyer or by notification to the carrier.

When such a transport document is issued in negotiable form and in several originals, a full set of originals must be presented to the buyer.

A9 Checking – packaging – marking

The seller must pay the costs of those checking operations (such as checking quality, measuring, weighing, counting) that are necessary for the purpose of delivering the goods in accordance with A4 as well as the costs of any pre-shipment inspection mandated by the authority of the country of export.

The seller must, at its own expense, package the goods, unless it is usual for the particular trade to transport the type of goods sold unpackaged. The seller may package the goods in the manner appropriate for their transport, unless the buyer has notified the seller of specific

packaging requirements before the contract of sale is concluded, packaging is to be marked appropriately.

A10 Assistance with information and related costs

The seller must, where applicable, in a timely manner, provide to or render assistance in obtaining for the buyer, at the buyer's request, risk and expense, any documents and information, including security-related information, that the buyer needs for the import of the goods and/or for their transport to the final destination.

The seller must reimburse the buyer for all costs and charges incurred by the buyer in providing or rendering assistance in obtaining documents and information as envisaged in B10.

B THE BUYER'S OBLIGATIONS

B1 General obligations of the buyer

The buyer must pay the price of the goods as provided in the contract of sale.

Any document referred to in B1-B10 may be an equivalent electronic record or procedure if agreed between the parties or customary.

B2 Licences, authorizations, security clearances and other formalities

Where applicable, it is up to the buyer to obtain, at its own risk and expense, any import licence or other official authorization and carry out all customs formalities for the import of the goods and for their transport through any country.

B3 Contracts of carriage and Insurance

a) Contract of carriage

The buyer has no obligation to the seller to make a contract of carriage.

b) Contract of insurance

The buyer has no obligation to the seller to make a contract of insurance. However, the buyer must provide the seller, upon request, with any information necessary for the seller to procure any additional insurance requested by the buyer as envisaged in A3 b).

B4 Taking delivery

The buyer must take delivery of the goods when they have been delivered as envisaged in A4 and receive them from the carrier at the named place of destination.

B5 Transfer of risks

The buyer bears all risks of loss of or damage to the goods from the time they have been delivered as envisaged in A4.

If the buyer fails to give notice in accordance with B7, it must bear all risks of loss of or damage to the goods from the agreed date or the expiry date of the agreed period for delivery, provided that the goods have been clearly identified as the contract goods.

B6 Allocation of costs

The buyer must, subject to the provisions of A 3a), pay

a) all costs relating to the goods from the time they have been delivered as envisaged in A4, except, where applicable, the costs of customs formalities necessary for export, as

well as all duties taxes and other charges payable upon export as referred to in A6 d);

b) all costs and charges relating to the goods while in transit until their arrival at the agreed place of destination, unless such costs and charges were for the seller's account under the contract of carriage;

c) unloading costs, unless such costs were for the seller's account under the contract of carriage;

d) any additional costs incurred if it fails to give notice in accordance with B7, from the agreed date or the expiry date of the agreed period for dispatch, provided that the goods have been clearly identified as the contract goods;

e) where applicable, all duties, taxes and other charges as well as the costs of carrying out customs formalities payable upon import of the goods and the costs for their transport through any country, unless included within the cost of the contract of carriage; and

f) the costs of any additional insurance procured at the buyer's request under A3 and B3.

B7 Notices to the seller

The buyer must, whenever it is entitled to determine the time for dispatching the goods and/or the named place of destination or the point of receiving the goods within that place, give the seller sufficient notice thereof.

B8 Proof of delivery

The buyer must accept the transport document provided as envisaged in A8 if it is in conformity with the contract.

B9 Inspection of goods

The buyer must pay the costs of any mandatory pre-shipment inspection, except when such inspection is mandated by the authorities of the country of export.

B10 Assistance with Information and related costs

The buyer must, in a timely manner, advise the seller of any security information requirements so that the seller may comply with A10.

The buyer must reimburse the seller for all costs and charges incurred by the seller in providing or rendering assistance in obtaining documents and information as envisaged in A10.

The buyer must, where applicable, in a timely manner, provide to or render assistance in obtaining for the seller, at the seller's request, risk and expense, any documents and information, including security-related information, that the seller needs for the transport and export of the goods and for their transport through any country.

DAT

DELIVERED AT TERMINAL

DAT (insert named terminal at port or place of destination) Incoterms 2010

GUIDANCE NOTE

This rule may be used irrespective of the mode of transport selected and may also be used -where more than one mode of transport is employed.

"Delivered at Terminal" means that the seller delivers when the goods, once unloaded from the arriving means of transport, are placed at the disposal of the buyer at a named terminal at the named port or place of destination. "Terminal" includes any place, whether covered or not, such as a quay, warehouse, container yard or road, rail or air cargo terminal. The seller bears all risks involved in bringing the goods to and unloading them at the terminal at the named port or place of destination.

The parties are well advised to specify as clearly as possible the terminal and, if possible, a specific point within the terminal at the agreed port or place of destination, as the risks to that point are for the account of the seller. The seller is advised to procure a contract of carriage that matches this choice precisely.

Moreover, if the parties intend the seller to bear the risks and costs involved in transporting and handling the goods from the terminal to another place, then the DAP or DDP rules should be used.

DAT requires the seller to clear the goods for export, where applicable. However, the seller has no obligation to clear the goods for import, pay any import duty or carry out any import customs formalities.

A THE SELLER'S OBLIGATIONS

A1 General obligations of the seller

The seller must provide the goods and the commercial invoice in conformity with the contract of sale and any other evidence of conformity that may be required by the contract. Any document referred to in A1-A10 may be an equivalent electronic record or procedure if agreed between the parties or customary.

A2 Licences, authorizations, security clearances and other formalities

Where applicable, the seller must obtain, at its own. risk and expense, any export licence and other official authorization and carry out all customs formalities necessary- for the export of the goods and for their transport through any country prior to delivery.

A3 Contracts of carriage and insurance

a) Contract of carriage

The seller must contract at its own expense for the carriage of the goods to the named terminal .at the agreed port or place of destination. If a specific terminal is not agreed or is not determined by practice, the seller may select the terminal at the agreed port or place of destination that best suits its purpose.

b) Contract of insurance

The seller has no obligation to the buyer to make a contract of insurance. However, the seller muse provide the buyer, at the buyer's request, risk, and expense (if any), with information that the buyer needs for obtaining insurance.

A4 Delivery

The seller must unload the goods from the arriving means of transport and must then deliver them by placing them at the disposal of the buyer at the named terminal referred to in A3 a) at the port or place of destination on the agreed date or within the agreed period.

A5 Transfer of risks

The seller bears all risks of loss of or damage to the goods until they have been delivered In accordance with A4 with the exception of loss or damage in the circumstances described in B5.

A6 Allocation of costs

The seller must pay

a) in addition to costs resulting from A5 a), all costs relating to the goods until they have been delivered in accordance with A4, other than those payable by the buyer as envisaged in B6; and

b) where applicable, the costs of customs formalities necessary for export as well as all duties, taxes and other charges payable upon export and the costs for their transport through any country, prior to delivery in accordance with A4.

A7 Notices to the buyer

The seller must give the buyer any notice needed in order to allow the buyer to take measures that are normally necessary to enable the buyer to take delivery of the goods.

A8 Delivery document

The seller must provide the buyer, at the seller's expense, with a document enabling the buyer to take delivery of the goods as envisaged in A4/B4.

A9 Checking – packaging – marking

The seller must pay the costs of those checking operations (such as checking quality, measuring, weighing, counting) that are necessary for the purpose of delivering the goods in accordance with A4, as well as the costs of any pre-shipment inspection mandated by the authority of the country of export.

The seller must, at its own expense, package the goods, unless it is usual for the particular trade to transport the type of goods sold unpackaged. The seller may package the goods in the manner appropriate for their transport, unless the buyer has notified the seller of specific packaging requirements before the contract of sale is concluded. Packaging is to be marked appropriately.

A10 Assistance with information and related costs

The seller must, where applicable, in a timely manner, provide to or render assistance in obtaining for the buyer, at the buyer's request, risk and expense, any documents and information, including security-related information, that the buyer needs for the import of the goods and/or for their transport to the final destination.

The seller must reimburse the buyer for all costs and charges incurred by the buyer in providing or rendering assistance in obtaining documents and information as envisaged in B10.

B THE BUYER'S OBLIGATIONS

B1 General obligations of the buyer

The buyer must pay the price of the goods as provided in the contract of sale.

Any document referred to in B1-B10 may be an equivalent electronic record or procedure if agreed between the parties or customary.

B2 Licences, authorizations, security clearances and other formalities

Where applicable, the buyer must obtain, at its own risk and expense, any import licence or other official authorization and carry out all customs formalities for the Import of the goods.

B3 Contracts of carriage and insurance

a) Contract of carriage

The buyer has no obligation to the seller to make a contract of carriage.

b) Contract of insurance

The buyer has no obligation to the seller to make a contract of insurance. However, the buyer must provide the seller, upon request, with the necessary information for obtaining insurance.

B4 Taking delivery

The buyer must take delivery of the goods when they have been delivered as envisaged in A4.

B5 Transfer of risks

The buyer bears all risks of loss of or damage to the goods from the time they have been delivered as envisaged in A4.

If

a) the buyer fails to fulfil its obligations in accordance with B2, then it bears all resulting risks of loss of or damage to the goods; or

b) the buyer fails to give notice in accordance with B7, then it bears all risks of loss of or damage to the goods from the agreed date or the expiry date of the agreed period for delivery, provided that the goods have been clearly identified as the contract goods.

B6 Allocation of costs

The buyer must pay

a) all costs relating to the goods from the time they have been delivered as envisaged in A4;

b) any additional costs incurred by the seller if the buyer fails to fulfil its obligations in accordance with B2, or to give notice in accordance with B7, Provided that the goods have been clearly identified as the contract goods; and

c) where applicable, the costs of customs formalities as well as all duties, taxes and other charges payable upon import of the goods.

B7 Notices to the seller

The buyer must, whenever it is entitled to determine the time within an agreed period and/or the point of taking delivery at the named terminal, give the seller sufficient notice thereof.

B8 Proof of delivery

The buyer must accept the delivery document provided as envisaged in A8.

B9 Inspection of goods

The buyer must pay the costs of any mandatory pre-shipment inspection, except when such inspection Is mandated by the authorities of the country of export.

B10 Assistance with Information and related costs

The buyer must, in a timely manner, advise the seller of any security information requirements so that the seller may comply with A10.

The buyer must reimburse the seller for all costs and charges incurred by the seller in providing or rendering assistance in obtaining documents and information as envisaged in A10.

The buyer must, where applicable, in a timely manner, provide to or render assistance In obtaining for the seller, at the seller's request, risk and expense, any documents and information, including security-related information, that the seller needs for the transport and export of the goods and for their transport through any country.

DAP

DELIVERED AT PLACE

DAP (insert named place of destination) Incoterms 2010

GUIDANCE NOTE

This rule may be used irrespective of the mode of transport selected and may also be used -where more than one mode of transport is employed.

"Delivered at Place" means that the seller delivers when the goods are placed at the disposal of the buyer on the arriving means of transport ready for unloading at the named place of destination. The seller bears all risks involved in bringing the goods to the named place.
The parties are well advised to specify as clearly as possible the point within the agreed place of destination, as the risks to that point are for the account of the seller. The seller is advised to procure contracts of carriage that match this choice precisely. If the seller incurs costs under its contract of carriage related to unloading at the place of destination, the seller is not entitled to recover such costs from the buyer unless otherwise agreed between the parties.

DAP requires the seller to clear the goods for export, where applicable. However, the seller has no obligation to clear the goods for import, pay any import duty or carry out any import customs formalities. If the parties wish the seller to clear the goods for import, pay any import duty and carry out any import customs formalities, the DDP term should be used.

A THE SELLER'S OBLIGATIONS

A1 General obligations of the seller

The seller must provide the goods and the commercial invoice in conformity with the contract of sale and any other evidence of conformity that may be required by the contract. Any document referred to in A1-A10 may be an equivalent electronic record or procedure if agreed between the parties or customary.

A2 Licences, authorizations, security clearances and other formalities

Where applicable, the seller must obtain, at its own risk and expense, any export licence and other official authorization and carry out all customs formalities necessary for the export of the goods and for their transport through any country prior to delivery.

A3 Contracts of carriage and Insurance

a) Contract of carriage

The seller must contract at its own expense for the carriage of the goods to the named place of destination or to the agreed point, if any, at the named place of destination. If a specific point is not agreed or is not determined by practice, the seller may select the point at the named place of destination that best suits its purpose.

b) Contract of insurance

The seller has no obligation to the buyer to make a contract of insurance. However, the seller must provide the buyer, at the buyer's request, risk, and expense (if any), with information that the buyer needs for obtaining insurance.

A4 Delivery

The seller must deliver the goods by placing them at the disposal of the buyer on the arriving means of transport ready for unloading at the agreed point, if any, at the named place of destination on the agreed date or within the agreed period.

A5 Transfer of risks

The seller bears all risks of loss of or damage to the goods until they have been delivered in accordance with A4, with the exception of loss or damage in the circumstances described in B5.

A6 Allocation of costs

The seller must pay

a) in addition to costs resulting from A3 a), all costs relating to the goods until they have been delivered in accordance with A4, other than those payable by the buyer as envisaged in B6

b) any charges for unloading at the place of destination that were for the seller's account under the contract of carriage; and

c) where applicable, the costs of customs formalities necessary for export as well as all duties, taxes and other charges payable upon export and the costs for their transport through any country, prior to delivery in accordance with A4.

A7 Notices to the buyer

The seller must give the buyer any notice needed in order to allow the buyer to take measures chat are normally necessary to enable the buyer to take delivery of the goods.

A8 Delivery document

The seller must provide the buyer, at the seller's expense, with a document enabling the buyer to take delivery of the goods as envisaged in A4/B4.

A9 Checking – packaging – marking

The seller must pay the costs of those checking operations (such as checking quality, measuring, weighing, counting) that are necessary for the purpose of delivering the goods in accordance with A4, as well as the costs of any pre-shipment inspection mandated by the authority of the country of export.

The seller must, at its own expense, package the goods, unless it is usual for the particular trade to transport the type of goods sold unpackaged. The seller may package the goods in the manner appropriate for their transport, unless the buyer has notified the seller of specific packaging requirements before the contract of sale is concluded. Packaging is to be marked appropriately.

A10 Assistance with information and related costs

The, seller must, where applicable, in a timely manner, provide to or render assistance in obtaining for the buyer, at the buyer's request, risk and expense, any documents and information, including security-related information, that the buyer needs for the import of the goods and/or for their transport to the final destination.

The seller must reimburse the buyer for all costs and charges incurred by the buyer in providing or rendering assistance in obtaining documents and information as envisaged in B10.

B THE BUYER'S OBLIGATIONS

B1 General obligations of the buyer

The buyer must pay the price of the goods as provided in the contract of sale.

Any document referred to in B1-B10 may be an equivalent electronic record or procedure if agreed between the parties or customary.

B2 Licences, authorizations, security clearances and other formalities

Where applicable, the buyer must obtain, at its own risk and expense, any import licence or other official authorization and carry out all customs formalities for the import of the goods.

B3 Contracts of carriage and insurance

a) Contract of carriage

The buyer has no obligation to the seller to make a contract of carriage.

b) Contract of insurance

The buyer has no obligation to the seller to make a contract of insurance. However, the buyer must provide the seller, upon request, with the necessary information for obtaining insurance.

B4 Taking delivery

The buyer must take delivery of the goods when they have been delivered as envisaged in A4.

B5 Transfer of risks

The buyer bears all risks of loss of or damage to the goods from the time they have been delivered as envisaged in A4.

If

a) the buyer fails to fulfil its obligations in accordance with B2, then it bears all resulting risks of loss of or damage to the goods; or

b) the buyer fails to give notice in accordance with B7, then it bears all risks of loss of or damage to the goods from the agreed date or the expiry date of the agreed period for delivery, provided that the goods have been clearly identified as the contract goods.

B6 Allocation of costs

The buyer must pay

a) all costs relating to the goods from the time they have been delivered as envisaged in A4;

b) all costs of unloading necessary to take delivery of the goods from the arriving means of transport at the named place of destination, unless such costs were for the seller's account under the contract of carriage;

c) any additional costs incurred by the seller if the buyer fails to fulfil its obligations in accordance with B2 or to give notice in accordance with B7, provided that the goods have been clearly identified as the contract goods; and

d) where applicable, the costs of customs formalities, as well as all duties, taxes and other charges payable upon import of the goods.

B7 Notices to the seller

The buyer must, whenever it is entitled to determine the time within an agreed period and/or the point of taking delivery within the named place of destination, give the seller sufficient notice thereof.

B8 Proof of delivery

The buyer must accept the delivery document provided as envisaged in A8.

B9 Inspection of goods

The buyer must pay the costs of any mandatory pre-shipment inspection, except when such Inspection is mandated by the authorities of the country of export.

B10 Assistance with Information and related costs

The buyer must, in a timely manner, advise the seller of any security information requirements so that the seller may comply with A10.

The buyer must reimburse the seller for all costs and charges incurred by the seller in providing or rendering assistance in obtaining documents and information as envisaged In A10.

The buyer must, where applicable, in a timely manner, provide to or render assistance in obtaining for the seller, at the seller's request, risk and expense, any documents and information, including security-related information, that the seller needs for the transport and export of the goods and for their transport through any country.

DDP

DELIVERED DUTY PAID

DDP (insert named place of destination) Incoterms 2010

GUIDANCE NOTE

This rule may be used irrespective of the mode of transport selected and may also be used -where more than one mode of transport is employed.

"Delivered Duty Paid" means that the seller delivers the goods when the goods are placed at the disposal of the buyer, cleared for import on the arriving means of transport ready for unloading at the named place of destination. The seller bears all the costs and risks involved in bringing the goods to the place of destination and has an obligation to clear the goods not only for export but also for import, to pay any duty for both export and import and to carry out all customs formalities.

DDP represents the maximum obligation for the seller.

The parties are well advised to specify as clearly as possible the point within the agreed place of destination, as the costs and risks to that point are for the account of the seller. The seller is advised to procure contracts of carriage that match this choice precisely. If the seller incurs costs under its contract of carriage related to unloading at the place of destination, the seller is not entitled to recover such costs from the buyer unless otherwise agreed between the parties. The parties are well advised not to use DDP if the seller is unable directly or indirectly to obtain import clearance.

If the parties wish the buyer to bear all risks and costs of import clearance, the DAP rule should be used.

Any VAT or other taxes payable upon import are for the seller's account unless expressly agreed otherwise in the sales contract.

A THE SELLER'S OBLIGATIONS

A1 General obligations of the seller

The seller must provide the goods and the commercial invoice in conformity with the contract of sale and any other evidence of conformity that may be required by the contract. Any document referred to in A1-A10 may be an equivalent electronic record or procedure if agreed between the parties or customary.

A2 Licences, authorizations, security clearances and other formalities

Where applicable, the seller must obtain, at its own risk and expense, any export and import licence and other official authorization and carry out all customs formalities necessary for the export of the goods, for their transport through any country and for their import.

A3 Contracts of carriage and insurance

a) Contract of carriage

The seller must contract at its own expense for the carriage of the goods to the named place of destination or to the agreed point, if any, at the named place of destination, if a specific point is not agreed or is not determined by practice, the seller may select the point at the named place of destination that best suits its purpose.

b) Contract of insurance

The seller has no obligation to the buyer to make a contract of insurance. However, the seller must provide the buyer, at the buyer's request, risk, and expense (if any), with information that the buyer needs for obtaining insurance.

A4 Delivery

The seller must deliver the goods by placing them at the disposal of the buyer on the arriving means of transport ready for unloading at the agreed point, if any, at the named place of destination on the agreed date or within the agreed period.

A5 Transfer of risks

The seller bears all risks of loss of or damage to the goods until they have been delivered in accordance with A4, with the exception of loss or damage in the circumstances described in B5.

A6 Allocation of costs

The seller must pay

a) in addition to costs resulting from A3 a), all costs relating to the goods until they have been delivered in accordance with A4, other than those payable by the buyer as envisaged in B6;

b) any charges for unloading at the place of destination that were for the seller's account under the contract of carriage; and

c) where applicable, the costs of customs formalities necessary for export and import as -well as all duties, taxes and other charges payable upon export and import of the goods, and the costs for their transport through any country prior to delivery in accordance with A4.

A7 Notices to the buyer

The seller must give the buyer any notice needed in order to allow the buyer to take measures that are normally necessary to enable the buyer to take delivery of the goods.

A8 Delivery document

The seller must provide the buyer, at the seller's expense, with a document enabling the buyer to take delivery of the goods as envisaged in A4/B4.

A9 Checking – packaging – marking

The seller must pay the costs of those checking operations (such as checking quality, measuring, weighing, counting) that are necessary for the purpose of delivering the goods in accordance with A4, as well as the costs of any pre-shipment inspection mandated by the authority of the country of export or of import.

The seller must, at its own expense, package the goods, unless it is usual for the particular trade to transport the type of goods sold unpackaged. The seller may package the goods in the manner appropriate for their transport, unless the buyer has notified the seller of specific packaging requirements before the contract of sale is concluded. Packaging is to be marked appropriately.

A10 Assistance with information and related costs

The seller must, where applicable, in a timely manner, provide to or render assistance in obtaining for the buyer, at the buyer's request, risk and expense, any documents and information, including security-related information, that the buyer needs for the transport of the goods to the final destination, where applicable, from the named place of destination.

The seller must reimburse the buyer for all costs and charges incurred by the buyer in providing or rendering assistance in obtaining documents and information as envisaged in B10.

B THE BUYER'S OBLIGATIONS

B1 General obligations of the buyer

The buyer must pay the price of the goods as provided in the contract of sale.

Any document referred to in B1-B10 may be an equivalent electronic record or procedure if agreed between the parties or customary.

B2 Licences, authorizations, security clearances and other formalities

Where applicable, the buyer must provide assistance to the seller, at the seller's request, risk and expense, in obtaining any import licence or other official authorization for the import of the goods.

B3 Contracts of carriage and Insurance

a) Contract of carriage

The buyer has no obligation to the seller to make a contract of carriage.

b) Contract of insurance

The buyer has no obligation to the seller to make a contract of insurance. However, the buyer must provide the seller, upon request, with the necessary information for obtaining insurance.

B4 Taking delivery

The buyer must take delivery of the goods when they have been delivered as envisaged in A4.

B5 Transfer of risks

The buyer bears all risks of loss of or damage to the goods from the time they have been delivered as envisaged in A4.

If

a) the buyer fails to fulfil its obligations in accordance with B2, then it bears all resulting risks of loss of or damage to the goods; or

b) the buyer fails to give notice in accordance with B7, then it bears all risks of loss of or damage to the goods from the agreed date or the expiry date of the agreed period for delivery, provided that the goods have been clearly identified as the contract goods.

B6 Allocation of costs

The buyer must pay

a) all costs relating to the goods from the time they have been delivered as envisaged in A4;

b) all costs of unloading necessary to take delivery of the goods from the arriving means of transport at the named place of destination, unless such costs were for the seller's account under the contract of carriage; and

c) any additional costs incurred if it fails to fulfil its obligations in accordance with B2 or to give notice in accordance with B7, provided that the goods have been clearly identified as the contract goods.

B7 Notices to the seller

The buyer must, whenever it is entitled to determine the time within an agreed period and/or the point of taking delivery within the named place of destination, give the seller sufficient notice thereof.

B8 Proof of delivery

The buyer must accept the proof of delivery provided as envisaged in A8.

B9 Inspection of goods

The buyer has no obligation to the seller to pay the costs of any mandatory pre-shipment inspection mandated by the authority of the country of export or of import.

B10 Assistance with Information and related costs

The buyer must, in a timely manner, advise the seller of any security information requirements so that the seller may comply with A10.

The buyer must reimburse the seller for all costs and charges incurred by the seller in providing or rendering assistance in obtaining documents and information as envisaged In A10.

The buyer must, where applicable, in a timely manner, provide to or render assistance In obtaining for the seller, at the seller's request, risk and expense, any documents and information, including security-related information, that the seller needs for the transport, export and Import of the goods and for their transport through any country.

FAS

FREE ALONGSIDE SHIP

FAS (insert named port of shipment) Incoterms 2010

GUIDANCE NOTE

This rule is to be used only for sea or inland waterway transport.

"Free Alongside Ship" means that the seller delivers when the goods are placed alongside the vessel (e. g., on a quay or a barge) nominated by the buyer at the named port of shipment. The risk of loss of or damage to the goods passes when the goods are alongside the ship, and the buyer bears all costs from that moment onwards.

The parties are well advised to specify as clearly as possible the loading point at the named port of shipment, as the costs and risks to that point are for the account of the seller and these costs and associated handling charges may vary according to the practice of the port.

The seller is required either to deliver the goods alongside the ship or to procure goods already so delivered for shipment. The reference to "procure" here caters for multiple sales down a chain ('string sales"), particularly common in the commodity trades.

Where the goods are in containers, it is typical for the seller to hand the goods over to the carrier at a terminal and not alongside the vessel. In such situations, the FAS rule would be inappropriate, and the FCA rule should be used.

FAS requires the seller to clear the goods for export, where applicable. However, the seller has no obligation to clear the goods for import, pay any import. duty or carry out any import. customs formalities.

A THE SELLER'S OBLIGATIONS

A1 General obligations of the seller

The seller must provide the goods and the commercial invoice in conformity with the contract of sale and any other evidence of conformity that may be required by the contract. Any document referred to in A1-A10 nay be an equivalent electronic record or procedure if agreed between the parties or customary.

A2 Licences, authorizations, security clearances and other formalities

Where applicable, the seller must obtain, at its own risk and expense, any export licence or other official authorization and carry out all customs formalities necessary for the export. of the goods.

A3 Contracts of carriage and Insurance

a) Contract of carriage

The seller has no obligation to the buyer to make a contract of carriage. However, if requested by the buyer or if it is commercial practice and the buyer does not give an instruction to the contrary in due time, the seller may contract for carriage on usual terms at the buyer's risk and expense. In either case, the seller may decline to make the contract of carriage and, if it does, shall promptly notify the buyer

b) Contract of insurance

The seller has no obligation to the buyer to make a contract of insurance. However, the seller must provide the buyer, at the buyer's request, risk, and expense (if any), with information that the buyer needs for obtaining insurance.

A4 Delivery

The seller must deliver the goods either by placing them alongside the ship nominated by the buyer at the loading point, if any, indicated by the buyer at the named port of shipment or by procuring the goods so delivered. In either case, the seller must deliver the goods on the agreed date or within the agreed period and in the manner customary at the port.

If no specific loading point has been indicated by the buyer, the seller may select the point within the named port of shipment that best suits its purpose. If the parties have agreed that delivery should take place within a period, the buyer has the option to choose the date within that period.

A5 Transfer of risks

The seller bears all risks of loss of or damage to the goods until they have been delivered in accordance with A4 with the exception of loss or damage in the circumstances described in B5.

A6 Allocation of costs

The seller must pay

a) all costs relating to the goods until they have been delivered in accordance with A4, other than those payable by the buyer as envisaged in B6; and

b) where applicable, the costs of customs formalities necessary for export as well as all duties, taxes and other charges payable upon export.

A7 Notices to the buyer

The seller must, at the buyer's risk and expense, give the buyer sufficient notice either that the goods have been delivered in accordance with A4 or that the vessel has failed to take the goods within the time agreed.

A8 Delivery document

The seller must provide the buyer, at the seller's expense, with the usual proof that the goods have been delivered in accordance with A4.

Unless such proof is a transport document, the seller must provide assistance to the buyer, at the buyer's request, risk and expense, in obtaining a transport document.

A9 Checking - packaging - marking

The seller must pay the costs of those checking operations (such as checking quality, measuring, weighing, counting) that are necessary for the purpose of delivering the goods in accordance with A4, as well as the costs of any pre-shipment inspection mandated by the authority of the country of export.

The seller must, at its own expense, package the goods, unless it is usual for the particular trade to transport the type of goods sold unpackaged. The seller may package the goods in the manner appropriate for t-heir transport, unless the buyer has notified the seller of specific packaging requirements before the contract of sale is concluded. Packaging is to be marked appropriately.

A10 Assistance with Information and related costs

The seller must, where applicable, in a timely manner, provide to or render assistance in obtaining for the buyer, at the buyer's request, risk and expense, any documents and information, including security-related information, that the buyer needs for the import of the goods and/or for their transport to the final destination.

The seller must reimburse the buyer for all costs and charges incurred by the buyer in providing or rendering assistance in obtaining documents and information as envisaged in B10.

B THE BUYER'S OBLIGATIONS

B1 General obligations of the buyer

The buyer must pay the price of the goods as provided in the contract of sale.

Any document referred to In B1-B10 nay be an equivalent electronic record or procedure if agreed between the parties or customary.

B2 Licences, authorizations, security clearances and other formalities

Where applicable, it Is up to the buyer to obtain, at its own risk and expense, any import licence or other official authorization and carry out all customs formalities for the import of the goods and for their transport through any country.

B3 Contracts of carriage and Insurance

a) Contract of carriage

The buyer must contract, at its own expense for the carriage at the goods from the named

port of shipment, except where the contract of carriage is made by the seller as provided for in A3 a).

b) Contract of insurance

The buyer has no obligation to the seller to make a contract of insurance.

B4 Taking delivery

The buyer must take delivery of the goods when they have been delivered as envisaged in A4.

B5 Transfer of risks

The buyer bears all risks of loss of or damage to the goods from the time they have been delivered as envisaged in A4.

If

a) the buyer fails to give notice in accordance with B7; or

b) the vessel nominated by the buyer fails to arrive on time, or fails to take the goods or closes for cargo earlier than the time notified in accordance with B7, then the buyer bears all risks of loss of or damage to the goods from the agreed date or the expiry date of the agreed period for delivery, Provided that the goods have been clearly identified as the contract goods.

B6 Allocation of costs

The buyer must pay

a) all costs relating to the goods from the time they have been delivered as envisaged in A4, except, where applicable. the costs of customs formalities necessary for export as well as all duties, taxes, and other charges payable upon export as referred to m A6 b);

b) any additional costs incurred, either because:

(i) the buyer has failed to give appropriate notice in accordance with B7, or

(ii) the vessel nominated by the buyer fails to arrive on time, is unable to take the goods, or closes for cargo earlier than the time notified in accordance with B7, provided that the goods have been clearly identified as the contract goods; and

c) where applicable, all duties, taxes and other charges as well as the costs of carrying out customs formalities payable upon import of the goods and the costs for their transport through any country.

B7 Notices to the seller

The buyer must give the seller sufficient notice of the vessel name, loading point and, where necessary, the selected delivery time within the agreed period.

B8 Proof of delivery

The buyer must accept the proof of delivery provided as envisaged in A8.

B9 Inspection of goods

The buyer must pay the costs of any mandatory pre-shipment inspection, except when such inspection is mandated by the authorities of the country of export.

B10 Assistance with Information and related costs

The buyer must, in a timely manner, advise the seller of any security requirements so that the seller may comply with A10.
The buyer must reimburse the seller for all costs and charges incurred by the seller in providing or rendering assistance in obtaining documents and Information as envisaged In A10.
The buyer must, where applicable, in a timely manner, provide to or render assistance in obtaining for the seller, at the seller's request, risk and expense, any documents and information, including security-related information, that the seller needs for the transport and export of the goods and for their transport through any country.

FOB

FREE ON BOARD

FOB (insert named port of shipment) Incoterms 2010

GUIDANCE NOTE

This rule is to be used only for sea or inland waterway transport.

"Free on Board" means that the seller delivers the goods on board the vessel nominated by the buyer at the named port of shipment or procures the goods already so delivered. The risk of loss of or damage to the goods passes when the goods are on board the vessel, and the buyer bears all costs from that moment onwards.

The seller is required either to deliver the goods on board the vessel or to procure goods already so delivered for shipment. The reference to "procure" here caters for multiple sales down a chain ('string sales'), particularly common in the commodity trades.

FOB may not be appropriate where goods are handed over to the carrier before they are on board the vessel, for example goods in containers, which are typically delivered at a terminal, In such situations, the FCA rule should be used.

FOB requires the seller to clear the goods for export, where applicable. However, the seller has no obligation to clear the goods for import, pay any import duty or carry out any import customs formalities.

A THE SELLER'S OBLIGATIONS

A1 General obligations of the seller

The seller must provide the goods and the commercial invoice in conformity with the contract of sale and any other evidence of conformity that may be required by the contract. Any document referred to in A1-A10 may be an equivalent electronic record or procedure if agreed between the parties or customary.

A2 Licences, authorizations, security clearances and other formalities

Where applicable, the seller must obtain, at its own risk and expense, any export licence or other official authorization and carry out all customs formalities necessary for the export of the goods.

A3 Contracts of carriage and insurance

a) Contract of carriage

The seller has no obligation to the buyer to make a contract of carriage. However, if requested by the buyer or if it is commercial practice and the buyer does not give an instruction to the contrary in due time, the seller may contract for carnage on usual terms at the buyer's risk and expense, In either case, the seller may decline to make the contract of carnage and, if it does, shall promptly notify the buyer.

b) Contract of insurance

The seller has no obligation to the buyer to make a contract of insurance. However, the seller must provide the buyer, at the buyer's request, risk, and expense (if any), with information that the buyer needs for obtaining insurance.

A4 Delivery

The seller must deliver the goods either by placing them on board the vessel nominated by the buyer at the loading point, if any, indicated by t he buyer at the named port of shipment or by procuring the goods so delivered, In either case, the seller must deliver the goods on the agreed date or within the agreed period and in the manner customary at the port.

If no specific loading point, has been indicated by the buyer, the seller may select the point within the named port of shipment that best suits its purpose.

A5 Transfer of risks

The seller bears all risks of loss of or damage co the goods until they have been delivered in accordance -with A4 with the exception of loss or damage in the circumstances described in B5.

A6 Allocation of costs

The seller must pay

a) all costs relating to the goods until they have been delivered in accordance with A4, other than those payable by the buyer as envisaged in B6; and

b) where applicable, the costs of customs formalities necessary for export, as well as all duties, taxes and other charges payable upon export.

A7 Notices to the buyer

The seller must, ac the buyer's risk and expense, give the buyer sufficient notice either that the goods have been delivered in accordance with A4 or that the vessel has failed to take the goods within the time agreed.

A8 Delivery document

The seller must provide the buyer, at the seller's expense, with the usual proof that the goods have been delivered in accordance with A4.

Unless such proof is a transport document, the seller must provide assistance to the buyer, at the buyer's request, risk and expense, in obtaining a transport document.

A9 Checking – packaging – marking

The seller must pay the costs of those checking operations (such as checking quality, measuring, weighing, counting) that are necessary tor the purpose of delivering the goods in accordance with A4, as well as the costs of any pre-shipment inspection mandated by the authority of the country of export.

The seller must, at its own expense, Package the goods, unless it is usual for the particular trade to transport the type of goods sold un packaged. The seller may package the goods in the manner appropriate for their transport, unless the buyer has notified the seller of specific packaging requirements before the contract of sale is concluded, Packaging is to be marked appropriately.

A10 Assistance with information and related costs

The seller must, where applicable, in a timely manner, Provide to or render assistance in obtaining for the buyer, at the buyer's request, risk and expense, any documents and information, including security-related information, that the buyer needs for the import of the goods and/or for their transport to the final destination.

The seller must reimburse the buyer for all costs and charges incurred by the buyer in providing or rendering assistance in obtaining documents and information as envisaged m B10.

B THE BUYER'S OBLIGATIONS

B1 General obligations of the buyer

The buyer must pay the price of the goods as provided in the contract of sale.

Any document referred to in B1-B10 may be an equivalent electronic record or procedure if agreed between the parties or customary.

B2 Licences, authorizations, security clearances and other formalities

Where applicable, it is up to the buyer to obtain, at its own risk and. expense, any import licence or other official authorization and carry out all customs formalities for the import, of the goods and for their transport through any country.

B3 Contracts of carriage and Insurance

a) contract of carriage

The buyer must contract. at Its own expense for the carriage of the goods from the named port of shipment, except where the contract of carriage is made by the seller as provided for in A3 a).

b) Contract of insurance

The buyer has no obligation to the seller to make a contract of insurance.

B4 Taking delivery

The buyer must take delivery of the goods when they have been delivered as envisaged In A4.

B5 Transfer of risks

The buyer bears all risks of loss of or damage to the goods from the time they have been delivered as envisaged in A4.

If

a) the buyer fails to notify the nomination of a vessel in accordance with B7, or

b) the vessel nominated by the buyer fails to arrive on time to enable the seller to comply with A4, is unable to take the goods, or closes for cargo earlier than the time notified in accordance with B7; then, the buyer bear's all risks of loss of or damage to the goods:

(i) from the agreed date, or in the absence of an agreed dace,

(ii) from the date notified by the seller under A7 within the agreed period, or, if no such date has been notified,

(iii) from the expiry date of any agreed period for delivery, provided that the goods have been clearly identified as the contract goods.

B6 Allocation of costs

The buyer must pay

a) all costs relating to the goods from the time they have been delivered as envisaged in A4, except, where applicable, the costs of customs formalities necessary for export, as well as all duties, taxes and other charges payable upon export as referred to in A6 b);

b) any additional costs incurred, either because:

(i) the buyer has failed to give appropriate notice in accordance with B7, or

(ii) the vessel nominated by the buyer fails to arrive on time, is unable to take the goods, or closes for cargo earlier than the time notified in accordance with B7, provided chat the goods have been clearly identified as the contract goods; and

c) where applicable, all duties, taxes and other charges, as well as the costs of carrying out customs formalities payable upon import of the goods and the costs for their transport through any country.

B7 Notices to the seller

The buyer must give the seller sufficient notice of the vessel name, loading point and, where necessary, the selected delivery time within the agreed period.

B8 Proof of delivery

The buyer must accept the proof of delivery provided as envisaged, in A8.

B9 Inspection of goods

The buyer must pay the costs of any mandatory pre-shipment inspection, except when such inspection is mandated by the authorities of the country of export.

B10 Assistance with information and related costs

The buyer must, in a timely manner, advise the seller of any security information requirements so that the seller may comply with A10.

The buyer must reimburse the seller for all costs and charges incurred by the seller in providing or rendering assistance in obtaining documents and information as envisaged in A10.

The buyer must, where applicable, in a timely manner, provide to or render assistance in obtaining for the seller, at the seller's request, risk and expense, any documents and information, including security-related information, that the seller needs for the transport and export of the goods and for their transport through any country.

CFR

COST AND FREIGHT

CFR (insert named port of destination) Incoterms 2010

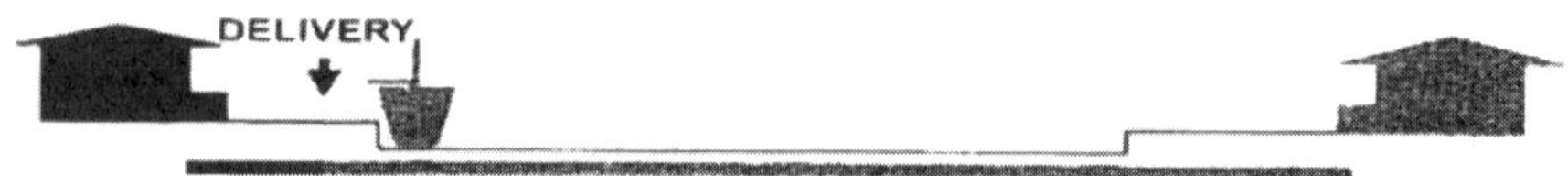

GUIDANCE NOTE

This rule is to be used only for sea or Inland waterway transport.

"Cost and Freight" means that the seller delivers the goods on board the vessel or procures the goods already so delivered. The risk of loss of or damage to the goods passes when the goods are on board the vessel. The seller must contract for and pay the costs and freight necessary to bring the goods to the named port of destination,

When CPT, CIP, CFR or CIF are used, the seller fulfils its obligation to deliver when it hands the goods over to the carrier in the manner specified in the chosen rule and not when the goods reach the place of destination.

This rule has two critical points, because risk passes and costs are transferred at different places. While the contract will always specify a destination port, it might not specify the port of shipment, which is where risk passes to the buyer. If the shipment port is of particular interest to the buyer, the parties are well advised to identify it as precisely as possible in the contract. The parties are well advised to identify as precisely as possible the point at the agreed port of destination, as the costs to that point are for the account of the seller. The seller is advised to procure contracts of carriage that match this choice precisely. If the seller incurs costs under its contract of carriage related to unloading at the specified point at the port of destination, the seller is not entitled to recover such costs from the buyer unless otherwise agreed between the parties. The seller is required either to deliver the goods on board the vessel or to procure goods already so delivered for shipment to the destination. In addition, the seller is required either to make a contract of carriage or to procure such a contract. The reference to "procure" here caters for multiple sales down a chain ('string sales'), particularly common in the commodity trades.

CFR may not be appropriate where goods are handed over to the carrier before they are on board the vessel, for example goods in containers, which are typically delivered at a terminal. In such circumstances, the CPT rule should be used.

CFR requires the seller to clear the goods for export, where applicable. However, the seller has no obligation to clear the goods for import, pay any import duty or carry out any import customs formalities.

A THE SELLER'S OBLIGATIONS

A1 General obligations of the seller

The seller must provide the goods and the commercial invoice in conformity with the contract of sale and any other evidence of conformity that may be required by the contract.

Any document referred to in A1-A10 may be an equivalent electronic record or procedure if agreed between the parties or customary.

A2 Licences, authorizations, security clearances and other formalities

Where applicable, the seller must obtain, at its own risk and expense, any export licence or other official authorization and carry out all customs formalities necessary for the export of the goods.

A3 Contracts of carriage and insurance

a) Contract of carriage

The seller must contract or procure a contract for the carriage of the goods from the agreed point of delivery, if any, at the place of delivery to the named port of destination or, if agreed, any point at that port. The contract of carriage must be made on usual terms at the seller's expense and provide for carriage by the usual route in a vessel of the type normally used for the transport of the type of goods sold.

b) Contract of insurance

The seller has no obligation to the buyer to make a contract of insurance. However, the seller must provide the buyer, at the buyer's request, risk, and expense (if any), with information that the buyer needs for obtaining insurance.

A4 Delivery

The seller must deliver the goods either by placing them on board the vessel or by procuring the goods so delivered. In either case, the seller must deliver the goods on the agreed date or within the agreed period and in the manner customary at the port.

A5 Transfer of risks

The seller bears all risks of loss of or damage to the goods until they have been delivered in accordance with A4, with the exception of loss or damage in the circumstances described in B5.

A6 Allocation of costs

The seller must pay

a) all costs relating to the goods until they have been delivered in accordance with A4, other than those payable by the buyer as envisaged in B6;

b) the freight and all other costs resulting from A3 a), including the costs of loading the goods on board and any charges for unloading at the agreed port of discharge that were for the seller's account under the contract of carriage; and

c) where applicable, the costs of customs formalities necessary for export as well as all duties, taxes and other charges payable upon export, and the costs for their transport through any country that were for the seller's account under the contract of carriage.

A7 Notices to the buyer

The seller must give the buyer any notice needed in order to allow the buyer to take measures that are normally necessary to enable the buyer to take the goods.

A8 Delivery document

The seller must, at its own expense, Provide the buyer without delay with the usual transport document for the agreed port of destination.

This transport document must cover the contract goods, be dated within the period agreed for shipment, enable the buyer to claim the goods from the carrier at the port of destination and, unless otherwise agreed, enable the buyer to sell the goods in transit by the transfer of the document to a subsequent buyer or by notification to the carrier.

When such a transport document is issued in negotiable form and in several originals, a full set of originals must be presented to the buyer.

A9 Checking – packaging – marking

The seller must pay the costs of those checking operations (such as checking quality, measuring, weighing, counting) that are necessary for the purpose of delivering the goods in accordance with A4, as well as the costs of any pre-shipment inspection mandated by the authority of the country of export.

The seller must, at its own expense, Package the goods, unless it is usual for the particular trade to transport the type of goods sold unpackaged. The seller may package the goods in the manner appropriate for their transport, unless the buyer has notified the seller of specific packaging requirements before the contract of sale is concluded. Packaging is to be marked appropriately.

A10 Assistance with information and related costs

The seller must, where applicable, in a timely manner, provide to or render assistance in obtaining for the buyer, at the buyer's request, risk and expense, any documents and information, including security-related information, that the buyer needs for the import of the goods and/or for their transport to the final destination.

B THE BUYER'S OBLIGATIONS

B1 General obligations of the buyer

The buyer must pay the price of the goods as provided in the contract of sale.

Any document referred to in B1-B10 may be an equivalent electronic record or procedure if agreed between the parties or customary.

B2 Licences, authorizations, security clearances and other formalities

Where applicable, it is up to the buyer to obtain, at its own risk and expense, any import licence or other official authorization and carry out all customs formalities for the import of the goods and for their transport through any country.

B3 Contracts of carriage and insurance

a) Contract of carriage

The buyer has no obligation to the seller to make a contract of carriage.

b) Contract of insurance

The buyer has no obligation to the seller to make a contract of insurance. However, the buyer must provide the seller, upon request, with the necessary information for obtaining insurance.

B4 Taking delivery

The buyer must take delivery of the goods when they have been delivered as envisaged in A4 and receive them from the carrier at the named port of destination.

B5 Transfer of risks

The buyer bears all risks of loss of or damage to the goods from the time they have been delivered as envisaged in A4.

If the buyer fails to give notice in accordance with B7, then it bears all risks of loss of or damage to the goods from the agreed date or the expiry date of the agreed period for shipment, provided that the goods have been clearly identified as the contract goods.

B6 Allocation of costs

The buyer must, subject to the provisions of A5 a), pay

a) all costs relating to the goods from the time they have been delivered as envisaged in A4, except, where applicable, the costs of customs formalities necessary for export as -well as all duties, taxes, and other charges payable upon export as referred to in A6 c);

b) all costs and charges relating to the goods while in transit until their arrival at the port of destination, unless such costs and charges were for the seller's account under the contract of carriage;

c) unloading costs including lighterage and wharfage charges, unless such costs and charges were for the seller's account under the contract of carriage;

d) any additional costs incurred if it fails to give notice in accordance with B7, from the agreed date or the expiry date of the agreed period for shipment, Provided that the goods have been clearly identified as the contract goods; and

e) where applicable, all duties, taxes and other charges, as well as the costs of carrying out customs formalities payable upon import of the goods and the costs for their transport through any country unless included within the cost of the contract of carriage.

B7 Notices to the seller

The buyer must, whenever it is entitled to determine the time for shipping the goods and/or the point of receiving the goods within the named port of destination, give the seller sufficient notice thereof.

B8 Proof of delivery

The buyer must accept the transport document provided as envisaged in A8 if it is in conformity with the contract.

B9 Inspection of goods

The buyer must pay the costs of any mandatory pre-shipment inspection, except when such inspection is mandated by the authorities of the country of export.

B10 Assistance with Information and related costs

The buyer must, in a timely manner, advise the seller of any security information requirements so that the seller may comply with A10.

The buyer must reimburse the seller for all costs and charges incurred by the seller in providing or rendering assistance in obtaining documents and information as envisaged in A10.

The buyer must, where applicable, in a timely manner, provide to or render assistance in obtaining for the seller, at the seller's request, risk and expense, any documents and information, including security-related information, that the seller needs for the transport and export of the goods and for their transport through any country.

CIF

COST INSURANCE AND FREIGHT

CIF (insert named port of destination) Incoterms 2010

GUIDANCE NOTE

This rule is to be used only for sea or inland waterway transport.

"Cost, Insurance and Freight" means that the seller delivers the goods on board the vessel or procures the goods already so delivered. The risk of loss of or damage to the goods passes when the goods are on board the vessel. The seller must contract for and pay the costs and freight necessary to bring the goods to the named port of destination.

The seller also contracts for insurance cover against the buyer's risk of loss of or damage to the goods during the carriage. The buyer should note that under CIF the seller is required to obtain insurance only on minimum cover. Should the buyer wish to have more insurance protection, it will need either to agree as much expressly with the seller or to make its own extra insurance arrangements.

When CPT, CIP, CFR, or CIF are used, the seller fulfils its obligation to deliver when it hands the goods over to the carrier in the manner specified in the chosen rule and not when the goods reach the place of destination.

This rule has two critical points, because risk passes and costs are transferred at different places. While the contract will always specify a destination port, it might not specify the port of shipment, which is where risk passes to the buyer. If the shipment port is of particular interest to the buyer, the parties are well advised to identify it as precisely as possible in the contract.

The parties are well advised to identify as precisely as possible the point at the agreed port of destination, as the costs to that point are for the account of the seller. The seller is advised to procure contracts of carriage that match this choice precisely. If the seller incurs costs under its contract of carriage related to unloading at the specified point at the port of destination, the seller is not entitled to recover such costs from the buyer unless otherwise agreed between the parties.

The seller is required either to deliver the goods on board the vessel or to procure goods already so delivered for shipment to the destination. In addition the seller is required either to make a contract of carriage or to procure such a contract. The reference to "procure" here caters for multiple sales down a chain ('string sales'), particularly common in the commodity trades.

CIF may not be appropriate where goods are handed over to the carrier before they are on board the vessel, for example goods in containers, which are typically delivered at a terminal. In such circumstances, the CIP rule should be used.

CIF requires the seller to clear the goods for export, where applicable. However, the seller has no obligation to clear the goods for import, pay any import duty or carry out any import customs formalities.

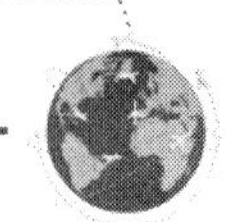

A THE SELLER'S OBLIGATIONS

A1 General obligations of the seller

The seller must provide the goods and the commercial invoice in conformity with the contract of sale and any other evidence of conformity that may be required by the contract. Any document referred to in A1-A10 may be an equivalent electronic record or procedure if agreed between the parties or customary.

A2 Licences, authorizations, security clearances and other formalities

Where applicable, the seller must obtain, at its own risk and expense, any export licence or other official authorization and carry out all customs formalities necessary for the export of the goods.

A3 Contracts of carriage and insurance

a) Contract of carriage

The seller must contract or procure a contract for the carriage of the goods from the agreed point of delivery, if any, at the place of delivery to the named port of destination or, if agreed, any point at that port. The contract of carriage must be made on usual terms at the seller's expense and provide for carriage by the usual route in a vessel of the type normally used for the transport of the type of goods sold.

b) Contract of insurance

The seller must obtain, at its own expense, cargo insurance complying at least with the minimum cover provided by Clauses(C) of the Institute Cargo Clauses (LMA/IUA) or any similar clauses. The insurance shall be contracted with underwriters or an insurance company of good repute and entitle the buyer, or any other person having an insurable interest in the goods, to claim directly from the insurer.

When required by the buyer, the seller shall, subject to the buyer providing any necessary information requested by the seller, provide at the buyer's expense any additional cover, if procurable, such as cover as provided by Clauses (A) or (B) of the Institute Cargo Clauses (LMA/IUA) or any similar clauses and/or cover complying with the Institute War Clauses and/or Institute Strikes Clauses (LMA/IUA) or any similar clauses.

The insurance shall cover, at a minimum, the price provided in the contract plus 10% (i. e., 110%) and shall be in the currency of the contract.

The insurance shall cover the goods from the point of delivery set out in A4 and A5 to at least the named port of destination.

The seller must provide the buyer with the insurance policy or other evidence of insurance cover.

Moreover, the seller must provide the buyer, at the buyer's request, risk, and expense (if any), with information that the buyer needs to procure any additional insurance.

A4 Delivery

The seller must deliver the goods either by placing them on board the vessel or by procuring the goods so delivered. In either case, the seller must deliver the goods on the agreed date

or within the agreed period and in the manner customary at the port.

A5 Transfer of risks

The seller bears all risks of loss of or damage to the goods until they have been delivered in accordance with. A4, with the exception of loss or damage in the circumstances described in B5.

A6 Allocation of costs

The seller must pay

a) all costs relating to the goods until they have been delivered in accordance with A4, other than those payable by the buyer as envisaged in B6;

b) the freight and all other costs resulting from A3 a), including the costs of loading the goods on board and any charges for unloading at the agreed port of discharge that were for the seller's account under the contract of carriage;

c) the costs of insurance resulting from A3 b); and

d) where applicable, the costs of customs formalities necessary for export, as well as all duties, taxes and other charges payable upon export, and the costs for their transport through any country that were for the seller's account under the contract of carriage.

A7 Notices to the buyer

The seller must give the buyer any notice needed in order to allow the buyer to take measures that are normally necessary to enable the buyer to take the goods.

A8 Delivery document

The seller must, at its own expense provide the buyer without delay with the usual transport document for the agreed port of destination.

This transport document must cover the contract goods, be dated within the period agreed for shipment, enable the buyer to claim the goods from the carrier at the port of destination and, unless otherwise agreed, enable the buyer to sell the goods in transit by the transfer of the document to a subsequent buyer or by notification to the carrier.

When such a transport document is issued in negotiable form and in several originals, a full set of originals must be presented to the buyer.

A9 Checking – packaging – marking

The seller must pay the costs of those checking operations (such as checking quality, measuring, weighing, counting) that are necessary for the purpose of delivering the goods in accordance with A4, as well as the costs of any pre-shipment inspection mandated by the authority of the country of export.

The seller must, at its own. expense, Package the goods, unless it is usual for the particular trade to transport the type of goods sold unpackaged. The seller may package the goods in the manner appropriate for their transport, unless the buyer has notified the seller of specific packaging requirements before the contract of sale is concluded, Packaging is to be marked appropriately.

A10 Assistance with information and related costs

The seller must, where applicable, in a timely manner, provide to or render assistance in obtaining for the buyer, at the buyer's request, risk and expense, any documents and information, including security-related information, that the buyer needs for the import of the goods and/or for their transport to the final destination.

The seller must reimburse the buyer for all costs and charges incurred by the buyer in providing or rendering assistance in obtaining documents and information as envisaged in B10.

B THE BUYER'S OBLIGATIONS

B1 General obligations of the buyer

The buyer must pay the price of the goods as provided in the contract of sale.

Any document referred to in B1-B10 may be an equivalent electronic record or procedure if agreed between the parties or customary.

B2 Licences, authorizations, security clearances and formalities

Where applicable, it is up to the buyer to obtain, at its own risk and expense, any import licence or other official authorization and carry out all customs formalities for the import of the goods and for their transport through any country.

B3 Contracts of carriage and insurance

a) Contract of carriage

The buyer has no obligation to the seller to make a contract of carnage.

b) Contract of insurance

The buyer has no obligation to the seller to make a contract of insurance. However, the buyer must provide the seller, upon request, with any information necessary for the seller to procure any additional insurance requested by the buyer as envisaged in A5 b).

B4 Taking delivery

The buyer must take delivery of the goods when they have been delivered as envisaged. in A4 and receive them from the carrier at the named port of destination.

B5 Transfer of risks

The buyer bears all risks of loss of or damage to the goods from the time they have been delivered as envisaged in A4.

If the buyer fails to give notice in accordance with B7, then it bears all risks of loss of or damage to the goods from the agreed date or the expiry date of the agreed period for shipment, provided that the goods have been clearly identified as the contract goods.

B6 Allocation of costs

The buyer must, subject to the provisions of A3 a), pay

a) all costs relating to the goods from the time they have been delivered as envisaged in A4, except, where applicable, the costs of customs formalities necessary for export, as -well as all duties, taxes and other charges payable upon export as referred to in A6 d);

b) all costs and charges relating to the goods while in transit until their arrival at the port of destination, unless such costs and charges were for the seller's account under the contract of carriage;

c) unloading costs including lighterage and wharfage charges, unless such costs and charges -were for the seller's account under the contract of carriage;

d) any additional costs incurred if it fails to give notice in accordance with B7, from the agreed date or the expiry date of the agreed period for shipment, Provided that the goods have been clearly identified as the contract goods;

e) where applicable, all duties, taxes and other charges, as well as the costs of carrying out customs formalities payable upon import of the goods and the costs for their transport through any country, unless included within the cost of. the contract of carriage; and

f) the costs of any additional insurance procured at the buyer's request under A3 b) and B3 b).

B7 Notices to the seller

The buyer must, whenever it is entitled to determine the time for shipping the goods and/or the point of receiving the goods within the named port of destination, give the seller sufficient notice thereof.

B8 Proof of delivery

The buyer must accept the transport document provided as envisaged in A8 if it is in conformity with the contract.

B9 Inspection of goods

The buyer must pay the costs of any mandatory pre-shipment inspection, except when such inspection is mandated by the authorities of the country of export.

B10 Assistance with information and related costs

The buyer must, in a timely manner, advise the seller of any security information requirements so that the seller may comply with A10.

The buyer must reimburse the seller for all costs and charges incurred by the seller in providing or rendering assistance in obtaining documents and information as envisaged in A10.

The buyer must, where applicable, in a timely manner, provide to or render assistance in obtaining for the seller, at the seller's request, risk and expense, any documents and information, including security-related information, that the seller needs for the transport and export of the goods and for their transport through any country.

II. Law Reform(Frustrated Contracts) Act, 1943

Section 1

(1) Where a contract governed by English law has become impossible of performance or been otherwise frustrated, and the parties thereto have for that reason been discharged from the further performance of the contract, the following provisions of this section shall, subject to the provisions of section two of this Act, have effect in relation thereto.

(2) All sums paid or payable to any party in pursuance of the contract before the time when the parties were so discharged (in this Act referred to as 'the time of discharge') shall, in the case of sums so paid, be recoverable from him as money received by him for the use of the party by whom the sums were paid, and, in the case of sums so payable, cease to be so payable:

Provided that, if the party to whom the sums were so paid or payable incurred expenses before the time of discharge in, or for the purpose of, the performance of the contract, the court mat, if it considers it just to do so having regard to all the circumstances of the case, allow him to retain or, as the case may be, recover the whole or any part of the sums so paid or payable, not being an amount in excess of the expenses so incurred.

(3) Where any party to the contract has, by reason of anything done by any other party thereto in, or for the purpose of, the performance of the contract, obtained a valuable benefit(other than a payment of money to which the last foregoing subsection applies) before the time of discharge, there shall be recoverable from him by the said ther party such sum (if any), not exceeding the value of the said benefit to the party obtaining it, as the court considers just, having regard to all the circumstances of the case and, in particular, —

(a) the amount of any expenses incurred before the time of discharge by the benefited party in, or for the purpose of, the performance of the contract, including any sums paid or payable by him to any other party in pursuance of the contract and retained or recoverable by that party under the last foregoing subsection, and
(b) the effect, in relation to the said benefit, of the circumstances giving rise to the frustration of the contract.

(4) In estimating, for the purpose of the foregoing provisions of this section, the amount of any expenses incurred by any party to the contract the court may, without prejudice to the generality of the said provisions, include such sum as appears to be reasonable in respect of overhead expenses and in respect of any work or services performed personally by the said party.

(5) In considering whether any sum ought to be recovered or retained under the foregoing provisions of this section by any party to the contract, the court shall not take into account any sums which have, by reason of the circumstances giving tract of insurance unless there was an obligation to insure imposed by an express term of the frustrated contract or by or under any enactment.

(6) Where any person has assumed obligations under the contract in consideration of the conferring of a benefit by any other party to the contract upon any other person, whether a party

to the contract or not, the court may, if in all the circumstances of the case it considers it just to do so, treat for the purpose of subsection (3) of this section any benefit obtained by the person who has assumed the obligations as aforesaid.

Section 2

(1) This Act shall apply to contracts, whether made before of after the commencement of this Act, as respects which the time of discharge is on or after the first day of July, nineteen hundred and forty-three, but not to contracts as respects which the time of discharge is before the said date.

(2) This Act shall apply to contracts to which this Crown is a party in like Manners as to contracts between subjects.

(3) Where any contract to which this Act applies contains any provision which, upon the true construction of the contract, is intended to have effect in the event of circumstances arising which operate, or would but for the said provision operate, to frustrate the contract, or is intended to have effect. whether such circumstances arise or not, the court to be consistent with the said provision.

(4) Where it appears to the court that a part of any contract to which this Act applies can properly be served from the remainder of the contract, being a part wholly performed before the time of discharge, or so performed except for the payment in respect of that part of the contract of sums which are or can be ascertained under the contract, the court shall treat that part of the contract as if it were a separate contract and had not been frustrated and shall treat the foregoing section of this Act as only applicable to the remainder of that contract.

(5) This Act shall not apply—

(a) to any charterparty, except a time charterparty or a charterparty by way of demise, or to any contract (other than a charterparty) for the carriage of goods by sea; or

(b) to any contract of insurance, save as is provided by subsection (5) of the foregoing section ; or

(c) to any contract to which section seven of the Sale of Goods Act, 1893(which avoids contracts for the sale of specific goods which perish before the risk has passed to the buyer) applies, or to any other contract for the sale, or for the sale and delivery, or specific goods, where the contract is frustrated by reason of the fact that the goods have perished.

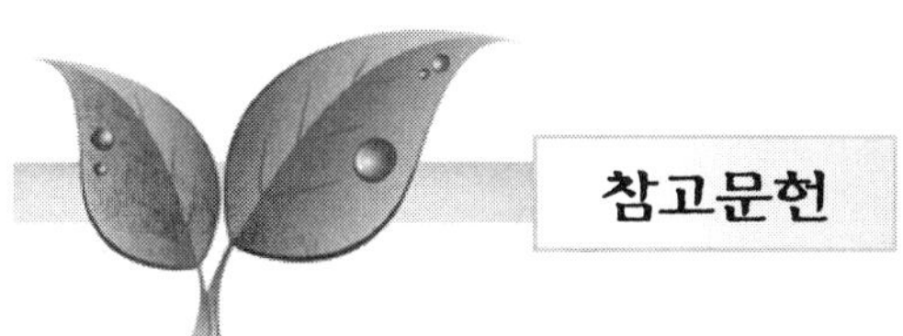

참고문헌

Abrahamsson, Bernhard J., *International Ocean Shipping: Current Concepts and Principles,* Westview Press, Inc., 1980.

Alderton, Patrick M., *Sea Transport,* London: Thomas Reed Publication Ltd., 1984.

Arnould, *The Law of Marine Insurance and Average,* 16th ed., (by Mustill and Gilman), London: Stevens & Sons, 1981.

American Law Institute, *Restatement of the Law(Second) Contracts 2d,* Volume 1, 2, 3, American Law Institute Publishers, 1980.

Astle, W.E., *Hague Rules Law Digest,* Fairplay Publications, 1981.

Atiyah, P.S., *An Introduction to the Law of Contracts,* 3rd ed., Oxford: Clarendon Press, 1988.

__________, *The Sale of Goods,* 5th ed., Pitman Publishing Limited, 1975.

Beale, H.G., Bishop, W.D & Furmston, M.P., *Contract(Cases and Materials),* London: ButterWorth & Co., Ltd., 1985.

Berman, Harold J., *The Law of International Trade,* Harvard Law School, 1972~1973.

Blair, Michael G., *Sale of Goods Act 1979,* London: ButterWorth & Co., Ltd., 1980.

Brazier, Rodney, *Cases and Statutes of Contract,* London: Sweet & Maxwell, 1979.

Carter, J. W., *Breach of Contract,* The Law Book Co., Ltd., 1984.

Chorley, Lord & Giles, O.C., *Slater's Mercantile Law,* 17th ed., Pitman Publishing Ltd., 1977.

Clarke, Malcolm A., *International Carriage of Goods by Road: CMR,* London: Stevens & Sons, 1982.

Cole, Robert H., *Consumer and Commercial Credit Management,* Richard D. Irwin, Inc., 1976.

Colinvaux, Raul & McGuffie, Kenneth C., *Carver's Carriage by Sea,* 12th ed., Vol. 1 & Vol. 2, London: Stevens & Sons, 1979.

Coppola, Andrew J., *The Law of Business Contracts,* Totowa: Littlefield, Adams & Co., 1977.

D'Amato, Anthoney A., *The Concept of Custom in International Law,* Cornell University Press, 1971.

Davis, A.G., *The Law of Relating to Commercial Letters of Credit,* 3rd ed., London, 1965.

Davis, M.A., *The Documentary Credits Handbook,* London: Woodhead-Faulkner Ltd., 1988.

Davis, F.R., *Contract,* 4th ed., London: Sweet & Maxwell, 1981.

Day, D.M., *The Law of International Trade,* London: butterworth & Co., Ltd., 1981.

Dinsdale, W.D., *Elements Of Insurance,* 5th ed., Pitman Book Ltd., 1980.

Dolan, John F., *The Law of Letters of Credits,* Warren, Gorham & Lamont, Inc., 1984.

Dover, Victor, *A Handbook to Marine Insurance,* 8th ed., London: Witherby & Co., 1975.

Ellinger, E. P., *Documentary Letters of Credit,* University of Singapore Press, 1970.

Farnsworth, E. Allan, *Contracts,* Boston: Little, Brown & Company, 1982.

Finkelstein, H. N. *Legal Aspects of Commercial Letters of Credit,* New York, 1930.

Fuller, Lon L. & Eisenberg, Melvin Aron, *Basic Contract Law,* 3rd ed., West Publishing Co., 1972.

Furmston, M. P., *Cheshire, Fifoot and Furmston's Law of Contract,* 11th ed., London: Butterworth & Co., Ltd., 1986.

Guest, A. G., *Anson's Law of Contracts,* 26th ed., Oxford University Press, 1984., et. al., *Chitty on Contracts,* Vol. 1, 24th ed., London: Sweet & Maxwell, 1977.

__________, ed., *Benjamin's Sale of Goods,* 2nd ed., London: Sweet & Maxwell, 1981.

Gutteridge, H, G, & Megrah, M., *The Law of Banker's Commercial Credits,* 7th ed., London: Europa Publicatiuons Ltd., 1984.

Hardy Ivamy, E. R., *Chalmer's Marine Insurance* Act 1906, 6th ed., London: Butterworths, 1966.

Harfield, H., *Bank Credits and Acceptances,* 5th ed., New York: The Ronald Press Company, 1974.

Honnold, John O., *Uniform Law for International Sales under the 1980 United Nation's Convention,* Kluwer Law and Taxation Publishers, 1982.

Horn, Norbert & Clive M. Schmitthoff, *The Trasnational Law of International Commercial Transactions,* Kluwer Law and Taxation Publisher, 1982.

International Chamber of Commerce, *Force Majeure and Hardship,* ICC Publishing S. A., 1985.,

Guide to the Prevention of International Fraud, I. C. C. Publishing S. A., 1985.

Ivamy, E. R. Hardy, *Casebook on Sale of Goods,* 4th ed., London: Lloyd's of Lonson Press Ltd., 1980.

Keate, Henry, *Guide to Marine Insurance,* 12th ed., (by C. L. Stak), London: Sir Isaac Pitman & Sons Ltd., 1958.

Kurkela, Matti, *Letters of Credit under International Trade Law,* New York: Ocean Publications, Inc., 1985. Shing Ltd., 1986.

Lawrence, S. A., *International Sea Transport,* D. C. Health & Co., 1972.

Lawson, F. H., *Remedies of English Law,* London: Butterworths, 1980.

Lowenfeld, Andreas F., *International Private Trade,* revised ed., Mattew Bender, 1977.

Major, W. T., *Cases in Contract Law,* 2nd ed., MacDonard & Evans, 1977.

Mocalta, Alan Abraham, Mustill, Michael J. & Boyd, Stewart C., *Scrutton on Charterparties and Bills of Lading,* 18th ed., London: Sweet & Maxwell, 1974.

Mustill, Sir Michael J. and Gilman, Jonathan C. B., *Arnould's Law of Marine Insurance and Average,* 16th ed., London: Stevens & Sons, 1981.

Norht, P. M., *Cheshire and North Private International Law,* 10th ed., London: Butteworths, 1979.

Pawlowic, Dean, "Standby Letters of Credit: Review and Update", *Uniform Commercial Code Law Journal,* Vol. 23:4, 1991.

Reiter, Barry J. & Swan, John, *Studies on Contract Law,* Toronto: Butterworth & Co., Ltd., 1978.

Sassoon, David M., *British Shipping Laws(CIF & FOB Contracts),* 2nd ed., London: Stevens & Sons, 1975.

Schmitthoff, Clive M., *The Export Trade–The Law and Practice of International Trade,* 7th ed., London: Stevens & Sons, 1980; 8th ed., London: Stevens & Sons, 1986.

Schmitthoff, Clive M., Legal Aspects of Export Sales, 3rd ed., London:The Institute of Export, 1978.

Stern, Michael, "The Independence Rule in Standby Letters of Credit", *University of Chicago Law Review,* vol. 52:1, 1985.

Templeman, Frederick & Greenacre,C. T., *Marine Insurance: It's Principles and Practice,* MacDonald & Evans Ltd., 1984.

Tetley, William, *Marine Cargo Claims,* 2nd ed., Butterworth & Co., 1978.

Tillotson, John, *Contract Law of Perspective,* London: Butterworth & Co., Ltd., 1981.

Treitel, G. H., *An Outline of the Law of Contract,* 3rd ed., 1984.

____________, *The Law of Contract,* 6th ed., London: Stevens & Sons, 1983.

White, James J. & Summers, Robert S., *Uniform Commercial Code.,* 2nd ed., West Publishing Co., 1979.

Whitehead, Geoffrey, *Elements of Export Law,* Woodhead–Faulkner Ltd., 1983.

Ⅲ. 국제규칙 및 법규

Incoterms 2010.
Law Reform (Frustrated Contracts) Act 1943.
Sale of Goods Acts 1979 (SGA 1979).
UN Convention on Contracts for the International Sale of Goods, 1980.
Uniform Commercial Code (UCC).
Uniform Customs and Practice for Documentary Credits.

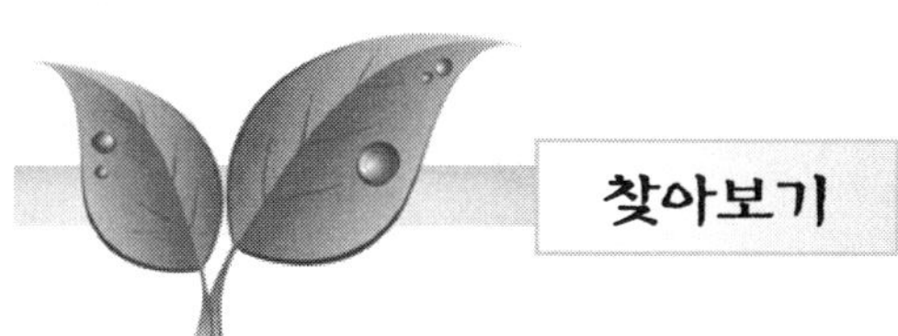
찾아보기

ㅇ

ㅈ

▮저 자 약 력▮

서강대학교 경상대학 무역학과 졸업 (상학사)
서강대학교 대학원 무역학과 졸업 (상학 석사)
중앙대학교 대학원 무역학과 박사과정 수료 (경영학 박사)
대전대 무역학과, 경기대 무역학과, 서강대 경영학과 강사 역임
미국 Michigan State University, The Visiting International Professional Program 수료
호주 Southern Cross University, 교환교수
현, 경남대학교 국제무역물류학과 교수

한국통상정보학회 회장 역임
한국국제상학회 부회장 역임
한국국제경영학회 이사 역임
한국국제통상학회 감사 역임

〈주요 저서〉

「무역사례연구」, 동성출판사, 1992
「무역학연습」, 동성출판사, 1994
「국제통상학개론」, 공저, 동성출판사, 1995
「비엔나협약 해설」, 경남대학교 출판부, 1996
「해외지역연구」, 공저, 동성출판사, 1999
「무역학입문」, 공저, 새샘문화사, 2000
「전자무역의 이해와 전개」, 공저, 도서출판 브레인코리아, 2002
「해외시장론」, 경남대학교 출판부, 2003
「전자무역거래의 이해」, 경남대학교 출판부, 2004
「해외시장의 이해」, 공저, 도서출판 협신사, 2008
「무역분쟁사례」, 도서출판 두남, 2016

국제물품매매계약

초 판 1쇄 발행 —— 2017년 7월 15일
초 판 2쇄 발행 —— 2018년 2월 25일
지은이 —— 김 선 광
펴낸이 —— 전 두 표
펴낸곳 —— 도서출판 **두남**
서울시 강동구 성내로6길 34-16 두남빌딩
신 고 : 제25100-1988-9호
TEL : 02) 478-2065~7, 2311
FAX : 02) 478-2068
E-mail : dunam1@unitel.co.kr
http://www.dunam.co.kr

정가 28,000원

ISBN 978-89-6414-745-0 93320